現行刑法對照　改正刑法草案全説明書
改正草案　刑法評論

辻泰城
矢野猪之八 編輯
關内兵吉

岡田朝太郎 贊評
藤澤茂十郎 著

明治廿四年出版
明治三十四年發行

# 現行刑法對照 改正刑法草案全説明書

# 改正草案 刑法評論

日本立法資料全集 別巻 1183

信山社

# 現行刑法對照 改正刑法草案説明書

# 改正刑法草案全説明書

倩々輓近世態ノ傾向ヲ洞察スルニ文物制度日一日ニ改頁ノ途ニ就ク殊ニ法律事業ヲ以テ其顯著ナルモノトス回顧スレハ我刑法實施ノ期ハ實ニ明治十五年ニ在リ爾來星霜ヲ經過スルコト玆ニ九年ノ長キニ達セリ其間社會ノ變遷ニ因リ曩時有要ノ事物ニシテ今日既ニ陳腐ニ屬スルモノアリ又曩時ニ在テ必要ナキモノ却テ今日ニ於テ之ヲ興スノ必要ヲ感スルニ至リタルモノアリ且近來社會ニ創生スル新事物ノ如キハ從前吾人ノ想像ニタモ書カサルモノ多キニ居ル學術上ニ於テモ亦然リ之ヲ曩時ニ比スレハ一般學理ノ長足進歩ヲ爲シタルハ實ニ驚クニ堪ヘタリ由是觀之十年前ノ頒布ニ係ル我刑法ノ條項ヲシテ既ニ無用ニ屬シタルモノ若クハ不備ノ點ヲ生シタルハ蓋シ勢ノ免ル可カラザル所ナリ其レ然リ而シテ法律ハ元來國民ノ意向ヲ充タシ公共ノ必要ニ應ス可キモノナルカ故ニ今日我刑法ニ改正ヲ加ヘテ以テ社會ノ變遷ニ伴ハシムルハ國家ノ要務ナリトス吾人既ニ玆ニ見ルアリ從來現行刑法

ニ對シ學者ノ批議ヲ容レタル點及ヒ執法者ノ應用ニ苦ムノ箇所ヲ研究シ傍ラ之ヲ歐州各國ノ法律ニ參酌シ夙夜黽勉其改正ニ着手シ漸ク結了ヲ告クルニ至リタルヲ以テ其改正案ヲ帝國議會ノ議ニ付シ其協贊ヲ得ント欲ス因テ左ニ其改正變更ノ主要ナル點ヲ畧述シテ議員諸氏ノ參考ニ供ス

刑法目錄



改正刑法草案目錄

# 刑法

## 第一編　總則

### 第一章　法例

現行刑法中ニ設ケタル節目ニ改正ヲ加ヘタルコト

現行刑法ハ罪ノ種類ヲ重罪輕罪違警罪ノ三種ニ分チ第二編ニ公益ニ關スル重罪輕罪ヲ規定シ第三編ニ身體財産ニ對スル重罪輕罪ヲ規定シ第四編ニ違警罪ヲ規定シタリ其重罪輕罪ヲ二編ニ區別シタルハ蓋シ公益ニ關スル罪ト私益ニ關スル罪トヲ各箇ニ記載シ以テ犯罪ノ類別ヲ明瞭ナラシメントスルノ趣旨ニ出タルヤ必セリ此區別タル固ヨリ不可ナルナシト雖モ現行刑法ハ此區別ヲ設ケタルニ拘ハラス其第二編中ニ私益ニ關スル罪ヲ掲ケ又第三編中ニ公益ニ關スル罪ヲ規定シ加フルニ同性質ノ犯罪ニシテ其一ハ之ヲ公益ニ關スル罪トシテ第二編ニ規定シ他ノ一ハ之ヲ私益ニ關スル罪トメ第三編ニ規定シタルカ如キハ學理上其當ヲ得サルノミナラス又タ法文ノ体裁ヲ失シタルモノト言ハサルヘカラサルナリ試ニ其一例

ヲ擧ケンニ放火决水ノ罪ハ公共ノ靜謐ヲ害スル罪ニシテ啻ニ一己人ノ私益ヲ害スルニ止マサルナリ然ルニ現行刑法ハ之ヲ第三編私益ニ關スル罪ノ中ニ規定セリ反之シテ人ノ住所ヲ犯ス罪ノ如キハ實ニ一己人ノ權利ヲ害スル罪ニ過キサルナリ然ルニ現行刑法ハ之ヲ第二編公益ニ關スル罪ノ中ニ規定セリ又僞證誣告ノ罪ハ一ハ證言ニ因リ又一ハ申告ニ因リ裁判所ヲシテ錯誤ニ陷ラシメントスル所爲ナレハ其罪ヲ犯スノ方法ヲ異ニスルト雖モ其罪質ニ至テハ二者相徑庭スル所之ナカル可シ然ルニ現行刑法ハ僞證罪ヲ以テ第二編中信用ヲ害スル罪ト爲シ誣告罪ヲ以テ第三編中身體ニ對スル罪トシタルカ如キ即チ之ナリ

更ニ歩ヲ轉シテ現行刑法第二編第三編中ニ規定シタル節目ニ就キ觀察ヲ下タスニ第二編ハ之ヲ分テ九章ト爲シ而シテ其靜謐ヲ害スル罪ヲ定メタル節目中ニ官吏ノ職務ヲ行フヲ妨害スル罪囚徒逃走ノ罪及ヒ罪人ヲ藏匿スル罪等ヲ規定シ又其信用ヲ害スル罪ヲ定メタル節目中ニ僞證ノ罪等ヲ規定シタルカ如キハ配置ノ宜シキヲ得

タルモノト言フヲ得サルナリ殊ニ第三編ハ僅カニ身體ニ對スル罪及ヒ財產ニ對スル罪ノ二章ニ區別シ而シテ監禁誹毀及ヒ姦通ノ罪等ヲ以テ身體ニ對スル罪トシタルカ如キハ最モ不當ノ規定ナリトス盖シ監禁ノ罪ノ如キハ人ノ自由ヲ牽制スルノ所爲ヲ罰シ誹毀姦通ノ罪ノ如キハ人ノ名譽ヲ毀損スルノ所爲ヲ罰スルモノナルヲ以テナリ

前述ノ理由ニ基キ改正法ハ第二編ニ官ニ抗スル罪及ヒ裁判事務ヲ妨害スル罪ノ二章ヲ追加シ官吏公吏ノ職務ヲ行フヲ妨害スル罪其他官署公署ノ事務ニ妨害ヲ與フル罪ヲ官ニ抗スル罪トシ又僞證誣告其他裁判事務執行ノ妨害ト爲ルヘキ性質ノ犯罪ヲ裁判事務ヲ妨害スル罪トシテ規定セリ而シテ第三編ニハ自由ニ對スル罪及ヒ名譽ニ對スル罪ノ二章ヲ追加シ監禁其他人ノ自由ヲ害スヘキ罪ハ之ヲ自由ニ對スル罪トシ誹毀姦通ノ如キ人ノ名譽ヲ害スル罪ハ之ヲ名譽ニ對スル罪トシテ規定シタリ

又現行刑法ハ重罪輕罪ニ付テハ罪ノ種類ヲ區別シタリト雖モ違警

罪ニ付テハ是等ノ區別ヲ設ケス然ルニ違警罪モ亦タ各種ノ罪質ヲ包含スルヲ以テ仍ホ重輕罪ノ如ク罪ノ種類ヲ區別セサルヘカラサルモノナリトス又現行法ニ據ルトキハ違警罪ハ一ニ刑ヲ基本トシテ罪ヲ定メタルカ故ニ某罪ハ如何ナル刑ニ處セラルヘキヤヲ知ラントセハ順次其條文ヲ逐フニ非サレハ之ヲ知ルコトヲ得ス之レ學理上其當ヲ得サルノミナラス實際迂遠ノ規定ナリト云ハサルヘカラス故ニ改正法ハ是等ノ點ニ付キ違警罪ニ關スル規定ニ大ニ修正ヲ加ヘタリ

規則違犯ノ條項ヲ削除シタルコト

現行刑法ニ於テハ普通犯罪ノ外諸種ノ規則犯ヲモ規定スルコトト爲シタリ即チ私ニ軍用ノ銃礮彈藥ヲ製造シ及ヒ所有スル罪傳染病豫防規則ニ關スル罪危害品及ヒ健康ヲ害ス可キ物品製造ノ規則ニ關スル罪等之ナリ然ルニ規則犯罪ノ如キハ元來其性質上罪トナルヘキ所爲ニ非ス特ニ規則ノ發布アリタルカ爲メ始メテ罪トシ罰セラルモノナリ而シテ其特別ノ規則タル大概社會一時ノ必要ニ基キ

テ設定セラルルモノナレハ常ニ一定不變ノ規定ニ非サルカ故ニ之ヲ普通犯罪ト共ニ刑法中ニ規定スルハ不可ナリ且各種ノ規則ニ付テハ其規定スル所或ハ重大ナルモノアリ或ハ輕微ナルモノアリ從テ其違犯ノ所爲ニ亦タ輕重ノ區別アルハ論ヲ竢タサルナリ然ルニ現行刑法ノ如ク各種ノ規則犯ニ付テハ何レモ單純ナル一二ノ條文ヲ設ケテ以テ其所犯ノ重大ナルト輕微ナルトヲ問ハス之ヲ同一ニ處分セントスルハ適當ノ規定ニ非サルナリ故ニ改正法ニ於テハ規則ニ關スル犯罪ハ盡ク之ヲ削除シ各規則ニ就テ其處罰ヲ規定スルコトヽ爲シタリ

外國ニ於テ罪ヲ犯シタル者ノ處分ニ關スル規定ヲ設ケタルコト

現行刑法ニハ日本人外國ニ在テ日本ノ法律ニ背キ罪ヲ犯シタル者ヲ處分スルノ規定ナキヲ以テ其處分方ニ付テハ未タ一定ノ説アラス固ヨリ日本人ハ本邦外ニ在ル間ト雖モ本邦ノ法律ヲ遵奉スヘキ義務アルハ疑ナキ所ナレハ縱ヒ刑法ニ於テ其處分ニ關スル條文ヲ

刑法

第一編　總則

第一章　法例

第一章　凡法律ニ於テ罰ス可キ罪別テ三種ト爲ス

一　重罪

二　輕罪

規定セサルモ之ヲ處罰シテ可ナリトセンカ其違犯ノ所爲區々タル違警罪ヲ犯シタルトキト雖モ猶之ヲ罰セサルヘカラサルナリ然ハ則チ寧ロ法ニ明文ナキ以上ハ外國ニ在テ日本ノ法律ニ背キ罪ヲ犯シタリト雖モ盡ク之ヲ不問ニ付スヘシトセンカ其犯罪如何ニ重大ナルトキト雖モ之ヲ處罰スルヲ得サルニ至ラン之レ何レモ適當ノ説ニアラサルナリ必竟此疑問ノ生スルハ刑法ノ不備ニ起因シタルニ外ナケレハ改正法ニ於テハ其犯罪日本國ニ對スル罪皇室ニ對スル罪及ヒ貨幣ヲ僞造變造スル罪ニ關スルトキハ總テ之ヲ處罰スルコトヽ爲シ其他ノ重罪輕罪ニハ二三ノ條件ヲ具備シタルトキニ非サレハ之ヲ處罰セサルコトノ規定ヲ設ケタリ

第一條　凡罪ハ別テ重罪、輕罪、違警罪ノ三種ト爲ス

重罪ハ第十條ニ記載シタル刑ヲ以テ罰スル罪ヲ謂フ

輕罪ハ第十一條ニ記載シタル刑ヲ以テ罰スル罪ヲ謂フ

違警罪ハ第十二條ニ記載シタル刑ヲ以テ罰スル罪ヲ謂フ

第二條　法律ノ規定ニ基クニ非サレハ何等ノ所爲ト雖モ之ヲ罰

三違警罪
第二條　法律ニ正條ナキ者ハ何等ノ所爲ト雖モ之ヲ罰スルコトヲ得ス
第三條　法律ハ頒布以前ニ係ル犯罪ニ及ホスヿヲ得ス
若シ所犯頒布以前ニ在テ未タ判決ヲ經サル者ハ新舊ノ法ヲ比照シ輕キニ從テ處斷ス
第四條　此刑法ハ陸海軍ニ關スル法律ヲ以テ論ス可キ者ニ適用スルヿヲ得ス
第五條　此刑法ニ正條ナクシテ他ノ法律規則ニ刑名アル者ハ各其法律規則ニ從フ
若シ他ノ法律規則ニ於テ別ニ總則ヲ揭ケサル者ハ此刑法ノ總則ニ從フ

---

スルコトヲ得ス
第三條　刑事ノ法律ハ既往ニ溯ルノ効力ヲ有セス
所犯新法施行以前ニ在テ未タ確定ノ判決ヲ經サルモノハ新舊ノ法ヲ比照シ輕キニ從テ處斷ス
第四條　日本人外國ニ在テ第二編第一章乃至第四章及ヒ第八章第一節ニ記載シタル罪ヲ犯シタルトキハ日本ニ於テ之ヲ罰ス
其他ノ重罪、輕罪ヲ犯シ左ノ件條具備スルトキ亦同シ
一　外國ニ於テ確定ノ判決ヲ經サルトキ及ヒ確定ノ判決ニ依リ刑ノ宣告ヲ受ケタルモ其刑未タ消滅セサルトキ
二　犯人自ラ日本ノ管內ニ入リタルトキ又ハ其引渡ヲ得タルトキ
三　日本ノ法律ニ於テ罰ス可キ罪ニシテ其罪ヲ犯シタル國ノ法律ニ於テモ亦罰ト爲ストキ
第五條　外國人外國ニ在テ第二編第一章及ヒ第八章第一節ニ記

載シタル罪ヲ犯シ前條第二項第一號、第二號ノ條件具備スルトキハ日本ニ於テ之ヲ罰ス

第六條　外國ニ於テ刑ニ處セラレタル犯人ニ對シ更ニ刑ヲ宣告ス可キ塲合ニ於テハ其已ニ受ケタル刑期又ハ拂ヒタル金額ヲ通算ス

第七條　此刑法及ヒ其他刑事ノ法律ハ陸海軍人ニモ亦之ヲ適用ス但陸海軍ニ關スル特別ノ法律ヲ以テ別ニ規定シタルモノハ此限ニ在ラス〔現第四條〕

第八條　此刑法ノ總則ハ別ニ刑ヲ定メタル他ノ法律規則ニ之ヲ適用ス但其法律規則ニ特別ノ規定アルモノハ此限ニ在ラス〔現第五條〕

## 第二章　刑例

〔說明〕　刑名刑期ヲ變更シタルコト

現行刑法ニハ重罪ノ刑ヲ死刑徒刑懲役流刑禁獄ニ區別シタリ然ルニ徒刑懲役ノ如キハ刑期ニ差等ヲ設ケタルノミニシテ其犯人ヲ獄舍ニ繫留シ苦役ニ服セシムル等ニ至テハ毫モ相異ナル所ナシ流刑ノ禁獄ニ於ケルモ亦然リ殊ニ流刑ノ如キハ實ニ有名無實ノ刑タルニ過キス之ヲ要スルニ刑名ヲ數種ニ區別スルハ徒ニ煩雜ヲ來スノミニシテ何等ノ利益ヲ見サルナリ故ニ改正法ニ於テハ此ノ如キ無用ノ區別ヲ廢シ重罪ノ刑ハ之ヲ死刑懲役禁獄ノ三種ト爲シタリ又現行刑法ハ輕罪ノ刑ニ付テハ禁錮ヲ二種ニ區別シ重禁錮輕禁錮ト爲シタリ而シテ其重輕ノ文字ハ徒ニ有役無役ノ刑ヲ示スノ符徵タルニ過キス且輕禁錮ニシテ其刑期ノ長キモノハ之ヲ短期ノ重禁錮ニ比スルトキハ其刑決シテ輕キニアラサルナリ故ニ改正法ニ於テハ輕禁錮重禁錮ノ名稱ヲ改メテ有役禁錮無役禁錮ト爲シタリ

又重罪ノ刑ノ刑期ハ相交叉スルコトナク例ヘハ重懲役ハ九年以上十一年以下輕懲役ハ六年以上八年以下ト爲シタルカ如ク各々其刑ニ固有ノ範圍ヲ定メ且各刑ノ間ニ一年ノ空位ヲ設ケタルヲ以テ重

罪ノ刑ヲ加減スルトキハ一等毎ニ一年ノ空位ヲ除去スルニ因リ加重スルトキハ重キニ過キ減輕スルトキハ輕キニ過クルノ結果ヲ生スルニ至ルナリ又現行刑法ニ定メタル刑期ノ範圍ハ極メテ狹隘ナルヲ以テ裁判官ハ罪刑ノ適用ヲ爲スニ窮屈ニシテ實際ノ不便尠カラス殊ニ違警罪ノ如キハ刑期最モ狹隘ニシテ且輕微ニ失ス之レ刑罰ハ犯人ニ苦痛ヲ感セシムルノ原則ニ違背スルモノナリト言ハサルヘカラス蓋シ五錢ノ科料ノ如キハ實ニ刑罰ニシテ刑罰ニアラス殆ント兒戯ト一般ナルヲ以テナリ故ニ改正法ニ於テハ重罪ノ刑ト雖モ亦相互ノ刑期ヲ交叉スルコトヽ定メ且一般ノ罪ニ付テ刑罰ノ範圍ヲ擴張シ殊ニ違警罪ノ如キハ科料ノ多額ヲ二十五圓トシ拘留ノ長期ヲ二十五日ト定メタリ

懲役禁獄ヲ執行ス可キ場所ヲ限定セサルコト

現行刑法ハ徒刑流刑ハ之ヲ嶋地ニ於テ執行シ懲役禁獄ハ之ヲ內地ニ於テ執行スルコトヽ定メタリト雖モ此規則ハ實際ニ適用シ得ヘカラサルコトナリト信ス元來我國ニ於テハ內地ト島地トノ區域判

然セサルヲ以テナリ良シヤ將來其區域ヲ定ムルコトアルニモセヨ故ラニ僅々ノ囚徒ヲ島地ニ發遣スルコトヽ爲ストキハ之カ爲メニ特別ノ費用ヲ要シ終ニ國庫ヲシテ出入相償ハサルノ結果ヲ生セシムルニ至ルヘシ之レ我國ノ理財上ニ於テ最モ不可ナリトスル所ナリ蓋シ殖民地ヲ有スル國ニ於テハ此規則ヲ設クルトキハ內地ニ不良ノ徒ヲ苅リ殖民地ヲシテ將來繁榮ナラシムルノ希望アルハ必然ナリ然レ圧我國ニ於テ此規則ヲ存スルハ到底有名無實ノモノタルニ過キサルヲ以テ改正法ハ一般刑ヲ執行スヘキ場所ヲ限ラサルコトヽ爲シタルナリ

罰金科料ノ換刑處分ニ關スル規定ヲ改正シタルコト

現行刑法ニ於テ罰金ヲ一月內ニ納完セサルカ叉ハ科料ヲ十日以內ニ納完セサルトキハ必ス之ヲ禁錮拘留ニ換ヘ處分スルコトヽ爲セリ蓋シ罰金科料ノ換刑處分ハ啻ニ金刑ヲ體刑ニ變換スルノミニ非ス主トシテ犯人ヲシテ可成罰金若クハ科料ヲ納完セシメントスルノ旨趣ニ出ツル者ナルヘシ然ルニ現行刑法ノ如ク規定スルトキハ

犯人ヲシテ金刑ト體刑ニ付キ利害得失ヲ考量シ二者ノ一ヲ選マシムルニ至ルヘキカ故ニ犯人實ハ資力アリト雖モ仍ホ換刑處分ヲ受クル者アルニ至リ徒ニ獄費ヲ增加シ國庫ノ支出ヲ多カラシムヘシ是等ノ弊害ナカラシメンカ爲メ改正法ハ裁判官ヲシテ犯人ノ情狀ヲ考察セシメ因テ以テ換刑處分ヲ爲スト否トヲ定メシムルコトト爲シタリ

剝奪公權ノ結果トシテ生スル事項ヲ減少シタルコト

(一) 現行刑法第三十一條ニ所謂貴號トハ華族若クハ爵等ノ總稱ニシテ是等ハ常ニ其家ニ專屬シテ人ニ屬スルモノニ非サレハ縱ヒ犯人ニ對シテ其權利ヲ剝奪スト雖モ其子孫ヲシテ之ヲ繼承スルノ權利ヲ減失セシムヘカラサルナリ現行刑法ハ其犯人ニノミ貴號ヲ剝奪セントスルノ旨趣ナリトスルモ此場合ニ於テハ先ツ犯人ニ代リ戶主タルヘキ者ヲ定メ而シテ后其貴號ヲ繼カシメサルヘカラス果シテ然ルトキハ終ニ犯罪ニ因リ强テ戶主ヲ退カシムルノ結果ヲ生スルニ至ルナリ此ノ如キ不都合ヲ避ケンカ爲メ改正法ニ於テハ剝

奪公權ノ結果トシテ貴號ヲ失ハシメサルコトヽ爲シタリ

（二）年金恩給ノ如キモノハ元來名譽ノ爲メニ付與スルモノニ非スシテ實ニ功勞ノ報償タルニ過キサルナリ然ハ則チ犯罪ニ因テ其功勞ノ報償ヲ消滅セシムルハ不理不當ノコトタルヲ免レサルヲ以テ改正法ニ於テ現行刑法ノ規定ヲ改メ年金恩給ノ如キモノハ犯罪ニ因テ剝奪スヘカラサルコトヽ爲シタリ

（三）裁判所ニ於テ證人トナルコトハ國民ノ權利ト言ハンヨリハ寧ロ其公ノ義務ニ屬スト言フヲ以テ正當ノモノトス故ニ犯人ヲシテ法律上證人タラシメサルハ其義務ヲ免レシムルト一般ニシテ因テ犯人ニ何等ノ苦痛ヲ與フルノ効ヲ見サルナリ加之ナラス事件ニ依リ犯者其人ニ非サレハ證明ヲ爲シ能ハサルノ場合アルトキハ裁判官モ其事件ノ關係人モ共ニ此規定ノ不便ヲ感ズルニ至ラン又犯人ト雖モ必スシモ常ニ虛僞ノ陳述ヲ爲スノ理ナケレハ現行刑法ノ如ク犯人ニ對シ證人トナルノ能力ヲ剝奪スルハ不當ノモノナルヲ以テ改正法ニ於テハ其規定ヲ削除スルコトヽ爲シタリ

（四）　現行刑法ハ犯人ニ對シ管財人トナルコトヲ禁シタレトモ之レ亦不當ノ規定ナリト云ハサルヘカラス蓋シ元ト之レ相互ノ契約ニ因テ成立スルモノニ外ナケレハナリ且管財人ノ如キハ自働ノ所爲ヨリハ寧ロ他働ノ所爲ニ原因スルモノナレハ法律ノ禁止ハ犯人ニ苦痛ヲ與ヘントシテ却テ良民ノ利益ヲ損フト一般ナルヘキヲ以テ改正法ニ於テハ此規定ヲ廢シタリ

（五）　學校長教師學監ノ如キハ元ト其學識名譽等ニ因テ其任ニ就クモノナレハ一旦刑罰ニ處セラレタル者ナリト雖モ猶公衆ノ信用ヲ失ハサルニ於テハ是等ノ職ニ從事セシムルモ決シテ不可ナカルヘキヲ以テ改正法ニ於テハ之レ亦剝奪公權ノ結果トシテ其權ヲ失ハシメサルコトヽ爲シタリ

禁錮ニ處セラレタル者ハ現任ノ官職ヲ失フノ規定ニ改正ヲ加ヘタルコト

現行刑法ニ於テハ禁錮ニ處セラレタル者ハ必ス現任ノ官職ヲ失フコトヽ定メタリト雖モ其犯罪破廉恥ノ所爲ニ出タルト否トヲ問ハ

ス一般ニ此規定ヲ用ヒントスルハ不可ナリ故ニ刑法中此規定ヲ存スルヨリハ寧ロ其免黜ヲ官署公署ニ一任スルヲ以テ正當ナリトス之レ改正法ニ於テ現行刑法ノ規定ニ修正ヲ加ヘタル所以ナリ

監視ニ關スル規定ヲ改正シタルコト

現行刑法ハ本則中ニ監視ハ如何ナル結果ノ生スヘキモノナルヤヲ規定セスシテ之ヲ刑法附則中ニ讓リタルハ其當ヲ得サルモノナレハ改正法ハ之ヲ本則ニ定ム(改刑第三十四條)而シテ刑法附則ニ依レハ監視ニ關スル規定頗ル嚴密ニ過キ實際之カ爲メニ監視規則ニ違犯シ刑罰ニ處セラルヽニ至ル者多シ因テ改正法ハ被監視者ニ嚴密ナル規則ヲ遵守セシメサルコトヽ爲シタリ必竟監視ハ政府ニ於テ警察官ヲシテ充分本人ノ行狀等ヲ監査スルノ責任ヲ負ハシムヘキモ本人ニ對シテハ被監視中種々ノ條件ヲ遵守セシムルヲ必要トセサルモノナレハナリ

又現行刑法ハ重罪ノ刑ニハ必ス監視ヲ付スヘキノ制ナリ然ルニ重罪ヲ犯シタル者ト雖モ其罪質上再犯ノ恐ナキモノハ必スシモ之ニ

## 第二章　刑例

### 第一節　刑名

第六條　刑ハ主刑及ヒ附加刑ト爲ス主刑ハ之ヲ宣告ス附加刑ハ法律ニ於テ其宣告スル者ト宣告セサル者トヲ定ム

第七條　左ニ記載シタル者ヲ以テ重罪ノ主刑ト爲ス

一　死刑
二　無期徒刑
三　有期徒刑
四　無期流刑
五　有期流刑
六　重懲役
七　輕懲役
八　重禁獄
九　輕禁獄

第八條　左ニ記載シタル者ヲ以テ輕罪ノ主刑ト爲ス

一　重禁錮
二　輕禁錮

---

監視ヲ附加スルノ必要ナキヲ以テ改正法ニ於テハ重罪ニシテ監視ヲ附加スル場合ハ仍ホ之ヲ各本條ニ定ムルコトヽ爲シタリ

### 第一節　刑名

第九條　刑ハ主刑及ヒ附加刑ト爲ス（現第六條）

第十條　重罪ノ主刑ハ左ノ如シ

一　死刑
二　無期懲役
三　有期懲役
四　無期禁獄
五　有期禁獄（現第七條）

第十一條　輕罪ノ主刑ハ左ノ如シ

一　有役禁錮
二　無役禁錮
三　罰金（現第八條）

三　罰金
第十條　左ニ記載シタル者ヲ以テ附加刑ト爲ス
一　剝奪公權
二　停止公權
三　禁治產
四　監視
五　罰金
六　沒收
第十一條　刑ヲ執行シ及ヒ犯人ヲ撿束スル方法細目ハ別ニ規則ヲ以テ之ヲ定ム

第二節主刑處分

第十二條　死刑ハ絞首ス但規則ニ定ムル所ノ官吏臨撿シ獄內ニ於テ之ヲ行フ
第十三條　死刑ハ司法卿ノ命令アルニ非サレハ之ヲ行フコトヲ禁ス

---

第十二條　違警罪ノ主刑ハ左ノ如シ
一　拘留
二　科料〔現第九條〕
第十三條　附加刑ハ左ノ如シ
一　剝奪公權
二　停止公權
三　禁治產
四　監視
五　沒收〔現第十條〕

第二節　主刑

第十四條　死刑ハ絞首シテ之ヲ執行ス但規則ニ定ムル所ノ官吏臨檢シ獄內ニ於テ之ヲ執行ス〔現第十二條〕
第十五條　死刑ハ司法大臣命令アルニ非サレハ之ヲ執行スルコ

第十四條　大祀令節國祭ノ日ハ死刑ヲ行フヿヲ禁ス

第十五條　死刑ノ宣告ヲ受ケタル婦女懷胎ナル時ハ其執行ヲ停メ分娩後一百日ヲ經ルニ非サレハ刑ヲ行ハス

第十六條　死刑ノ遺骸ハ親屬故舊請フ者アレハ之ヲ下付ス但シ式ヲ用ヒテ葬ルヿヲ許サス

第十七條　刑ハ無期有期ヲ役分タス島地ニ發遣シ定ニ服ス
有期徒刑ハ十二年以上十五年以下ト爲ス

第十八條　徒刑ノ婦女ハ島地ニ發遣セス內地ノ懲役場ニ於テ定役ニ服ス

第十九條　徒刑ノ四六十歲ニ滿ル者ハ常通ノ定役ヲ免シ其體力相當ノ定役ニ服ス

---

ヲ得ス（現第十三條）

第十六條　死刑ハ大祀令節國祭ノ日ニ之ヲ執行セス（現第十四條）

第十七條　死刑ノ宣告ヲ受ケタル婦女懷胎ナルトキハ其執行ヲ停メ分娩後一百日ヲ經ルニ非サレハ刑ヲ執行セス（現第十五條）

第十八條　死刑ニ處セラレタル者ノ遺骸ハ親屬故舊請フ者アレハ之ヲ下付ス但外觀ノ裝飾ヲ用ヒテ葬ルコトヲ許サス（現第十六條）

第十九條　懲役ハ無期有期ヲ分タス自由ヲ剝奪シ規則ノ定ムル所ニ從ヒ定役ニ服セシムルモノトス（現第十七條第十八條第十九條第廿二條）

第二十條　有期懲役ハ四年以上十五年以下トシ別テ三等ト爲ス

一　十年以上十五年以下

二　七年以上十二年以下

第二十條　流刑ハ無期有期ヲ分タス島地ノ獄ニ幽閉シ定役ニ服セス
有期流刑ハ十二年以上十五年以下ト爲ス

第二十一條　無期流刑ノ囚五年ヲ經過スレハ行政ノ處分ヲ以テ幽閉ヲ免シ島地ニ於テ地ヲ限リ居住セシムルコトヲ得
有期流刑ノ囚三年ヲ經過スル者亦同シ

第二十二條　懲役ハ内地ノ懲役場ニ入レ定役ニ服ス
但六十歳ニ滿ル者ハ第十九條ノ例ニ從フ
重懲役ハ九年以上十一年以下輕懲役ハ六年以上八年以上ト爲ス

第二十三條　禁獄ハ内地ノ獄ニ入レ定役ニ服セス
重禁獄ハ九年以上十一年以下輕禁獄ハ六年以上八年以下ト爲ス

第二十四條　禁錮ハ禁錮場

---

三　四年以上九年以下

第二十一條　禁獄ハ無期有期ヲ分タス獄舍ニ幽閉スルモノトス（現第二十條第廿一條第廿三條）

第二十二條　有期禁獄ハ四年以上十五年以下トシ別テ三等ト爲ス

一　十年以上十五年以下

二　七年以上十二年以下

三　四年以上九年以下

第二十三條　禁錮ハ禁錮場ニ留置シ有役禁錮ハ規則ノ定ムル所ニ從ヒ定役ニ服セシムルモノトス（現第二十四條）

第二十四條　禁錮ハ有役無役ヲ分タス十一日以上五年以下トシ仍ホ各本條ニ於テ其長短ヲ定ム（仝前）

第二十五條　罰金ハ五圓以上トシ仍ホ各本條ニ於テ其多寡ヲ定

ニ留置シ重禁錮ハ定役ニ服シ輕禁錮ハ定役ニ服セス禁錮ハ重輕ヲ分タス十一日以上五年以下ト爲シ仍ホ各本條ニ於テ其長短ヲ區別ス

第二十五條　定役ニ服スル囚人ノ工錢ハ監獄ノ規則ニ從ヒ其幾分ヲ獄舍ノ費用ニ供シ其幾分ヲ囚人ニ給與ス但現役百日以内ハ給與ノ限ニ在ラス

第二十六條　罰金ハ二圓以上ト爲シ仍ホ各本條ニ於テ其多寡ヲ區別ス

第二十七條　罰金ハ裁判確定ノ日ヨリ一月内ニ納完セシム若シ限内納完セサル者ハ一圓ヲ一日ニ折算シ之ヲ輕禁錮ニ換フ其一圓ニ滿サル者ト雖仍ホ一日ニ計算ス

罰金ヲ禁錮ニ換フル者ハ更ニ裁判ヲ用ヒス撿察官ノ求ニ因リ裁判官之ヲ命ス但禁錮ノ期限ハ二年ニ

---

ム（現第二十六條）

第二十六條　罰金ハ裁判確定ノ日ヨリ一月内ニ納完セシム若シ限内納完セサルトキハ一圓ヲ一日ニ折算シ無役禁錮ニ換フルコトヲ得其一圓ニ滿サルモノト雖モ仍ホ一日ニ計算ス但其禁錮ハ公權ニ關スル法律上ノ結果ヲ生セス且其期限ハ同一ノ罰金ニ付テハ二年ヲ超過スルコトヲ得ス

罰金ヲ禁錮ニ換フルニハ撿事ノ請求ニ因リ裁判所長之ヲ命ス但裁判所長ハ受刑者ノ情狀ニ因リ撿事ノ意見ヲ聽キ何時ニテモ其命令ヲ取消スコトヲ得

禁錮限内罰金ヲ納メタルトキハ其經過シタル日數ヲ扣除シテ禁錮ヲ免ス（現第二十七條）

第二十七條　拘留ハ拘留所ニ留置シ其期限ハ一日以上二十五日以下トシ仍ホ各本條ニ於テ其長短ヲ定ム（現第二十八條）

過クルヿヲ得ズ若シ禁錮限内罰金ヲ納メタル時ハ其經過シタル日數ヲ扣除シテ禁錮ヲ免ス親屬其他ノ者代テ罰金ヲ納メタル時亦同シ

第二十八條 拘留ハ拘留所ニ留置シ定役ニ服セス其刑期ハ一日以上十日以下トナシ仍ホ各本條ニ於テ其長短ヲ區別ス

第三十條 科料ハ裁判確定ノ日ヨリ十日内ニ納完セシム若シ限内納完セサル者ハ第二十七條ノ例ニ照シ之ヲ拘留ニ換フ

第三節 附加刑處分

第三十一條 剝奪公權ハ左ノ權ヲ剝奪ス

一 國民ノ特權
二 官吏ト爲ルノ權
三 勳章年金位記貴號恩給ヲ有スルノ權
四 外國ノ勳章ヲ佩用スルノ權

第二十八條 科料ハ十錢以上二十五圓以下トシ仍ホ各本條ニ於テ其多寡ヲ定ム〔現第二十九條〕

第二十九條 科料ハ裁判確定ノ日ヨリ十日内ニ納完セシム若シ限内納完セサルトキハ第二十六條ノ例ニ照シ拘留ニ換フルコトヲ得〔現第三十條〕

第三節 附加刑

第三十條 剝奪公權ハ受刑者ニ對シ左ノ結果ヲ生スルモノトス

一 政權其他性質若クハ法律ニ因テ日本臣民ノ特有ニ屬スル公權ノ喪失
二 官職公職ノ罷免及ヒ將來之ニ就クノ無能力
三 勳章及ヒ位記ノ剝奪
四 外國ノ勳章ヲ公然佩用スルノ禁止
五 兵籍ニ入ルノ無能力

五　兵籍ニ入ルノ權

六　裁判所ニ於テ證人ト爲ルノ權單ニ事實ヲ陳述スルハ此限ニ限ラス

七　後見人ト爲ルノ權但親屬ノ許可ヲ得テ子孫ノ爲メニスルハ此限ニ在ラス

八　分散者ノ管財人ト爲リ又ハ會社及ヒ共有產財ヲ管理スルノ權

九　學校長及ヒ敎師學監ト爲ルノ權

第三十二條　重罪ノ刑ニ處セラレタル者ハ別ニ宣告ヲ用ヒス終身公權ヲ剝奪ス

第三十三條　禁錮ニ處セラレタル者ハ別ニ宣告ヲ用ヒス現任ノ官職ヲ失ヒ及ヒ其刑期間公權ヲ行フコトヲ停止ス

第三十四條　輕罪ノ刑ニ於テ監視ニ付シタル者ハ別

---

六　親屬ノ許可ヲ得テ子孫ノ爲メニスルトキノ外後見人又ハ保佐人ト爲ルノ無能力〔現第二十一條〕

第三十一條　重罪ノ刑ニ處セラレタル者ハ當然終身間公權ヲ剝奪セラルルモノトス〔現第三十二條〕

第三十二條　禁錮ニ處セラレタル者ハ其刑期間當然第三十條ニ記載シタル公權ノ施行ヲ停止セラルルモノトス

裁判所ハ仍ホ犯罪ノ性質及ヒ情狀ニ因リ刑期滿限後二年ヲ超ヘサル時間公權ノ全部又ハ一分ノ施行ヲ停止スルコトヲ得〔現第三十三條〕

第三十三條　重罪ノ刑ニ處セラレタル者ハ其刑期間當然治產ノ禁ヲ受クルモノトス

死刑ノ宣告ヲ受ケタル者其執行ニ至ル迄亦同シ〔現三十五條〕

第三十四條　監視ハ受刑者ニ對シ左ノ結果ヲ生スルモノトス

ニ宣告ヲ用ヒス監視ノ期限間公權ヲ行フコトヲ停止ス
主刑ヲ免シテ止タ監視ニ付シタル者亦同シ
第三十五條　重罪ノ刑ニ處セラレタル者ハ別ニ宣告ヲ用ヒス其主刑ノ終ルマテ自ラ財產ヲ治ムルヿヲ禁ス
第三十六條　流刑ノ囚幽閉ヲ免セラレタル時ハ行政ノ處分ヲ以テ治產ノ禁ノ幾分ヲ免スルヿヲ得
第三十七條　重罪ノ刑ニ處セラレタル者ハ別ニ宣告ヲ用ヒス各本刑ノ短期三分ノ一ニ等シキ時間監視ニ付ス
第三十八條　輕罪ノ刑ニ附加スル監視ハ之ヲ宣告ス
但各本條ニ記載スルノ外監視ニ付スルヿヲ得ス
第三十九條　死刑及ヒ無期

---

一　警察官廳ハ或場所ニ其居住スルヲ禁スルヲ得ルコト
二　警察官ハ何時ニテモ其家宅ヲ搜索スルヲ得ルコト
三　受刑者外國人ナルトキハ日本管外ニ放逐スルヲ得ルコト
第三十五條　監視ヲ附加スル場合ハ各本條ニ於テ之ヲ定ム
監視ノ期限ハ法律ニ於テ別段ノ規定ナキトキハ六月以上二年以下トス（現第三十七條第三十八條）
第三十六條　監視ノ期限ハ主刑ノ終リタル日ヨリ起算ス若シ主刑ヲ免シテ止タ監視ニ付シタルトキハ其裁判確定ノ日ヨリ起算ス（現第三十九條第四十條）
第三十七條　左ニ記載シタル物件ハ受刑者ノ所有ニ屬スルトキハ之ヲ沒收ス
一　法律ニ於テ成立ヲ禁制シタル物件
二　犯罪ノ用ニ供シタル物件但無意ノ輕罪若クハ違警罪ニ付

刑ノ期滿免除ヲ得タル者ハ別ニ宣告ヲ用ヒス五年間監視ニ付ス

第四十條　監視ノ期限ハ主刑ノ終リタル日ヨリ起算ス主刑ノ期滿免除ヲ得タル時ハ其捕ニ就キタル日ヨリ起算ス

若シ主刑ヲ免シテ止タ監視ニ付シタル時ハ其裁判確定ノ日ヨリ起算ス

第四十一條　監視ニ付セラレタル者其情狀ニ因リ行政ノ處分ヲ以テ假ニ監視ヲ免スルヿヲ得

第四十二條　附加ノ罰金ハ之ヲ宣告ス若シ一月内ニ納完セサル時ハ第二十七條ノ例ニ照シ輕禁錮ニ換ヘ主刑滿限ノ後之ヲ執行ス

第四十三條　左ニ記載シタ物件ハ宣告シテ官ニ没收ス但法律規則ニ於テ別ニ没收ノ例ヲ定メタル者ハ

---

テハ特ニ定メタル場合ニ非サレハ之ヲ没收セス

三　犯罪ニ因リ直接ニ得タル物件

本條ノ規定ハ法律規則ニ於テ別ニ定メタル他ノ没收ノ妨ケトナルコトナシ（現第四十三條）

第三十八條　法律ニ於テ成立ヲ禁制シタル物件ハ受刑者ノ所有ニ屬セサルトキト雖モ又刑ノ言渡ナキトキト雖モ特ニ宣告シテ之ヲ没收ス（現第四十四條）

（説明）　徵收處分ノ規定ヲ削除シタルコト

徵收處分ノ規定ハ之ヲ刑法中ニ掲クルハ穩當ナラサルニ因リ之ヲ削除シタリ

## 第四節　刑期計算

（説明）　刑期計算ニ關スル規定ニ改正ヲ加ヘタルコト

裁判宣告前ニ受ケタル未決拘留ノ日數ヲ刑期ニ算入スルハ現行

各其法律規則ニ從フ

一 法律ニ於テ禁制シタル物件

二 犯罪ノ用ニ供シタル物件

三 犯罪ニ因テ得タル物件

第四十四條 法律ニ於テ禁制シタル物件ハ何人ノ所有ヲ問ハス之ヲ沒收ス犯罪ノ用ニ供シ及ヒ犯罪ニ因テ得タル物件ハ犯人ノ所有ニ係リ又ハ所有主ナキ時ノ外之ヲ沒收スルヿヲ得ス

第四節 徵償處分

第四十五條 刑事ノ裁判費用ハ其全部又ハ幾分ヲ犯人ニ科ス但其費用ノ額ハ別ニ規則ヲ以テ之ヲ定ム

第四十六條 犯人刑ニ處セラレ又ハ放免セラルヽト雖モ被害者ノ請求ニ對シ贓物ノ還給損害ノ賠償ヲ免カルヽヿヲ得ス

刑法ノ規定セサル所ニシテ改正法ニ於テ始メテ設ケタル條則ナリ蓋シ未決拘留ハ刑ニ非スト雖モ仍ホ被告人ノ自由ヲ制縛スルモノナリ而シテ裁判宣告前被告人ノ自由ヲ制縛スルハ犯罪ノ取調ヲ爲スニ必要ナリトハ言ヘ固ト正當ノモノト言フヲ得ス然ルニ其日數ヲ全ク刑期ニ算入セスシテ除去スルハ苛酷ニ過キタルヤノ嫌アリ故ニ改正法ハ被告人ノ利益ノ爲メニ此通算法ヲ設定シタルナリ

第三十九條 刑期ヲ計算スルニ一月ト稱スルハ三十日ヲ以テシ一年ト稱スルハ暦ニ從フ

刑ノ執行ヲ始メタル日ハ全一日トシテ之ヲ計算ス

放免ハ刑期滿限ノ翌日午前ニ於テ之ヲ行フ〔現第四十九條〕

第四十條 刑期ハ刑ノ執行ヲ始メタル日ヨリ起算ス〔現第五十條第五十一條〕

第四十一條 裁判宣告前ニ受ケタル未決拘留ノ日數ハ左ノ區別

第四十七條 數人共犯ニ係ル裁判費用贓物ノ還給損害ノ賠償ハ共犯人ヲシテ之ヲ連帶セシム

第四十八條 裁判費用贓物ノ還給損害ノ賠償ハ被害者ノ請求ニ因リ刑事裁判所ニ於テ之ヲ審判スルヿヲ得若シ贓物犯人ノ手ニアル時ハ請求ナシト雖モ直チニ之ヲ被害者ニ還付ス

第五節 刑期計算

第四十九條 刑期ヲ計算スルニ一日ト稱スルハ二十四時ヲ以テシ一月ト稱スルハ三十日ヲ以テシ一年ト稱スルハ暦ニ從フ

受刑ノ初日ハ時間ヲ論セス一日ニ算入シ放免ノ日ハ期限ニ算入セス

第五十條 刑ハ裁判確定シタル後ニ非サレハ之ヲ執行スルヿヲ得ス

ニ從ヒ刑期ニ算入ス

一 懲役禁獄ニ付テハ其日數ノ半

二 禁錮拘留ニ付テハ其全日數

第四十二條 裁判宣告後確定前ニ受ケタル未決拘留ハ全日數ヲ刑期ニ算入ス但受刑者又ハ其辯護人若クハ法律上代人上訴シ敗訴シタルトキハ刑期ニ算入セス（現第五十一條）

第四十三條 受刑者逃走シタルトキハ其逃走日數ヲ刑期ニ算入セス（現第五十二條）

第五節 假出獄

（說明） 假出獄ニ關スル規定ヲ寛ニシタルコト

現行刑法ニ依レハ假出獄ヲ許サレタル者出獄中更ニ重罪輕罪ヲ犯シタルトキハ啻ニ出獄ヲ停止スルノミナラス以前ニ溯テ出獄中ノ日數ヲ刑期ニ算入セサルコトヽ爲シタリ此規則タル頗ル嚴

第五十一條　刑期ハ刑名宣告ノ日ヨリ起算ス若シ上訴ヲ爲シタル者ハ左ノ例ニ從フ

一　犯人自ラ上訴シテ其上訴正當ナル片ハ前判宣告ノ日ヨリ起算ス若シ其上訴不當ナル時ハ後判宣告ノ日ヨリ起算ス

二　檢察官ノ上訴ニ係ル者ハ其上訴正當ナルト否トヲ分タス前判宣告ノ日ヨリ起算ス

三　上訴中保釋ヲ得又ハ責付セラレタル者ハ其日數ヲ刑期ニ算入スルヿヲ得

第五十二條　刑期限內逃走シ再ヒ捕ニ就キタル者ハ其逃走ノ日數ヲ除キ前後受刑ノ日ヲ計算ス

第六節　假出獄

第五十三條　重罪輕罪ノ刑ニ處セラレタル者獄則ヲ謹守シ悛改ノ狀アル時ハ

酷ノモノナルヲ以テ改正法ハ其出獄中重罪又ハ禁錮ニ該ル有意ノ輕罪ヲ犯シタルトキト雖モ仍ホ其出獄ヲ止ムヘキヤ否ヲ行政處分ニ委子出獄中ノ日數ハ之ヲ刑期ニ算入スルコト、定メタリ又現行刑法ニ刑期限內更ニ重罪輕罪ヲ犯シタル者ハ假出獄ヲ許サストアル規定ハ實ニ假出獄設定ノ目的ニ反スルモノナリトス蓋シ假出獄ノ制ヲ設ケタルハ犯人ヲシテ前非ヲ悔悟シ速カニ改悛ノ途ニ就カシメントノ旨趣ニ基キタルモノナレハナリ故ニ改正法ニ於テハ現行刑法第五十七條ヲ削除セリ

第四十四條　重罪輕罪ノ繫獄ノ刑ニ處セラレタル者獄則ヲ遵守シ悛改ノ狀アルトキハ其刑期四分ノ三ヲ經過スルノ後行政ノ處分ヲ以テ假リニ出獄ヲ許スコトヲ得

無期刑ノ四十五年ヲ經過スルノ後亦同シ（現第五十三條）

第四十五條　假出獄ヲ許サレタル者ハ其刑期限內特別ニ定メタル監視ニ付ス（現第五十五條）

其刑期四分ノ三ヲ經過スルノ後行政ノ處分ヲ以テ假ニ出獄ヲ許スコトヲ得無期徒刑ノ囚ハ十五年ヲ經過スルノ後亦同シ流刑ノ囚ハ第二十一條ニ照シ幽閉ヲ免スルノ外假出獄ノ例ヲ用ヒス

第五十四條　徒刑ノ囚ハ假出獄ヲ許サルヽト雖モ仍ホ島地ニ居住セシム

第五十五條　假出獄ヲ許サレタル者ハ行政ノ處分ヲ以テ治産ノ禁ノ幾分ヲ免スルコトヲ得但本刑期限内特別ニ定メタル監視ニ付ス

第五十六條　假出獄中更ニ重罪輕罪ヲ犯シタル者ハ直チニ出獄ヲ停止シ出獄中ノ日數ハ刑期ニ算入スルコトヲ得ス

第五十七條　刑期限内更ニ重罪輕罪ヲ犯シタル者ハ假出獄ヲ許サス

---

第四十六條　假出獄ヲ許サレタル者ハ其出獄中治産ノ禁ヲ免ス（現第五十五條）

第四十七條　假出獄中更ニ重罪又ハ禁錮ニ該ル有意ノ輕罪ヲ犯シタルトキハ行政ノ處分ヲ以テ其假出獄ヲ停ムルコトヲ得（現第五十六條）

## 第六節　刑ノ消滅

（説明）逮捕令狀ニ因リ時效ノ中斷ヲ爲スコトヲ廢止シタルコト
現行刑法ハ刑ノ執行ヲ遁レタル者ニ對シ逮捕ノ令狀ヲ發シタル最終ノ日ヨリ期滿免除ヲ起算スト爲シタルハ適當ノ規定ニアラス蓋シ官府内ノ手續ヲ爲シタルノミニテハ社會ヲシテ犯罪ノ遺忘ヲ喚起スルニ足ラサレハナリ故ニ改正法ニ於テハ受刑者ノ逮捕ニ因テ時效ヲ中斷スルコトヽ定メタリ

第四十八條　主刑及ヒ附加刑ノ執行權ハ左ノ諸件ニ因テ消滅ス

一　刑ノ執行ノ終了

第七節　期滿免除

第五十八條　刑ノ執行ヲ遁レタル者法律ニ定メタル期限ヲ經過スルニ因テ期滿免除ヲ得

第五十九條　主刑ハ左ノ年限ニ從テ期滿免除ヲ得
一　死刑ハ三十年
二　無期徒流刑ハ二十五年
三　有期徒流刑ハ二十年
四　重懲役重禁獄ハ十五年
五　輕懲役輕禁獄ハ十年
六　禁錮罰金ハ七年
七　拘留科料ハ一年

第六十條　剝奪公權停止公權及ヒ監視ハ期滿免除ヲ得ス
附加ノ罰金ハ主刑ト共ニ期滿免除ヲ得
沒收ハ五年ヲ經テ期滿免除ヲ得但禁制物ハ期滿免除ノ限ニ在ラス

第六十一條　期滿免除ハ刑

---

二　受刑者ノ死亡但罰金科料沒收ハ此限ニ在ラス
三　刑事訴訟法ニ從ヒ非常上告又ハ再審ニ因リ處刑宣告ノ取消
四　時效
五　大赦
六　特赦
七　減刑
八　復權〔現第五十八條〕

第四十九條　時效ハ受刑者法律ニ定メタル期限中間斷ナク其刑ノ執行ヲ遁レタルトキ之ヲ得タルモノトス〔現第五十八條〕

第五十條　時效ヲ得ルノ期限ハ左ノ如シ
一　死刑ハ二十五年
二　無期懲役及無期禁獄ハ二十年

ノ執行ヲ遁レタル日ヨリ起算ス若シ捕ニ就キ再ヒ逃走シタル時ハ其逃走ノ日ヨリ起算シ闕席裁判ニ係ル時ハ其宣告ノ日ヨリ起算ス

第六十二條　刑ノ執行ヲ遁レタル者ニ對シ逮捕ヲ命シタル時ハ最終ノ令狀ヲ出シタル日ヨリ期滿免除ヲ起算ス

第八節　復權

第六十三條　公權ヲ剝奪セラレタル者ハ主刑ノ終リタル日ヨリ五年ヲ經過スルノ後其情狀ニ因リ將來ノ公權ヲ復スルヿヲ得

主刑ノ期滿免除ヲ得タル者ハ監視ニ付シタル日ヨリ五年ヲ經過スルノ後亦同シ

第六十四條　大赦ニ因テ免罪ヲ得タル者ハ直チニ復權ヲ得

特赦ニ因テ免罪ヲ得タル

三　有期懲役及ヒ有期禁獄ハ其宣告セラレタル等級ノ長期ニ等シキ時間

四　禁錮罰金ハ五年

五　拘留科料ハ一年（現第五十九條）

第五十一條　死刑ノ時效ハ裁判確定ノ日ヨリ其期限ヲ起算シ他ノ時效ハ刑ノ執行ヲ遁レタル日ヨリ起算ス若シ闕席裁判ニ係ルトキハ其宣告ノ日ヨリ起算ス（現第六十一條）

第五十二條　繫獄ノ刑ノ時效ハ受刑者ノ逮捕ニ因テ之ヲ中斷ス罰金科料ノ時效ハ受刑者其債務ヲ追認スルニ因リ又ハ差押其他執行ノ手續ヲ爲スニ因テ之ヲ中斷ス（現第六十二條）

第五十三條　大赦ハ裁判宣告ノ效力ヲ全滅シ當然復權ヲ得セシム（現第六十四條）

第五十四條　特赦ハ主刑ノ執行ヲ免ス復權及ヒ監視沒收ノ免除

者ハ赦狀中記載スルニ非サレハ復權ヲ得ス赦ニ因テ復權ヲ得タル者ハ自ラ監視ヲ免レタル者トス

第六十五條　復權ハ勅裁ニ非サレハ之ヲ得可カラス

ハ赦狀中特ニ記載スルニ非サレハ之ヲ得セシメス（現第六十四條）

第五十五條　減刑ハ確定シタル刑ヲ減ス其新ニ科シタル刑ハ裁判ニテ宣告シタルモノト看做ス

第五十六條　復權ハ剝奪公權ヲ消滅セシム

復權ハ主刑ノ終リタルヨリ五年ヲ經過スルノ後之ヲ請願スルコトヲ得

復權ヲ得タル者ハ當然監視ヲ免ス（現第六十三條）

## 第三章　加減例

（說明）　加重ノ爲メ無期刑ノ宣告ヲ爲スヲ得サルノ規定ヲ設ケタルコト

現行刑法ハ加重ノ爲メニ死刑ニ入ルコトヲ得サルノ規定アルノミ改正法ハ尚ホ加重ニ因リ無期刑ヲモ宣告スルコトヲ得スト爲シタルハ他ナシ無期刑ハ受期刑ノ生命ヲ終ル迄執行ス可キモノ

ナレハ死刑ト徑庭スル所少ケレハナリ

禁錮罰金ノ加減例ヲ變更シタルコト

現行刑法ハ禁錮罰金ヲ加減スルニ通加通減ノ計算方ヲ用ヒタルニ因リ若シ四等ヲ減スルトキハ其刑ヲ減盡シ又四等ヲ加フルトキハ原刑ノ倍數ニ達シ其加減ノ度甚タ急激ニ過キ刑ノ權衡ヲ失スルノ恐アルヲ以テ改正法ニ於テハ其加減ノ計算方ヲ遞加遞減ト爲シ以テ刑ノ加減ヲ適當ナラシメタリ

加減順序ノ規定ヲ廢シ加減相殺ノ法ヲ設ケタルコト

現行刑法第九十九條ニ加重減輕ノ順序ヲ定メタリ然ルニ減輕ニ付テハ宥恕ハ自首ニ先チ自首ハ酌量ニ先ツ者ト爲シタリト雖モ實際何レヲ先ニシ後ニスルモ結果ノ異ナル所ナシ故ニ故ラニ是等ノ順序ヲ設クルハ必要ナラストス又同條但書ノ場合ハ因テ以テ必スシモ罪ノ本質ヲ變スルモノニアラス然ルニ一般ニ其加減シタルモノヲ本刑ト爲スト定メタルハ之亦タ適當ノ規定ニアラストス故ニ改正法ハ其不必要ニシテ且不適當ナル規定ヲ廢シ單

ニ加重減輕ノ原因共ニ發スルトキハ相殺スルノ簡便法ヲ設ケタリ

第五十七條　定役ヲ附スル重罪ノ刑ハ左ノ等級ニ照シテ減刑ス

一　無期懲役

二　一等有期懲役

三　二等有期懲役

四　三等有期懲役（現第六十七條）

第五十八條　定役ヲ附セサル重罪ノ刑ハ左ノ等級ニ照シテ減刑ス

一　無期禁獄

二　一等有期禁獄

三　二等有期禁獄

第三章　加減例

第六十六條　法律ニ於テ刑ヲ加重減輕ス可キ時ハ後ノ數條ニ記載シタル例ニ照シテ加減ス但加ヘテ死刑ニ入ルコトヲ得ス

第六十七條　重罪ノ刑ハ左ノ等級ニ照シテ加減ス

一　死刑

二　無期徒刑

三　有期徒刑

四　重懲役

五　輕懲役

第六十八條　國事ニ關スル重要ノ刑ハ左ノ等級ニ照シテ加減ス

一　死刑

二　無期流刑

三　有期流刑

四　重禁獄

五　輕禁獄

第六十九條　輕懲役ニ該ル

者減輕ス可キ時ハ二年以上五年以下ノ重禁錮ニ處スルヲ以テ一等ト爲ス
輕禁獄ニ該ル者減輕スル時ハ二年以上五年以下ノ輕禁錮ニ處スルヲ以テ一等ト爲ス
第七十條 禁錮罰金ニ該ル者減輕ス可キ時ハ各本條ニ記載シタル刑期金額ノ四分ノ一ヲ減スルヲ以テ一等ト爲シ其加重ス可キ時ハ亦四分ノ一ヲ加フルヲ以テ一等ト爲ス
輕罪ノ刑ハ加ヘテ重罪ニ入ルヿヲ得ス但禁錮ハ加ヘテ七年ニ至ルヿヲ得
第七十一條 禁錮ヲ減盡シタル時ハ拘留ニ處シ罰金ヲ減盡シタル時ハ科料ニ處ス禁錮罰金ヲ減シテ其短期十日以下寡數一圓九十五錢以下ニ及フ時ハ亦拘留科料ニ處スルヿヲ得
第七十二條 拘留科料ニ該

四 三等有期禁獄（現第六十八條）
第五十九條 死刑ヲ減輕ス可キトキハ其罪ノ性質定役ヲ附スル刑ニ該ルト定役ヲ附セサル刑ニ該ルトノ區別ニ從ヒ無期懲役又ハ無期禁獄ニ處スルヲ以テ一等ト爲ス
第六十條 三等有役懲役ヲ減輕ス可キトキハ二年以上六年以下ノ有役禁錮ニ處スルヲ以テ一等ト爲シ三等有期禁獄ヲ減輕ス可キトキハ二年以上六年以下ノ無役禁錮ニ處スルヲ以テ一等ト爲ス（現第六十九條）
第六十一條 重罪ノ刑ノ加重ハ第五十七條及ヒ第五十八條ニ記載シタル順序ヲ顚倒シテ之ヲ行フモノトス
死刑及ヒ無期刑ハ如何ナル場合ニ於テモ加重ニ因リ之ヲ宣告スルコトヲ得ス
一等ノ有期懲役及ヒ有期禁獄ノ刑ヲ加重ス可キトキハ其短期

ル者加減ス可キ時ハ禁錮罰金ノ例ニ照シ其四分ノ一ヲ加減スルヲ以テ一等ト爲ス

違警罪ノ刑ハ加ヘテ輕罪ニ入ルヿヲ得ス但拘留ハ加ヘテ十二日ニ至ルヿヲ得減シテ一日以下ニ降スヿヲ得ス科料ハ加ヘテ二圓四十錢ニ至ルヿヲ得減シテ五錢以下ニ降スヿヲ得ス

第七十三條　禁錮拘留ヲ加減スルニ因テ其期限ニ零數ヲ生シ一日ニ滿サルハ之ヲ除棄ス

第七十四條　附加ノ罰金ヲ主刑ニ從テ加減シ其金額ノ四分ノ一ヲ加減スルヲ以テ一等ト爲シ若シ減盡シタル時ハ止タ主刑ヲ科ス

第六章　加減順序

第九十九條　犯罪ノ情狀ニ因リ總則ニ照シ時同ニ本刑ヲ加重減輕ス可キ時ハ

及ヒ長期ニ三年ヲ加フルヲ以テ一等ト爲ス〔現第六十六條〕

第六十二條　禁錮罰金ヲ減輕ス可キトキハ其刑期金額ノ四分ノ一ヲ減スルヲ以テ一等ト爲シ其加重ス可キトキハ亦四分ノ一ヲ加フルヲ以テ一等ト爲ス但禁錮ハ加重ニ因リ七年ヲ超ス妨ルコトヲ得ス

禁錮罰金ノ加減二等以上ニ及フトキハ其已ニ加減シタルモノニ就テ加減ス〔現第七十條〕

第六十三條　禁錮ヲ減シテ其長期十日以下ニ至ルトキハ其相當日數ノ拘留ニ處ス若シ其短期ノミ十日以下ニ至ルトキハ亦拘留ニ處スルコトヲ得

罰金ヲ減シテ其多數五圓未滿ニ至ルトキハ其相當額ノ科料ニ處ス若渦其數ノミ五圓未滿ニ至ルトキハ亦科料ニ處スルコトヲ得〔現第七十一條〕

四　酌量減輕
三　自首減輕
二　宥恕減輕
一　再犯加重
ト爲ス
加減シタル者ヲ以テ本刑
スル特別ノ加重減輕ハ其
ノ減等其他各本條ニ記載
定ム但從犯及ヒ未遂犯罪
左ノ順序ニ從テ其刑名ヲ

第六十四條　拘留科料ヲ加減ス可キトキハ禁錮罰金ノ例ニ照シ其四分ノ一ヲ加減スルヲ以テ一等ト爲ス但拘留ハ減シテ一日未滿ニ下スコトヲ得ス科料ハ減シテ十錢未滿ニ下スコトヲ得ス（現第七十二條）

第六十五條　禁錮拘留ヲ加減スルニ因テ其期限ニ零數ヲ生シ一日ニ滿サルトキハ之ヲ除棄ス（現第七十三條）

第六十六條　法律上同時ニ刑ヲ加重減輕ス可キ原由アルトキハ一等減輕ト一等加重ト相殺ス

## 第四章　除刑又ハ減刑ノ理由

（說明）　正當防衛ノ規定ニ改正ヲ加ヘタルコト

現行刑法ニ依レハ正當防衛ハ殺傷ニ關スル特別ノ不論罪トシテ之ヲ第三編中ニ規定シタリ凡ソ正當防衛ノ爲メニ罪トナルヘキ所爲ヲ行フハ殺傷ノ場合ニ於テ最モ多シト雖モ亦タ之カ爲メニ人ヲ制縛スルコトアリ監禁スルコトアリ其他財産ヲ毀壞スルコ

トアリ而シテ此何レノ場合ニ於テモ之ヲ罪トシテ論スヘカラサルハ當然ナリトス故ニ改正法ハ正當防衛ノ規定ヲ總則中ニ設ケ一般ノ場合ニ適用スルコトヽ爲シタリ

刑事ノ責任ヲ異ニスル年齡ニ改正ヲ加ヘタルコト

現行刑法第七十九條ニ罪ヲ犯ストキ十二歳ニ滿サル者ハ其罪ヲ論セストアリ之ヲ實際ニ徵スルニ幼者年齡十歳以上ニ達スルトキハ概子所爲ノ善惡ヲ辨別スルノ傾向アルヲ以テ改正法ハ之ヲ十歳未滿ト修正シタリ又其第八十條ニ十二歳以上十六歳ニ滿サル者トアルヲ滿十歳以上十五歳ニ滿サル者ト改正シタルモ亦前述ノ理由ニ外ナキナリ

懲治場留置ヲ解クノ規定ヲ設ケタルコト

現行刑法ハ刑罰ニ付テハ假出獄ノ規定アリト雖モ懲治場留置ニ付テハ之ヲ解放スルノ規定ナキヲ以テ懲治場留置ノ言渡ヲ受ケタル者感化ノ効ニ因リ改悛ノ狀ヲ現スト雖モ仍ホ其期限間留置ヲ解クコトヲ得サルノ不便アリ故ニ改正法ニ於テハ此不備ヲ補

第四章　不論罪及減輕
第一節　不論罪及宥恕
減輕

ヒタリ

自首減輕ニ關スル規定ニ改正ヲ加ヘタルコト

現行刑法ノ規定ニ依レハ財產ニ對スル罪ヲ犯シタル者自首シテ直ニ其贓物ヲ還給シ損害ヲ賠償シタルトキト單ニ自首ノミヲ爲シ被害者ノ請求ニ因リ贓物ヲ還給シ損害ヲ賠償シタルトキトハ大ニ減輕ノ度ヲ異ニシ其第一ノ塲合ニ於テハ犯人本刑ニ二等若クハ三等ヲ減セラレ第二ノ塲合ニ於テハ本刑ニ一等ヲ減セラレルノミ犯人刑ヲ受クルニ當テハ此ノ如ク差異アリト雖モ被害者ニ於テハ其何レノ塲合ニ於テモ既ニ贓物ヲ取還シ損害ノ賠償ヲ受ケタル上ハ何等ノ損害モ之ナカルヘシ要スルニ是等私益上ノ事ニ由リ刑罰ニ影響ヲ波及セシムルハ不當ノ規定ナルヲ以テ改正法ハ之ヲ廢シタリ

第六十七條　罪ヲ犯スノ意ナクシテ行ヒタル所爲ハ罪トシテ論セス但法律ニ於テ其規定ヲ遵守セサルノミヲ罰シ又ハ不注意ニヨリ損害ヲ生シタル所爲ヲ罰スル塲合ハ此限ニ在ラス

第七十五條 抗拒ス可カラサル强制ニ遇ヒ其意ニ非サルノ所爲ハ其罪ヲ論セス
天災又ハ意外ノ變ニ因リ避ク可カラサル危難ニ遇ヒ自己若クハ親屬ノ身體ヲ防衞スルニ出タル所爲亦同シ
第七十六條 本屬長官ノ命令ニ從ヒ其職務ヲ以テ爲シタル者ハ其罪ヲ論セス
第四十七條 罪ヲ犯スノ意ナキノ所爲ハ其罪ヲ論セス但法律規則ニ於テ別ニ罪ヲ定メタル者ハ此限ニ在ラス
罪ト爲ル可キ事實ヲ知ラスシテ犯シタル者ハ其罪ヲ論セス
罪本重カル可クシテ犯ス時知ラサル者ハ其重キニ從テ論スルヿヲ得ス
法律規則ヲ知ラサルヲ以テ犯スノ意ナシト爲スヿヲ得ス

---

本人相當ノ注意ヲ欸クコトナクシテ刑ヲ加重ス可キ事實ヲ知ラサルトキハ其加重ノ事實ニ該ル可キ刑ヲ受ケサルモノトス
〔現第七十七條〕
第六十八條 人ノ身體又ハ財産ニ關スル罪ヲ犯シタル者其人又ハ財産ニ錯誤アリト雖モ罪ヲ犯スノ意ナシト爲スコトヲ得ス
第六十九條 爲不爲ノ自由ナクシテ行ヒタル所爲ハ罪トシテ論セス
此規定ハ左ニ記載シタル場合ニ於テ必ス之ヲ適用ス
一 抗拒ス可カラサル脅迫又ハ身體ノ强制ヲ受ケタルトキ
二 天災又ハ意外ノ變ニ因リ避ク可カラサル危難ニ過ヒ自己若クハ親屬ノ身體ヲ救護スルニ出タルトキ
三 自己及ヒ本屬長官ノ職權內ニ在ル事件ニ付キ其長官ノ命令ヲ執行シ又ハ執行スルモノト相當ニ信シタルトキ

第七十八條　罪ヲ犯ス時知覺精神ノ喪失ニ因テ是非ヲ辨別セサル者ハ其罪ヲ論セス

第七十九條　罪ヲ犯ス時十二歳ニ滿サル者ハ其罪ヲ論セス但滿八歳以上ノ者ハ情狀ニ因リ滿十六歳ニ過キサル時間之ヲ懲治場ニ留置スルヿヲ得

第八十條　罪ヲ犯ス時滿十二歳以上十六歳ニ滿サル者ハ其所爲是非ヲ辨別シタルト否トヲ審案シ辨別ナクシテ犯シタル時ハ其罪ヲ論セス但情狀ニ因リ滿二十歳ニ過キサル時間之ヲ懲治場ニ留置スルヿヲ得

若シ辨別アリテ犯シタル時ハ其罪ヲ宥恕シテ本刑ニ二等ヲ減ス

第八十一條　罪ヲ犯ス時滿十六歳以上二十歳ニ滿サル者ハ其罪ヲ宥恕シテ本刑ニ一等ヲ減ス

〔現第七十五條第七十六條〕

第七十條　知覺精神ノ喪失ニ因リ是非ヲ辨別セスシテ行ヒタル所爲ハ罪トシテ論セス〔現第七十八條〕

第七十一條　危急ノ暴行ニ對シ自己又ハ他人ノ身體財産ヲ防衛スル爲メ已ムヲ得スシテ行ヒタル所爲ハ罪トシテ論セス

其防衛ノ度ヲ超ユルモ暴行ニ因リ激シキ感動ヲ發シ直チニ行ヒタル所爲ハ亦罪トシテ論セス〔現第三百十四條第三百十六條〕

第七十二條　自己又ハ親屬ニ暴行若クハ重大ナル侮辱ヲ受クルニ因リ怒ヲ發シ直チニ加害者ニ害ヲ加ヘタル者ハ其罪ヲ宥恕シテ本刑ニ二等又ハ三等ヲ減ス〔現第三百九條〕

第七十三條　前二條ノ規定ハ不正ノ所爲ニ因リ自ラ暴行又ハ侮辱ヲ招キタル者ニ之ヲ適用セス但其所爲ノ性質ニ因リ第七十一條ノ場合ニ於テハ其罪ヲ宥恕シテ本刑ニ二等又ハ三等ヲ減

第八十二條　瘖啞者罪ヲ犯シタル時ハ其罪ヲ論セス但情狀ニ因リ五年ニ過キサル時間之ヲ懲治場ニ留置スルヿヲ得

第八十三條　違警罪ハ滿十六歲以上二十歲ニ滿サル者ト雖モ其罪ヲ宥恕スルヿヲ得ス

滿十二歲以上十六歲ニ滿サル者ハ其罪ヲ宥恕シテ本刑ニ一等ヲ減ス十二歲ニ滿サル者及ヒ瘖啞者ハ其罪ヲ論セス

第八十四條　此節ニ記載スルノ外特別ノ不論罪宥恕減輕ハ各本條ニ於テ之ヲ記載ス

第二節　自首減輕

第八十五條　罪ヲ犯シ事未タ發覺セサル前ニ於テ官ニ自首シタル者ハ本刑ニ一等ヲ減ス但謀殺故殺ニ罹ル者ハ自首減輕ノ限ニ在ラス

シ第七十三條ノ場合ニ於テハ一等又ハ二等ヲ減スルコトヲ得

第七十四條　十歲ニ滿サル者ノ行ヒタル所爲ハ罪トシテ論セス

但裁判所ハ所爲ノ情狀ニ因リ滿十五歲ニ過キサル時間懲治場留置ヲ命スルコトヲ得〔現第七十九條〕

第七十五條　滿十歲以上十五歲ニ滿サル者ノ行ヒタル所爲ハ其是非ヲ辨別シタルト否トヲ判決シ辨別ナクシヲ行ヒタルトキハ罪トシテ論セス但裁判所ハ所爲ノ情狀ニ因リ滿二十歲ニ過キサル時間懲治場留置ヲ命スルコトヲ得

若シ辨別アリテ行ヒタルトキハ其罪ヲ宥恕シテ本刑ニ二等ヲ減ス但此場合ニ於テモ裁判所ハ刑期滿限ノ後滿二十歲ニ過キサル時間懲治場留置ヲ命スルコトヲ得〔現第八十條〕

第七十六條　罪ヲ犯ストキ滿十五歲以上二十歲ニ滿サル者ハ其罪ヲ宥恕シテ本刑ニ一等ヲ減ス〔現第八十一條〕

第八十六條　財産ニ對スル罪ヲ犯シタル者自首シテ其贓物ヲ還給シ損害ヲ賠償シタル時ハ自首減等ノ外仍ホ本刑ニ二等ヲ減ス
其全部ヲ還償セスト雖モ半數以上ヲ還償シタル時ハ一等ヲ減ス

第八十七條　財産ニ對スル罪ヲ犯シ被害者ニ首服シタル者ハ官ニ自首スルト同ク前二條ノ例ニ照シテ處斷ス

第八十八條　此節ニ記載スルノ外本條別ニ自首ノ例ヲ掲ケタル者ハ各本條ニ從フ

第三節　酌量減輕

第八十九條　重罪輕罪違警罪ヲ分タス所犯情狀原諒ス可キ者ハ酌量シテ本刑ヲ減輕スルコトヲ得
法律ニ於テ本刑ヲ加重シ又ハ減輕ス可キ者ト雖モ

---

第七十七條　生來又ハ幼稚ヨリノ聾啞ニシテ滿十歳以上ノ者ノ行ヒタル所爲ニ付テハ第七十五條ノ規定ヲ適用ス但懲治場留置ノ期限ハ五年ヲ超過スルコトヲ得ス（現第八十二條）

第七十八條　前數條ニ從ヒ懲治場ニ留置セラレタル者ニ對シテハ裁判所ハ撿事ノ請求ニ因リ又ハ親屬ノ申請アルトキハ撿事ノ意見ヲ聽キ其留置ヲ解クコトヲ得

第七十九條　違警罪ニ付テハ滿十五歳以上二十歳ニ滿サル者ト雖モ其罪ヲ宥恕セス
滿十歳以上十五歳ニ滿サル者及ヒ聾啞者ハ其罪ヲ宥恕シテ本刑ニ一等又ハ二等ヲ減ス（現第八十三條）

第八十條　罪ノ徵憑未タ犯人ニ對シ發覺セサルニ先チ官ニ自首シテ其處分ヲ待ツ者ハ其罪ヲ宥恕シテ本刑ニ一等ヲ減ス
被害者ノ告訴ヲ待テ訴追ス可キ罪ニ付テハ犯人其被害者ニ首

其酌量ス可キ時ハ仍ホ之ヲ減輕スルヿヲ得

第九十條　酌量輕減ス可キ者ハ本刑ニ一等又ハ二等ヲ減ス

服シ且官ノ處分ヲ待ツヲ以テ自首ノ效アリトス

法律ニ於テ死刑又ハ無期刑ヲ科スル重罪ニ付テハ自首ノ爲メ減輕ヲ行ハス〔現第八十五條第八十七條〕

第八十一條　重罪輕罪違警罪ヲ分タス所犯ノ情狀ニ因リ本刑又ハ加減シタル刑ノ最低度以下ニ減輕ス可キモノハ酌量シテ仍ホ其刑ヲ減輕スルコトヲ得

酌量減輕ス可キモノハ其刑ニ一等又ハ二等ヲ減ス〔第八十九條第九十條〕

## 第五章　再犯

〔說明〕　再犯加重ヲ一般ノ犯罪ニ及ホスノ規定ヲ廢シタルコト

現行刑法ニハ罪ノ性質如何ニ拘ハラス先ニ重罪ノ刑ニ處セラレタル者再犯重罪ニ該ルトキ又先ニ重罪輕罪ノ刑ニ處セラレタル者再犯輕罪ニ該ルトキ又ハ先ニ違警罪ノ刑ニ處セラレタル者再犯違警罪ニ該リ法定ノ條件ヲ具備シタルトキハ本刑ニ一等ヲ加

フルコト、定メタリ必竟再犯加重ハ犯人ヲシテ懲罰ノ實アラシメンカ爲メニ設ケタルニ外ナシト雖モ現行刑法ノ如ク罪ノ種類ヲ問ハス再犯ノ刑ヲ加重スルニ至テハ之ヲ設ケタルノ旨趣ニ背戻スルモノナリトス即チ初メ過失ノ罪ニ處セラレタル者再犯有意ノ犯罪若クハ過失ノ罪ニ該ル者ニ對シ其再犯ノ刑ヲ加重スルハ實ニ法理上當ヲ得サルノミナラス實際上必要ナキニ徒ラニ刑ヲ重クスルモノト云ハサルヘカラス故ニ改正法ニ於テハ一般ノ罪ニ再犯加重ヲ爲スコトヲ廢シ或犯罪ノミニ限リ再犯加重ノ制ヲ用ヒ其他ハ刑罰ノ範圍ヲ擴張シ裁判官ヲシテ其範圍內ニ就テ犯人ノ情狀ニ因リ適宜ノ處分ヲ爲サシムルコト、爲シタリ

第八十二條　確定判決ニ依リ先ニ刑ニ處セラレタル者再ヒ罪ヲ犯ストキハ再犯ト爲ス

再犯ニ因リ刑ヲ加重スル場合ハ各本條ニ於テ之ヲ定ム（現第九十四條）

第五章　再犯加重

第九十一條　先ニ重罪ノ刑ニ處セラレタル者再犯重罪ニ該ル時ハ本刑ニ一等ヲ加フ

第九十二條　先ニ重罪輕罪

ノ刑ニ處セラレタル者再罪輕罪ニ該ル時ハ本刑ニ一等ヲ加フ

第九十三條　先ニ違警罪ノ刑ニ處セラレタル者再犯違警罪ニ該ル時ハ本刑ニ一等ヲ加フ
但一年内再ヒ其違警罪裁判所ノ管轄地内ニ於テ犯シタル時ニ非サレハ再犯ヲ以テ論スルヿヲ得ス

第九十四條　再犯加重ハ初犯ノ裁判確定ノ後ニ非サレハ之ヲ論スルヿヲ得ス

第九十五條　刑期限内再ヒ罪ヲ犯スニ因リ刑ヲ宣告シタル時ハ先ツ其定役ニ服ス可キ者ヲ執行シ定役ニ服セサル者ヲ後ニス若シ初犯再犯共ニ定役ニ服スル刑ニ該ル時又ハ共ニ定役ニ服セサル刑ニ該ル時ハ先ツ其重キ者ヲ執行ス
罰金科料ニ該ル者ハ順序ニ拘ハラス各之ヲ徴收ス

第八十三條　初犯再犯共ニ繋獄ノ刑ニ該リ同時ニ之ヲ執行ス可キトキハ定役ヲ附スルモノヲ先ニシ定役ヲ附セサルモノヲ後ニス若シ二刑共ニ定役ヲ附スルモノナルカ又ハ定役ヲ附セサルモノナルトキハ先ツ其重キモノヲ執行ス（現第九十五條）

第八十四條　監視ハ總テ主刑ヲ執行シ終リタル後ニ之ヲ執行ス若シ監視ヲ附加スル刑數箇アルトキハ止タ其期限ノ長キ監視ヲ執行ス

## 第六章　數罪倶發

〔說明〕　數罪倶發ニ關スル規定ニ改正ヲ加ヘタルヿ現行刑法ニ依レハ數罪一時ニ發スルトキハ一ノ重キニ從テ處斷シ他ノ罪ハ之ヲ論セサルヲ以テ若シ其刑大赦特赦等ニ因リ消滅スルトキハ其他ノ輕キ罪ハ總テ之ヲ執行スルヲ得サルナリ左レハトテ此弊ヲ防カンカ爲メ數罪ノ刑ヲ盡ク執行スルハ酷ニ過クヘシ故ニ改正法ニ於テハ裁判宣告書ニ各罪ノ刑ヲ定メ之ヲ執行

第九十六條　陸海軍裁判所ニ於テ判决ヲ經タル者再ヒ重罪輕罪ヲ犯シタル時ハ初犯ノ罪常律ニ從ヒ處斷シタル者ニ非サレハ再犯ヲ以テ論スルヿヲ得ス

第九十七條　大赦ニ因テ免罪ヲ得タル者ハ再ヒ罪ヲ犯スト雖モ再犯ヲ以テ論スルヿヲ得ス

第九十八條　三犯以上ノ者ト雖モ其加重ノ法ハ再犯ノ例ニ同シ

スルニ當リ概子唯一ノ重キ刑ヲ執行スルコト、爲シタリ又現行刑法ニ依レハ前發ノ罪ヲ判决スルトキ未タ覺發セサル罪再犯ノ罪ト倶ニ發シタルトキハ一般數罪倶發ノ例ニ依リ處分スルコト、爲シタリ而シテ此規定タル大ニ不權衡ノ結果ヲ惹起スニ至ルヘシ例ヘハ二箇ノ有期徒刑ニ該ル可キ罪ヲ犯シ其一罪先ニ發シ後禁錮ニ該ル罪ヲ犯シ其罪有期徒刑ニ該ルヘキ餘罪ト倶ニ發スルトキハ一ノ重キ有期徒刑ニ處セラルヘシ然ルニ若シ其有期徒刑ニ該ルヘキ罪先ニ發シタルトキハ犯人ハ再犯ノ罪即チ單ニ禁錮ノ刑ニ處セラル、モノナリ故ニ此規定タル恰モ犯人ヲシテ先ニ處斷ヲ經サルトキニ當リ自ラ他ノ有期徒刑ニ該ル罪ヲ犯シタルコトヲ自白セサリシヲ責ムルト一般ニシテ道理上最モ不當ナルモノトス前例ニ反シ重懲役ト禁錮ニ該ル罪ヲ犯シ禁錮ノ罪先ツ發覺シ餘罪再犯ニ係ル有期徒刑ニ該ルヘキ罪ト發覺スルトキハ犯人ハ故ナク重懲役ノ刑ヲ免ル、ト一般ニシテ之亦タ不當ノ規定ニ原因スル結果ニ外ナシ改正法ハ即チ第九十三條ニ

於テ現行刑法ノ欠點ヲ補ヒ此ノ如キ不權衡ノ結果ヲ生セサラシメタリ

第八十五條　未タ確定ノ判決ヲ經サル數罪俱ニ發シタルトキハ各其刑ヲ宣告シ以下數條ノ規定ニ從ヒ之ヲ執行ス（現第百條）

第八十六條　死刑ト繫獄ノ刑トヲ宣告シタルトキハ止タ死刑ヲ執行ス

第八十七條　數箇ノ刑共ニ定役ヲ附シ又ハ共ニ之ヲ附セサルトキハ止タ其期限ノ長キモノヲ執行ス若シ其刑期等シキトキハ止タ其一ヲ執行ス

定役ヲ附シタル刑ト定役ヲ附セサル刑トヲ宣告シタル場合ニ於テ定役ヲ附シタル刑期長ク又ハ等シキトキハ止タ其刑ヲ執行ス若シ其刑期定役ヲ附セサル刑ヨリ短キトキハ先ツ定役ヲ附シタル刑ヲ執行シ其期限ヲ定役ヲ附セサル刑ニ通算ス

第七章　數罪俱發

第百條　重罪輕罪ヲ犯シ未タ判決ヲ經ス二罪以上俱ニ發シタル時ハ一ノ重キニ從テ處斷ス

重罪ノ刑ハ刑期ノ長キ者ヲ以テ重ト爲シ刑期ノ等シキ者ハ定役アル者ヲ以テ重ト爲ス

輕罪ノ刑ハ其所犯情狀最重キ者ニ從テ處斷ス

第百一條　違警罪二罪以上俱ニ發シタル時ハ各其刑ヲ科ス若シ重罪又ハ輕罪ト俱ニ發シタル時ハ一ノ重キニ從フ

第百二條　一罪前ニ發シ己ニ判決ヲ經テ餘罪後ニ發シ其輕ク若クハ等シキ者ハ之ヲ論セス其重キ者ハ更ニ之ヲ論シ前發ノ刑ヲ

以テ後ノ罰刑ニ通算ス刑前發ノ發但金科料ニ該リ已ニ納完シタル者ハ第二十七條ノ例ニ照シ折算シテ後發ノ刑期ニ通算ス若シ前發ノ罪ヲ判決スル時未タ發セサル罪再犯ノ罪ト倶ニ發シタル者ハ其再犯ト比較シ一ノ重キニ從ヒ前發ノ刑ヲ通算セス

第百三條　數罪倶ニ發シ一ノ重キニ從フ時ト雖圧其沒收及ヒ徵償ノ處分ハ各本法ニ從フ

第八十八條　期限等シキ重罪ノ刑ト禁錮ノ刑トヲ宣告シタル場合ニ於テ其共ニ定役ヲ附シ又ハ之ヲ附セサルトキハ止タ重罪ノ刑ヲ執行ス

期限等シキ無役錮禁ト拘留トヲ宣告シタルトキハ止タ禁錮ヲ執行ス

第八十九條　重罪ノ刑ト禁錮トヲ宣告シ又ハ禁錮ト拘留トヲ宣告シタル場合ニ於テ前數條ノ規定ニ從ヒ禁錮又ハ拘留ヲ執行スルトキハ重罪又ハ禁錮ノ刑ハ仍ホ其法律上ノ結果ヲ生ス

第九十條　重罪ノ刑ト罰金若クハ科料トヲ宣告シタルトキハ止タ重罪ノ刑ヲ執行ス

禁錮若クハ拘留ト罰金若クハ科料トヲ宣告シタルトキハ禁錮拘留ヲ執行シ其一日ヲ一圓ニ折算シテ罰金科料ノ額ヨリ扣除シ剩ル金額ヲ徵收ス

第九十一條　數箇ノ罰金若クハ科料ヲ宣告シ又ハ罰金ト科料トヲ宣告シタルトキハ止タ其金額ノ多キモノヲ執行ス

第九十二條　附加刑ハ總テ之ヲ執行ス但停止公權及ヒ監視ニ付テハ止タ其期限ノ長キモノヲ執行ス

第九十三條　一罪前ニ發シ已ニ確定ノ判決ヲ經テ餘罪後ニ發シタルトキハ亦前數條ノ規定ニ從フ但後發罪ニ對スル繫獄ノ刑前發罪ノ刑ヨリ重キトキハ其前後ノ刑定役ヲ附スルト否トヲ分タス已ニ執行シタル前發罪ノ刑期ヲ後發罪ノ刑期ニ通算ス」已ニ執行シタル刑又ハ執行中ノ刑消滅シタルニ因リ他ノ刑ヲ執行ス可キ場合ニ於テモ亦前項通算ノ例ニ從フ（現第百二條）

第九十四條　前發罪ヲ判決スルトキ未タ發セサル罪再犯罪ト倶ニ發シ又ハ再犯罪ヨリ後ニ發シタルトキハ再犯罪ノ刑ト後發罪ノ刑トヲ比較シ前數條ノ規定ニ從テ處分シ前發罪ノ刑ハ別

## 第八章　數人共犯

### 第一節　正犯

第百四條　二人以上現ニ罪ヲ犯シタル者ハ皆正犯ト爲シ各自ニ其刑ヲ科ス

第百五條　人ヲ敎唆シテ重罪輕罪ヲ犯サシメタル者ハ亦正犯ト爲ス

第百六條　正犯ノ身分ニ因リ別ニ刑ヲ加重ス可キ時ハ他ノ正犯從犯及ヒ敎唆者ニ及ホスヿヲ得ス

第百七條　犯人ノ多數ニ因リ刑ヲ加重ス可キ時ハ敎唆者ヲ算入シテ多數ト爲スヿヲ得ス

---

ニ之ヲ執行ス若シ前發罪ノ刑後發罪ノ刑共ニ再犯罪ノ刑ヨリ重キトキハ前發罪ノ刑ト後發罪ノ刑トヲ比較シテ處分シ再犯罪ノ刑ハ別ニ之ヲ執行ス〔現第二條〕

## 第七章　數人共犯

第九十五條　二人以上共ニ罪ヲ犯シタル者又ハ罪ヲ犯スニ際シ之ニ必要ナル所爲ニ加功シタル者ハ皆正犯ト爲シ各自ニ其刑ヲ科ス〔現第百條〕

第九十六條　贈與、約束、脅迫、威權其他ノ手段ヲ以テ人ヲ敎唆シ重罪輕罪ヲ犯サシメタル者ハ亦正犯ト爲ス〔現第百五條〕

第九十七條　左ニ記載シタル者ハ重罪輕罪ノ從犯ト爲シ正犯ノ刑ニ一等ヲ減ス

一　正犯ヲシテ其罪ヲ遂ケシムル爲メ誘導、指示シ又ハ犯罪ノ用ニ供シ若クハ犯罪ヲ容易ナラシム可キ器具方法ヲ授

第百八條 事ヲ指定シテ犯罪ヲ敎唆スルニ當リ犯人敎唆ニ乘シ其指定シタル以外ノ罪ヲ犯シ又ハ其現ニ行フ所ノ方法敎唆者ノ示指シタル所ト殊ナル時ハ左ノ例ニ照シテ敎唆者ヲ處斷ス
一 所犯敎唆シタル罪ヨリ重キ時ハ止タ其指定シタル罪ニ從テ刑ヲ科ス
二 所犯敎唆シタル罪ヨリ輕キ時ハ現ニ行フ所ノ罪ニ從テ刑ヲ科ス

第二節 從犯

第百九條 重罪輕罪ヲ犯スコトヲ知テ器具ヲ給與シ又ハ誘導指示シ其他豫備ノ所爲ヲ以テ正犯ヲ幇助シ犯罪ヲ容易ナラシメタル者ハ從犯ト爲シ正犯ノ刑ニ一等ヲ減ス但正犯現ニ行フ所ノ罪從犯ノ知ル所ヨリ重キ時ハ止タ其知ル所ノ罪ニ照シ一等ヲ減ス

第百十條 身分ニ因リ刑ヲ

ケ若クハ之ヲ得セシメ其他豫備ノ所爲ニ加功シタル者
二 罪ヲ犯スニ際シ其便利ト爲ル可キ所爲ニ加功シ又ハ當然爲ス可キノ義務ヲ執行セスシテ正犯ヲ幇助シタル者
身分ニ因リ刑ヲ加重ス可キ者從犯ト爲ルトキハ其重キニ從テ一等ヲ減ス〔現第百九條第百十條〕
第九十八條 犯罪ノ情狀ニ因リ刑ヲ加重ス可キ場合ニ於テハ共犯中其事ニ與ラサルモ情ヲ知リタルトキ若クハ豫知シ得ヘキトキハ其加重ヲ免カルヽコトヲ得ス
共犯ノ身分ニ因リ刑ヲ加重ス可キトキハ他ノ共犯ニ及ホスコトヲ得ス〔現第百六條〕
第九十九條 犯人ノ多數ニ因リ刑ヲ加重ス可キトキハ敎唆者及ヒ從犯ヲ算入シテ多數ト爲スコトヲ得ス但罪ヲ犯スニ際シ加功シタル從犯ハ此限ニ在ラス〔現第百七條〕

加重ス可キ者從犯ト爲ル時ハ其重キニ從テ一等ヲ減ス
正犯ノ身分ニ因リ刑ヲ減免ス可キ時ト雖モ從犯ノ刑ハ其輕キニ從テ減免スルヿヲ得ス

第九章　未遂犯罪

第百條　事ヲ指定シテ犯罪ヲ敎唆スルニ當リ犯人敎唆ニ乘シ其指定シタル所ト輕重ヲ異ニスル同性質ノ罪ヲ犯シ又ハ其現ニ行フ所ノ方法敎唆者ノ指定シタル所ト異ナルトキハ左ノ例ニ照シテ敎唆者ヲ處斷ス

一　所犯敎唆シテ罪ヨリ重キトキハ止タ其指定シタル罪ニ從テ刑ヲ科ス

二　所犯敎唆シタル罪ヨリ輕キトキハ現ニ行フ所ノ罪ニ從テ刑ヲ科ス〔現第百八條〕

第百一條　共謀シテ罪ヲ犯スニ當リ正犯中共謀シタル所ト異ナル罪ヲ犯シタル者アルトキ又ハ正犯現ニ行フ所ノ罪從犯ノ知ル所ノ罪ト異ナルトキハ他ノ正犯又ハ從犯ハ前條ノ例ニ照シテ處斷ス〔現條百九條〕

第八章　未遂犯

第百十一條　罪ヲ犯サンヿヲ謀リ又ハ其豫備ヲ爲スト雖圧未タ其事ヲ行ハサル者ハ本條別ニ刑名ヲ記載スルニ非ザレハ其刑ヲ科セス

第百十二條　罪ヲ犯サントシテ已ニ其事ヲ行フト雖モ犯人意外ノ障礙若クハ舛錯ニ因リ未タ遂ケサル時ハ已ニ遂ケサル者ノ刑ニ一等又ハ二等ヲ減ス

第百十三條　重罪ヲ犯サントシテ未タ遂ケサル者ハ前條ノ例ニ照シテ處斷ス

輕罪ヲ犯サントシテ未タ遂ケサル者ハ本條別ニ記載スルニ非サレハ前條ノ例得照シテ處斷スルヿヲ

輕違セス罪ヲ犯サントシテ未遂スケサル者ハ其罪ヲ論ニタ

第百二條　罪ヲ犯サントシテ已ニ其實行ニ着手スト雖モ犯人意外ノ障礙若クハ舛錯ニ因リ遂ケサルモノハ未遂犯ト爲ス（現第百十二條）

第百三條　重罪ノ未遂犯ハ之ヲ罰ス

輕罪ノ未遂犯ハ法律ニ於テ時ニ罰スルコトヲ定メタル場合ニ於テ之ヲ罰ス

違警罪ノ未遂犯ハ之ヲ罰セス（現第百十三條）

第百四條　未遂犯ノ刑ハ法律ニ於テ別段ノ規定ナキトキハ已ニ遂ケタルモノノ刑ニ一等又ハ二等ヲ減ス

第百五條　罪ヲ行フノ際犯人自ラ中止シ又ハ其所爲ヲ盡スモ自ラ效果ヲ欽カシメタルトキハ止タ現ニ生シタル害ニ從テ之ヲ罰ス

## 第九章　例名

## 第十章　親屬例

第百十四條　此刑法ニ於テ親屬ト稱スルハ左ニ記載シタル者ヲ云フ

一　祖父母父母夫妻

〔說明〕　名例ヲ設ケタルコト

現行刑法ニハ名例中唯親屬例ノ一ヲ示シタルノミ其他法文中ニ用ヒタル名稱ノ定義ヲ示サヽルヲ以テ實際疑團ヲ生スルノ場合尠少ナラス例ヘハ門戶牆壁ヲ踰越シ若クハ鎖鑰ヲ開クト云フカ如キ其字義ノミニ拘泥スルトキハ意義狹隘ナルニ因リ重ク罰スヘキ罪ヲ輕ク罰スルカ如キ結果ヲ生シ又兇器トハ如何ナル物件マテヲ包含スルモノナルカ又年齡ヲ計算スルニ一歳ト稱スルハ幾許ノ時日ヲ經タルモノヲ云フカノ如キ之ナリ而シテ現行刑法中ニハ其定義ヲ示サヽルヲ以テ之カ爲メニ實際ノ處分區々ニ出テ公平ヲ失スルコト往々之アルナリ之レ改正法ニ於テ名例ヲ設定スルノ必要アリタル所以ナリトス

第百六條　此法律ニ於テ親屬ト稱スルハ左ニ記載シタル者ヲ謂フ

一　祖父母、父母、夫妻

二 子孫及ヒ其配偶者
三 兄弟姉妹及ヒ其配偶者
四 兄弟姉妹ノ子及ヒ其配偶者
五 父母ノ兄弟姉妹及ヒ其配偶者
六 父母ノ兄弟姉妹ノ子
七 配偶者ノ祖父母父母
八 配偶者ノ兄弟姉妹及ヒ其配偶者
九 配偶者ノ兄弟姉妹ノ子
十 配偶者ノ父母ノ兄弟姉妹

第百十五條 祖父母ト稱スルハ高曾祖父母外祖父母同シ父母ト稱スルハ繼父母嫡母同シ子孫ト稱スルハ庶子曾玄孫外孫同シ兄弟姉妹ト稱スルハ異父母ノ兄弟姉妹同シ
養子其養家ニ於テハ親屬ノ例ハ實子ニ同シ

---

二 子孫及ヒ其配偶者
三 兄弟、姉妹及ヒ其配偶者
四 兄弟、姉妹ノ子及ヒ其配偶者
五 父母ノ兄弟、姉妹及ヒ其配偶者
六 父母ノ兄弟、姉妹ノ子
七 配偶者ノ祖父母、父母
八 配偶者ノ兄弟、姉妹及ヒ其配偶者
九 配偶者ノ兄弟、姉妹ノ子
十 配偶者ノ父母ノ兄弟、姉妹

祖父母ト稱スルハ高曾祖父母、外祖父母同シ父母ト稱スルハ繼父母、嫡母同シ子孫ト稱スルハ庶子、曾玄孫、外孫同シ兄弟姉妹ト稱スルハ異父、異母ノ兄弟、姉妹同シ
養子其養家ニ於ケル親屬ノ例ハ實子ニ同シ（現第百十四條 第百五十條）

第百七條　官吏ト稱スルハ巡査、憲兵卒及ヒ監獄ノ看守ヲ包含ス

第百八條　公吏ト稱スルハ執達吏、公證人及ヒ地方自治制ニ依リ公共ノ事務ヲ執ル吏員ヲ謂フ

第百九條　臨時委任ヲ受ケテ官吏、公吏ヲ補助シ若クハ之ヲ攝行スル者ハ仍ホ官吏、公吏ニ准ス

第百十條　判事、撿事ト稱スルハ行政裁判所ノ長官、評定官、陸海軍軍法會議ノ判士長、判士、理事、主理其他特別裁判所ニ於テ審判、撿察ノ事務ヲ掌ル者ヲ包含ス

警察官ト稱スルハ陸海軍撿察官ヲ包含ス

第百十一條　議會ト稱スルハ法律ヲ以テ組織シタル議會ヲ謂ヒ議員ト稱スルハ其議會ノ議長、議員ヲ謂フ

第百十二條　家宅ト稱スル　人ノ住居シ又ハ人ノ住居ニ供シタ

ル家屋船舶其他ノ建造物ヲ謂フ
家宅ニ附屬スル庭園其他ノ場所ニシテ防圍ヲ施シタルモノハ家宅ニ准ス
第百十三條　門戸牆壁ト稱スルハ家宅ノ上下四方ヲ限ル人工若クハ天然ノ防圍ヲ謂フ
其踰越ト稱スルハ防圍ノ下邊ヨリ潜入スルモノヲ包含ス
鎖鑰ヲ開クト稱スルハ僞鑰ヲ用ヒ其他ノ手段ヲ以テ人ノ閉鎖シタル場所ヲ開クヲ謂フ
第百十四條　兇器ト稱スルハ左ニ記載シタルモノヲ謂フ
一　銃、劍、刀、鎗其他ノ兵器
二　菜刀、棍棒其他用方ニ因リ人ヲ殺傷スルニ足ル可キ物件
三　人ヲ威嚇スルニ足ル可キ爆發物及ヒ燃燒物
第百十五條　毆打ト稱スルハ總テ暴行其他人ヲ疾病、創傷ニ致ス

ノ意ヲ以テ行ヒタル匪曲ノ所爲ヲ包含ス

第百十六條　一日ト稱スルハ二十四時ヲ謂フ

第百十七條　年齢ヲ計算スルニ一歳ト稱スルハ暦ニ從ヒ生日ヨリ起算シタル一年ヲ謂フ

## 第二編公益ニ關スル重罪及ヒ輕罪

### 第一章　皇室ニ對スル罪

（説明）皇室ニ對スル犯罪ノ未遂犯及ヒ豫備陰謀ニ付キ其刑ニ差等ヲ設ケタルコト

現行刑法第百十六條ニ天皇三后皇太子ニ對シ危害ヲ加ヘ又ハ危害ヲ加ヘントシタル者ハ死刑ニ處ストアリ其加ヘントシタルト云ヘル字義ハ危害ヲ加フルノ未遂犯ヲ指シタルモノナルカ又ハ其豫備陰謀ヲモ包含セシメタルモノナルカ明瞭ナラス固ヨリ臣民ニシテ斯ノ如キ大罪ヲ犯スカ如キ者萬之レナカルヘキヲ保スト雖モ既ニ法律ニ此規定ヲ爲ス以上ハ其意義ヲ曖昧摸稜ニ付ス

第二編　公益ニ關スル重罪輕罪

第一章　皇室ニ對スル罪

第百十六條　天皇三后皇太子ニ對シ危害ヲ加ヘ又ハ加ヘントシタル者ハ死刑ニ處ス

第百十七條　天皇三后皇太子ニ對シ不敬ノ所爲アル者ハ三月以上五年以下ノ重禁錮ニ處シ二十圓以上二百圓以下ノ罰金ヲ附加ス

皇陵ニ對シ不敬ノ所爲ア

---

ルハ不當ナリトス果シテ然ラハ同條ニ所謂加ヘントシタルト言ヘル文字ハ未遂犯ノミヲ指シタルモノトセンカ其豫備陰謀ノ所爲ハ之ヲ不問ニ措カサルヘカラス若シ其豫備陰謀ヲモ包含シタルモノト爲ストキハ其刑嚴酷ニ過クルヤノ感アリ因テ改正法ニ於テハ未遂犯ト豫備陰謀トヲ區別シテ相當ノ刑罰ヲ科スルコトトセリ

第百十八條　天皇、三后、皇太子、皇太子妃、皇太孫、皇太孫妃ノ生命ニ對シ危害ヲ加ヘタル者ハ已遂、未遂ヲ分タス死刑ニ處ス

其身體ニ對シ危害ヲ加ヘタル者ハ已遂、未遂ヲ分タス無期懲役ニ處ス現(第百十六條)

第百十九條　前條ニ記載シタル以外ノ皇族ノ生命ニ對シ危害ヲ加ヘタル者ハ死刑ニ處シ若シ未遂犯ニ係ルトキハ無期懲役ニ處ス

其身體ニ對シ危害ヲ加ヘタル者ハ無期懲役ニ處シ若シ未遂犯

ル者亦同シ

第百十八條　皇族ニ對シ危害ヲ加ヘタル者ハ死刑ニ處ス其危害ヲ加ヘントシタル者ハ無期徒刑ニ處ス

第百十九條　皇族ニ對シ不敬ノ所爲アル者ハ二月以上四年以下ノ重禁錮ニ處シ十圓以上百圓以下ノ罰金ヲ附加ス

第百二十條　此章ニ記載シタル罪ヲ犯シ輕罪ノ刑ニ處スル者ハ六月以上二年以下ノ監視ニ付ス

---

ニ係ルトキハ一等有期懲役ニ處ス（現第百十八條）

第百二十條　前二條ニ記載シタル重罪ノ豫備ヲ爲シタル者ハ未遂犯ノ刑ニ一等ヲ減シ其二人以上陰謀ヲ爲シタルニ止マル者ハ二等若クハ三等ヲ減ス

第百二十一條　前條ニ記載シタル豫備又ハ陰謀ヲ爲スト雖モ自首シタル者ハ本刑ヲ免シ一年以上五年以下ノ監視ニ付ス

第百二十二條　天皇、三后、皇太子、皇太子妃其他皇族ニ對シ其面前ニ於テ不敬ノ所爲ヲ行ヒタル者ハ三月以上五年以下ノ有役禁錮若クハ無役禁錮ニ處ス

其面前ニ非スト雖モ文書ヲ配付シ演説ヲ爲シ其他公ノ方法ニ因リ不敬ノ所爲ヲ行ヒタル者ハ二月以上四年以下ノ有役禁錮若クハ無役禁錮ニ處ス（現第百十七條 同第百十九條）

第百二十三條　皇陵及ヒ神宮ニ對シ不敬ノ所爲ヲ行ヒタル者ハ

一月以上三年以下ノ有役禁錮若クハ無役禁錮ニ處ス

## 第二章　內亂ニ關スル罪

〔說明〕內亂ニ關スル罪ヲ二種ニ區別シ且此罪ニ關スル現行刑法ノ不備ヲ補ヒタルコト

內亂ニ關スル罪ハ其兵ヲ擧ケ政府ニ抗敵スルノ點ニ至テハ何レノ塲合ニ於テモ同一ナリト雖モ其目的トスル所ハ自ラ差異アリ一ハ帝國ノ基本ヲ侵害セントスルニ在リ又一ハ政府ノ當路者ト政治上ノ意見ヲ異ニスル所ヨリ其政治ノ方針ヲ變更セントスルニ在リ而シテ第一ノ塲合ハ第二ノ塲合ニ比スレハ罪狀ノ重キハ言ヲ竢タサル所ナリ然ルニ現行刑法ハ此區別ヲ爲サスシテ一樣ニ刑ヲ定メタルハ刑罰ノ權衡ヲ失シ不當ノ規定タルヲ免レス故ニ改正法ハ其區別ヲ明カニシ又各自相當ノ刑罰ヲ科スルコトヽ爲シタリ

又現行刑法ハ現ニ其暴動ニ加ハリタル者ノ刑ヲ定ムルニ止マリ之ニ與セスシテ止タ暴動者ニ幫助ヲ爲シタル者ノ刑ヲ定メス故

ニ官兵ノ機密ヲ暴動者ニ漏泄シタル者ヲ罰スルコトヲ得サルカ如キ不都合アルヲ以テ改正法ニ於テハ之ヲ補修セリ

第二章 國事ニ關スル罪

第一節 内亂ニ關スル罪

第百二十一條 政府ヲ顚覆シ又ハ邦土ヲ僭竊シ其他朝憲ヲ紊亂スルコトヲ目的ト爲シ内亂ヲ起シタル者ハ左ノ區別ニ從テ處斷ス

一 首魁及ヒ敎唆者ハ死刑ニ處ス

二 群衆ノ指揮ヲ爲シ其他樞要ノ職務ヲ爲シタル者ハ無期流刑ニ處シ其情輕キ者ハ有期流刑ニ處ス

三 兵器金穀ヲ資給シ又ハ諸般ノ職務ヲ爲シタル者ハ重禁獄ニ處シ其情輕キ者ハ輕禁獄ニ處ス

四 敎唆ニ乘シテ附和隨行シ又ハ指揮ヲ受ケテ雜役ニ供シタル者

第百二十四條 皇室ヲ傾覆シ皇嗣ノ順序ヲ紊亂シ邦土ヲ僭竊シ其他國權ヲ變更スルコトヲ目的トスル内亂ニ與シタル者ハ左ノ區別ニ從テ處斷ス

一 首魁及ヒ煽動者ハ死刑ニ處ス

二 群衆ノ指揮ヲ爲シ其他樞要ノ職務ヲ爲シタル者ハ無期禁獄又ハ一等有期禁獄ニ處ス

三 兵器、彈藥、金穀、船舶其他軍用ノ物品ヲ資給シ又ハ暴動者ノ爲メ有益ナル事務ヲ爲シタル者ハ一等又ハ二等ノ有期禁獄ニ處ス

四 前數號ニ記載シタル以外ノ共犯人ハ三等有期禁獄ニ處シ止タ雜務ニ使役セラレタルモノハ一年以上五年以下ノ無

ハ二年以上五年以下ノ輕禁錮ニ處ス

第百二十二條　内亂ヲ起スノ目的ヲ以テ兵器彈藥船舶金穀其他軍備ノ物品ヲ劫掠シタル者ハ巳ニ内亂ヲ起シタル者ノ刑ニ同シ

第百二十三條　政府ヲ變亂スルノ目的ヲ以テ人ヲ謀殺シタル者ハ兵ヲ擧ルニ至ラスト雖モ内亂ト同ク論シ其教唆者及ヒ下手者ヲ死刑ニ處ス

第百二十四條　前三條ノ罪ハ未遂犯罪ノ時ニ於テ乃チ本刑ヲ科ス

第百二十五條　兵隊ヲ招募シ又ハ兵器金穀ヲ準備シ其他内亂ノ豫備ヲ爲シタル者ハ第百二十一條ノ例ニ照シ各一等ヲ減ス
内亂ノ陰謀ヲ爲シ未タ豫備ニ至ラサル者ハ各二等ヲ減ス

---

役禁錮ニ處ス

暴動者ト通謀セスト雖モ暴動者ノ爲メニ有益ナル幇助ヲ爲シタル者ハ一等乃至三等ノ有期禁獄ニ處ス〔現第百二十一條〕

第百二十五條　政府ヲ傾覆シ政務ヲ變亂シ其他政事ニ關スル事項ヲ目的トスル内亂ニ與シタル者ハ前條ノ例ニ照シ各一等ヲ減ス〔現第百廿一條〕

第百二十六條　前二條ニ記載シタル内亂ヲ起ス爲メ左ノ所爲ヲ行ヒタルトキハ未タ兵ヲ擧ルニ至ラスト雖モ内亂ヲ起シタルト同ク論シ同條ノ例ニ照シ各一等ヲ減ス

一　兵器、彈藥、金穀其他軍備ノ物品ヲ劫掠シタルトキ

二　陸海軍ノ製造所、武庫、陣營又ハ政府ニ屬シ若クハ政府ノ使用スル船舶ヲ劫掠シタルトキ〔現第百二十二條〕

第百二十七條　兵隊ヲ招募シ又ハ兵器、彈藥、金穀、船舶其他軍用

第百二十六條　內亂ノ豫備又ハ陰謀ヲ爲スト雖モ未タ其事ヲ行ハサル前ニ於テ自首シタル者ハ本刑ヲ免シ六月以上三年以下ノ監視ニ付ス

第百二十七條　內亂ノ情ヲ知テ犯人ニ集會所ヲ給與シタル者ハ二年以上五年以下ノ輕禁錮ニ處ス

第百二十八條　內亂ニ乘シテ人ノ身體財產ニ對シ內亂ノ目的ニ關セサル重罪輕罪ヲ犯シタル者ハ通常ノ刑ニ照シ重キニ從テ處斷ス

---

ノ物品ヲ準備シテ內亂ノ豫備ヲ爲シタル者ハ第百二十四條・第二百五十條ノ例ニ照シ各二等ヲ減ス

其他ノ方法ヲ以テ豫備ヲ爲シタル者ハ各三等ヲ減ス〔現第百廿五條〕

第百二十八條　二人以上內亂ノ陰謀ヲ爲シタル者ハ第百二十四條、第百二十五條ノ例ニ照シ各四等ヲ減ス〔現第百廿五條〕

第百二十九條　內亂ノ豫備又ハ陰謀ヲ爲スト雖モ自首シタル者ハ本刑ヲ免シ一年以上三年以下ノ監視ニ付ス〔現第百二十六條〕

第百三十條　第百二十四、條第百二十五條及ヒ第百二十六條ニ記載シタル罪ノ實行前人ノ身體又ハ財產ニ對スル通常ノ重罪又ハ輕罪ヲ犯シタル者ハ各本條ノ刑ニ處ス其實行ヲ始メタル後ト雖モ內亂ニ必要ナラサルトキ亦同シ

何レノ場合ニ於テモ軍使、俘虜、人質其他戰鬪ニ加ハラサル者

ヲ殺シタル者ハ死刑ニ處ス〔現第百二十八條〕

第百三十一條　內亂ノ情ヲ知テ犯人ニ集會所ヲ給與シタル者ハ一年以上三年以下ノ無役禁錮ニ處ス〔現第百二十七條〕

第百三十二條　此章ニ記載シタル罪ヲ犯シタル者ハ監視ニ付スルコトヲ得

## 第三章　外患ニ關スル罪

〔說明〕外患ニ關スル犯罪ノ刑ヲ改メ且現行刑法ノ不備ヲ補ヒタルコト

現行刑法ハ外患ニ關スル罪ヲ以テ政治ニ關スル犯罪ト見做シ其死刑ニ該ラサル者ニ對シテハ無役ノ刑ヲ科スルコトヽセリ然ルニ此罪タル敵國ヲ助ケ我帝國ヲ亡滅セシメントスル奸惡ノ犯罪ニシテ內亂罪トハ同日ノ論ニ非サルナリ時トシテハ政治上ニ付キ此罪ヲ犯ス者萬一ニナキニモシモアラスト雖モ其犯人ノ目的ニシテ之ヲ遂ケ得タリト假定センカ我帝國ヲシテ獨立ヲ失ハシ

メ敵國ノ附庸地ト爲サシムルニ至ラン何レノ點ヨリ觀ルモ此罪ヲ犯ス者ハ廉恥ヲ重ンセサル賣國ノ奴輩ニ過キス故ニ改正法ニ於テハ是等ノ罪ヲ犯ス者死刑ニ該ラサルトキハ有役ノ刑ヲ科スルコトヽ定メタリ

又現行刑法ニハ都府城砦ヲ敵國ニ交付スルノ規定アリト雖モ之ヲ毀壞又ハ使用スルコト能ハサラシメタル塲合ヲ規定セス然レトモ彼此共ニ帝國又ハ同盟國ノ爲メニ害ヲ及ホスヘキ所爲ニシテ一ハ之ヲ罰シ一ハ之ヲ不問ニ付スルノ理ナカルヘシ故ニ改正法ハ此不備ノ點ヲ補ヘリ

又敵國ノ間諜ト爲テ未タ機密ヲ敵國ニ漏泄セサル者或ハ日本官署ヨリ發シタル公信ヲ携帶スル者ノ往來ヲ妨クル者等ノ罪ヲ定メサルヲ以テ改正法ハ之ヲ補ヘリ又平時ト雖モ我軍事又ハ政治ニ關スル秘密ヲ外國ニ漏泄スル者ハ爲メニ我國ニ對シ大害ヲ惹起スヘキコトアルヲ以テ改正法ハ之ヲ處罰スルコトヽナシ現行法ノ欠點ヲ補ヒタリ

第二節　外患ニ關スル罪

第百二十九條　外國ニ與シテ本國ニ抗敵シ又ハ外國ト交戰中同盟國ニ抗敵シ其他本國ニ背叛シテ敵兵ニ附屬シタル者ハ死刑ニ處ス

第百三十條　交戰中敵兵ヲ誘導シ本國管內ニ入ラシメ若クハ本國及ヒ同盟國ノ都府城塞又ハ兵器彈藥船艦其他軍事ニ關スル土地家屋物件ヲ敵國ニ交付シタル者ハ死刑ニ處ス

第百三十一條　本國及ヒ同盟國ノ軍情機密ヲ敵國ニ漏泄シ若クハ兵隊屯集ノ要地又ハ道路ノ險夷ヲ敵國ニ通知シタル者ハ無期流刑ニ處ス

敵國ノ間諜ヲ誘導シテ本國管內ニ入ラシメ若クハ之ヲ藏匿シタル者亦同シ

第百三十三條　日本人外國ニ與シテ日本ニ抗敵シ又ハ外國ト交戰中日本ノ同盟國ニ抗敵シタル者ハ死刑ニ處ス〔現第百廿九條〕

第百三十四條　外國ト交戰中敵國ノ兵隊ヲシテ日本若クハ同盟國ノ管內ニ入ルコトヲ得セシメ又ハ日本若クハ同盟國ニ屬シ若クハ其使用スル城邑、陣營、港口、船舶、陸海軍ノ製造所又ハ倉庫ヲ敵國ニ交付シタル者ハ死刑ニ處ス

其他攻守ノ爲メニ有益ナル場所、物件ヲ敵國ニ交付シタル者ハ無期懲役又ハ一等有期懲役ニ處ス〔現第百三十條

第百三十五條　敵國ヲ利シ又ハ日本若クハ同盟國ヲ害スル爲メ前條ニ記載シタル場所物件ヲ毀壞シ若クハ使用スルコト能ハサルニ至ラシメタル者ハ前條ノ例ニ擬シテ處斷ス

第百三十六條　官吏其他ノ者職務ニ因リ又ハ臨時ノ委任ニ因リ日本若クハ同盟國ノ外交商議ニ關スル機密ヲ知リ又ハ陸海軍

第百三十二條　陸海軍ヨリ委任ヲ受ケ物品ヲ供給シ及ヒ工作ヲ爲ス者交戰ノ際敵國ニ通謀シ又ハ其賂遺ヲ收受シテ命令ニ違背シ軍備ノ乏缺ヲ致シタル時ハ有期流刑ニ處ス

第百三十三條　外國ニ對シ私ニ戰端ヲ開キタル者ハ有期流刑ニ處ス其豫備ニ止ル者ハ一等又ハ二等ヲ減ス（草第百四十九條）

第百三十四條　外國交戰ノ際本國ニ於テ局外中立ヲ布告シタル時其布告ニ違背シタル者ハ六月以上三年以下ノ輕禁錮ニ處シ十圓以上百圓以下ノ罰金ヲ附加ス（草第百五十條）

第百三十五條　此章ニ記載シタル罪ヲ犯シ輕罪ノ刑ニ處スル者ハ六月以上二年以下ノ監視ニ付ス

ノ機密ヲ知テ之ヲ敵國ニ漏泄シタル者ハ無期懲役ニ處ス

僞計、賄賂、暴行ヲ以テ前項ニ記載シタル機密ヲ探知シ之ヲ敵國ニ漏泄シタル者亦同シ

其偶然機密ヲ知テ之ヲ敵國ニ漏泄シタル者ヲ二等有期懲役ニ處ス

第百三十七條　敵國ヲ利シ又ハ日本若クハ同盟國ヲ害スル爲メ日本若クハ同盟國ノ陸海軍隊ノ位置、運動其他軍、備、軍情ヲ敵國ニ通知シ又ハ水陸ノ要害、險夷ヲ敵國ニ指示シタル者ハ一等有期懲役ニ處ス

第百三十八條　敵國ノ爲メニ間諜ト爲リタル者ハ無期懲役ニ處ス

日本若クハ同盟國ノ管内ニ敵國ノ間諜ヲ入ラシメ又ハ之ヲ誘導シ若クハ藏匿シタル者ハ一等有期懲役ニ處ス（現第百三十一條

第百三十九條　敵國ヲ利シ又ハ日本若クハ同盟國ヲ害スル爲メ左ノ所爲ヲ行ヒタル者ハ一等又ハ二等ノ有期懲役ニ處ス

一　日本官署又ハ同盟國ヨリ發シタル命令書其他公信ヲ携帶スル者ノ通行ヲ妨ケタル者

二　公信ノ用ニ供スル電信器械ヲ破壞シ又ハ使用スルコト能ハサルニ至ラシメタル者

三　其命令書又ハ公信ヲ携帶シ若クハ發送、受領ス可キノ任ヲ受ケテ之ヲ廢棄、隱匿、遲延又ハ變造シタル者

第百四十條　前數條ニ記載シタル罪ノ豫備ヲ爲シタル者ハ各本刑ニ照シ二等又ハ三等ヲ減ス

第百四十一條　自己ノ名ヲ以テスルト他人ノ代理トヲ問ハス日本官署若クハ同盟國ヨリ委任ヲ受ケテ物品ヲ供給シ又ハ工作ヲ爲ス者交戰ノ際敵國ヲ利シ又ハ日本若クハ同盟國ヲ害スル

爲メ其委任條件ニ違背シタルトキハ三等有期懲役ニ處ス

〔現第百三十二條〕

第百四十二條　未タ宣戰ニ至ラスト雖モ敵國ニ對シ戰端ヲ開カントスル際ニ於テ前數條ニ記載シタル罪ヲ犯シタル者ハ亦各本條ニ依テ處斷ス

第百四十三條　平時ニ於テ政事若クハ軍事ニ關スル機密ヲ外國政府ニ漏泄シタル者ハ其直接ナルト間接ナルトヲ分タス二月以上二年以下ノ有役禁錮及ヒ十圓以上百圓以下ノ罰金ニ處ス若シ其職務ニ因テ知リタル機密ニ係ルトキハ一等ヲ加フ

〔現第百三十一條〕

第百四十四條　外國人日本ニ在テ第百三十四條以下ニ記載シタル罪ヲ犯シタルトキハ各本條ノ例ニ照シ一等ヲ減ス

第百四十五條　此章ニ記載シタル罪ヲ犯シタル者ハ監視ニ付ス

ルコトヲ得〔現第百三十五條〕

## 第四章　國際ニ關スル罪

〔說明〕第二十七　國際ニ關スル罪ヲ設ケタルコト

現行刑法ニハ國際ニ關スル罪ニ付キ定規スル處ハ外國ニ對シ私ニ戰端ヲ開クト局外中立ノ布告ニ違背スルトノ二點ニ過キス然ルニ今ヤ國際日々ニ親密ヲ加フル際或ハ外國ノ媾和ヲ敗ル可キ敵對ノ處爲ヲ行フ者アルカ又ハ日本駐劄ノ外國使臣ノ職務ニ對シ侮辱ヲ爲ス者アルカ皆之レカ爲メニ國際ノ途ヲ梗塞ス可キ結果ヲ生スルノ恐レアルモノナリ故ニ改正法ニ於テハ是等ノ罪ヲ規定シ現行刑法ノ不備ヲ補ヒタリ

第百四十六條　外國ニ對シ私ニ發シタル遠征軍ニ與シタル者ハ左ノ區別ニ從テ處斷ス

一　首魁及ヒ煽動者ハ二等有期禁獄ニ處ス

二　樞要ノ職務ヲ爲シタル者及ヒ兵器、彈藥、金穀、船舶其他軍

用ノ物品ヲ資給シタル者ハ三等有期禁獄ニ處ス
三　其他ノ共犯人ハ六月以上三年以下ノ無役禁錮ニ處ス
第百四十七條　兵隊ヲ招募シ又ハ兵器、彈藥、金穀、船舶其他軍用ノ物品ヲ準備シテ遠征ノ豫備ヲ爲シタル者ハ前條ノ例ニ照シ各二等又ハ三等ヲ減ス
第百四十八條　遠征ノ豫備ヲ爲スト雖モ自首シタル者ハ本刑ヲ免シ一年以上三年以下ノ監視ニ付ス
第百四十九條　外國ニ對シ媾和ヲ破リ又ハ其報復ヲ招ク可キ敵對ノ所爲ヲ行ヒタル者ハ三等有期禁獄ニ處ス
第百五十條　外國交戰ノ際日本ニ於テ局外中立ヲ布告シタルトキ其布告ニ違背シタル者ハ六月以上三年以下ノ無役禁錮及ヒ十圓以上百圓以下ノ罰金ニ處ス〔現第百三十四條〕
第百五十一條　日本國ノ賓客タル外國ノ君主、皇族、大統領又ハ

第三章　靜謐ヲ害スル罪

第二節　官吏ノ職務ヲ行フヲ妨害スル罪

第百三十九條　官吏其職務ヲ以テ法律規則ヲ執行シ又ハ行政司法官署ノ命令ヲ執行スルニ當リ暴行脅迫ヲ以テ其官吏ニ抗拒シタル者ハ四月以上四年以下ノ重禁錮ニ處シ五圓以上五十圓以下ノ罰金ヲ附

日本國ニ駐在スル外國使臣ニ對シ侮辱シタル者ハ第百五十六條ノ例ニ擬シテ處斷ス

本條ノ罪ハ被害者又ハ其代表者ノ告訴アルニ非レハ訴追スルコトヲ得ス

第五章　官ニ抗スル罪

第一節　官吏、公吏、議員ノ職務ヲ行フヲ妨害スル罪

第百五十二條　官吏、公吏、議員其職務ヲ行フニ當リ暴行、脅迫ヲ以テ其官吏、公吏、議員ニ抗拒シ若クハ妨害ヲ爲シ又ハ官吏、公吏、議員ニ迫リ强テ其爲ス可ラサル處分ヲ行ハシメントシタル者ハ四月以上四年以下ノ無役禁錮若クハ有役禁錮ニ處ス

共犯シ三人以上ニテ犯シタルトキ又ハ兇器ヲ携帶シテ犯シタルトキハ一等ヲ加フ〔現第百三十九條〕

加ス
暴行脅迫ヲ以テ其官吏ノ爲ス可カラサル事件ヲ行ハシメタル者亦同シ

第百四十條　前條ノ罪ヲ犯シ因テ官吏ヲ毆傷シタル者ハ毆打創傷ノ各本條ニ照シ一等ヲ加ヘ重キニ從テ處斷ス

第百四十一條　官吏ノ職務ニ對シ其目前ニ於テ形容若クハ言語ヲ以テ侮辱シタル者ハ一月以上一年以下ノ重禁錮ニ處シ五圓以上五十圓以下ノ罰金ヲ附加ス其目前ニ非スト雖モ刊行ノ文書圖畫又ハ公然ノ演説ヲ以テ侮辱シタル者亦同シ

第百五十三條　多衆ヲ集合シテ公事ニ關シ官署、公署、議會ニ對シ暴行、脅迫ヲ爲シタル者ハ兇器ヲ携帶スルト否トヲ分タス六月以上五年以下ノ無役禁錮又ハ五圓以上五十圓以下ノ罰金ニ處ス其首魁及ヒ煽動者ハ三等有期禁獄ニ處ス〔現第百三十七號〕

第百五十四條　前二條ノ罪ヲ犯シ因テ官吏、公吏、議員ヲ疾病、死傷ニ致シタル者ハ毆打創傷ノ各本條ニ照シ一等ヲ加ヘ重キニ從テ處斷ス其官吏、公吏、議員ヲ故殺シタル者ハ死刑ニ處ス

〔現第百四十條〕

第百五十五條　罪ヲ犯スノ目的ヲ以テ二十人以上公ノ場所ニ集合シ官吏、公吏ノ命令ヲ受クルモ解散セサル者ハ十一日以上二月以下ノ無役禁錮又ハ五圓以上三十圓以下ノ罰金ニ處ス

## 第二節　官吏、公吏、議員ヲ侮辱スル罪

〔説明〕　官吏侮辱罪ニ關スル規定ニ改正ヲ加ヘタルヿ」

現行刑法第百四十一條ニ依レハ官吏ノ目前ニ非サル侮辱ニ付テハ刊行ノ文書圖畫ヲ以テ侮辱シタル者ヲ罪トシテ處分シ其刊行ニ非サル者ハ之ヲ不問ニ措キタルカ如シ而シテ誹毀罪ニ付テハ刊行ノ文書圖畫ニ限ラサルカ如ク規定セリ其レ此ノ如ク官吏侮辱ノ罪ノミ刊行ノ文書圖畫ヲ要スト規定シタルハ全ク現行刑法ノ欠點ニシテ其間ニ罪ノ有無ヲ區別ス可キ理ナキヤ明ナリ故ニ改正法ハ之ヲ補修セリ(改刑第百五十六條)又官吏、公吏等ニ對シテ其職務上ノ不法アリトシテ指摘シタル場合ニ於テ果シテ其事實アリトセハ之ヲ世上ニ發表シ公衆ノ注意ヲ惹クハ當然ノヿニシテ固ヨリ罪トシテ論ス可キ者ニアラス故ニ此場合ニ於テハ新聞紙條例ニ於ルカ如ク事實ノ證明ヲ許シ其證明ヲ為シ得サルトキ始テ之ヲ侮辱罪トシテ處分スルヲ當然ナリトス之レ改正法ニ於テ新ニ此規定ヲ設ケタル所以ナリトス

又侮辱ノ罪タル啻ニ官吏公吏議員其人ニ對スルノミナラス官署公署又議會ニ對シテモ亦之アル可キヲ以テ改正法ハ此場合

ヲ規定スルコト、爲シタリ

第百五十六條　官吏、公吏、又ハ議員ニ對シ其職務執行ノ際若クハ其職務ニ關シ其面前ニ於テ侮辱ヲ爲シタル者ハ十一日以上二年以下ノ無役禁錮ニ處ス
其面前ニ非スト雖モ左ノ場所ニ於テ又ハ左ノ方法ニ依リ侮辱ヲ爲シタル者ハ十一日以上一年以下ノ無役禁錮ニ處ス
一　公ノ集會又ハ公ノ場所ニ於テ犯シタルトキ
二　公ノ場所ニ非スト雖モ特定ノ人ニ限リ集會又ハ臨席ヲ許シタル場所ニテ數人ノ面前ニ於テ犯シタルトキ
三　文書、圖畫又ハ偶像ヲ配布シ販賣シ又ハ公衆ノ縱覽ニ供シ若クハ數人ニ示シ又ハ雜劇ヲ演シテ犯シタルトキ
〔現第百四十一條〕

第百五十七條　前條ニ記載シタル場所ニ於テ又ハ方法ニ依リ官

吏、公吏、議員ニ對シ其職務上不法ノ所爲アリトシテ指摘シタル者事實ヲ證明スルコト能ハサルトキハ二月以上三年以下ノ無役禁錮及ヒ十圓以上百圓以下ノ罰金ニ處ス

第百五十八條　官署、公署又ハ議會ニ對シ前二條ノ罪ヲ犯シタル者ハ各本刑ニ一等ヲ加フ

本條ノ罪ハ其官署、公署又ハ議會ノ許諾アルニ非サレハ訴追スルコトヲ得ス

## 第三節　官吏、公吏ノ監守ニ係ル文書ヲ竊取、毀壞シ及ヒ封印ヲ破毀スル罪

〔説明〕　官吏公吏ノ監守スル文書ヲ竊取毀壞スル罪ニ付キ一節ヲ設ケタルコト

現行刑法ニ於テハ官文書毀棄ノ罪ヲ官文書僞造ノ罪ヲ規定シタル節目中ニ掲ケタルモ其罪ノ性質ハ信用ヲ害スルモノニア

第八節　官ノ封印ヲ破棄スル罪

第百七十四條　官署處分ニ因リ特別ニ家屋倉庫其他ノ物件ニ施シタル封印ヲ破棄シタル者ハ二月以上二年以下ノ重禁錮ニ處ス
若シ看守者自ラ犯シタル時ハ一等ヲ加フ

第百七十五條　官ノ封印ヲ破棄シテ其物件ヲ盜取シ又ハ毀壞シタル者ハ盜罪及ヒ毀壞ノ各本條ニ照シ

ラサレハ官文書偽造ノ罪ト同節中ニ規定スヘカラサルナリ且現行刑法ハ官吏ノ監守スル文書ノ性質如何ヲ示サヽルノミナラス亦タ如何ナル思意ヲ以テ罪ヲ犯シタルヤヲ明ニセス必竟此罪ノ性質ハ官ニ抗スルノ點ニ在ルヲ以テ改正法ハ特ニ茲ニ一節ヲ設ケテ以テ其監守ニ係ル文書ノ性質如何ニ因テ罪ノ輕重ヲ區別シ其他現行刑法ノ不備ヲ補ヒタル點尠ナカラス

第百五十九條　他人ノ利益ヲ害シ又ハ自己若シクハ他人ノ不利益ヲ避クルノ意ヲ以テ官吏、公吏ノ監守ニ係ル身分證書其他人ノ權利ヲ證明スル公ノ文書、帳簿ヲ竊取、毀壞、隱匿シ又ハ使用スルコト能ハサルニ至ラシメタル者ハ三等有期懲役ニ處ス（現第二百〇三條）

第百六十條　官吏、公吏ノ監守ニ係ル證據物件若クハ證據書類又ハ前條ニ記載シタル以外ノ公私、文書、帳簿ヲ竊取、毀壞、隱匿シ又ハ使用スルヿ能ハサルニ至ラシメタル者ハ六月以上五年

重キニ從テ處斷ス

第百七十六條　看守者其懈怠ニ因リ封印ヲ破棄シ又ハ其物件ヲ盜取毀壞スル犯人アルヿヲ覺ラサル時ハ二圓以上二十圓以下ノ罰金ニ處ス

以下ノ有役禁錮及ヒ十圓以上百圓以下ノ罰金ニ處ス〔現第二百〇三條〕

第百六十一條　官吏、公吏ノ法律ニ從ヒ家屋、倉庫其他ノ物件ニ施シタル封印ヲ破毀シタル者ハ一月以上一年以下ノ有役禁錮及ヒ五圓以上五十圓以下ノ罰金ニ處ス〔現第百七十四條〕

第百六十二條　保管者又ハ監守者自ラ前二條ノ罪ヲ犯シ又ハ其罪ヲ犯ス者アルコトヲ知テ之ヲ制セサルトキハ各本條ニ一等ヲ加フ〔現第百七十四條第二百八十九條〕

第百六十三條　前數條ニ記載シタル輕罪ノ未遂犯ハ之ヲ罰ス

第六章　裁判事務ヲ妨害スル罪

第一節　公務ヲ行フコトヲ拒ム罪

〔説明〕　公務ヲ行フヿヲ拒ム罪ノ中第百七十七條ヲ削除シタルコト

第九節　公務ヲ行フヲ拒ム罪

第百七十七條　陸海軍ノ將校タル者出兵ヲ要求スル權アル官署ヨリ其要求ヲ

公務ヲ行フヲ妨害スル罪ヲ定メタル節目中ニハ總テ裁判事務ニ對シ妨害ヲ與ヘタル所爲ヲ規定スルヲ本則トス即チ現行刑法第百七十七條ノ如キハ茲ニ之ヲ揭クルノ理由之ナキモノナリ夫レ陸海軍ノ將校タル者故ナク出兵ヲ拒ミタル塲合ニ於テハ其將校ニシテ暴動者ト通謀シテ犯シタルトキハ其共犯ヲ以テ處分スルコトヲ得ヘシ固ヨリ本條ハ其通謀ヲ爲サヽル塲合ヲ想像シテ設ケタルモノニ相違ナカル可シト雖モ此所爲タル陸海軍ノ將校タル者兵力ヲ指揮スル點ニ付キ起生ス可キコトナレハ敢テ普通刑法ノ處分スルモノニアラサル可シ若シ實際之ヲ罰ス可キ必要アリトセハ陸海軍刑法ノ在ル有リ故ニ改正法ハ本條ヲ以テ無用ノ規定ナリトシ之ヲ削除シタリ

第百六十四條　醫師、化學家其他職業ニ因リ裁判所ヨリ解剖、分拆又ハ鑑定ヲ命セラレタル者故ナクシテ之ヲ肯セサルトキハ十一日以上二月以下ノ無役禁錮又ハ五圓以上五十圓以下ノ罰

受ケ故ナクシテ之ヲ肯セサル時ハ二月以上二年以下ノ輕禁錮ニ處シ五圓以上五十圓以下ノ罰金ヲ附加ス

第百七十八條　陸海軍ノ徵兵ニ編入セラル可キ者身體ヲ設傷シテ疾病ヲ作爲シ其他詐僞ノ所爲ヲ以テ免役ヲ圖リタル時ハ一日以上一年以下ノ重禁錮ニ處シ圓三以上三十圓以下ノ罰金ヲ附加ス

若シ他人ニ囑託シ其氏名ヲ詐稱シ代テ徵募ニ應セシメタル者亦同シ其囑託ヲ受ケテ徵募ニ應セシメタル者ハ第二百卅一條ノ例ニ照シテ處斷ス

金ニ處ス（現第百七十九條）

第百六十五條　裁判所ヨリ證人又ハ參考人トシテ事實ヲ供述ス可キコトヲ命セラレタル者故ナクシテ之ヲ肯セサルトキハ亦前條ニ同シ（現第百八十條）

## 第二節　僞證ノ罪

〔說明〕　僞證罪ニ改正ヲ加ヘタルコト

抑モ僞證ノ罪ハ主トシテ裁判所ヲ錯誤ニ陷ラシメントスル所爲ヲ處罰スルノ精神ニ出タルモノナレハ裁判所ニ於テ苟モ其陳述シタル事ノ不實ニ出タル以上ハ總テ之ヲ處罰セサル可カラス然ルニ現行刑法ハ被告人ヲ曲庇スル爲メ又ハ之ヲ陷害スル爲メ事實ヲ掩蔽シタル所爲ノミヲ處罰スルコトヽ爲シタルハ正當ナラサルナリ又現行刑法ハ重罪輕罪違警罪ヲ曲庇スル爲メ若シクハ陷害スル爲メ云々ト規定シタリト雖トモ其ノ重罪輕罪違警罪タルコトハ到底訴訟ノ終局ヲ告クルニアラサレ

ハ之レヲ知ルコトヲ得サルモノナレハ此ノ如ク規定スルハ亦タ不可ナリトス故ニ改正法ニ於テハ總テ此等ノ缺點ヲ補ヒタリ

又現行刑法ニ所謂反坐ノ刑トハ實ニ往古刑罰ノ復讐主義ニ基キタル時代ノ遺物ニシテ當時猶ホ之ヲ保存スルハ正當ナラス而シテ此處罰ノ方法タル常ニ奇怪ノ結果ヲ生スルモノナリ例ヘハ被告人偽證ノ爲メニ三年ノ無役禁錮ニ處セラレタリト假定センニ偽證者ハ其反坐ノ爲メ却テ定役ヲ免ルヽニ至ルカ如キ此レナリ故ニ改正法ニ於テハ此反坐ノ刑ヲ廢シ特ニ偽證者ヲ處罰スルノ刑ヲ定メタリ

又現行刑法ハ事實參考人虚偽ノ陳述ヲ爲シタル罪ヲ定メス固ヨリ之ヲ偽證罪ニ比スレハ其情狀ニ於テ輕重ノ差アリト雖モ裁判所ヲシテ錯誤ニ陷ラシメントスルノ點ニ至テハ彼此相異ル所ナカル可シ故ニ其所爲ヲ全ク不問ニ付スルハ危險ナルヲ以テ改正法ニ於テハ之ヲ處罰スルノ規定設ケタリ

第六節　偽證ノ罪

第二百十八條　刑事ニ關スル證人トシテ裁判所ニ呼出サレタル者被告人ヲ曲庇スル爲メ事實ヲ掩蔽シテ偽證ヲ爲シタル時ハ左ノ例ニ照シテ處斷ス

一　重罪ヲ曲庇スル爲メ偽

又自己ノ訴追セラルヽコトヲ恐レ又ハ親屬ノ利益トナル可キ爲メニ虛偽ノ陳述ヲ爲スハ普通ノ人情ニシテ之ヲ處罰スルニ忍ヒサル所アリ故ニ之カ爲メニ他人ノ害トナル可キ虛偽ノ陳述ヲ爲サヽル以上ハ其罪ヲ宥恕シ本刑ヲ免スルヲ以テ至當ナリトス反之子孫其父母祖父母ニ對シテ其害トナル可キ虛偽ノ陳述ヲ爲ス者ノ如キハ啻ニ裁判所ヲシテ錯誤ニ陷ラシムルノミニ止マラス其所爲尤モ惡ム可キモノナレハ此ノ場合ニ於テハ通常ノ刑ヨリ重ク處罰セサル可カラス而シテ現行刑法ハ以上ノ場合ヲ規定セサルニ因リ改正法ニ於テ其ノ缺點ヲ補ヒタリ

第百六十六條　豫審、公判ヲ問ハス刑事ニ付キ證人トシテ事實ヲ供述ス可キコトヲ命セラレタル者宣誓ヲ爲シタル上不實ノ事ヲ構造シ若クハ眞實ノ事ヲ掩蔽シ其他虛偽ノ方法ヲ以テ被告人ノ利益ト爲ル可キ供述ヲ爲シタルトキハ其訴件ノ結局如何

證シタル者ハ二月以上二年以下ノ重禁錮ニ處シ四圓以上四十圓以下ノ罰金ヲ附加ス
二　輕罪ヲ曲庇スル爲メ僞證シタル者ハ一月以上一年以下ノ重禁錮ニ處シ二圓以上二十圓以下ノ罰金ヲ附加ス
三　違警罪ヲ曲庇スル爲メ僞證シタル者ハ違警罪ノ本條ニ依テ處斷ス

第二百十九條　僞證ノ爲メ被告人正當ノ刑ヲ免カレタル時ハ僞證者ノ刑前條ノ例ニ照シ各一等ヲ加フ

第二百二十條　被告人ヲ陷害スル爲メ僞證ヲ爲シタル者ハ左ノ例ニ照シテ處斷ス
一　重罪ニ陷ラシムル爲メ僞證シタル者ハ二年以上五年以下ノ重禁錮ニ處シ十圓以上五十圓以下ノ罰金ヲ附加ス
二　輕罪ニ陷ラシムル爲メ僞證シタル者ハ六月以上二年以下ノ重禁錮ニ

ニ拘ハラス左ノ區別ニ從テ處斷ス
一　違警罪事件ニ係ルトキハ十一日以上二月以下ノ有役禁錮又ハ五圓以上二十圓以下ノ罰金ニ處ス
二　輕罪事件ニ係ルトキハ二月以上一年以下ノ有役禁錮及ヒ五圓以上三十圓以下ノ罰金ニ處ス
三　重罪事件ニ係ルトキハ四月以上二年以下ノ有役禁錮及ヒ十圓以上五十圓以下ノ罰金ニ處ス〔現第二百十八條〕

第百六十七條　被告人ノ害ト爲ル可キ僞證ヲ爲ス者ハ左ノ區別ニ從テ處斷ス
一　違警罪事件ニ係ルトキハ一月以上六月以下ノ有役禁錮及ヒ五圓以上三十圓以下ノ罰金ニ處ス
二　輕罪事件ニ係ルトキハ六月以上二年以下ノ有役禁錮及ヒ十圓以上五十圓以下ノ罰金ニ處ス

處シ四圓以上四十圓以下ノ罰金ヲ附加ス
三 違警罪ニ陷ラシムル爲メ僞證シタル者ハ一月以上三月以下ノ重禁錮ニ處シ二圓以上十圓以下ノ罰金ヲ附加ス

第二百二十一條 僞證ノ爲メ被告人刑ニ處セラレタル後ニ於テ僞證ノ罪發覺シタル時ハ僞證者ヲ其刑ニ反坐ス若シ反坐ノ刑前條ニ記載シタル僞證ノ刑ヨリ輕キ時ハ前條ノ例ニ照シテ處斷ス

其ノ刑期限內ニ於テ僞證ノ罪發覺シタル時ハ現ニ經過シタル日數ニ照シテ反坐ノ刑期ヲ減スルコトヲ得但減シテ前條僞證ノ刑ヨリ降スコトヲ得ス

第二百二十二條 僞證ノ爲メ被告人死刑ニ處セラレタル時ハ反坐ノ刑一等ヲ減ス其未タ刑ヲ執行セサル前ニ於テ發覺シタル時ハ二等ヲ減ス

三 重罪事件ニ係ルトキハ二年以上五年以下ノ有役禁錮及ヒ二十圓以上百圓以下ノ罰金ニ處ス〔現第二百二十條〕

第百六十八條 輕罪事件ノ被告人僞證ノ爲メ前條第二號ニ記載シタル刑ヨリ重キ刑ニ處セラレタルトキハ僞證者ヲ二年以上五年以下ノ有役禁錮及ヒ五十圓以上百圓以下ノ罰金ニ處ス

重罪事件ノ被告人僞證ノ爲メ前條第三號ニ記載シタル刑ヨリ重キ刑ニ處セラレタルトキハ僞證者ヲ三等有期懲役ニ處ス〔現第二百二十一條〕

第百六十九條 被告人僞證ノ爲メ死刑ニ處セラレタルトキハ僞證者ヲ無期懲役ニ處ス若シ被告人ヲ死刑ニ陷ルヽノ意思アリタルトキハ死刑ニ處ス

何レノ塲合ニ於テモ被告人死刑ノ執行ヲ受ケサルトキハ各一等ヲ減ス〔現第二百二十二條〕

若シ被告人ヲ死ニ陷ルヽノ目的ヲ以テ僞證ヲ爲シタル時ハ死刑ニ反坐ス其未タ刑ヲ執行セサル前ニ於テ發覺シタル時ハ一等ヲ減ス

第二百二十三條　民事商事又ハ行政裁判ニ關シテ僞證ヲ爲シタル者ハ一月以上一年以下重禁錮ニ處シ五圓以上五十圓以下ノ罰金ヲ附加ス

第二百二十四條　鑑定又ハ通事ノ爲メ裁判所ニ呼出サレタル者詐僞ノ陳述ヲ爲シタル時ハ前數條ニ記載シタル僞證ノ例ニ照シテ處斷ス

第二百二十五條　賄賂其他ノ方法ヲ以テ人ニ囑託シテ僞證又ハ詐僞ノ鑑定通事ヲ爲サシメタル者ハ亦タ僞證ノ例ニ同シ

第二百二十六條　此節ニ記載シタル罪ヲ犯シタル者其事件ノ裁判宣告ニ至ラ

第百七十條　民事、商事又ハ行政ニ關スル訴訟事件ニ付僞證ヲ爲シタル者ハ二月以上二年以下ノ有役禁錮及ヒ五圓以上百圓以下ノ罰金ニ處ス〔現第二百二十三條〕

第百七十一條　裁判所ヨリ鑑定又ハ通辯ヲ命セラレタル者虛僞ノ供述ヲ爲シタルトキハ前數條ニ記載シタル僞證ノ例ニ擬シテ處斷ス〔現第二百二十四條〕

第百七十二條　裁判所ヨリ事實參考人トシテ供述ス可キコトヲ命セラレタル者虛僞ノ供述ヲ爲シタルトキハ前數條ノ刑ニ各一等ヲ減ス

第百七十三條　子孫其父母、祖父母ノ害ト爲ル可キ虛僞ノ供述ヲ爲シタル者ハ各本刑ニ一等ヲ加フ

親屬ノ利益ト爲ル可キ虛僞ノ供述ヲ爲シタル者ハ其罪ヲ宥恕シテ本刑ヲ免ス

サル前ニ於テ自首シタル時ハ本刑ヲ免ス

（全削）第七節　度量衡ヲ僞造スル罪

第二百二十七條　度量衡ヲ僞造シ又ハ變造シテ販賣シタル者ハ二年以上五年以下ノ重禁錮ニ處シ十圓以上五十圓以下ノ罰金ヲ附加ス但官ノ記號印章ヲ僞造シ又ハ盜用シタル時ハ僞造官印ノ各本條ニ照シ重キニ從テ處斷ス

第二百二十八條　僞造變造ノ情ヲ知テ其度量衡ヲ販賣シタル者ハ前條ノ刑ニ一等ヲ減ス

第二百二十九條　商賈農工定規ヲ増減シタル度量衡ヲ所有シタル者ハ一月以上三月以下ノ重禁錮ニ處シ二圓以上二十圓以下ノ罰金ヲ附加ス若シ其度量衡ヲ使用シテ利ヲ得タル者ハ詐欺取財

---

自己ノ刑事上訴追セラル、コトヲ恐レ虚僞ノ供述ヲ爲シタル者亦同シ

第百七十四條　賄賂、脅迫、僞計其他ノ方法ヲ以テ證人、鑑定人、通事又ハ事實參考人ヲシテ虚僞ノ供述ヲ爲サシメタル者ハ自ラ虚僞ノ供述ヲ爲シタル者ト同ク論シ前數條ノ例ニ照シテ處斷ス〔現第二百二十五條〕

第百七十五條　此節ニ記載シタル罪ヲ犯シタル者其事件ノ判決前自首シタルトキハ本刑ヲ免ス

若シ其事件ノ判決ニ對シ控訴アリタルトキ其控訴ノ判決前自首シタル者亦同シ〔現第二百二十六條〕

### 第三節　誣告ノ罪

第百七十六條　人ヲ罪ニ陷ル、ノ意ヲテ不以實ノ事ヲ告訴告發シタル者ハ誣告ノ罪ト爲シ二月以上三年以下ノ有役禁錮及ヒ

ヲ以テ論ス

第二百三十條　人ノ屬託ヲ受ケテ度量衡ヲ僞造シ又ハ變造シタル者ハ其囑託シタル犯人ノ刑ニ照シ各一等ヲ減ス

第八節　身分ヲ詐稱スル罪

第二百三十一條　官署ニ對シ文書又ハ言語ヲ以テ其屬籍身分氏名年齡職業ヲ詐稱シタル者ハ二圓以上二十圓以下ノ罰金ニ處ス
（草案第三百八十九條）

第二百三十二條　官職位階ヲ詐稱シ又ハ官ノ服飾徽章若シクハ內外國ノ勳章ヲ借用シタル者ハ十五日以上二月以下ノ輕禁錮ニ處シ二圓以上二十圓以下ノ罰金ヲ附加ス

（仝削）第九節　公選ノ投票ヲ僞造スル罪

---

五圓以上百圓以下ノ罰金ニ處ス（同第六十三條）

子孫父母、祖父母ニ對シ本條ノ罪ヲ犯シタル者ハ一等ヲ加フ
（現第三百五十五條同第三百六十三條）

第百七十七條　誣告ヲ爲シタル者被害者ニ對シ未タ訴追ノ始マラサル前ニ於テ其告訴、告發ヲ取消シタルトキハ本刑ヲ免ス
（現第三百五十六條）

## 第四節　辯護士瀆職ノ罪

〔說明〕　辯護士瀆職ノ罪ヲ設ケタルコト

民事ノ辯護士其對手人若クハ對手人ノ辯護士ト相通謀シテ依賴者ヲ害ス可キ所爲ヲ行ヒ若クハ對手人ヲ曲庇シ或ハ刑事ノ辯護人惡意ヲ以テ被告人ヲ害ス可キ所爲ヲ行フ者ノ如キハ其職務ノ本分ニ背キ廉恥ヲ被リ爲メニ社會ニ害ヲ流布スルヿ重大ナルヲ以テ單ニ普通ノ懲戒ヲ加フルノミニテハ未タ充分ナラス之改正法ハ特ニ玆ニ其罪ノ爲メニ一節ヲ設ケタル所以ナリト

第二百三十三條　公選ノ投票ヲ僞造シ又ハ其數ヲ增減シタル者ハ一月以上一年以下ノ輕禁錮ニ處シ二圓以上二十圓以下ノ罰金ヲ附加ス

第二百三十四條　賄賂ヲ以テ投票ヲ爲サシメ又ハ賄賂ヲ受ケテ投票ヲ爲シタル者ハ二月以上二年以下ノ輕禁錮ニ處シ三圓以上三十圓以下ノ罰金ヲ附加ス

第二百三十五條　投票ヲ撿査シ及ヒ其數ヲ計算スル者其投票ヲ僞造シ又ハ增減シタル時ハ六月以上三年以下ノ輕禁錮ニ處シ四圓以上四十圓以下ノ罰金ヲ附加ス

第二百三十六條　調書ヲ造リ投票ノ結局ヲ報告スル者其數ヲ增減シ其他詐僞ノ所爲アル時ハ一年以上五年以下ノ輕禁錮ニ處シ

ス

第百七十八條　辯護士其對手人若クハ對手人ノ辯護士ト通謀シ其他詐欺ノ方法ヲ以テ依賴者ヲ害ス可キ所爲ヲ行ヒ若クハ對手人ヲ曲庇シタル者ハ二月以上二年以下ノ有役禁錮及ヒ十圓以上百圓以下ノ罰金ニ處ス

第百七十九條　刑事ノ辯護人惡意ヲ以テ被告人ヲ害ス可キ所爲ヲ行ヒタル者ハ二月以上三年以下ノ有役禁錮及ヒ十五圓以上百五十圓以下ノ罰金ニ處ス

若シ重罪事件ノ被告人ニ係ルトキハ一等ヲ加フ

## 第五節　囚徒逃走ノ罪及ヒ罪人ヲ藏匿スル罪

〔說明〕　囚徒逃走ノ罪ニ改正ヲ加ヘタルコト

現行刑法ハ囚徒獄舍獄具等ヲ毀壞セス又暴行脅迫ヲ爲サス單ニ逃走ヲ爲シタル者ヲ罪ト爲スト雖モ凡ソ自由ヲ欲シ痛苦ヲ遁レントスルハ人性ノ常ナレハ之ヲ罪トシテ論スルハ道理ノ

五圓以上五十圓以下ノ罰金ヲ附加ス

許サヽル所ナリ必竟囚徒ノ逃走ハ獄舍獄具ノ不完全若クハ看守者ノ不注意ニ職由スルニ外ナケレハ其責反テ官ニ在リト言ハサル可カラス其罪ヲ囚徒ニ歸スルハ當ヲ得タルモノニアラサルナリ故ニ改正法ハ囚徒單純ノ逃走ヲ罰セサルコトヽ爲シタリ

公權ヲ剝奪又ハ停止セラレタル者私ニ其權ヲ行フノ罪ヲ廢シタルコト

公權ヲ剝奪若クハ停止セラレタル者私ニ其權ヲ行フトキハ法律上其所爲ヲ以テ無效ト爲ス可キハ當然ナリト雖モ之ヲ以テ一箇ノ犯罪ト爲スハ不可思議ノ事ナリトス即チ公權ヲ行フコトヲ禁セラレタル者官吏公吏ト爲リ若クハ勳章位記ヲ受クルヲ以テ罪ヲ犯シタリト爲スハ恰モ其當ニ在テ人ヲシテ自身ノ嗇惡ヲ暴露シテ之ヲ辭セサルヲ責ムルト一般ニシヲ普通ノ感情ニ照シテ忍ヒサル所ナリ又況ンヤ此權ヲ行ハシムルニ至リタルハ必竟推選者ノ過失ニ出タルモノナルニ於テヲヤ若シ此場合ニ本人其氏名

第三節　囚徒逃走ノ罪及ヒ罪人ヲ藏匿スル罪

第百四十二條　已決ノ囚徒逃走シタル者ハ一月以上六月以下ノ重禁錮ニ處ス

若シ獄舍獄具ヲ毀壞シ又ハ暴行脅迫ヲ爲シテ逃走シタル者ハ三月以上三年以下ノ重禁錮ニ處ス

第百四十三條　已決ノ囚徒逃走ノ罪ヲ犯スト雖モ再犯ヲ以テ論セス其刑期限内再ヒ逃走シタル者ハ再犯ヲ以テ論ス

第百四十四條　未決ノ囚徒入監中逃走シタル者ハ第百四十二條ノ例ニ同シ但原

---

ヲ詐テ私ニ其慾ヲ行ヒタリトセン別ニ此所爲ヲ罰スル明文ノ在ル有リ敢テ不都合ヲ感セサルナリ蓋シ前顯ノ所爲ヲ以テ罪ト爲スハ道理上又實際上ニ於テ共ニ許ササル所ナリトス之レ改正法ノ此規定ヲ廢シタル所以ナリトス

第百八十條　已決、未決ノ囚徒、獄舍、獄具又ハ檻車ヲ毀壞シテ逃走シタル者ハ一月以上一年以下ノ有役禁錮ニ處ス

若シ暴行脅迫ヲ爲シテ逃走シタル者ハ二月以上二年以下ノ有役禁錮ニ處ス（現第百四十二條）

第百八十一條　囚徒二人以上通謀シテ逃走シタルトキハ前條ノ例ニ照シ各一等ヲ加フ（現第百四十五條）

第百八十二條　囚徒ヲ逃走セシムル爲メ兇器其他ノ器具ヲ給與シ又ハ逃走ノ方法ヲ指示シタル者ハ二月以上二年以下ノ有役禁錮ニ處ス因テ囚徒ノ逃走ヲ致シタルトキハ一等ヲ加フ（現第

犯ノ罪ヲ判決スル時ニ於テ數罪俱發ノ例ニ照シテ處斷ス

第百四十五條　囚徒三人以上通謀シテ逃走シタル時ハ第百四十二條ノ例ニ照シ各一等ヲ加フ

第百四十六條　囚徒ヲ逃走セシムル爲メ兇器其他ノ器具ヲ給與シ又ハ逃走ノ方法ヲ指示シタル者ハ三月以上三年以下ノ重禁錮ニ處シ二圓以上二十圓以下ノ罰金ヲ附加ス因テ囚徒ノ逃走ヲ致シタル時ハ一等ヲ加フ

第百四十七條　囚徒ヲ劫奪シ又ハ暴行脅迫ヲ以テ囚徒ノ逃走ヲ助ケタル者ハ一年以上五年以下ノ重禁錮ニ處シ五圓以上五十圓以下ノ罰金ヲ附加ス

若シ重罪ノ刑ニ處セラレタル囚徒ニ係ル時ハ輕懲役ニ處ス

第百四十八條　囚徒ヲ看守

（百四十六條）

第百八十三條　暴行、脅迫ヲ爲シ又ハ獄舍、獄具、檻車ヲ毀壞シテ囚徒ヲ劫奪シ又ハ逃走セシメタル者ハ一年以上四年以下ノ有役禁錮ニ處ス

若シ左ニ記載シタル情狀アルトキハ一箇每ニ一等ヲ加フ

一　二人以上ニテ犯シタルトキ

二　兇器ヲ携帶シテ犯シタルトキ（現第百四十七條）

第百八十四條　囚徒ヲ監守シ又ハ護送スル者其懈怠ニ因リ囚徒ノ逃走ヲ致シタルトキハ五圓以上二十圓以下ノ罰金ニ處ス

若シ重罪ノ刑ニ處セラレタル囚徒ニ係ルトキハ一等ヲ加フ（現第百五十條）

第百八十五條　看守者又ハ護送者囚徒ヲ逃走セシメ又ハ其逃走スルヲ知テ制セサルトキハ左ノ區別ニ從テ處斷ス

シ又ハ護送スル者囚徒ヲ逃走セシメタル時ハ亦前條ノ例ニ同シ

第百四十九條　前數條ニ記載シタル輕罪ヲ犯サントシテ未タ遂ケサル者ハ未遂犯罪ノ例ニ照シテ處斷ス

第百五十條　看守又ハ護送者其懈怠ニ因リ囚徒ノ逃走ヲ覺ラサル時ハ二圓以上二十圓以下ノ罰金ニ處ス

若シ重罪ノ刑ニ處セラレタル囚徒ニ係ル時ハ三圓以上三十圓以下ノ罰金ニ處ス

第百五十一條　犯罪人又ハ逃走ノ囚徒及ヒ監視ニ付セラレタル者ナルヿヲ知テ之ヲ藏匿シ若クハ隱避セシメタル者ハ十一日以上一年以下ノ輕禁錮ニ處シ二圓以上二十圓以下ノ罰金ヲ附加ス若シ重罪ノ刑ニ處セラレタル囚徒ニ

---

一　拘留、禁錮又ハ未決ノ囚徒ニ係ルトキハ二年以上五年以下ノ有役禁錮及ヒ十圓以上百圓以下ノ罰金ニ處ス

二　重罪ノ刑ニ處セラレタル囚徒ニ係ルトキハ三等有期懲役ニ處ス

若シ獄舍、獄具、檻車ヲ毀壞シ又ハ暴行、脅迫ヲ爲シ若クハ是等ノ所爲ヲ助ケテ囚徒ヲ逃走セシメタルトキハ各一等ヲ加フ（現第百四十八條）

第百八十六條　看守者又ハ護送者囚徒ヲ逃走セシムル爲メ兇器其他ノ器具ヲ給與シ又ハ逃走ノ方法ヲ指示シタルトキハ前條ノ例ニ照シ各一等ヲ減ス

第百八十七條　監視ニ付セラレ或場所ニ住居スルコトヲ禁セラレタル者其禁ヲ犯シタルトキハ十一日以上二月以下ノ有役禁錮ニ處ス特別監視ニ付セラレタル者其規則ニ背キタルトキ亦

係ル時ハ一等ヲ加フ

第五十二條　他人ノ罪ヲ免カレシメンコトヲ圖リ其罪證ト爲ル可キ物件ヲ隱蔽シタル者ハ十一日以上六月以下ノ輕禁錮ニ處シ二圓以上二十圓以下ノ罰金ヲ附加ス

第百五十三條　前二條ノ罪ヲ犯シタル者犯人ノ親屬ニ係ル時ハ其罪ヲ論セス

第四節　附加刑ノ執行ヲ遁ルヽ罪

第百五十四條　公權ヲ剝奪セラレ又ハ公權ヲ停止セラレタル者私ニ其權ヲ行ヒタル時ハ一月以上一年以下ノ重禁錮ニ處シ二圓以上十圓以下ノ罰金ヲ附加ス

第百五十五條　監視ニ付セラレタル者其規則ニ違背シタル時ハ十五日以上六月以下ノ重禁錮ニ處ス

---

同シ（現第百五十五條）

第百八十八條　逃走ノ囚徒又ハ追捕中ノ被告人ナルコトヲ知テ之ヲ藏匿シ若クハ其隱避ヲ助ケタル者ハ十一日以上一年以下ノ有役禁錮若クハ無役禁錮及ヒ五圓以上三十圓以下ノ罰金ニ處ス（現第百五十一條）

第百八十九條　他人ノ罪ヲ免カレシメンコトヲ圖リ罪證ト爲ル可キ物件ヲ隱蔽、毀棄シ又ハ其性質、形狀ヲ變更シタル者ハ十一日以上六月以下ノ有役禁錮及ヒ五圓以上二十圓以下ノ罰金ニ處ス（現第百五十二條）

第百九十條　前二條ノ罪ヲ犯シタル者犯人又ハ被告人ノ親屬ニ係ルトキハ其罪ヲ宥恕シテ本刑ヲ免ス（現第百五十三條）

第百九十一條　此節ニ記載シタル輕罪ノ未遂犯ハ之ヲ罰ス

第七章　官吏、公吏瀆職ノ罪

第百五十六條 前二條ノ罪ハ其刑期限内再ヒ犯シタル時ニ非サレハ再犯ヲ以テ論スルヿヲ得ス

（全削）第五節 私ニ軍用ノ銃礮彈藥ヲ製造シ及ヒ所有スル罪

第百五十七條 官命ヲ受ケス又ハ官許ヲ得スシテ陸海軍ノ用ニ供スル銃礮彈藥其他破裂質ノ物品ヲ製造シタル者ハ二月以上二年以下ノ重禁錮ニ處シ二十圓以上二百圓以下ノ罰金ヲ附加ス其之ヲ輸入シタル者亦同シ

前項ノ物品ヲ私ニ販賣シタル者ハ一月以上一年以下ノ重禁錮ニ處シ十圓以上百圓以下罰金ヲ附加ス

第百五十八條 前條ノ罪ヲ犯スト雖モ職工又ハ雇人ニシテ止タ正犯ノ使令ニ供シタル者ハ各本刑ニ照シ二等ヲ減ス

## 第一節 官吏、公吏人民ニ對スル罪

〔説明〕第三十五 官吏公益ニ關スル罪ノ規定ヲ廢シタルコト

現行刑法第二百七十三條ニ官吏其管掌ニ係ル法律規則ヲ公布施行セス又ハ他ノ官吏ノ公布施行ヲ妨害シタルモノヲ罰スルコトヽ爲セリ蓋シ此規定ハ往時法律規則ノ發布アリタル際地方ノ官吏之ヲ掲示シテ以テ人民ニ知ラシムルノ責アリタルトキニ在テハ之ヲ設クルノ必要アリタリト雖モ現今ニ於テハ法律規則ハ之ヲ官報等ニ掲示スルヲ以テ公布ノ式ト爲スニ至リタレハ今日此ノ如キ罪ヲ犯ス者之ナキ理ナリ從テ其規定ヲ依然存在セシムルノ必要ナキヲ以テ改正法ハ之ヲ廢シタリ

又現行刑法第二百七十四條ニ兵隊ヲ要求スル權アル官吏其要求ヲ爲サヽル等ノ罪ヲ規定スト雖モ其所爲ニシテ若シ暴動者ト通謀スルニ出タルトキハ其共犯トシテ論ス可ク其否ラサル者ハ懲戒處分ヲ加フルヲ以テ足レリトス又時トシテハ暴動者ノ勢ヲ激セサラシムル爲メ却テ兵力ヲ要求セサル場合ナシト

第百五十九條　前二條ノ罪ヲ犯サントシテ未タ遂ケサル者ハ未遂犯罪例ノニ照シテ處斷ス

第百六十條　第百五十七條ニ記載シタル物品ヲ私ニ所有シタル者ハ二圓以上二十圓以下ノ罰金ニ處ス

第百六十一條　第百五十七條ニ記載シタル製造ノ物品ニ供シタル器械ニシテ單ニ其用ニ供ス可キ者ハ何人ノ所有ヲ問ハス之ヲ沒收ス

セス故ニ此ノ如キ所爲ヲ以テ官吏公益ニ關スル罪トシテ茲ニ之ヲ處罰セントスルハ不當ナリトス之レ改正法ニ於テ此ノ規定ヲ廢シタル所以ナリトス

又官吏規則ニ違背シテ商業ヲ爲シタル者ヲ罰スルノ規定ヲ現行刑法ニ於テ設定シタリト雖モ是等ノ所爲ハ寧ロ懲戒處分ニ委スルヲ正當トス故ニ改正法ハ亦タ此規定ヲ廢シタリ

第三十六　官吏公吏人ノ家宅ニ侵入シ又ハ信書ノ秘密ヲ侵スノ罪ヲ設ケタルコト

人ノ家宅及ヒ信書ノ秘密ノ侵ス可カラサルハ憲法ノ規定スル所ナリ然ルニ現行刑法ニ於テハ官吏公吏之ヲ犯スノ罪ヲ規定セサルヲ以テ或ハ通常人ニ付キ定メタル家宅侵入ノ罪ニ依リ又ハ時トシテハ郵便條例(第二百三十四條)ニ依テ處斷スルノ外他ニ途之ナカル可シ然ルニ人民相互ニ家宅ニ侵入スルト官吏ノ家宅ニ侵入スルトハ其間自ラ罪質ノ異ナル所アルナリ即チ官吏公吏ニ付テハ法律ニ定メタル程式條件ヲ遵守セス職權ヲ

濫用シタルトキニ於テ之ヲ處罰ス可シ又信書ノ秘密ヲ侵スハ郵便物ノ開封ニ限ラサルヲ以テ官吏公吏ノ不法ニ其秘密ヲ侵シタル場合ヲ規定シ之ヲ罪トシ處罰セサル可ラス又官吏公吏人ノ身體財産ニ關シ捜索ヲ爲スニ當リ法定ノ程式條件ヲ遵守セサル場合ノ如キ之亦タ現行刑法ノ規定セサル所ナリト雖モ此所爲タル官吏公吏等其職權ヲ濫用シテ人ノ權利ヲ害シタルモノナレハ特ニ其罪ヲ規定セサル可カラス故ニ改正法ニ於テハ前上ノ場合ヲ盡ク官吏公吏人民ニ對スル罪ノ中ニ規定シテ以テ現行刑法ノ缺點ヲ補ヒタリ

身體財産ヲ妨害スル犯人アルニ當リ豫審判事、檢事、警察官吏保護ヲ爲サザル罪ノ規定ヲ廢シタルコト

現行刑法ハ豫審判事檢事警察官吏身體財産ヲ妨害スル犯人アルニ當リ保護ノ處分ヲ爲ササルヲ以テ一ノ罪ト爲シタリト雖モ其所謂保護ノ處分トハ果シテ如何ナル事ヲ指示シタルモノナルヤ疑訝ニ堪ヘサルナリ卽チ犯人ヲ逮捕スルヲ以テ保護ノ

處分ナリトセンカ其現場ニ於テ將ニ死セントスル被害者ヲ看護セントシテ犯人ヲ逮捕セサルトキハ其所爲罪ト爲ル可シ又之ヲ以テ被害者ニ對スル保護ノ處分ナリトセンカ即チ前上ノ場合ニ於テ現場ニ在ル犯人ヲ逮捕セントシテ其被害者ヲ看護セサル所爲直チニ罪ト爲ルナリ又豫審判事ノ如キハ豫審處分ヲ行フヲ以テ其職務ト爲シ人民保護ノ職ニ在ル者ニ非ス然ラハ則チ現行刑法ノ規定ハ那點ヨリ觀ルモ正當ノ規定ナリト言フヘカラス因テ改正法ニ於テハ此規定ヲ廢シ豫審判事檢事警察官吏不法ノ監禁アルコトヲ知テ之ヲ檢査セス又之ヲ檢査スト雖モ之ヲ停止セシメス若クハ管轄官吏ニ報告セサル者ハ之ヲ罪トシ處罰スルコトヽ爲シタリ

賄賂贈與ヲ提供シ因テ官吏、公吏等ヲシテ不正ノ所爲ヲ行ハシメタル者ノ罪ヲ定メタルコト

現行刑法ハ官吏賄賂ヲ收受聽許シテ不正ノ所爲ヲ行ヒタル者ノ罪ヲ定メタリト雖モ其贈與提供ヲ爲シタル者ニ付テハ何等

第九章　官吏瀆職ノ罪

（全削）第一節　官吏公益ヲ害スル罪

第二百七十三條　官吏其管掌ニ係ル法律規則ヲ公布施行セス又ハ他ノ官吏ノ公布施行ヲ妨害シタル者ハ二月以上六月以下ノ輕禁錮ニ處ス十圓以上五十圓以下ノ罰金ヲ附加ス

第二百七十四條　兵隊ヲ要求シ及ヒ之ヲ使用スル權

---

ノ規定ヲ為サス固ヨリ賄賂ヲ贈與提供スト雖モ之カ為メ官吏公吏等不正ノ所為ヲ行ハサルトキハ實害ノ生ス可キコトナキヲ以テ之ヲ不問ニ付スルハ可ナリ然レトモ官吏公吏等果シテ不正ノ所為ヲ行ヒタルトキハ其贈賄者ハ之ヲ教唆者ト同一視セサル可カラス現行刑法ノ如ク全ク之ヲ不問ニ付シ去ルハ穏當ノ規定ニアラサルナリ故ニ改正法ハ之ニ官吏公吏等ト同一ノ刑ヲ科スルコト、為シタリ

第百九十二條　官吏、公吏其職權ヲ濫用シ人ヲシテ其義務ナキコトヲ行ハシメ又ハ其權利ノ執行ヲ妨害シタル者ハ十一日以上六月以下ノ無役禁錮又ハ五圓以上五十圓以下ノ罰金ニ處ス

〔現第二百七十六條〕

第百九十三條　官吏、公吏法律ニ定メタル條件若シクハ程式ヲ遵守セスシテ人ノ家宅ニ侵入シ又ハ其身體、財産ニ付キ捜索ヲ為シタル者ハ一月以上一年以下ノ無役禁錮又ハ十圓以上

アル官吏地方ノ騷擾其他兵權ヲ以テ鎭撫ス可キ時ニ當リ其處分ヲ爲サヽル者ハ三月以上三年以下ノ輕禁錮ニ處シ二十圓以上百圓以下ノ罰金ヲ附加ス

第二百七十五條　官吏規則ニ違背シテ商業ヲ爲シタル者ハ二十圓以上五百圓以下ノ罰金ニ處シ

第二節　官吏人民ニ對スル罪

第二百七十六條　官吏擅ニ威權ヲ用ヒ人ヲシテ其權利ナキ事ヲ行ハシメ又ハ其爲ス可キ權利ヲ妨害シタル者ハ十一日以上二月以下ノ輕禁錮ニ處シ二圓以上二十圓以下ノ罰金ヲ附加ス

第二百七十七條　人ノ身體財產ヲ妨害スルノ犯人アルニ當リ豫審判事撿事警察官吏其報告ヲ受ケテ速ニ保護ノ處分ヲ爲サヽル者ハ十五日以上三月以下

---

百圓以下ノ罰金ニ處ス

第百九十四條　判事、檢事及ヒ司法、行政警察ノ官吏公吏其職權ヲ濫用シ法律ニ定メタル場合ノ外ニ於テ信書ノ秘密ヲ侵シタル者ハ一月以上一年以下ノ無役禁錮ニ處ス

第百九十五條　判事、檢事及ヒ司法警察ノ官吏、公吏、法律ニ定メタル條件若クハ程式ヲ遵守セスシテ人ヲ逮捕、監禁セシメ若クハ逮捕、監禁シタル者ハ一月以上一年以下ノ無役禁錮ニ處ス（現第二百七十八條）

第百九十六條　司獄官吏裁判宣告書、令狀若クハ其他正式ノ逮捕命令書ヲ提出セシメスシテ囚人ヲ領取勾留シタル者ハ一月以上一年以下ノ無役禁錮ニ處ス

司獄官吏懈怠ニ因リ出獄セシム可キ時期ヲ經過シテ囚人ヲ出獄セシメサル者亦同シ（現第二百七十九條）

ノ輕禁錮ニ處シ二圓以上二十圓以下ノ罰金ヲ附加ス

第二百七十八條　逮捕官吏法律ニ定メタル程式規則ヲ遵守セスシテ人ヲ逮捕シ又ハ不正ニ人ヲ監禁シタル者ハ十五日以上三月以下ノ重禁錮ニ處シ二圓以上二十圓以下ノ罰金ヲ附加ス但監禁日數十日ヲ過クル毎ニ一等ヲ加フ

第二百七十九條　司獄官吏程式規則ヲ遵守セスシテ囚人ヲ監禁シ若クハ囚人ヲ出獄セシム可キノ時ニ至リ之ヲ放免セサル者ハ亦前條ノ例ニ同シ

第二百八十條　前二條ニ記載シタル官吏又ハ護送者囚人ニ對シ飲食衣服ヲ屏去シ其他苛酷ノ所爲ヲ施シタル者ハ三月以上三年以下ノ重禁錮ニ處シ四圓

---

第百九十七條　司法、行政警察ノ官吏、公吏、獄舍又ハ私家ニ不法ノ監禁アルコトヲ知テ之ヲ檢査セサル者又ハ檢査スト雖モ之ヲ停止セシメス若クハ管轄官吏ニ報告セサル者ハ十一日以上三月以下ノ無役禁錮ニ處ス

第百九十八條　判事、檢事及ヒ司法警察ノ官吏、公吏勾留ヲ受ク可カラサルコトヲ知テ之ヲ逮捕、監禁セシメ若クハ逮捕、監禁シタル者ハ二月以上二年以下ノ有役禁錮ニ處ス

司獄官吏解放セラル可キ囚人ヲ故ラニ解放セサル者亦同シ（現第二百七十八條）

第百九十九條　司法警察ノ官吏、公吏、司獄官吏及ヒ囚人ノ護送者囚人ニ對シ必需ノ飲食、衣服ヲ屏去シ又ハ暴行ヲ加ヘ若クハ陵虐ノ所遇ヲ爲シタル者ハ三月以上三年以下ノ有役禁錮ニ處ス（現第二百八十條）

以上四十圓以下ノ罰金ヲ附加ス
因テ囚人ヲ死傷ニ致シタル時ハ毆打創傷ノ各本條ニ照シ一等ヲ加ヘ重キニ從テ處斷ス
第二百八十一條　水火震災ノ際官吏囚人ノ監禁ヲ解クコトヲ怠リ因テ死傷ニ致シタル者ハ毆打創傷ノ各本條ニ照シ一等ヲ加フ
第二百八十二條　裁判官檢事及ヒ警察官吏被告人ニ對シ罪狀ヲ陳述セシムル爲メ暴行ヲ加ヘ又ハ陵虐ノ所爲アル者ハ四月以上四年以下ノ重禁錮ニ處シ五圓以上五十圓以下ノ罰金ヲ附加ス
因テ被告人ヲ死傷ニ致シタル片ハ毆打創傷ノ各本條ニ照シ一等ヲ加ヘ重キニ從テ處斷ス
第二百八十三條　裁判官檢察官故ナクシテ刑事ノ訴ヲ受理セス又ハ遷延シテ

---

第二百條　判事、檢事及ヒ司法警察ノ官吏、公吏被告人ニ對シ強テ自白ヲ爲サシムル爲メ暴行ヲ加ヘ又ハ陵虐ノ所遇ヲ爲シタル者ハ四月以上四年以下ノ有役禁錮ニ處ス（現第二百八十二條）
第二百一條　前二條ノ罪ヲ犯シ因テ囚人又ハ被告人ヲ疾病、死傷ニ致シタルトキハ毆打創傷ノ各本條ニ照シ重キニ從テ處斷ス（現第二百八十條）
第二百二條　判事訴訟事件ヲ審理判決セサルニ因リ監督官ノ督促ヲ受ケ其定メタル期限内ニ正當ノ事由ナクシテ判決ヲ與フルコトヲ拒ミ若クハ懈リタル者ハ十一日以上三月以下ノ無役禁錮ニ處ス（現第二百八十三條）
第二百三條　官吏、公吏、議員、仲裁人其職務ニ關シ又ハ其所屬吏員ノ職務ニ關シ賄賂ノ目的ヲ以テ贈與若クハ提供セラレタル金額、物件、約束其他ノ利益ヲ直接、間接ニ收受シ又ハ之ヲ聽許

審理セサル者ハ十五日以上三月以下ノ輕禁錮ニ處シ五圓以上五十圓以下ノ罰金ヲ附加ス

其民事ノ訴ニ係ル者亦同シ

第二百八十四條　官吏人ノ囑託ヲ受ケ賄賂ヲ收受シ又ハ之ヲ聽許シタル者ハ一月以上一年以下ノ重禁錮ニ處シ四圓以上四十圓以下ノ罰金ヲ附加ス

因テ不正ノ處分ヲ爲シタル時ハ一等ヲ加フ

第二百八十五條　裁判官民事ノ裁判ニ關シテ賄賂ヲ收受シ又ハ之ヲ聽許シタル者ハ二月以上二年以下ノ重禁錮ニ處シ五圓以上五十圓以下ノ罰金ヲ附加ス

因テ不正ノ裁判ヲ爲シタル時ハ一等ヲ加フ

第二百八十六條　裁判官撿事警察官吏刑事ノ裁判ニ關シテ賄賂ヲ收受シ又ハ

シタル者ハ一月以上一年以下ノ有役禁錮及ヒ十圓以上百圓以下ノ罰金ニ處ス

其直接、間接ニ贈賄者ヲ挑唆シテ賄賂ヲ收受、聽許シタル者ハ二月以上一年六月以下ノ有役禁錮及ヒ二十圓以上二百圓以下ノ罰金ニ處ス

賄賂ヲ收受、聽許シ因テ不正ノ所爲ヲ行ヒ又ハ相當ノ所爲ヲ行ハサル者ハ各一等又ハ二等ヲ加フ〔現第二百八十四條〕

第二百四條　判事賄賂ヲ收受、聽許シテ不正ノ裁判ヲ爲シタル者ハ四月以上三年以下ノ有役禁錮及ヒ三十圓以上三百圓以下ノ罰金ニ處ス

若シ刑事ノ本案ニ付キ被告人ニ不利益ナル不正ノ裁判ヲ爲シタルトキハ二年以上五年以下ノ有役禁錮及ヒ四十圓以上四百圓以下ノ罰金ニ處ス被告人ノ受ケタル刑此刑ヨリ重キトキハ

之ヲ聽許シタル者ハ二月以上二年以下ノ輕禁錮ニ處シ五圓以上五十圓以下ノ罰金ヲ附加ス
因テ被告人ヲ曲庇シタル者ハ三月以上三年以下ノ重禁錮ニ處シ十圓以上百圓以下ノ罰金ヲ附加ス
其被告人ヲ陷害シタル者ハ二年以上五年以下ノ重禁錮ニ處シ二十圓以上二百圓以下ノ罰金ヲ附加ス若シ枉斷シタル所ノ刑此刑ヨリ重キ時ハ第二百二十一條第二百二十二條ノ例ニ照シテ反坐ス
第二百八十七條　裁判官撿事警察官吏賄賂ヲ收受聽許セスト雖モ情ニ徇カヒ又ハ怨ヲ挾サミ被告人ヲ曲庇陷害シタル者ハ亦前條ノ例ニ同シ
第二百八十八條　前數條ニ記載シタル賄賂已ニ收受シタル者ハ之ヲ沒收シ費用シタル者ハ其價ヲ追徵ス

三等有期懲役ニ處シ被告人死刑ニ處セラレタルトキハ第百六十九條ノ例ニ從フ
第二百五條　賄賂ヲ贈與、提供シ因テ官吏、公吏、議員若クハ仲裁人ヲシテ不正ノ所爲ヲ行ハシメ若クハ相當ノ所爲ヲ行ハシメス又ハ不正ノ裁判ヲ爲サシメタル者ハ其官吏、公吏、議員、仲裁人ト同一ノ刑ニ處ス〔現第二百八十六條〕
第二百六條　前數條ニ記載シタル賄賂已ニ收受シタルモノハ之ヲ沒收シ消費シタルモノハ其價ヲ追徵ス〔現第二百八十八條〕
第二百七條　官吏、公吏、議員、仲裁人賄賂ヲ收受、聽許セスト雖モ情ニ徇ヒ又ハ怨ヲ挾ミ不正ノ所爲ヲ行ヒ若クハ相當ノ所爲ヲ行ハス又ハ不正ノ裁判ヲ爲シタル者ハ第二百三條及ヒ第二百四條ノ例ニ從フ〔現第二百八十七條〕

## 第二節　官吏公吏財產ニ對スル罪

第三節　官吏財産ニ對スル罪

第二百八十九條　官吏自ラ監守スル所ノ金穀物件ヲ竊取シタル者ハ輕懲役ニ處ス

因テ官ノ文書簿冊ヲ增減變換シ又ハ毀棄シタル時ハ第二百五條ノ例ニ照シテ處斷ス

第二百九十條　租稅其他諸

〔説明〕官吏公吏官有公有財産ニ關スル事務ヲ行フニ當リ不正ノ利益ヲ得ル罪ヲ定メタルコト

官吏公吏其職務ヲ以テ契約又ハ糶賣ヲ爲スニ當リ其關係人等ト通謀シテ私利ヲ貪ルノ弊實際之ナシトセス而シテ現行刑法ハ特ニ是等ニ關スル規定ナケレハトテ之レヲ官吏公吏其監守中ノ金穀物件ヲ竊取スル者ト同ク論スルハ不當ナリトス故ニ已ムヲ得ス之ヲ不問ニ付セサル可カラサルニ至ル可シ之レ改正法ニ於テハ特ニ其罪ヲ設ケタル所以ナリ

第二百八條　官吏、公吏其職務ニ因リ自ラ監守スル所ノ金穀、物件ヲ竊取シタル者ハ二年以上五年以下ノ有役禁錮及ヒ十圓以上百圓以下ノ罰金ニ處ス〔現第二百八十九條〕

第二百九條　官吏、公吏其職務ヲ以テ契約若クハ糶賣ヲ爲シ又ハ工事若クハ供給ヲ監督シ其他官有、共有財産ニ關スル事務ヲ行フニ當リ其事ニ付キ不正ノ利益ヲ得タル者ハ十一日以上

般ノ入額ヲ徴收スル官吏正數外ノ金穀ヲ徴收シタル者ハ二月以上四年以下ノ重禁錮ニ處シ五圓以上五十圓以下ノ罰金ヲ附加ス

第二百九十一條　此節ニ記載シタル罪ヲ犯シ輕罪ノ刑ニ處スル者ハ六月以上二年以下ノ監視ニ付ス

第四章　信用ヲ害スル罪

第一節　貨幣ヲ偽造スル罪

第百八十二條　内國通用ノ金銀貨及ヒ紙幣ヲ偽造シテ行使シタル者ハ無期徒刑ニ處ス

若シ變造シテ行使シタル者ハ輕懲役ニ處ス

第百八十三條　内國ニ於テ

六月以下ノ有役禁錮及十圓以上百圓以下ノ罰金ニ處ス其得タル利益ハ第二百六條ノ例ニ從フ

第二百十條　租税其他諸般ノ入額ヲ徴收スル官吏、公吏自己ヲ利スル爲メ正數外ノ金穀ヲ徴收シタル者ハ二月以上二年以下ノ有役禁錮及ヒ十圓以上百圓以下ノ罰金ニ處ス（現第二百九十條）

第二百十一條　此節ニ記載シタル罪ノ未遂犯ハ之ヲ罰ス

## 第八章　信用ヲ害スル罪

### 第一節　貨幣ヲ偽造スル罪

第二百十二條　内國ニ於テ適法ノ通用ヲ爲ス内外國ノ金銀貨ヲ偽造シテ使用シタル者ハ一等有期懲役ニ處ス

若シ其量目ヲ減シ又ハ命價ヲ増シテ之ヲ變造使用シタル者ハ三等有期懲役ニ處ス（現第百八十二條第百八十三條）

第二百十三條　政府ニ於テ發行スル紙幣若シクハ紙幣ニ準スル

通用スル外國ノ金銀貨ヲ僞造シテ行使シタル者ハ有期徒刑ニ處ス
若シ變造シテ行使シタル者ハ二年以上五年以下ノ重禁錮ニ處ス

第百八十四條 官許ヲ得テ發行スル銀行ノ紙幣ヲ僞造シ若シクハ變造シテ行使シタル者ハ內外國ノ區別ニ從ヒ前二條ノ例ニ照ラシテ處斷ス

第百八十五條 內國通用ノ貨幣ヲ僞造シテ行使シタル者ハ輕懲役ニ處ス若シ變造シテ行使シタル者ハ一年以上三年以下ノ重禁錮ニ處ス

第百八十六條 前數條ニ記載シタル貨幣ノ僞造變造已ニ成テ未タ行使セサル者ハ各本刑ニ照シ一等ヲ減シ其未タ成ラサル者ハ二等ヲ減ス
若シ僞造ノ器械ヲ豫備シテ未タ着手セザル者ハ各

---

證券又ハ官許ヲ得テ發行スル內外國銀行ノ紙幣若クハ紙幣ニ準スル內外國銀行ノ證券ヲ僞造變造シテ使用シタル者ハ前條ノ例ニ照シテ處斷ス（現第百八十二條第百八十四條）

第二百十四條 內國ニ於テ適法ノ通用ヲ爲ス內外國ノ銅貨若クハ白銅貨ヲ僞造、變造シテ使用シタル者ハ一年以上五年以下ノ有役禁錮及ヒ十圓以上百圓以下ノ罰金ニ處ス（現第百八十五條）

第二百十五條 前數條ニ記載シタル貨幣、證券ヲ僞造、變造シ之ヲ使用セサル者及ヒ其僞造變造ニ與セスシテ之ヲ使用シタル者ハ前數條ノ例ニ照シ各二等ヲ減ス（現第百八十六條現第百九十條）

第二百十六條 僞造、變造ノ貨幣證券ヲ內國ニ輸入シ又ハ之ヲ使用シタル者ハ內國ニ於テ貨幣、證券ヲ僞造、變造シ又ハ之ヲ使用シタル者ト同ク論ス（現第百八十九條）

第二百十七條 前數條ニ記載シタル罪ヲ犯サントシテ未タ遂ケ

三等ヲ減ス

第百八十七條　貨幣ヲ偽造變造スルノ情ヲ知テ雇ヲ受ケタル職工ハ前數條ニ記載シタル犯人ノ受ク可キ刑ニ照シ各一等ヲ減ス若シ職工ノ補助ヲ爲シテ雜役ニ供シタル者ハ職工ノ刑ニ照シ各一等又ニ等ヲ減ス

第百八十八條　貨幣ヲ偽造變造スルノ情ヲ知テ房屋ヲ給與シタル者ハ偽造變造ノ各本刑ニ照ラシ二等ヲ減ス

第百八十九條　偽造變造ノ貨幣ヲ內國ニ輸入シタル者ハ偽造變造ノ刑ニ同シ

第百九十條　偽造變造ノ情ヲ知テ其貨幣ヲ取受シ之ヲ行使シタル者ハ偽造變シテ行使シタル者ノ刑ニ照ラシ各二等ヲ減ス
其未タ行使セサル者ハ各三等ヲ減ス

---

サル者ハ已ニ遂ケタル者ノ刑ニ照シ各一等ヲ減ス

偽造、變造ノ豫備ヲ爲スニ止マリ未タ着手セサル者ハ偽造、變造ノ刑ニ三等ヲ減ス（現第百八十六條）

第二百十八條　前數條ニ記載シタル罪ヲ犯シタル者ハ監視ニ付スルコトヲ得（現第百九十一條）

第二百十九條　貨幣、證券ヲ偽造、變造シ又ハ輸入シタル者未タ之ヲ使用セサル前ニ於テ自首シタルトキハ本刑ヲ免シ一年以上三年以下ノ監視ニ付ス（現第百九十二條）

第二百二十條　內外國ノ貨幣、證券ヲ取受スルノ後ニ於テ偽造又ハ變造ナルコトヲ知リ之ヲ使用シタル者ハ五圓以上百圓以下ノ罰金ニ處ス（現第百九十三條）

## 第二節　御璽、國璽及ヒ官署、公署ノ記號ヲ偽造スル罪

〔說明〕郵便聯合條約國政府ノ發行スル郵便切手等ノ偽造ヲ罪ト

第百九十一條 前數條ニ記載シタル罪ヲ犯シ輕罪ノ刑ニ處スル者ハ六月以上二年以下ノ監視ニ付ス

第百九十二條 貨幣ヲ僞造變造シ及ヒ輸入取受シタル者未タ行使セザル前ニ於テ官ニ自首シタル時ハ本刑ヲ免シ六月以上三年以下ノ監視ニ付ス
若シ職工雜役及ヒ房屋ヲ給與シタル者未タ行使セザル前ニ於テ自首シタル時ハ本刑ヲ免ス

第百九十三條 貨幣ヲ取受スルノ後ニ於テ僞造又ハ變造ナルコトヲ知リ之ヲ行使シタル者ハ其價額二倍ノ罰金ニ處ス但シ其罰金ハ二圓以下ニ降スコトヲ得ス

---

シタルコト

現行刑法ハ本邦ノ郵便切手ヲ僞造シタル者ノ罪ヲ定メタルノミ然ルニ輓近外國ト郵便聯合條約ヲ締結シ而シテ其條約ヲ結ヒタル各國ニ在テハ既ニ此條約ニ依テ外國政府ノ發行スル郵便切手封皮等ヲ僞造シタル者ヲ處罰スルノ規則ヲ設ケタルヲ以テ本邦ニ於テモ特ニ此罪ヲ定メテ彼我ノ規定ニ付キ權衡ヲ得セシメサル可カラス即チ改正法ニ於テハ是等ニ關スル罪ニ付キ條則ヲ設定シタリ

各官署ノ印ヲ僞造スル罪ヲ廢止シタルコト

現行刑法ハ各官署ノ印ヲ僞造シタル者ヲ處罰スト雖モ凡ソ印顆ハ之ヲ僞造スルモ文書ニ押用スルニ非サレハ何等ノ害ヲ生セス犯者ノ意思亦タ啻ニ其印顆ヲ僞造スルニ止ラス主トシテ之ヲ文書ニ押用セントスルニ在ルヤ必セリ蓋シ印顆ヲ僞造スルハ文書僞造ノ豫備トシテ行フタル所爲ニ過キサレハナリ故ニ若シ其僞印ヲ文書ニ押用スルニ至ランカ文書僞造ノ罪ニ依テ之ヲ處罰ス

ルコトヲ得ヘシ別ニ其豫備ノ手段タル可キ印顆偽造ノ所爲ヲ問フノ必要ヲ見サルナリ之ヲ以テ改正法ニ於テハ印顆偽造ニ止マラサル所爲ハ之ヲ罪トセサルコト爲シタリ然レトモ御璽國璽ハ其性質貴重無比ノ物ニシテ到底他ノ官印ト同視ス可キモノニ非サレハ御璽國璽ニ關スル犯罪ハ現行刑法ノ規定ニ聊カ修正ヲ加ヘテ之ヲ保存シタリ

第二百二十一條　御璽、國璽又ハ其影蹟ヲ偽造シタル者又ハ其印影アル文書ヲ使用シタル者ハ無期懲役ニ處ス

御璽、國璽ヲ不正ニ押捺シタル者又ハ其印影アル文書ヲ使用シタル者ハ一等有期懲役ニ處ス（現第百九十四條第九十七條）

第二百二十二條　法律規則ニ從ヒ船車、量衡等ニ押用スル官署、公署ノ記號、極印ヲ偽造シ又ハ其物品ニ押捺シ又ハ記號、極印ノ影蹟ヲ偽造シタル者ハ一年以上四年以下ノ有役禁錮及ヒ五圓以

第二節　官印ヲ偽造スル罪

第百九十四條　御璽國璽ヲ偽造シ又ハ其偽璽ヲ使用シタル者ハ無期徒刑ニ處ス

第百九十五條　各官署ノ印ヲ偽造シ又ハ其偽印ヲ使用シタル者ハ重懲役ニ處ス

第百九十六條　産物商品等ニ押用スル官ノ記號印章

ヲ偽造シ又ハ其偽印ヲ處用シタル者ハ輕懲役ニ使ス

書籍什物等ニ押用スル官ノ記號印章ヲ偽造シ又ハ其偽印ヲ使用シタル者ハ一年以上三年以下ノ重禁錮ニ處ス

第百九十七條 御璽國璽官印記號印章ノ影跡ヲ盜用シタル者ハ前數條ニ記載シタル偽造ノ刑ニ照シ各一等ヲ減ス

若シ監守者自ヲ犯シタル時ハ偽造ノ刑ニ同シ

第百九十八條 官ヨリ發行スル各種ノ印紙界紙及ヒ郵便切手ヲ偽造變造シ又ハ其情ヲ知テ之ヲ使用シタル者ハ一年以上五年以下ノ重禁錮ニ處シ五圓以上五十圓以下ノ罰金ヲ附加ス

第百九十九條 已ニ貼用シ

---

五十圓以下ノ罰金ニ處ス

偽造シテ押捺セサル者又ハ單ニ不正ノ押捺ヲ爲シタル者又ハ一ノ物品ヨリ他ノ物品ニ印影ヲ移シタル者ハ一等ヲ減ス（現第百九十六條）

第二百二十三條 官ヨリ發行スル各種ノ印紙、手形用紙、郵便切手、封皮、葉書、帶紙ヲ偽造、變造シテ之ヲ販賣シ販賣ニ供シ又ハ使用シタル者ハ一年以上五年以下ノ有役禁錮及ヒ五圓以上五十圓以下ノ罰金ニ處ス

其偽造シテ販賣使用セサル者及ヒ偽造ニ與セスシテ販賣、使用シタル者ハ六月以上三年以下ノ有役禁錮及ヒ五圓以上三十圓以下ノ罰金ニ處ス（現第百九十八條）

第二百二十四條 郵便聯合條約國政府ノ發行スル郵便切手、封皮、葉書、帶紙ヲ偽造シ又ハ其偽造、變造ニ係ルモノヲ販賣、使用

タル各種ノ印紙及ヒ郵便切手ヲ再ヒ貼用シタル者ハ二圓以上二十圓以下ノ罰金ニ處ス

第二百條　此節ニ記載シタル輕罪ヲ犯サントシテ未タ遂ケサル者ハ未遂犯罪ノ例ニ照シテ處斷ス

第二百一條　此節ニ記載シタル罪ヲ犯シ輕罪ノ刑ニ處スル者ハ六月以上二年以下ノ監視ニ付ス

シタル者ハ前條ノ例ニ照シ各一等ヲ減ス

第二百二十五條　此節ニ記載シタル輕罪ノ未遂犯ハ之ヲ罰ス（現第二百條）

## 第三節　文書ヲ僞造スル罪

〔說明〕　文書僞造罪ノ規定ニ改正ヲ加ヘタルコト

現行刑法ハ官文書僞造ノ罪ト私文書僞造ノ罪トニ付キ二節ヲ設ケタリト雖モ凡ソ僞造ノ罪ハ文書ノ性質種類如何ニ因リ罪ノ輕重ヲ異ニス可キモ官ノ文書タルト私ノ文書タルトニ因テ罪ノ度ヲ異ニス可キ理ナシ故ニ改正法ニ於テハ其區別ヲ廢セリ又現行刑法ニハ單ニ官ノ文書トノミアルヲ以テ其文書トハ如何ナル種類ノモノヲ指示シタルヤ明瞭ナラス從テ從來往々其罰ス可カラサルモノヲ罰スルコトアルニ至レリ故ニ改正法ニ於テハ文書僞造ノ罪ニ關シ其重ク罰ス可キ必要アル文書ハ特ニ其種類ヲ明示シ其他ノ文書ニシテ公私ノ利益ヲ害ス可キ

モノハ其刑ノ範圍ヲ擴張シ裁判官ヲシテ犯罪相當ノ刑期金額ヲ科セシムルコト爲シタリ又現行刑法ニ官吏ニ對シテ詐僞ノ申告ヲ爲シテ文書ヲ作リ又ハ增減變換セシメタル者ヲ處罰スルノ規定ナキハ一大缺點ナリトス蓋シ此ノ如キ所爲ハ自ラ其文書ヲ僞造變造スルト其所爲及其害ヲ生ス可キノ點ニ於テ大差ナカル可ケレハナリ論者或ハ此所爲ヲ以テ直チニ官文書僞造ノ罪ナリトスル者之アレトモ到底牽強附會ノ說タルヲ免レス之レ改正法ニ於テハ特ニ此場合ヲ規定スルコトヽ爲シタル所以ナリ〔改刑第二百二十六條第二百二十七條第二百二十九條〕又現行刑法ニ於テハ官私ノ文書ヲ僞造變造シテ行使シタル者ヲ罰スルニ止マリ其僞造變造ニ止マル者又ハ其僞造變造ニ與セス止タ其情ヲ知テ之ヲ使用シタル者ヲ處罰スルノ明文ナシト雖モ此所爲タル亦タ害ヲ生シ又ハ生シ得ヘキモノナレハ之ヲ不問ニ措ク可キモノニアラサルナリ故ニ改正法ニ於テハ此ノ如キ所爲ヲ處罰スルノ條例ヲ設ケタリ

第三節　官ノ文書ヲ偽造スル罪

第二百二條　詔書ヲ偽造シ又ハ増減變換シタル者ハ無期徒刑ニ處ス其詔書ヲ偽造シ又ハ増減變換シタル者ハ無期徒刑ニ處ス其詔書ヲ毀棄シタル者亦同シ

第二百三條　官ノ文書ヲ偽造シ又ハ増減變換シテ行使シタル者ハ輕懲役ニ處ス
其官ノ文書ヲ毀棄シタル者亦同シ

第二百四條　公債證書地券其他官吏ノ公證シタル文書ヲ偽造シ又ハ増減變換シテ行使シタル者ハ輕懲役ニ處ス若シ無記名ノ公債證書ニ係ル時ハ一等ヲ加フ

第二百五條　官吏其管掌ニ係ル文書ヲ偽造シ又ハ増

第二百二十六條　他人ヲ害シ又ハ自已若クハ他人ヲ利スルノ意ヲ以テ公私ノ文書、帳簿、切符ヲ偽造シ又ハ變造シテ公私ノ害ヲ生シ得ヘカラシメタル者ハ二月以上五年以下ノ有役禁錮及ヒ五圓以上百圓以下ノ罰金ニ處ス〔現第二百〇二條、第二百〇三條第二百十條〕

第二百二十七條　左ニ記載シタル文書、帳簿ヲ偽造シ又ハ變造シタル者ハ三等有期懲役ニ處ス

一　判決書及ヒ裁判上ノ調書、始末書
二　身分證書、其他人ノ權利ヲ證明スル公ノ文書、帳簿
三　公債證書及ヒ其利札
四　株式會社ノ株劵
五　爲替手形、約束手形、小切手、船荷證書、倉荷證書其他ノ信用證劵〔現條二百〇四條、第二百〇九條〕

減變換シテ行使シタル者ハ前二條ノ例ニ照シ各一等ヲ加フ
其文書ヲ毀棄シタル者亦同シ

第二百六條 官ノ文書ヲ僞造スルニ因テ官印ヲ僞造シ又ハ盜用シタル者ハ僞造官印ノ各本條ニ照シ重キニ從テ處斷ス

第二百七條 此節ニ記載シタル罪ヲ犯シ減輕ニ因テ輕罪ノ刑ニ處スル者ハ六月以上二年以下ノ監視ニ付ス

第四節 私印私書ヲ僞造スル罪

第二百八條 他人ノ私印ヲ僞造シテ使用シタル者ハ六月以上五年ノ重禁錮ニ處シ五圓以上五十圓以下罰金ヲ附加ス
若シ他人ノ印影ヲ盜用シタル者ハ一等ヲ減ス

第二百二十八條 官吏、公吏其職務ヲ以テ作ル可キ文書、帳簿ヲ僞造シ又ハ變造シタル者ハ前二條ノ例ニ照シ各一等ヲ加フ（現第二百〇五條）

第二百二十九條 官吏、公吏其職務ヲ以テ第二百二十七條第二號ニ記載シタル文書、帳簿ヲ作ルニ當リ陳述人又ハ出席人トメ之ニ關係スル者他人ヲ害シ又ハ自己若クハ他人ヲ利スルノ意ヲ以テ詐僞ノ申告ヲ爲シ公私ノ害ヲ生シ得ヘキ記載ヲ爲サシメ若クハ增減、變換ヲ爲サシメタル者ハ二年以上五年以下ノ有役禁錮及ヒ十圓以上百圓以下ノ罰金ニ處ス

第二百三十條 屬籍、身分、氏名ヲ詐稱シ其他詐僞ノ所爲ヲ以テ官署、公署ノ免狀、鑑札、證明書又ハ疾病其他ノ事項ヲ證明スル醫師ノ證明書ヲ受ケタル者ハ十一日以上六月以下ノ有役禁錮及ヒ五圓以上二十圓以下ノ罰金ニ處ス

第二百九條　爲替手形其他裏書ヲ以テ賣買スヘキ證書若シクハ金額ト交換スヘキ約定手形ヲ僞造シ又ハ增減變換シテ行使シタル者ハ輕懲役ニ處ス

其手形證書ニ詐僞ノ裏書ヲ爲シテ行文シタル者亦同シ

第二百十條　賣買貸借贈遺交換其他權利義務ニ關スル證書ヲ僞造シ又ハ增減變換シテ行使シタル者ハ四月以上四年以下ノ重禁錮ニ處シ四圓以上四十圓以下ノ罰金ヲ附加ス

其餘ノ私書ヲ僞造シ又ハ增減變換シテ行使シタル者ハ一月以上一年以下ノ重禁錮ニ處シ二圓以上二十圓以下ノ罰金ヲ附加ス

第二百十一條　此節ニ記載シタル輕罪ヲ犯サントシテ未タ遂ケサル者ハ未遂犯罪ノ例ニ照シテ處斷ス

官吏、公吏、醫師情ヲ知テ免狀、鑑札、又ハ證明書ヲ付與シタル者ハ一等ヲ加フ〔現第二百十四條、第二百十五條〕

第二百三十一條　前數條ニ記載シタル罪ヲ犯シ其僞造、變造ニ係ル文書、帳簿、切符ヲ使用シタル者ハ各本刑ニ一等ヲ加フ

僞造、變造ニ與セスシテ之ヲ使用シタル者ハ僞造、變造シタル者ノ刑ニ同シ〔現第二百〇四條、第二百〇九條、第二百〇五條第二百十條、第二百十五條〕

第二百三十二條　此節ニ記載シタル輕罪ノ未遂犯ハ之ヲ罰ス〔現二百十一條〕

## 第九章　靜謐ヲ害スル罪

### 第一節　暴動ノ罪

〔説明〕暴動ノ罪ヲ設ケ兇徒聚衆ノ罪ヲ廢シタルコト

第二百十二條　此節ニ記載シタル罪ヲ犯シ輕罪ノ刑ニ處スル者ハ六月以上二年以下ノ監視ニ付ス

第五節　免狀鑑札及ヒ疾病證書ヲ僞造スル罪

第二百十三條　官ノ免狀又ハ鑑札ヲ僞造シテ行使シタル者ハ一月以上一年以下ノ重禁錮ニ處シ四圓以上四十圓以下ノ罰金ヲ附加ス但シ官印ヲ僞造シ又ハ盜用シタル時ハ僞造官印ノ各本條ニ照シテ處斷ス

第二百十四條　屬籍身分氏名ヲ詐稱シ其他詐僞ノ所爲ヲ以テ免狀鑑札ヲ受ケタル者ハ十五日以上六月以下ノ重禁錮ニ處シ二圓以上二十圓以下ノ罰金ヲ附加ス

官吏情ヲ知テ其免狀鑑札ヲ下附シタル者ハ一等ヲ加フ

現行刑法ニハ兇徒聚衆ノ罪ヲ規定シ而シテ其罪ノ性質ヲ定メサルヲ以テ往々內亂ノ罪等ト區別判然セサルコトアルニ因リ改正法ニ於テハ之ヲ暴動罪トシテ其罪質等ヲ明ニセリ

第二百三十三條　人ヲ殺傷、脅迫シ又ハ公私ノ財産ヲ毀壞、奪掠スルノ目的ヲ以テ多衆集合シ暴動ヲ爲シタル者ハ兇器ヲ携帶スルト否トヲ分タス六月以上五年以下ノ有役禁錮又ハ五圓以上五十圓以下ノ罰金ニ處ス

其首魁及ヒ煽動者ハ三等有期懲役ニ處ス（現第百三十六條、同第百三十七條）

第二百三十四條　前條ノ場合ニ於テ殺傷、脅迫、毀壞又ハ奪掠ノ所爲アリタルトキハ其下手者及ヒ首魁煽動者ハ各本條ノ刑ニ照シ重キニ從テ處斷ス（現第百三十八條）

## 第二節　放火、失火ノ罪

第二百十五條　公務ヲ免カル可キ爲メ醫師ノ氏名ヲ用ヒ疾病ノ證書ヲ偽造シテ行使シタル者ハ自己ノ爲メニシ他人ノ爲メニスルヲ分タス一月以上一年以下ノ重禁錮ニ處シ三圓以上三十圓以下ノ罰金ヲ附加ス

醫師囑託ヲ受ケテ其詐偽ノ證書ヲ造リタル者ハ一等ヲ加フ

第二百十六條　陸海軍ノ徵兵ヲ免カル可キ爲メ疾病ノ證書ヲ偽造シテ行使シタル者及ヒ囑託ヲ受ケテ其詐偽ノ證書ヲ造リタル醫師ハ前條ノ例ニ照ラシ各一等ヲ加フ

第二百十七條　免狀鑑札及ヒ疾病ノ證書ヲ增減變換シテ行使シタル者ハ亦偽造ノ刑ニ同シ

## 第三章　靜謐ヲ害スル罪

〔説明〕放火罪ニ關スル現定ニ改正ヲ加ヘタルコト

現行刑法ニ依レハ人ノ住居シタル家屋ニ放火シタル者ト人ノ住居セサル家屋ニ放火シタル者ノ刑ニ差等ヲ設ケタルハ可ナリト雖モ社寺劇場等人ノ住居ニ供セサル建造物ニシテ現ニ公衆ノ聚會シタルトキ若クハ人ノ現在スルトキ犯人之ヲ知テ放火シタル場合ヲ特ニ規定セサルハ不可ナリ何トナレハ此場合ニ於テハ人ノ住居シタル家屋ニ火ヲ放チタルト其危險同一ナリト雖モ是等ノ建造物ハ固ヨリ人ノ住居シタル家屋ト稱スルヲ得サレハナリ故ニ現行刑法ニ依レハ仍ホ之ヲ以テ通常ノ建造物ニ放火シタルト同ク處罰セサルヲ得サルカ如キ不權衡ヲ生スルニ至ルナリ又一箇ノ物件ニ放火シ他ノ重刑ニ處ス可キ物件ニ延燒シタル場合ニ於テ犯人之ヲ豫知ス可キトキト雖モ亦現行刑法ハ其明文ノ規定ナキヲ以テ犯人ニ其重キ刑ヲ科スルコトヲ得ス又現行刑法ニ自己ノ家屋ニ放火シタル者ハ總テ之ヲ處罰スルコト、爲シタルト雖モ山間僻邑ニ孤立スル家屋

第一節　兇徒聚衆ノ罪

第百三十六條　兇徒多衆ヲ嘯聚シテ暴動ヲ謀リ官吏ノ說諭ヲ受クルト雖モ仍ホ解散セサル者首魁及ヒ敎唆者ハ三月以上三年以下ノ重禁錮ニ處ス
附和隨行シタル者ハ二圓以上五圓以下ノ罰金ニ處ス

第百三十七條　兇徒多衆ヲ嘯聚シテ官廳ニ喧鬧シ官吏ニ强逼シ又ハ村市ヲ騷擾シ其他暴動ヲ爲シタル者首魁及ヒ敎唆者ハ重懲役ニ處ス其嘯聚ニ應シ煽動シテ勢ヲ助ケタル者ハ輕懲役ニ處シ其情輕キ者ハ一等ヲ減ス附加隨行シタル者ハ二圓以上二十圓以下ノ罰金ニ處ス

第百三十八條　暴動ノ際人ヲ殺死シ若クハ家屋船舶倉庫等ヲ燒燬シタル時ハ現ニ手ヲ下シ及ヒ火ヲ放ツ者ヲ死刑ニ處ス
首魁及ヒ敎唆者情ヲ知テ

ノ如キ之ニ放火スルモ決シテ他ニ害ヲ及ホス可キノ恐ナキモノハ之ヲ罰ス可キノ理由ナカル可シ蓋シ所有權ノ一分ナル處分權ノ濫用ニ過キサルモノナレハナリ反之自己ノ所有ニ屬スル物件ト雖モ裁判所ヨリ差押ヘラレ又ハ抵當ト爲シタルトキハ之ニ放火スレハ直接ニ他人ノ權利ヲ害スルモノナレハ此場合ニ於テハ他人ノ所有ニ屬スル物件ニ放火シタルト同ク論セサル可カラス之亦タ現行刑法ノ規定セサル所ナリ因テ改正法ニ於テハ是等ノ失點ヲ補ヒタリ

又現行刑法ハ人ノ住居シタル家屋ニ火ヲ放チタル者ハ死刑ニ處スルコト、爲シタリ固ヨリ之カ爲メニ人ヲ死ニ致シ犯人之ヲ豫知シタル場合ニ於テハ之ヲ死刑ニ處スルモ可ナリ若シ然ラスシテ唯財產ヲ滅盡シ若クハ一般ノ安全ヲ害シタルノ點ノミヲ以テ之ヲ極刑ニ處スルハ不當ナリト言ハサル可カラス放火ノ罪モ亦宜ク他ノ靜謐ヲ害スル罪ト共ニ權衡ヲ得セシム可キヲ正當トス因テ改正法ニ於テハ其放火ニ止マル者ハ死刑ヲ

制セサル者亦同シ

第七節　放火失火ノ罪

第四百二條　火ヲ放テ人ノ住居シタル家屋ヲ燒燬シタル者ハ死刑ニ處ス

第四百三條　火ヲ放テ人ノ住居セサル家屋其他ノ建造物ヲ燒燬シタル者ハ無期徒刑ニ處ス

第四百四條　火ヲ放テ廢屋及ヒ柴草肥料等ヲ貯フル屋舍ヲ燒燬シタル者ハ重懲役ニ處ス

第四百五條　火ヲ放テ人ヲ乘載シタル船舶滊車ヲ燒燬シタルモノハ死刑ニ處ス其人ヲ乘載セサル船舶滊車ニ係ル時ハ重懲役ニ處ス

第四百六條　火ヲ放テ山林ノ竹木田野ノ穀麥又ハ露積シタル柴草竹木其他ノ

用ユルコトヲ廢シタリ

第二百三十五條　火ヲ放チ家宅ヲ燒燬シタル者ハ其家宅自己ノ所有ニ屬スルトキト雖モ無期懲役ニ處ス

火ヲ放テ人ヲ乘載シタル滊車ヲ燒燬シタル者亦同シ

社寺、劇場其他公私ノ集會ニ供スル建造物ニシテ現ニ人ノ集會スルトキ及ヒ礦坑、工場其他人ノ住居ニ供セサル建造物ト雖モ犯人放火ノ際人ノ現在スルコトヲ豫知シ得ヘキトキハ家宅ヲ以テ論ス〔現第四百〇二條第四百〇條〕

第二百三十六條　人ノ住居、現在セサル他人ノ家屋、船舶其他ノ建造物ニ火ヲ放テ燒燬シタル者ハ一等乃至三等ノ有期懲役ニ處ス〔現第四百〇三條〕

第二百三十七條　他人ノ所有ニ屬スル山林、田野又ハ露積シタル竹木、柴草其他ノ物件ニ火ヲ放テ燒燬シタル者ハ三等有期

物件ヲ燒燬シタル者ハ輕懲役ニ處ス

第四百七條　火ヲ放テ自己ノ家屋ヲ燒燬シタル者ハ二月以上二年以下ノ重禁錮ニ處ス

第四百八條　放火ノ罪ヲ犯シ輕罪ノ刑ニ處スル者ハ六月以上二年以下ノ監視ニ付ス

第四百九條　火ヲ失シテ人ノ家屋財産ヲ燒燬シタル者ハ二圓以上二十圓以下ノ罰金ニ處ス

第四百十條　火藥其他激發ス可キ物品又ハ煤氣井蒸氣罐ヲ破烈セシメテ人ノ家屋財産ヲ毀壞シタル者ハ其故意ニ出ルト過失トヲ分チ放火失火ノ例ニ照ラシテ處斷ス

---

懲役ニ處ス（現第四百〇六條）

第二百三十八條　前數條ノ罪ヲ犯シタル者ハ監視ニ付スルコトヲ得

第二百三十九條　自己ノ所有ニ屬スル家屋、船舶、建造物及ヒ第二百三十七條ニ記載シタル物件ニ火ヲ放テ燒燬シタル者ハ其放火ノ爲メ衆人ノ危難ヲ生シ得ヘキトキハ二月以上二年以下ノ有役禁錮ニ處ス（現第四百〇六條、第四百〇七條）

第二百四十條　自己ノ所有ニ屬スト雖モ裁判所ヨリ差押ヘラレ又ハ抵當ト爲シ其他、他人ノ爲メニ物權ヲ設定シ又ハ火災保險ニ付シタル物件ハ他人ノ所有ニ屬スルモノト同ク論ス

第二百四十一條　一箇ノ物件ニ火ヲ放チ因テ更ニ重刑ニ處ス可キ他ノ物件ニ延燒シ犯人之ヲ豫知シ得ヘキトキハ其重キニ從テ處斷ス

第二百四十二條　前數條ノ罪ヲ犯シ因テ人ヲ死ニ致シタルトキハ犯人其人ノ現在スルコトヲ知リ又ハ知リ得ヘキ場合ニ於テハ死刑ニ處ス若シ疾病、創傷ニ致シタルトキハ毆打創傷ノ各本條ニ擬シ一等ヲ加ヘ重キニ從テ處斷ス

第二百四十三條　疎虞、懈怠ノ爲メ又ハ規則、慣習ヲ遵守セサルニ因リ火ヲ失シテ他人ノ財産ニ損害ヲ及ホシタル者ハ十一日以上二月以下ノ無役禁錮又ハ五圓以上五十圓以下ノ罰金ニ處ス〔現第四百〇九條〕

第二百四十四條　蒸氣機關又ハ瓦斯其他激發ス可キ物品ヲ破裂セシメテ家屋、船舶、建造物及ヒ第二百三十七條ニ記載シタル物件ヲ毀壞シタル者ハ放火、失火ノ例ニ擬シテ處斷ス〔現第四百十條〕

## 第三節　決水ノ罪

## 第八節　決水ノ罪

〔説明〕決水罪ノ規定ニ改正ヲ加ヘタルコト

決水罪ニ付テハ現行刑法ハ其家屋建造物ヲ漂失シタルトキノミ之ヲ重ク處罰スルコトヽ定メタリト雖モ決水ノ爲メ甚シク家屋建造物ヲ害スルハ豈啻ニ漂失ノミニ止マランヤ爲メニ家屋建造物ヲ水中ニ沒シ若クハ爲メニ之ヲ泥土ニ埋メシメ終ニ家屋ノ使用ヲ爲スヲ得サラシムル場合ノ如キモ亦同樣ニ處罰セサル可カラサルナリ又現行刑法ニ於テハ決水ノ爲ニ人ヲ死ニ致シ犯人豫メ之ヲ知リ得ヘキ場合ノ處分ヲ明示セス因テ改正法ニ於テハ前上ニ述ヘタル現行刑法ノ不備ノ點ヲ補ヒタリ又溢水ヲ致スニハ堤防ノ決潰水閘ノ毀壞ニ止マラス水路ニ妨害物ヲ置キ水利ヲ阻止シタルカ爲メニ溢水セシムル場合アリ然ルニ現行刑法ノ規定ニ依レハ此場合ヲ不問ニ付セルトカザラサルノ不都合アルヲ以テ改正法ハ亦タ之ヲ補ヒタリ

第二百四十五條　他人ヲ害スルノ意ニ出テ若クハ他人ノ害ト爲

第四百十一條　堤防ヲ決潰シ又ハ水閘ヲ毀壞シテ人ノ住居シタル家屋ヲ漂失シタル者ハ無期徒刑ニ處ス

若シ人ノ住居セサル家屋其他ノ建造物ヲ漂失シタル者ハ重懲役ニ處ス

第四百十二條　堤防ヲ決潰シ水閘ヲ毀壞シテ田圃礦坑牧塲等ヲ荒廢シタル者ハ輕懲役ニ處ス

第四百十三條　他人ノ便益ヲ損シ又ハ自己ノ便益ヲ圖ル爲メ堤防ヲ決潰シ水閘ヲ毀壞シ其他水利ヲ妨害シタル者ハ一月以上二年以下ノ重禁錮ニ處シ二圓以上二十圓以下ノ罰金ヲ附加ス

第四百十四條　過失ニ因テ水害ヲ起シタル者ハ失火ノ例ニ照ラシテ處斷ス

ル可キコトヲ知リ人工若クハ天然ノ堤防ヲ決潰シ水閘ヲ毀壞シ其他水利ヲ妨害シテ氾水ヲ致シタル者ハ二年以上五年以下ノ有役禁錮ニ處ス

因テ家屋、建造物、山林、田野又ハ其他ノ物件ニ損害ヲ加ヘ又ハ人ヲ疾病、死傷ニ致シタル者ハ放火ノ各本條ニ擬シテ處斷ス

〔現第四百十一條、第四百十二條、第四百十三條〕

第二百四十六條　疎虞、懈怠ノ爲メ又ハ規則、慣習ヲ遵守セサルニ因リ氾水ヲ致シタル者ハ失火ノ例ニ擬シテ處斷ス〔現第四百十四條〕

## 第四節　船舶ヲ覆没スル罪

〔説明〕船舶覆沒ノ罪ニ改正ヲ加ヘタルコト

現行刑法ノ規定ニ依レハ單ニ船舶ヲ覆沒シ云々トアレハ船舶ヲ坐クシ沈沒セシムルニ非サレハ此罪ヲ生セサルナリ而シテ此

第九節　船舶ヲ覆沒スル罪

第四百十五條　衝突其他ノ所爲ヲ以テ人ヲ乘載シタル船舶ヲ覆沒シタル者ハ死刑ニ處ス但シ船中死亡ナキ時ハ無期徒刑ニ處ス

第四百六十條　前條ノ所爲ヲ以テ人ヲ乘載セサル船舶ヲ覆沒シタル者ハ輕懲役ニ處ス

ノ如ク覆沒ノ意義ヲシテ狹隘ナラシムルトキハ實際ニ適セサル規定ト言ハサル可カラス故ニ改正法ニ於テハ船舶ヲシテ他ノ救助ヲ受クルニ非サレハ繼續シテ航行スルコトヲ得サルトキ又ハ船舶ヲ坐礁シ自力ノミニテ水上ニ浮フコトヲ得サルトキモ亦タ覆沒ト同ク論スルコトヽ改メタリ

又現行刑法ニハ其船舶ノ犯人ニ屬スルト他人ニ屬スルトニ因テ罪ノ輕重ヲ區別シタルヤ否分明ナラサルヲ以テ改正法ハ其區別ヲ設ケ罪刑ノ適用ニ付キ疑ナカラシメタリ

第二百四十七條　衝突、坐礁其他ノ方法ヲ以テ人ノ住居シ又ハ人ヲ乘載シタル船舶ヲ覆沒シタル者ハ其船舶自己ノ所有ニ屬スルトキト雖モ一等有期懲役ニ處ス

船長又ハ運轉手自ラ犯シタルトキハ無期懲役ニ處ス（現第四百十五條）

第二百四十八條　前條ノ罪ヲ犯シ因テ人ヲ死ニ致シタルトキハ

死刑ニ處ス

第二百四十九條　ノ住居セス且人ヲ乘載セサル他人ノ船舶ヲ人覆沒シタル者ハ二等又ハ三等ノ有期懲役ニ處ス

船長又ハ運轉手自ラ犯シタルトキハ一等ヲ加フ（現第四百十六條）

第二百五十條　船舶ヲ衝突シ他ノ救助ヲ受クルニ非サレハ繼續シテ航行スルコトヲ得サルトキ又ハ船舶ヲ坐礁シ自力ノミニテ水上ニ浮フコトヲ得サルトキハ覆沒ト同ク論ス

自己ノ所有ニ屬スト雖モ裁判所ヨリ差押ヘラレ又ハ抵當ト爲シ其他、他人ノ爲メニ物權ヲ設定シ又ハ海上保險ニ付シタル船舶ハ他人ノ所有ニ屬スルモノト同ク論ス

第五節　往來、通信ヲ妨害スル罪

〔說明〕　往來通信ヲ妨害スル罪ニ改正ヲ加ヘタルコト

現行刑法ニハ道路橋梁等ヲ損壞シテ往來ヲ妨害シタル塲合ノ

法律学の森

潮見佳男 著（京都大学大学院法学研究科 教授）

# 新債権総論 I

A5変・上製・906頁　7,000円（税別）　ISBN978-4-7972-8022-7　C3332

## 新法ベースのプロ向け債権総論体系書

2017年（平成29年）5月成立の債権法改正の立案にも参画した著者による体系書。旧著である『債権総論 I（第2版）』、『債権総論 II（第 3 版）』を全面的に見直し、旧法の下での理論と関連させつつ、新法の下での解釈論を掘り下げ、提示する。新法をもとに法律問題を処理していくプロフェッショナル（研究者・実務家）のための理論と体系を示す。前半にあたる本書では、第１編・契約と債権関係から第４編・債権の保全までを収める。

【目　次】



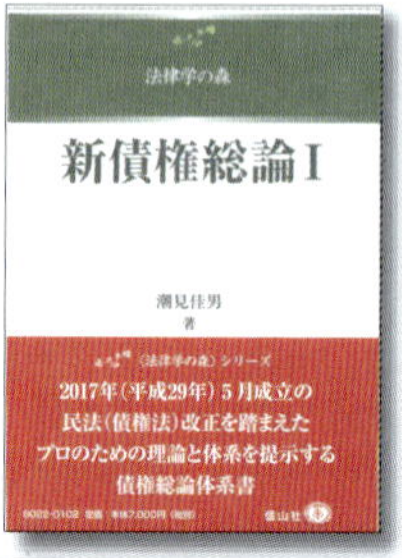


〈編者紹介〉
潮見佳男（しおみ・よしお）
　1959 年　愛媛県生まれ
　1981 年　京都大学法学部卒業
　現　職　京都大学大学院法学研究科教授

# 新債権総論 II

A5変・上製　6,600円（税別）　ISBN978-4-7972-8023-4　C3332

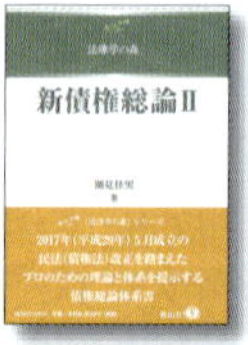


## 1896 年（明治29年）の制定以来初の民法（債権法）抜本改正

【新刊】
潮見佳男著『新債権総論 II』
　第５編　債権の消滅／第６編　債権関係における主体の変動
　第７編　多数当事者の債権関係

〒113-0033 東京都文京区本郷6-2-9-102 東大正門前
TEL:03(3818)1019 FAX:03(3811)3580 E-mail:order@shinzansha.co.jp
信山社
http://www.shinzansha.co.jp

ミヲ規定スト雖モ其他道路橋梁等ヲ壅塞シテ往來ヲ妨害スル場合アリ又其實ニ妨害ヲ生シタル場合ノミニ止マラス妨害ヲ生シ得ヘカラシメタル者ハ亦タ等ク處罰セサル可カラサルナリ改正法ハ即チ其現行刑法ノ不備ヲ補ヒタリ

又現行刑法ハ滊車ノ往來ヲ妨害スル罪ニ付キ鐵道及ヒ其標識ヲ損壞シ其他危險ナル障碍ヲ爲シタル者ヲ處罰スルコトヽ爲シタレトモ其妨害ヲ爲スノ方法ハ其他詐僞ノ標識ヲ點示スルカ如キモノモアル可シ故ニ改正法ハ廣ク是等ノ場合ヲ包含セシメンカ爲メ「其他危險ナル障碍ヲ爲シ」トアルヲ「滊車ノ危難ヲ招ク可キ所爲ヲ行ヒタル者」ト改メタリ

又滊車船舶ノ往來ヲ妨害スル罪ニ付テハ其妨害ノ意ナキモノト雖モ苟モ滊車船舶ノ危險ヲ招ク可キ所爲ヲ行ヒタル者ハ實ニ危險ノ重大ナルモノナルヲ以テ之ヲ罰セサル可カラス而シテ現行刑法ハ此場合ヲ規定セサルヲ以テ改正法ハ其不備ヲ補ヒタリ

第六節　往來通信ヲ妨害スル罪

第百六十二條　道路橋梁河溝港埠ヲ損壞シテ往來ヲ妨害シタル者ハ二月以上二年以下ノ重禁錮ニ處シ二圓以上二十圓以下ノ罰金ヲ附加ス

第百六十三條　僞計又ハ威力ヲ以テ郵便ヲ妨害シ若クハ之ヲ阻止シタル者ハ亦前條ニ同シ

第百六十四條　電信ノ器械柱木ヲ損壞シ又ハ條線ヲ切斷シテ電氣ヲ不通ニ致シタル者ハ三月以上三年以下ノ重禁錮ニ處シ五圓以上五十圓以下ノ罰金ヲ附加ス

若シ器械柱木條線ヲ損壞シテ電信ノ妨害ヲ爲スト雖モ不通ニ至ラサル時ハ一等ヲ減ス

第百六十五條　滊車ノ往來ヲ妨害スル爲メ鐵道及ヒ

第二百五十一條　惡意ヲ以テ道路、橋梁、河溝、港埠ヲ損壞シ又ハ壅塞シテ往來ノ妨害ヲ生シ得ヘカラシメタル者ハ二月以上二年以下ノ有役禁錮ニ處ス〔現第百六十二條〕

第二百五十二條　滊車ノ往來ヲ妨害スル爲メ鐵道又ハ其標識ヲ損壞シ其他滊車ノ危難ヲ招ク可キ所爲ヲ行ヒタル者ハ二等有期懲役ニ處ス〔現第百六十五條〕

第二百五十三條　船舶ノ往來ヲ妨害スル爲メ燈臺、浮標、標識ヲ損壞シ其他船舶ノ危難ヲ招ク可キ所爲ヲ行ヒタル者ハ亦前條ニ同シ〔現第百六十六條〕

第二百五十四條　前數條ノ罪ヲ犯シ因テ危難ヲ生シタルトキハ各本刑ニ一等ヲ加ヘ人ヲ疾病、死傷ニ致シタルトキハ豫メ謀テ人ヲ殺傷スルノ刑ニ擬シ重キニ從テ處斷ス〔現第百六十八條、第百六十九條〕

其標識ヲ損壞シ其他危險ナル障碍ヲ爲シタル者ハ重懲役ニ處ス

第百六十六條　船舶ノ往來ヲ妨害スル爲メ燈臺浮標其他航海ノ安寧ヲ保護スル標識ヲ損壞シ又ハ詐僞ノ標識ヲ點示シタル者ハ亦前條ニ同シ

第百六十七條　前數條ニ記載シタル罪其事務ニ關スル官吏及ヒ雇人職工自ラ犯シタル時ハ各本刑ニ照シ一等ヲ加フ

第百六十八條　第百六十二條ノ罪ヲ犯シ因テ人ヲ殺傷シタル者ハ歐打創傷ノ各本條ニ照シ重キニ從テ處斷ス

第百六十九條　第百六十五條第百六十六條ノ罪ヲ犯シ因テ滊車ヲ顚覆シ又ハ船舶ヲ覆没シタル時ハ無期徒刑ニ處シ人ヲ死ニ致シタル時ハ死刑ニ處ス

---

第二百五十五條　故意ニ出ルト雖モ滊車又ハ船舶ノ往來ヲ妨害スルノ意ナクシテ第二百五十二條、第二百五十三條ニ記載シタル所爲ヲ行ヒタル者ハ二月以上三年以下ノ有役禁錮及ヒ五圓以上五十圓以下ノ罰金ニ處ス

因テ危難ヲ生シタルトキハ本刑ニ一等ヲ加ヘ人ヲ疾病、死傷ニ致シタルトキハ毆打創傷ノ各本條ニ擬シ重キニ從テ處斷ス

第二百五十六條　僞計、暴行、毀壞其他ノ方法ヲ以テ郵便、電信、電話ヲ防害シ若クハ之ヲ阻止シタル者ハ二月以上三年以下ノ有役禁錮及ヒ五圓以上五十圓以下ノ罰金ニ處ス（現第百六十三條、第百六十四條）

第二百五十七條　前數條ニ記載シタル罪其事務ニ關スル官吏及ヒ雇人、職工自ラ犯シタルトキハ各本刑ニ照シ一等ヲ加フ（現第百六十七條）

第百七十條　此節ニ記載シタル輕罪ヲ犯サントシテ未タ遂ケサル者ハ未遂犯罪ノ例ニ照シテ處斷ス

第五章　健康ヲ害スル罪

第一節　阿片烟ニ關スル罪

第二百三十七條　阿片烟ヲ輸入シ及ヒ製造シ又ハ之ヲ販賣シタル者ハ有期徒刑ニ處ス

第二百三十八條　阿片烟ヲ吸食スルノ器具ヲ輸入シ及ヒ製造シ又ハ之ヲ販賣シタル者ハ輕懲役ニ處ス

第二百三十九條　税關官吏情ヲ知テ阿片烟及ヒ其器具ヲ輸入セシメタル者ハ前二條ノ刑ニ照シ各一等ヲ加フ

---

第二百五十八條　此節ニ記載シタル輕罪ノ未遂犯ハ之ヲ罰ス〔現第百七十條〕

第十章　健康ヲ害スル罪

第一節　阿片烟ニ關スル罪

第二百五十九條　阿片烟ヲ輸入シ製造シ販賣シ若クハ販賣ニ供シタル者ハ二等有期懲役ニ處ス〔現第二百三十七條〕

第二百六十條　阿片烟ヲ吸食スルノ器具ヲ輸入シ製造シ販賣シ若クハ販賣ニ供シタル者ハ三等有期懲役ニ處ス〔現第二百三十八條〕

第二百六十一條　税關官吏情ヲ知テ阿片烟若クハ其吸食器具ノ輸入ヲ容易ナラシメタル者ハ前二條ノ刑ニ照シ各一等ヲ加フ〔現第二百三十九條〕

第二百六十二條　阿片烟ヲ吸食スル爲メ房室ヲ給與シテ利ヲ

第二百四十條　阿片烟ヲ吸食スル爲メ房屋ヲ給與スル者輕懲役ニ處ス
人ヲ引誘シテ阿片烟ヲ吸食セシメタル者亦同シ

第二百四十一條　阿片烟ヲ吸食シタル者ハ二年以上三年以下ノ重禁錮ニ處ス

第二百四十二條　阿片烟及ビ吸食ノ器具ヲ所有シ又ハ受寄シタル者ハ一月以上一年以下ノ重禁錮ニ處ス

第二節　飲料ノ浄水ヲ汚穢スル罪

第三百四十三條　人ノ飲料ニ供スル浄水ヲ汚穢シ因テ之ヲ用フルヿ能ハサル

---

圖ル者ハ三等有期懲役ニ處ス（現第二百四十條）

第二百六十三條　阿片烟吸食ノ際又ハ吸食ノ爲メ昏睡スル際發覺セラレタル者ハ一年以上三年以下ノ有役禁錮ニ處ス
阿片烟又ハ吸食ノ器具ヲ賣渡シ贈與シ又ハ貸與シテ他人ノ阿片煙ヲ吸食スルコトヲ容易ナラシメタル者亦同シ（現第二百四十一條）

第二百六十四條　阿片烟及ヒ吸食ノ器具ヲ所持スルコトヲ發覺セラレタル者ハ一月以上一年以下ノ有役禁錮ニ處ス（現第二百四十二條）

第二節　飲料ノ浄水ヲ汚穢スル罪

第二百六十五條　公衆ノ飲料ニ供スル浄水ヲ汚穢シ若クハ其水質ヲ變セシメ多少ノ時間之ヲ用フルコト能ハサルニ至ラシメタル者ハ十一日以上二月以下ノ有役禁錮又ハ五圓以上五十圓

ニ至ラシメタル者ハ十一日以上一月以下ノ重禁錮ニ處シ二圓以上五圓以下ノ罰金ヲ附加ス

第二百四十四條　人ノ健康ヲ害ス可キ物品ヲ用ヒテ水質ヲ變シ又ハ腐敗セシメタル者ハ一月以上一年以下ノ重禁錮ニ處シ三圓以上三十圓以下ノ罰金ヲ附加ス

第二百四十五條　前條ノ罪ヲ犯シ因テ人ヲ疾病又ハ死ニ致シタル者ハ毆打創傷ノ各本條ニ照シ重キニ從テ處斷ス

（全削）第三節　傳染病豫防規則ニ關スル罪

第二百四十六條　傳染病豫防ノ爲メ設ケタル規則ニ違背シテ入港ノ船舶ヨリ上陸シ又ハ物品ヲ陸地ニ運搬シタル者ハ一月以上一年以下ノ輕禁錮ニ處シ又ハ二十圓以上二百圓以

---

以下ノ罰金ニ處ス〔現第二百四十三條〕

第二百六十六條　人ノ健康ヲ害ス可キ物品ナルコトヲ知テ之ヲ用ヒ飲料水ヲ汚穢シ又ハ其水質ヲ變セシメタル者ハ一月以上二年以下ノ有役禁錮及ヒ五圓以上五十圓以下ノ罰金ニ處ス

〔現第二百四十四條〕

第二百六十七條　前二條ノ罪ヲ犯シ因テ人ヲ疾病、死傷ニ致シタル者ハ毆打創傷ノ各本條ニ擬シ重キニ從テ處斷ス

若シ人ヲ死ニ致スノ意アリテ死ニ致シタルトキハ死刑ニ處ス

〔現第二百四十五條〕

第三節　健康ヲ害ス可キ飲食物ヲ販賣スル罪

第二百六十八條　健康ヲ害ス可キ物品ヲ混和シタル飲食物ナルコトヲ知テ之ヲ販賣シ若クハ販賣ニ供シタル者ハ十一日以上二月以下ノ有役禁錮及ヒ五圓以上三十圓以下ノ罰金ニ處シ又ハ

下ノ罰金ニ處ス

第二百四十七條　船長自ラ前條ノ罪ヲ犯シ又ハ人ノ犯スコヲ知テ制セサル者ハ前條ノ刑ニ一等ヲ加フ

第二百四十八條　傳染病流行ノ際豫防規則ニ違背シテ流行地方ヨリ他處ニ出タル者ハ十五日以上六月以下ノ輕禁錮ニ處シ又ハ十圓以上百圓以下ノ罰金ニ處ス

第二百四十九條　獸類ノ傳染病流行ノ際豫防規則ニ違背シテ獸類ヲ他處ニ出シタル者ハ十一日以上二月以下ノ輕禁錮ニ處シ又ハ五圓以上五十圓以下ノ罰金ニ處ス

（全削）　第四節　危害品及ヒ健康ヲ害ス可キ物品製造ノ規ニ關スル罪

第二百五十條　官許ヲ得スシテ危害ヲ生ス可キ物品

---

兩刑ノ一ニ處ス

其販賣ニ供シタル飮食物ハ之ヲ沒收ス〔現第二百五十三條〕

第二百六十九條　前條ノ罪ヲ犯シ因テ人ヲ疾病、死傷ニ致シタルトキハ歐打創傷ノ各本條ニ擬シ重キニ從テ處斷ス〔現第二百五十五條〕

### 第四節　私ニ醫業ヲ爲ス罪

第二百七十條　官許ヲ得スシテ醫業又ハ產婆ノ業ヲ爲シタル者ハ十圓以上百圓以下ノ罰金ニ處ス〔現第二百五十六條〕

第二百七十一條　前條ノ犯人施術ヲ誤リ因テ人ヲ疾病、死傷ニ致シタルトキハ過失殺傷ノ各本條ニ照シ重キニ從テ處斷ス〔現第二百五十七條〕

## 第十一章　風俗ヲ害スル罪

〔說明〕　風俗ヲ害スル罪ニ改正ヲ加ヘタルコト

ノ製造所ヲ創設シタル者ハ二十圓以上二百圓以下ノ罰金ニ處ス
若シ健康ヲ害ス可キ物品ノ製造所ヲ創設シタル者ハ十圓以上百圓以下ノ罰金ニ處ス

第二百五十一條　官許ヲ得テ前條ニ記載シタル製造所ヲ創設スト雖トモ危害ヲ豫防シ健康ヲ保護スル規則ニ違背シタル者ハ前條ノ例ニ照シ各一等ヲ減ス

第二百五十二條　前二條ノ罪ヲ犯シ因テ人ヲ疾病死傷ニ致シタル時ハ過失殺傷ノ各本條ニ照シ重キニ從テ處斷ス

### 第五節　健康ヲ害スベキ飲食物及ヒ藥劑ヲ販賣スル罪

第二百五十三條　人ノ健康ヲ害ス可キ物品ヲ飲食物ニ混和シテ販賣シタル者ハ二圓以上三十圓以下ノ

公然猥褻ノ所業ヲ爲シ又風俗ヲ害ス可キ冊子圖畫等ヲ販賣シタル者神祠佛堂ニ對スル不敬ノ罪等ノ如キハ極メテ輕微ノ犯罪ナルヲ以テ之ヲ輕罪トシテ處分スルハ適當ノモノニ非サルナリ而シテ改正法ハ違警罪ノ刑ノ範圍ヲ擴張シタルヲ以テ是等ノ罪ヲ違警罪中ニ規定スルコトヽ爲シタリ

又賭博罪ニ付テハ現行刑法ハ其何レノ場所ニ於テ爲スヲ問ハス盡ク之ヲ處罰スルコトトナシタレトモ元來此罪ヲ風俗ヲ害スル罪ノ中ニ規定セシハ公ノ場所即チ衆人ノ目ニ觸ル可キ場所ニ於テ之ヲ行フニ因リテ然ルナリ其竊カニ行フ者ノ如キハ法律ノ之ニ干渉シテ罪ト爲ス可キモノニアラス蓋シ此所爲タル相互ノ契約ヲ以テ自己ノ財産ヲ處分スルニ過キサルモノナレハナリ因テ改正法ハ之ヲ公ノ場所ニ於テ爲ス者ニ限リ罪トシテ論スルコトヽ爲シタリ

富講ニ關スル罪ニ付テハ現行刑法ハ唯其興行者ヲ罰スルニ止マリ其牙保幇助ヲ爲ス者或ハ其富籤ヲ購買スル者ハ皆之ヲ不

罰金ニ處ス
第二百五十四條　規則ニ違背シテ毒藥劇藥ヲ販賣シタル者ハ十圓以上百圓以下ノ罰金ニ処ス
第二百五十五條　前二條ノ罪ヲ犯シ因テ人ヲ疾病又ハ死ニ致シタル者ハ過失殺傷ノ各本條ニ照シ重キニ從テ處斷ス

第六節　私ニ醫業ヲ爲ス罪

第二百五十六條　官許ヲ得スシテ醫業ヲ爲シタル者ハ十圓以上百圓以下ノ罰金ニ處ス
第二百五十七條　前條ノ犯人治療ノ方法ヲ誤リ因テ人ヲ死傷ニ致シタル時ハ過失殺傷ノ各本條ニ照シ重キニ從テ處斷ス

第六章　風俗ヲ害スル罪

---

問ニ措キタリ右ハ實際不當ノ規定ナルニ因リ明治十五年五月第二十五號布告ヲ以テ是等ノ所爲ヲ處罰スルコトニ定メタリト雖モ同種類ノ罪ヲ一ハ布告ニ又一ハ刑法ニ規定スルハ之亦タ規定ノ宜キヲ得タルモノト言フ可カラサルナリ故ニ改正法ニ於テハ其布告中處罰ノ嚴酷ニ過クルモノハ之ヲ除キ其他ノ分ハ之ヲ刑法中ニ移スコト、爲シタリ

第二百七十二條　賭場ヲ開張シテ利ヲ圖リ又ハ博徒ノ結合ヲ組成シテ利益ノ分配ヲ圖リタル者ハ一月以上一年以下ノ有役禁錮及ヒ十圓以上百圓以下ノ罰金ニ處ス（現第二百六十條）

第二百七十三條　公ノ場所ニ於テ賭博ヲ爲シ現行ノ際發覺セラレタル者ハ十一日以上六月以下ノ有役禁錮及ヒ五圓以上五十圓以下ノ罰金ニ處ス但現場ニテ消費ス可キ飲食物又ハ一時ノ遊戲ニ供スル物品ヲ賭シタル者ハ此限ニ在ラス
賭博ノ財物其現場ニ在ルモノハ之ヲ沒收ス（現第二百六十一條）

第二百五十八條　公然猥褻ノ所行ヲ為シタル者ハ三圓以上三十圓以下ノ罰金ニ處ス（草案第三百九十九條）

第二百五十九條　風俗ヲ害スル冊子圖畫其他猥褻ノ物品ヲ公然陳列シ又ハ販賣シタル者ハ四圓以上四十圓以下ノ罰金ニ處ス（草案第四百條）

第二百六十條　賭場ヲ開張シテ利ヲ圖リ又ハ博徒ヲ招結シタル者ハ三月以上一年以下ノ重禁錮ニ處シ十圓以上百圓以下ノ罰金ヲ附加ス

第二百六十一條　財物ヲ賭シテ現ニ博奕ヲ為シタル者ハ一月以上六月以下ノ重禁錮ニ處シ五圓以上五十圓以下ノ罰金ヲ附加ス

其情ヲ知テ房屋ヲ給與シタル者亦同シ但飲食物ヲ賭スル者ハ此限ニ在ラス

賭博ノ器具財物其現場ニ

---

第二百七十四條　官許ヲ得スシテ富講ヲ興行シタル者ハ一月以上六月以下ノ有役禁錮及ヒ十圓以上百圓以下ノ罰金ニ處ス

富籤發賣ノ牙保若クハ幇助ヲ為シタル者ハ一等ヲ減ス

富籤ノ發賣ニ因テ得タル金額ハ之ヲ沒收ス若シ現在セサルトキハ其額ヲ追徴ス（現第二百六十二條）

第二百七十五條　官許ヲ得スシテ興行スル富講ノ富籤ヲ購買シタル者ハ五圓以上五十圓以下ノ罰金ニ處ス

第二百七十六條　惡意ヲ以テ死屍ヲ殘毀シ又ハ消失セシメタル者ハ一月以上一年以下ノ有役禁錮ニ處ス

死屍ヲ保護シ又ハ埋葬ス可キ責任アル者死屍ヲ遺棄シタルトキ亦同シ若シ殘毀シ又ハ消失セシメタルトキハ一等ヲ加フ（現第二百六十四條）

第二百七十七條　惡意ヲ以テ墳墓ヲ發堀シ棺槨又ハ死屍ヲ露ハ

在ル者ハ之ヲ沒收ス

第二百六十二條　財物ヲ醵集シ富籤ヲ以テ利益ヲ僥倖スルノ業ヲ興行シタル者ハ一月以上六月以下ノ重禁錮ニ處シ五圓以上五十圓以下ノ罰金ヲ附加ス

第二百六十三條　神祠佛堂墓所其他禮拜所ニ對シ公然不敬ノ所爲アル者ハ二圓以上二十圓以下ノ罰金ニ處ス

若シ説教又ハ禮拜ヲ妨害シタル者ハ四圓以上四十圓以下ノ罰金ニ處ス（草案第四百一條）

第七章　死屍ヲ毀棄シ及ヒ墳墓ヲ發堀スル罪

第二百六十四條　埋葬ス可キ死屍ヲ毀棄シタル者ハ一月以上一年以下ノ重禁錮ニ處シ二圓以上二十圓以下ノ罰金ヲ附加ス

タル者ハ二月以上一年六月以下ノ有役禁錮ニ處ス

因テ死屍ヲ殘毀シ又ハ之ヲ他所ニ移轉シタル者ハ一等ヲ加フ

〔現第二百六十五條〕

## 第十二章　商業工業及ヒ農業ノ自由ヲ妨害スル罪

〔説明〕商業及農工業ヲ妨害スル罪ニ改正ヲ加ヘタルコト

現行刑法ハ僞計又ハ威力ヲ以テ物品ノ賣買ヲ妨害スル者ヲ一般ニ罪トシテ處罰スト雖モ其一己人ヲ害スルニ止マル者ハ之ヲ民法上ノ賠償ニ止メテ可ナリ敢テ之ニ刑罰ヲ科スルノ必要ヲ感セサルナリ要スルニ其妨害ニシテ一地方ノ物價ニ昂低ヲ來サシムルカ又ハ其昂低ヲ妨ケル爲メニ爲シタルトキ卽チ一地方全体ニ害ヲ及ホストキニ於テ之ヲ罪トシ罰スルヲ正當ト爲ス故ニ改正法ニ於テハ是等ノ點ニ付キ現行刑法ノ規定ニ修正ヲ加ヘタリ而シテ其僞計又ハ威力ヲ以テ農工ノ業ヲ妨害スル罪ヲ廢シタルモ亦此理由ニ因リタルニ外ナシトス

第二百六十五條　墳墓ヲ發堀シテ棺槨又ハ死屍ヲ見ハシタル者ハ二月以上二年以下ノ重禁錮ニ處シ三圓以上三十圓以下ノ罰金ヲ附加ス
因テ死屍ヲ毀棄シタル者ハ三月以上三年以下ノ重禁錮ニ處シ五圓以上五十圓以下ノ罰金ヲ附加ス

第二百六十六條　此章ニ記載シタル罪ヲ犯サントシテ未タ遂ケザル者ハ未遂犯罪ノ條例ニ照シテ處斷ス

第八章　商業及ヒ農工ノ業ヲ妨害スル罪

第二百六十七條　僞計又ハ威力ヲ以テ穀類其他衆人ノ需用ニ缺ク可カラザル食用物ノ賣買ヲ妨害シタル者ハ一月以上六月以下ノ重禁錮ニ處シ三圓以上三十圓以下ノ罰金ヲ附加ス

又現行刑法ニ於テハ虛僞ノ風說ヲ流布シテ物價ノ昂低ヲ來サシメタル者ヲ處罰スト雖モ此所爲ニシテ物價ヲ昂低セシメタルヤ否ヤハ何ヲ標準トシテ認ム可キヤ又果シテ其風說ニ原因セシヤ否ヤヲ認ムルハ實際證明シ得ヘキモノニアラス然ルニ斯カル法文ヲ存スルハ徒ラニ有名無實ノ場合ヲ想像シタルニ過キサルモノト信シ斷然此規定ヲ廢定シタリ

第二百七十八條　物價ノ昂低ヲ生セシメ若クハ妨クル爲メ暴行、脅迫又ハ僞計ヲ以テ米穀其他衆人ノ需用ニ缺ク可カラサル食用品又ハ薪炭油ノ船積、陸揚若クハ運輸、賣買ヲ妨害シタル者ハ一月以上六月以下ノ有役禁錮及ヒ十圓以上百圓以下ノ罰金ニ處ス
前項ニ記載シタル以外ノ物品ニ關シテ同一ノ罪ヲ犯シタルトキハ一等ヲ減ス（現第二百六十七條）

第二百七十九條　暴行、脅迫又ハ僞計ヲ以テ糶賣又ハ請負入札

前項ニ記載シタル以外ノ物品ノ賣買ヲ妨害シタル者ハ一等ヲ減ス

第二百六十八條　僞計又ハ威力ヲ以テ糶賣又ハ入札ヲ妨害シタル者ハ十五日以上三月以下ノ重禁錮ニ處シ二圓以上二十圓以下ノ罰金ヲ附加ス

第二百六十九條　僞計又ハ威力ヲ以テ農工ノ業ヲ妨害シタル者ハ亦前條ニ同シ

第二百七十條　農工ノ雇人其雇賃ヲ增サシメ又ハ農工業ノ景況ヲ變セシムル爲メ雇主及ヒ他ノ雇人ニ對シ僞計威力ヲ以テ妨害ヲ爲シタル者ハ一月以上六月以下ノ重禁錮ニ處シ三圓以上三十圓以下ノ罰金ヲ附加ス

第二百七十一條　雇主其雇賃ヲ減シ又ハ農工業ノ景況ヲ變スル爲メ雇人及ヒ

ノ自由ヲ妨害シタル者ハ十一日以上二月以下ノ有役禁錮及ヒ五圓以上五十圓以下ノ罰金ニ處ス（現第二百六十八條）

第二百八十條　農工商ノ雇人其雇賃ヲ增サシメ又ハ其作業、執務ノ條件ヲ變セシムル爲メ通謀シテ他ノ職工若クハ雇主ニ對シ暴行、脅迫又ハ僞計ヲ用ヒ農工商ノ業務ヲ妨害シ得ヘカラシメタル者ハ一月以上六月以下ノ有役禁錮ニ處ス其首魁煽動者ハ三月以上一年以下ノ有役禁錮ニ處ス（現第二百七十條）

第二百八十一條　農工商ノ雇主其雇人ノ雇賃ヲ減セシメ又ハ作業、執務ノ條件ヲ變セシムル爲メ通謀シテ他ノ雇主ニ對シ暴行、脅迫又ハ僞計ヲ用ヒ農工商ノ業務ヲ妨害シ得ヘカラシメタル者ハ一月以上六月以下ノ有役禁錮及ヒ十圓以上百圓以下ノ罰金ニ處ス（現第二百七十一條）

## 第三編　私益ニ關スル重罪及ヒ輕罪

他ノ雇主ニ對シ僞計威力ヲ以テ妨害ヲ爲シタル者ハ亦前條ニ同シ

第二百七十二條　虚僞ノ風說ヲ流布シテ穀類其他衆人需用物品ノ價直ヲ昂低セシメタル者ハ十圓以上百圓以下ノ罰金ニ處ス

第三編　身體財產ニ對スル重罪輕罪

第一章　身體ニ對スル罪

第一節　謀殺故殺ノ罪

第二百九十二條　豫メ謀テ人ヲ殺シタル者ハ謀殺ノ罪ト爲シ死刑ニ處ス

第二百九十三條　毒物ヲ施用シテ人ヲ殺シタルモノハ謀殺ヲ以テ論シ死刑ニ處ス

第二百九十四條　故意ヲ以

---

## 第一章　身體ニ對スル罪

### 第一節　謀殺、故殺ノ罪

第二百八十二條　豫メ謀テ人ヲ殺シタル者ハ謀殺ノ罪ト爲シ死刑ニ處ス〔現第二百九十二條〕

第二百八十三條　故意ヲ以テ人ヲ殺シタル者ハ故殺ノ罪ト爲シ無期懲役ニ處ス〔現第二百九十四條〕

第二百八十四條　性質、用方又ハ時會ニ因リ人ヲ死ニ致シ得ヘキ物品ナルコトヲ知リ之ヲ施用シテ人ヲ殺シタル者ハ豫メ謀ルニ非スト雖モ死刑ニ處ス〔現第二百九十三條〕

第二百八十五條　支解、折割其他慘刻ノ所爲ヲ施シ人ヲ殺シタル者ハ豫メ謀ルニ非スト雖モ死刑ニ處ス〔現第二百九十五條〕

第二百八十六條　重罪、輕罪ヲ犯スニ便利ナル爲メ又ハ已ニ犯シテ逃走ヲ便ニシ若クハ刑ヲ免カルヽ爲メ其犯罪ノ當時人ヲ

テ人ヲ殺シタル者ハ故殺ノ罪トナシ無期徒刑ニ處ス

第二百九十五條　支解折割其他慘刻ノ所為ヲ以テ人ヲ故殺シタル者ハ死刑ニ處ス

第二百九十六條　重罪輕罪ヲ犯スニ便利ナル為メ又ハ已ニ犯シテ其罪ヲ免カルヽ為人ヲ故殺シタル者ハ死刑ニ處ス

第二百九十七條　人ヲ殺スノ意ニ出テ詐稱誘導シテ危害ニ陷レ死ニ致シタル者ハ故殺ヲ以テ論シ其豫メ謀ル者ハ謀殺ヲ以テ論ス

第二百九十八條　謀殺故殺ヲ行ヒ誤テ他人ヲ殺シタル者ハ仍ホ謀故殺ヲ以テ論ス（草案第六十八條）

第二節　毆打創傷ノ

殺シタル者ハ自己ノ為メニシ他人ノ為ニスルヲ分タス死刑ニ處ス〔現第二百九十六條〕

第二百八十七條　人ヲ殺スノ意ヲ以テ詐稱誘導シテ危害ニ陷レ因テ人ヲ死ニ致シタル者ハ豫メ謀ルト否トニ從ヒ謀殺故殺ヲ以テ論ス

其危害ニ陷レタルモ死ニ致ササル者ハ未遂犯ヲ以テ論ス〔現第二百九十七條〕

## 第二節　毆打創傷ノ罪

〔説明〕毆打創傷ノ輕キモノハ被害者ノ告訴ヲ要スルコトト為シタルコト

人ヲ毆打シテ疾病ヲ生セシメ其時間二十日ニ至ラサルモノヽ如キハ直チニ之ヲ罪トシ處罰スルハ穩當ノモノニアラス實際是等ノ塲合ニ於テハ犯人ト被害者ノ間ニ私和スルヲ常トスルヲ以テ改正法ノ如ク此罪ニ付テハ被害者ノ告訴ヲ要スト為シ

罪

第二百九十九條　人ヲ歐打創傷シ因テ死ニ致シタル者ハ重懲役ニ處ス

第三百條　人ヲ毆打創傷シ其兩目ヲ瞎シ兩耳ヲ聾シ又ハ兩肢ヲ折リ及ヒ舌ヲ斷チ陰陽ヲ毀敗シ若クハ知覺精神ヲ喪失セシメ篤疾ニ致シタル者ハ輕懲役ニ處ス

其一目ヲ瞎シ一耳ヲ聾シ又ハ一肢ヲ折リ其他身體ヲ殘虧シ癈疾ニ致シタル者ハ二年以上五年以下ノ重禁錮ニ處ス

第三百一條　人ヲ毆打創傷シ二十日以上ノ疾病ニ罹リ又ハ職業ヲ營ム能ハザルニ至ラシメタル者ハ一年以上三年以下ノ重禁錮ニ處ス

其疾病休業ノ時間二十日ニ至ラサル者ハ一月以上一年以下ノ重禁錮ニ處ス

疾病休業ニ至ラスト雖モ

タルハ事理ニ適シタルモノナリトス

第二百八十八條　人ヲ毆打シテ其身體若クハ精神ニ疾病、創傷ヲ生セシメ因テ死ニ致シタル者ハ二等有期懲役ニ處ス（現第二百九十九條）

第二百八十九條　人ヲ毆打シテ五官ノ一ヲ失ハシメ又ハ四肢ノ一若クハ陰陽ノ使用ヲ失ハシメ其他重大ナル不治ノ疾病、創傷ヲ生セシメタル者ハ三等有期懲役ニ處ス（現第三百條）

第二百九十條　人ヲ毆打シテ前條ニ記載シタルヨリ輕キ疾病創傷ヲ生セシメタル者ハ三月以上五年以下ノ有役禁錮ニ處ス

其疾病ノ時間二十日ニ至ラサルトキハ十一日以上二月以下ノ有役禁錮ニ處ス但被害者ノ告訴アルニ非サレハ訴追スルコトヲ得ス（現第三百一條）

第二百九十一條　豫メ謀テ前三條ノ罪ヲ犯シタル者ハ各一等ヲ

身體ニ創傷ヲ成シタル者ハ十一日以上一月以下ノ重禁錮ニ處ス

第三百二條　豫メ謀テ人ヲ毆打創傷シ休業癈篤疾又ハ死ニ致シタル者ハ前數條ニ記載シタル刑ニ照シ各一等ヲ加フ

第三百三條　重罪輕罪ヲ犯スニ便利ナル爲メ又ハ已ニ犯シテ其罪ヲ免カルヽ爲メ人ヲ毆打創傷シタル者ハ亦前條ノ例ニ同シ

第三百四條　毆打ニ因リ誤テ他人ヲ創傷シタル者ハ仍ホ毆打創傷ノ本刑ヲ科ス

第三百五條　二人以上共ニ人ヲ毆打創傷シタル者ハ現ニ手ヲ下シ傷ヲ成スノ輕重ニ從テ各自ニ其刑ヲ科ス若シ共毆シテ傷ヲ成スノ輕重ヲ知ルヿ能ハサル時ハ其重傷ノ刑ニ照シ一等ヲ減ス但教唆者ハ減

加フ

罪ヲ犯スニ便利ナル爲メ又ハ已ニ犯シテ逃走ヲ便ニシ若クハ刑ヲ免カルル爲メ其犯罪ノ當時前三條ノ罪ヲ犯シタル者ハ自已ノ爲メニシ他人ノ爲ニスルヲ分タス亦各一等ヲ加フ〔現第二百二條、第二百三條〕

第二百九十二條　二人以上共ニ毆打シテ人ヲ疾病、創傷ニ致シタルトキハ其疾病、創傷ノ輕重ニ從テ各自ニ其刑ヲ科ス若シ其輕重ヲ知ルコト能ハサルトキハ重病、重傷ノ刑ニ照シ一等ヲ減ス

共犯人豫メ通謀シテ毆打シタルトキハ各自ニ重病重傷ノ刑ヲ科ス〔現第三百五條〕

第二百九十三條　詐稱誘導シテ人ヲ危害ニ陷レ因テ疾病、死傷ニ致シタル者ハ毆打創傷ヲ以テ論ス〔現第三百八條〕

等ノ限ニ在ラス

第三百六條　二人以上共ニ人ヲ毆打スルニ當リ自カラ人ヲ傷セスト雖モ幇助シテ傷ヲ成サシメタル者ハ現ニ傷ヲ成シタル者ノ刑ニ一等ヲ減ス

第三百七條　健康ヲ害ス可キ物品ヲ施用シテ人ヲ疾苦セシメタル者ハ豫メ謀テ毆打創傷スルノ例ニ照テ處斷ス（草案第二百六十七條）

第三百八條　人ヲ殺スノ意ニ非スト雖モ詐稱誘導シテ危害ニ陷レ因テ疾病死傷ニ致シタル者ハ毆打創傷ヲ以テ論ス

## 第三節　殺傷ニ關スル宥恕

〔說明〕初生ノ兒孫ヲ殺ス者ノ宥恕ヲ定メタルコト

亂倫姦通ニ因リ生シタル子ノ如キハ之ヲ生存セシメハ一家ノ恥辱ト爲ランコトヲ恐レ之ヲ蔽フ爲メニ其父母祖父母タル者之ヲ殺スコトナシトセス又一家生計ニ窮シ其子ヲ養育セントスレハ家內擧テ餓死セントスルノ境遇ニ陷ルノ恐アルヲ以テ已ムコトヲ得ス之ヲ殺ス者亦之ナシトセス其所爲タル固ヨリ惡ムヘシト雖モ其情ニ於テハ實ニ憫諒ス可キ所アリ故ニ從來是等ノ所爲ヲ裁判スルニ當リ故殺若クハ謀殺ノ罪ヲ酌量シテ處罰スルト雖モ酌量輕減ニモ定度アルヲ以テ之ヲ用ユルモ猶刑ノ重キニ過クルノ弊アリ終ニ特典ヲ以テ減刑ヲ爲スノ已ムヲ得サルコト、爲レリ以上ノ理由ナルヲ以テ此罪ニ付テハ寧ロ法律ヲ以テ一般ニ宥恕ヲ與フルヲ正當ナリト認メ特ニ此場合ヲ刑法中ニ規定スルコトト爲シタリ

第三節 殺傷ニ關スル宥恕及ヒ不論罪

第三百九條 自己ノ身體ニ暴行ヲ受クルニ因リ直チニ怒リヲ發シ暴行人ヲ殺傷シタル者ハ其罪ヲ宥恕ス但不正ノ所爲ニ因リ自ラ暴行ヲ招キタル者ハ此限ニ在ラス（草案第七十二條）

第三百十條 毆打シテ互ニ創傷シ其手ヲ下スノ先後ヲ知ルコト能ハサル者ハ各其罪ヲ宥恕スルコトヲ得

第三百十一條 本夫其妻ノ姦通ヲ覺知シ姦所ニ於テ直チニ姦夫又ハ姦婦ヲ殺傷シタル者ハ其罪ヲ宥恕ス但本夫先ニ姦通ヲ縱容シタル者ハ此限ニ在ラス

第三百十二條 晝間故ナク人ノ住居シタル邸宅ニ入リ若クハ門戸牆壁ヲ踰越損壞セントスル者ヲ防止スル爲メ之ヲ殺傷シタル

---

第二百九十四條 本夫其妻ノ現ニ姦通スルヲ覺知シ直チニ姦夫又ハ姦婦ヲ殺傷シタル者ハ其罪ヲ宥恕ス但本夫先ニ其姦通ヲ縱容シタル者ハ此限ニ在ラス〔現第三百十一條〕

第二百九十五條 一家ノ恥辱ヲ蔽フカ爲メ又ハ養育ヲ爲ス能ハサルコトヲ恐ルヽ爲メ父母、祖父母其初生ノ兒孫ヲ殺シタル者ハ其罪ヲ宥恕ス

第二百九十六條 前二條ニ記載シタル宥恕ス可キ罪ハ各本刑ニ照シ二等又ハ三等ヲ減ス〔現第三百十三條〕

第二百九十七條 左ノ場合ニ於テ已ムヲ得サルニ非スシテ人ヲ殺傷シタル者ハ情狀ニ因リ前條ノ例ニ照シ其罪ヲ宥恕スルコトヲ得

一 財産ニ對シ放火其他暴行ヲ爲ス者ヲ防止スルニ出タルトキ

者ハ其罪ヲ宥恕ス

第三百十三條　前數ニ記載シタル宥恕ス可キ罪ハ各本刑ニ照シ二等又ハ三等ヲ減ス（草案第七十三條）

第三百十四條　身體生命ヲ正當ニ防衛シ已ムヿヲ得サルニ出テ暴行人ヲ殺傷シタル者ハ自己ノ爲メニシ他人ノ爲メニスルヲ分タス其罪ヲ論セス但不正ノ所爲ニ因リ自ラ暴行ヲ招キタル者ハ此限ニ在ラス（草案第七十一條）

第三百十五條　左ノ諸件ニ於テ已ムコトヲ得サルニ出テ人ヲ殺傷シタル者ハ其罪ヲ論セス

一　財産ニ對シ放火其他暴行ヲ爲ス者ヲ防止スルニ出タル時

二　盜犯ヲ防止シ又ハ盜贓

二　盜犯ヲ防止シ又ハ盜贓ヲ取還スルニ出タルトキ

三　故ナク家宅ニ侵入シ若クハ門戸牆壁ヲ踰越、損壞スル者ヲ防止スルニ出タルトキ〔現第三百十五條〕

## 第四節　過失殺傷ノ罪

〔説明〕過失殺傷ノ罪ハ被害者ノ告訴ヲ要スルコトヽ爲シタルコト

過失ニ因テ人ヲ死ニ致シタル者ハ其事重大ナルヲ以テ被害者ノ告訴ヲ待タス直ニ之ヲ罪トシテ處罰スト雖モ之カ爲メニ疾病創傷ヲ生セシメタル者ノ如キハ被害者ノ告訴アルニ非サレハ法律ニ於テ敢テ之ヲ處罰スルノ必要ナカル可キナリ且實際此罪ニ付テハ犯者ト被害者ノ間ニ私和シテ以テ事ノ落着ニ歸スルモノ比々皆然ルヲ以テ改正法ハ現行刑法ノ規定ヲ改メ此罪ニ付テハ被害者ノ告訴ヲ要スルコトヽ爲セリ

第二百九十八條　疎虞、懈怠ノ爲メ又ハ規則、慣習ヲ遵守セサル

ヲ取還スルニ出タル時

三　夜間故ナク人ノ住居シタル邸宅ニ入リ若クハ門戸牆壁踰ヲ越損壞スル者ヲ防止スルニ出タル時

第三百十六條　身體財產ヲ防禦スルニ出ルト雖モ已ムコトヲ得サルニ非スシテ害ヲ暴行人ニ加ヘ又ハ危害已ニ去リタル後ニ於テ勢ニ乘シ仍ホ害ヲ暴行人ニ加ヘタル者ハ不論罪ノ限ニ在ラス但情狀ニ因リ第三百十三條ノ例ニ照シ其罪ヲ宥恕スルコトヲ得（草案第七十條）

第四節　過失殺傷ノ罪

第三百十七條　疎虞懈怠又ハ規則慣習ヲ遵守セス過失ニ因テ人ヲ死ニ致シタル者ハ二十圓以上二百圓以下ノ罰金ニ處ス

第三百十八條　過失ニ因テ

---

ニ因リ人ヲ死ニ致シタル者ハ一月以上六月以下ノ無役禁錮又ハ二十圓以上二百圓以下ノ罰金ニ處ス〔現第三百十七條〕

第二百九十九條　疎虞、懈怠ノ爲メ又ハ規則、慣習ヲ遵守セサルニ因リ第二百八十九條ニ記載シタル疾病、創傷ヲ生セシメタル者ハ十一日以上二月以下ノ無役禁錮又ハ十圓以上百圓以下ノ罰金ニ處ス

若シ第二百九十條ニ記載シタル疾病、創傷ヲ生セシメタルトキハ五圓以上五十圓以下ノ罰金ニ處ス

本條ノ罪ハ被害者ノ告訴アルニ非サレハ訴追スルコトヲ得ス

〔現第三百十八條、第三百十九條〕

第五節　自殺ニ關スル罪

第三百條　人ヲ教唆シテ自殺セシメ又ハ囑託ヲ受ケテ自殺人ノ爲メニ手ヲ下シタル者ハ六月以上三年以下ノ有役禁錮ニ處ス

人ヲ創傷シ癈篤疾ニ至シタル者ハ十圓以上百圓以下ノ罰金ニ處ス

第三百十九條　過失ニ因テ人ヲ創傷シ疾病休業ニ至ラシメタル者ハ二圓以上五十圓以下ノ罰金ニ處ス

第五節　自殺ニ關スル罪

第三百二十條　人ヲ教唆シテ自殺セシメ又ハ囑託ヲ受ケテ自殺人ノ為メニ手ヲ下シタル者ハ六月以上三年以下ノ輕禁錮ニ處シ十圓以上五十圓以下ノ罰金ヲ附加ス其他自殺ノ補助ヲ為シタル者ハ一等ヲ減ス

第三百二十一條　自己ノ利ヲ圖リ人ヲ教唆シテ自殺セシメタル者ハ重懲役ニ處ス

第八節　墮胎ノ罪

第三百三十條　懷胎ノ婦女

---

其他自殺ノ幇助ヲ為シタル者ハ一等ヲ減ス〔現第三百二十條〕

第三百一條　自己ノ利ヲ圖リ人ヲ教唆シテ自殺セシメタル者ハ三等有期懲役ニ處ス〔現第三百二十一條〕

第三百二條　教唆者又ハ幇助者ノ意外ノ舛錯、障碍ニ因リ自殺者自殺ヲ遂ケサルトキハ前二條ノ刑ニ一等又ハ二等ヲ減ス

第六節　墮胎ノ罪

〔説明〕墮胎罪ニ宥恕ヲ設ケタルコト

此理由ハ父母祖父母初生ノ兒孫ヲ殺害スルノ罪ニ宥恕ヲ設ケタルト同一ナルヲ以テ茲ニ重子テ説明セス

第三百三條　婦女ノ承諾ヲ得テ藥物ヲ用ヒ又ハ其他ノ方法ニ依リ墮胎セシメタル者ハ一月以上一年以下ノ有役禁錮ニ處ス

承諾シテ墮胎シタル婦女及ヒ自ラ墮胎シタル婦女亦同シ〔現第三百三十條、第三百三十一條〕

藥物其他ノ方法ヲ以テ墮胎シタル者ハ一月以上六月以下ノ重禁錮ニ處ス

第三百三十一條　藥物其他ノ方法ヲ以テ墮胎セシメタル者ハ亦前條ニ同シ因テ婦女ヲ死ニ致シタル者一年以上三年以下ノ重禁錮ニ處ス

第三百三十二條　醫師穩婆又ハ藥商前條ノ罪ヲ犯シタル者ハ各一等ヲ加フ

第三百三十三條　懷胎ノ婦女ヲ威逼シ又ハ詐騙シテ墮胎セシメタル者ハ一年以上四年以下ノ重禁錮ニ處ス

第三百三十四條　懷胎ノ婦女ナルヿヲ知テ毆打其他暴行ヲ加ヘ因テ墮胎ニ至ラシメタル者ハ二年以上五年以下ノ重禁錮ニ處ス其墮胎セシムルノ意ニ出タル者ハ輕懲役ニ處ス

第三百三十五條　前二條ノ

---

第三百四條　前條ノ罪ヲ犯シ因テ婦女ヲ死ニ致シタル者ハ一年以上三年以下ノ有役禁錮ニ處ス〔現第三百三十一條〕

第三百五條　醫師、産婆又ハ藥商、婦女ヲ墮胎セシメタル者ハ、前二條ノ刑ニ各一等ヲ加フ〔現第三百三十二條〕

第三百六條　婦女ヲ威逼シ其他婦女ノ承諾ヲ得スシテ墮胎セシメタル者ハ一年以上四年以下ノ有役禁錮ニ處ス〔現第三百三十三條〕

第三百七條　懷胎ノ婦女ナルコトヲ知テ毆打シ因テ墮胎ニ至ラシメタル者ハ一年以上五年以下ノ有役禁錮ニ處ス其墮胎セシムルノ意ニ出タル者ハ三等有期懲役ニ處ス〔現第三百三十四條〕

第三百八條　前二條ノ罪ヲ犯シ因テ婦女ヲ疾病、死傷ニ致シタルトキハ毆打創傷ノ各本條ニ擬シ重キニ從テ處斷ス〔現第三百三十五條〕

罪ヲ犯シ因テ婦女ヲ癈篤疾又ハ死ニ致シタル者ハ毆打創傷ノ各本條ニ照シ重キニ從テ處斷ス

第三百九條　一家ノ耻辱ヲ蔽フカ爲メ又ハ生兒ヲ養育スル能ハサルコトヲ恐ルヽ爲メ婦女若クハ其夫又ハ其父母、祖父母墮胎ノ罪ヲ犯シタルトキハ其罪ヲ宥恕シテ本刑ニ二等又ハ三等ヲ減ス

第百十條　此節ニ記載シタル輕罪ノ未遂犯ハ之ヲ罰ス

## 第七節　幼者、老者又ハ病者ヲ遺棄スル罪

〔説明〕幼者老者病者ヲ遺棄スル罪ニ改正ヲ加ヘタルコト

現行刑法ニ依レハ幼者ノ遺棄ニ付テハ其幼者ノ八歳未滿ナルコトヲ要スルモ其八歳以上ノ者ト雖モ仍ホ自活ノ途ニ就ク能ハサル者實際多キニ居ル然ルニ其八歳以上ノ幼者ヲ遺棄シタル者ヲ罪トセサルノ理得テ知ル可カラス又現行刑法ニ所謂寥闃無人ノ地トハ果シテ如何ナル場所ヲ指示スルモノナルカ明瞭ナラス蓋シ人家稠密ノ場所ニシテ人ノ往來スルコト少キモノアリ又反之山間ノ地ト雖モ人ノ往來頻繁ナル場所アルヲ以

第九節 幼者又ハ老疾者ヲ遺棄スル罪

第三百三十六條 八歳ニ満サル幼者ヲ遺棄シタル者ハ一月以上一年以下ノ重禁錮ニ處ス

テ幼者老者等ヲ遺棄シタル場所ノ如何ニ因テ罪ノ輕重ヲ設クルハ寧ロ法律ニ於テ其刑期ノ範圍ヲ廣クシ以テ刑ノ輕重ヲ裁判官ニ一任スルノ勝レルニ如カサルナリ故ニ改正法ハ此點ニ付キ現行刑法ニ修正ヲ加ヘタリ

又自己ノ所有地内又ハ管守ス可キ地内ニ遺棄セラレタル幼者老者等ノアルコトヲ知テ之ヲ扶助セス若クハ官署公署ニ申告セサル等ノ罪ヲ犯ス者ノ如キハ人類相救フノ本分ヲ盡クササル者ナリト雖モ現行刑法ノ如ク之ヲ輕罪トシテ處罰スルハ嚴ニ過クルヤノ嫌アリ故ニ此規定ヲ違警罪中ニ移シタリ

又父母祖父母幼者ヲ遺棄スル罪ノ宥恕ハ其生児ヲ殺ス者ノ宥恕ノ理由ト同シキヲ以テ玆ニ之ヲ贅セス

第三百十一條 自ラ生活スルコト能ハサル幼者、老者又ハ病者ヲ遺棄シタル者ハ三月以上三年以下ノ有役禁錮ニ處ス

其幼者、老者、病者ノ保護ヲ為ス可キ責任アル者之ニ必要ノ保

自ラ生活スルヿ能ハサル老者疾病者ヲ遺棄シタル者亦同シ

第三百三十七條　八歳ニ滿サル幼者又ハ老疾者ヲ寥闃無人ノ地ニ遺棄シタル者ハ四月以上四年以下ノ重禁錮ニ處ス

第三百三十八條　給料ヲ得テ人ノ寄託ヲ受ケ保養スヘキ者前二條ノ罪ヲ犯シタル時ハ各等一ヲ加フ

第三百三十九條　幼者老疾者ヲ遺棄シ因テ癈疾ニ致シタル者ハ輕懲役ニ處シ篤疾ニ致シタル者ハ重懲役ニ處シ死ニ致シタル者ハ有期徒刑ニ處ス

第三百四十條　自己ノ所有地又ハ看守スヘキ地内ニ遺棄セラレタル幼者老疾者アルヿヲ知テ之ヲ扶助セス又ハ官署ニ申告セサル者ハ十五日以上六月以下ノ重禁錮ニ處ス

養ヲ與ヘサルトキ亦同シ（現第三百三十六條、第三百三十七條）

第三百十二條　給料ヲ得テ人ノ寄託ヲ受ケ保養ス可キ者前條ノ罪ヲ犯シタルトキハ一等ヲ加フ（現第三百三十八條）

第三百十三條　幼者、老者、病者ヲ遺棄シ又ハ必要ノ保養ヲ與ヘス因テ疾病、死傷ニ致シタルトキハ毆打創傷ノ各本條ニ擬シ重キニ從テ處斷ス

若シ死ニ致スノ意アリテ死ニ致シタルトキハ死刑ニ處ス（現第三百三十九條）

第三百十四條　幼者ノ父母、祖父母一家ノ恥辱ヲ蔽フカ爲メ又ハ養育スルコト能ハサル爲メ幼者ヲ遺棄シタルトキハ其罪ヲ宥恕シテ本刑ニ二等又ハ三等ヲ減ス

## 第二章　自由ニ對スル罪

### 第一節　擅ニ人ヲ制縛、監禁スル罪

若シ疾病ニ罹リ昏倒スル者アルヿヲ知テ扶助セス又ハ申告セサル者亦同シ
（草案第四百五條）

〔説明〕逮捕監禁罪ニ改正ヲ加ヘタルコト

現行刑法ニ依レハ監禁ノ刑ハ十一日以上二月以下ノ重禁錮及ヒ二圓以上二十圓以下ノ罰金ニ止マルト雖モ其監禁日數十日ヲ過クル毎ニ一等ヲ加フトアリ又監禁シテ苛酷ノ所爲ヲ爲シタル者ハ二月以上二年以下ノ重禁錮及ヒ三圓以上三十圓以下ノ罰金ニ處スト規定シタルニ因リ若シ長キ年月間監禁ヲ爲シ且ツ苛酷ノ所爲ヲ施シタル者ハ縦ヒ之ヲ長期ノ刑ニ處スルモ二年ニ過キサル可シ却テ單純ノ監禁ノミナル片ハ時トシテ二年以上ノ刑ニ上ル場合ナシトセス權衡ヲ失スルモノト言ハサル可カラス即チ改正法ハ此規定ヲ修正シテ以上ノ不權衡ヲ生セサラシメタリ

又現行刑法ハ監禁制縛シテ苛酷ノ所爲ヲ施シ因テ人ヲ疾病死傷ニ致シタル場合ニ限リ毆打創傷ノ各本條ニ依リ重キニ従テ處斷スルコトヽ爲シタレトモ人ヲ疾病死傷ニ致スノ場合ハ單純ノ監禁制縛ノトキニモ發生ス可キ事實ナリトス殊ニ此場合

第六節 擅ニ人ヲ逮捕監禁スル罪

第三百二十二條 擅ニ人ヲ逮捕シ又ハ私家ニ監禁シタル者ハ十一日以上二月以下ノ重禁錮ニ處シ二圓以上二十圓以下ノ罰金ヲ附加ス但監禁日數十日ヲ過クル毎ニ一等ヲ加フ

第三百二十三條 擅ニ人ヲ

ニ於テ犯人ハ監禁制縛ノ爲メニ人ヲ疾病死傷ニ致スノ結果ヲ生ス可キコトヲ豫知シ得ヘキナリ因テ改正法ハ單純ノ監禁制縛ニ因リ此結果ヲ生シタルトキト雖モ豫メ謀テ人ヲ毆打創傷シタル者ノ例ニ擬シテ處斷スルコトヽ改メタリ

又現行刑法ハ人ヲ監禁シ水火震災ノ際監禁ヲ解クコトヲ怠リ因テ死傷ニ致シタル場合ヲ規定シタリト雖モ之ヲ水火震災ニ限リ又監禁ヲ解クコトヲ怠リタルニ原因スル場合ニ限ルハ規定狹隘ニ失スルヲ以テ改正法ハ總テ其缺點ヲ補足セリ

第三百十五條 擅ニ人ヲ制縛シタル者ハ十一日以上二月以下ノ有役禁錮ニ處ス（現第三百二十二條）

第三百十六條 擅ニ人ヲ監禁シタル者ハ一月以上一年以下ノ有役禁錮ニ處ス

監禁日數二十日ヲ過クルトキハ一等ヲ加フ（現第三百十二條）

第三百十七條 擅ニ人ヲ制縛、監禁シテ重キ脅迫ヲ行ヒ又ハ陵

監禁制縛シテ毆打拷責シ又ハ飲食衣服ヲ屏去シ其他苛刻ノ所爲ヲ施シタル者ハ二月以上二年以下ノ重禁錮ニ處シ三圓以上三十圓以下ノ罰金ヲ附加ス

第三百二十四條　前條ノ罪ヲ犯シ因テ人ヲ疾病死傷ニ致シタル者ハ毆打創傷ノ各本條ニ照シ重キニ從テ處斷ス

第三百二十五條　擅ニ人ヲ監禁シ水火震災ノ際其監禁ヲ解クコトヲ怠リ因テ死傷ニ致シタル者ハ亦前條ノ例ニ同シ

第七節　脅迫ノ罪

---

虐ノ所遇ヲ爲シタル者ハ前二條ノ刑ニ各一等ヲ加フ〔現第三百二十三條〕

第三百十八條　前數條ノ罪ヲ犯シ因テ人ヲ疾病、死傷ニ致シタル者ハ豫謀、毆打創傷ノ例ニ擬シ重キニ從テ處斷ス〔現第三百二十四條〕

第三百十九條　擅ニ人ヲ制縛、監禁シ其制縛、監禁ノ爲メ不虞ノ變災ヲ避クルコト能ハサラシメ因テ疾病、死傷ニ致シタル者ハ毆打創傷ノ各本條ニ擬シ重キニ從テ處斷ス

制縛、監禁ヲ受ケタル爲メ又ハ陵虐ノ所遇若クハ脅迫ヲ受ケタル爲メ被害者自殺シ又ハ自ラ創傷シタルトキ亦同シ〔現第三百二十五條〕

第二節　脅迫ノ罪

第三百二十條　人ヲ殺サント脅迫シ又ハ家宅ニ放火セント脅迫

第三百二十六條　人ヲ殺サント脅迫シ又ハ人ノ住居シタル家屋ニ放火セント脅迫シタル者ハ一月以上六月以下ノ重禁錮ニ處シ二圓以上二十圓以下ノ罰金ヲ附加ス

毆打創傷其他暴行ヲ加ヘント脅迫シ又ハ財産ニ放火シ及ヒ毀壞劫掠セント脅迫シタル者ハ十一日以上二月以下ノ重禁錮ニ處シ二圓以上十圓以下ノ罰金ヲ附加ス

第三百二十七條　兇器ヲ持シテ前條ノ罪ヲ犯シタル者ハ各一等ヲ加フ

第三百二十八條　親屬ニ害ヲ加フ可キ事ヲ以テ脅迫シタル者ハ亦前二條ノ例ニ同シ

第三百二十九條　此節ニ記載シタル罪ハ脅迫ヲ受ケタル者又ハ其親屬ノ告訴ヲ待テ其罪ヲ論ス

シタル者ハ二月以上一年以下ノ有役禁錮及ヒ十圓以上五十圓以下ノ罰金ニ處ス

其他人ノ身體、財産ニ對シ害ヲ加ヘント脅迫シタル者ハ一月以上六月以下ノ有役禁錮及ヒ五圓以上三十圓以下ノ罰金ニ處ス（現第三百二十六條）

第三百二十一條　左ニ記載シタル情狀アル者ハ前條ノ刑ニ一等ヲ加フ

一　金額、有價證券、其他證書類ヲ交付セシムルヲ以テ條件ト爲シ脅迫シタルトキ

二　兇器ヲ携帶シテ脅迫シタルトキ（現第三百二十七條）

第三百二十二條　他人ニ害ヲ加フ可キコトヲ以テ脅迫シタル者ハ本人ニ害ヲ加フ可キコトヲ以テ脅迫シタルト同ク論ス

第三百二十三條　脅迫ノ罪ハ脅迫ヲ受ケタル者ノ告訴アルニ非

第十節　幼者ヲ略取誘拐スル罪

第三百四十一條　十二歳ニ滿サル幼者ヲ略取シ又ハ誘拐シテ自ラ藏匿シ若クハ他人ニ交付シタル者ハ二年以上五年以下ノ重禁錮ニ處シ十圓以上百圓以下ノ罰金ヲ附加ス

第三百四十二條　十二歳以上二十歳ニ滿タサル幼者ヲ畧取シテ自ラ藏匿シ若クハ他人ニ交付シタル者ハ一年以上三年以下ノ重禁錮ニ處シ五圓以上五十圓以下ノ罰金ヲ附加ス其誘拐シテ自ラ藏匿シ若クハ他人ニ交付シタル者ハ六月以上二年以下ノ重禁錮ニ處シ二圓以上二十圓以下ノ罰金ヲ附加ス

サレハ訴追スルコトヲ得ス〔現第三百二十九條〕

第三節　幼者ヲ略取、誘拐スル罪

第三百二十四條　十二歳ニ滿サル幼者ヲ略取シ又ハ誘拐シタル者ハ二年以上五年以下ノ有役禁錮及ヒ十圓以上百圓以下ノ罰金ニ處ス〔現第三百四十一條〕

第三百二十五條　滿十二歳以上二十歳ニ滿サル幼者ヲ略取シタル者ハ一年以上三年以下ノ有役禁錮及ヒ五圓以上五十圓以下ノ罰金ニ處シ誘拐シタル者ハ六月以上二年以下ノ有役禁錮及ヒ五圓以上三十圓以下ノ罰金ニ處ス〔現第三百四十二條第三百四十五條〕

第三百二十六條　略取、誘拐シタル幼者ナルコトヲ知テ自己ノ家屬、僕婢ト爲シ又ハ其他ノ名稱ヲ以テ之ヲ收受シタル者ハ略取、誘拐ノ從犯ヲ以テ論ス〔現第三百四十三條〕

第三百四十三條　略取誘拐シタル幼者ナルコヲ知テ自己ノ家屬僕婢ト爲シ又ハ其他ノ名稱ヲ以テ之ヲ收受シタル者ハ前二條ノ例ニ照シ各一等ヲ減ス

第三百四十四條　前數條ニ記載シタル罪ハ被害者又ハ其親屬ノ告訴ヲ待テ其罪ヲ論ス但略取誘拐セラレタル幼者式ニ從テ婚姻ヲ爲シタル時ハ告訴ノ效ナシ

第三百四十五條　二十歲ニ滿タサル幼者ヲ略取誘拐シテ外國人ニ交付シタル者ハ輕懲役ニ處ス

第三百二十七條　略取、誘拐ノ罪ハ被害者又ハ其法律上代人ノ告訴アルニ非サレハ訴追スルコトヲ得ス〔現第三百四十四條〕

第三百二十八條　此節ニ記載シタル罪ノ未遂犯ハ之ヲ罰ス

## 第三章　名譽ニ對スル罪

### 第一節　誹毀ノ罪

〔説明〕　誹毀罪ニ改正ヲ加ヘタルコト

現行刑法ハ惡事醜行ヲ摘發スルヲ以テ誹毀罪ノ要素ト爲シタリト雖モ元來此罪ハ人ノ名譽ヲ害スルニ在ルヲ以テ其摘發スル事實ハ敢テ惡事醜行ニ止マラス德義上ヨリ觀レハ其惡事醜行ニ非スト雖モ世人一般ノ感覺上ヨリ其人ノ名譽ヲ害ス可キ事之ナシトセス故ニ改正法ハ惡事醜行ノ文字ヲ改メテ人ノ名譽ヲ害ス可キ事實行爲ト爲シタリ

又現行刑法ハ死者ニ對スル誹毀ノ罪ヲ定メタリト雖モ其理由ノ存スル所ヲ知ルニ困ムナリ若シ法律ハ死者ヲ保護センカ爲

メ死者ヲ誹毀シタル者ヲ罪トシ處罰スルトキハ終ニ世間ニ正ノ歴史ナカラシムルニ至ル可シ然リト雖モ死者ノ事實行爲ヲ摘發シタルカ爲メニ其相續人ノ名譽ヲ毀損スルコトアリトセンカ即チ其相續人ヲ直接ニ誹毀シタルニ外ナケレハ誹毀罪ノ本條ニ依リ處罰スルヲ當然ナリトス故ニ改正法ハ此規定ヲ削除シタリ

又誹毀罪ノ性質トシテ事實ノ有無ヲ問ハサルハ當然ナリト雖モ株式會社ノ頭取支配人等ニ對シテ其職務上不正ノ事アリトシテ誹毀シタル者ハ其事實ヲ證明シ得サルトキニ非サレハ之ヲ罪トセス必竟此所爲タル會社ニ關係シタル衆人ノ利益ヲ保護スルニ出タルモノト見做ス可キヲ以テナリ即チ官吏ヲ侮辱スルノ罪ト毫モ異ナルコナキモノトス故ニ改正法ハ特ニ此場合ヲ規定セリ

官吏公吏ヲシテ懲戒處分ヲ受ケシムル爲メ不實ノ事ヲ搆造シ其監督官吏公吏ニ申告シタル者ハ實際誹毀罪ト異ナラス其人

ニ害ヲ及ホスコト亦タ誹毀罪ト相徑庭スル所之ナキヲ以テ改正法ハ此規定ヲ設ケテ以テ現行刑法ノ缺點ヲ補足セリ

第三百二十九條　人ヲ害シ若クハ侮辱スルノ意ヲ以テ左ノ場所ニ於テ又ハ左ノ方法ニ依リ人ノ名譽ヲ害ス可キ事實、行爲ヲ摘發シタル者ハ其事實、行爲ノ有無ヲ問ハス誹毀ノ罪ト爲シ十一日以上一年以下ノ有役禁錮及ヒ五圓以上五十圓以下ノ罰金ニ處ス

一　公ノ集會又ハ公ノ場所ニ於テ犯シタキトキ

二　公ノ場所ニ非スト雖モ特定ノ人ニ限リ集會又ハ臨席ヲ許シタル場所ニテ數人ノ面前ニ於テ犯シタルトキ

三　如何ナル場所ヲ問ハス被害者ト他人トノ面前ニ於テ犯シタルトキ

四　文書圖畫又ハ偶像ヲ配布シ販賣シ又ハ公衆ノ縱覽ニ供シ

---

第十二節　誣告及ヒ誹毀ノ罪

第三百五十五條　不實ノ事ヲ以テ人ヲ誣告シタル者ハ第二百二十條ニ記載シタル僞證ノ例ニ照シテ處斷ス（草案第百七十六條）

第三百五十六條　誣告ヲ爲スト雖モ被告人ノ推問ヲ始メサル前ニ於テ誣告者自首シタル時ハ本刑ヲ免ス（草案第百七十七條）

第三百五十七條　誣告ニ因テ被告人刑ニ處セラレタル時ハ第二百二十一條第二百二十二條ニ記載シタル例ニ照シテ處斷ス

第三百五十八條　惡事醜行ヲ摘發シテ人ヲ誹毀シタル者ハ事實ノ有無ヲ問ハ

ス左ノ例ニ照シテ處斷ス
一公然ノ演說ヲ以テ人ヲ誹毀シタル者ハ十一日以上三月以下ノ重禁錮ニ處シ三圓以上三十圓以下ノ罰金ヲ附加ス
二書類畫圖ヲ公布シ又ハ雜劇偶像ヲ作爲シテ人ヲ誹毀シタル者ハ十五日以上六月以下ノ重禁錮ニ處シ五圓以上五十圓以下ノ罰金ヲ附加ス

第三百五十九條　死者ヲ誹毀シタル者ハ誣罔ニ出タルニ非サレハ前條ノ例ニ照シテ處斷スルヿヲ得ス

第三百六十條　醫師藥商穩婆又ハ代言人辯護人若クハ神官僧侶其身分職業ニ於テ委託ヲ受ケタル事ニ因リ知得タル陰私ヲ漏告シタル者ハ誹毀ヲ以テ論シ十一日以上三月以下ノ重禁錮ニ處シ三圓以上三十圓以下ノ罰金ヲ附加ス但裁判所ノ呼出ヲ受ケテ事實ヲ陳述スル者ハ此限

若クハ數人ニ示シ又ハ雜劇ヲ演シテ犯シタルトキ（現第三百五十八條）

第三百三十條　株式會社ノ頭取、支配人其他ノ役員ニ對シ職務上不正ノ事アリトシテ指摘シタル者其事實ヲ證明シタルトキハ罪トシテ論セス

第三百三十一條　誹毀ノ罪ハ被害者ノ告訴アルニ非サレハ訴追スルコトヲ得ス（現第三百六十一條）

第三百三十二條　官吏、公吏ヲシテ懲戒處分ヲ受ケシムルノ意ヲ以テ不實ノ事ヲ構造シ其監督官吏、公吏ニ申告シタル者ハ十一日以上一年以下ノ有役禁錮及ヒ五圓以上三十圓以下ノ罰金ニ處ス

本條ノ罪ヲ犯シタル者被害者ニ對シ未タ懲戒手續ノ始マラサル前ニ於テ其申告ヲ取消シタルトキハ本刑ヲ免ス

ニ在ラス

第三百六十一條　此節ニ記載シタル誹毀ノ罪ハ被害者又ハ死者ノ親屬ノ告訴ヲ待テ其罪ヲ論ス

第二節　陰私漏告ノ罪

第三百三十三條　醫師、藥商、產婆、辯護士、公證人又ハ神職、僧侶其身分職業ノ爲メ人ノ陰私ヲ委託セラレ若クハ知リ得テ自己ヲ利シ又ハ人ヲ害スルノ意ヲ以テ其陰私ヲ漏告シタル者ハ十一日以上六月以下ノ有役禁錮及ヒ五圓以上五十圓以下ノ罰金ニ處ス

其誹毀ノ條件ヲ具備スルモノハ誹毀ノ刑ニ一等ヲ加フ〔現第三百六十條〕

第三百三十四條　前條ノ罪ハ被害者ノ告訴アルニ非サレハ訴追スルコトヲ得ス〔現第三百六十一條〕

第三節　姦淫、猥褻ノ罪

〔說明〕　姦淫罪ニ改正ヲ加ヘタルコト

睡眠昏絕其他精神ノ喪失ニ乘シ婦女ヲ姦淫シタル者ハ强姦ニ

非ストト雖モ其婦女ヲ害スルコト强姦ト大ニ異ナル所之ナカル可シ而シテ現行刑法ニハ此點ニ付キ何等ノ規定ヲ爲サヽルカ故ニ其姦淫セラレタル婦女十二歳以上ナルトキハ其犯人ヲ罰スルコトヲ得サルカ如キ不當ノ結果ヲ生ス可シ即チ改正法ニ於テハ特ニ此塲合ヲ規定シ强姦ノ刑ニ一等又ハ二等ヲ減シテ罰スルコトヽ爲シタリ又現行刑法ハ十二歳未滿ノ幼女ヲ姦淫シタル者ハ輕懲役ニ處スト規定シタリト雖モ此塲合ニ於テハ縱ヒ不完全ナリトハ言ヘ其幼女ノ承諾アリタルモノナレハ之ヲ重罪ニ處スルハ嚴ニ過クルヲ以テ改正法ハ之ヲ輕罪ト爲シタリ

又現行刑法ハ十六歳未滿ノ男女ノ淫行ヲ勸誘シテ媒合シタル者ノ罪ヲ定メタレトモ白癡瘋癲者ニ對シテ是等ノ所爲ヲ行ヒタル者ニ付テハ何等ノ規定ヲ設ケサルナリ而シテ白癡瘋癲者ハ全ク精神ヲ喪失シ又ハ其不充分ナル者ナルヲ以テ仍ホ幼者ト同ク玆ニ規定ヲ設ケサル可カラサルナリ即チ改法正ハ此點

第十一節　猥褻姦淫重婚ノ罪

第三百四十六條　十二歳ニ滿サル男女ニ對シ猥褻ノ所行ヲ爲シ又ハ十二歳以上ノ男女ニ對シ暴行脅迫ヲ以テ猥褻ノ所行ヲ爲シタル者ハ一月以上一年以下ノ重禁錮ニ處シ二圓以上二十圓以下ノ罰金ヲ附加ス

ニ付キ現行刑法ノ不備ヲ補ヒタリ

又現行刑法第三百五十四條ニ規定シタル重婚ノ罪ハ改正法ニ於テハ全ク之ヲ廢シタリ蓋シ重婚ノ所爲タル人ノ身分ヲ保護スル法律規則ノ存在セサルトキニ於テ成立ス可シト雖モ既ニ法律規則ノ存在スル我邦ニ在テハ一旦正式ノ婚姻ヲ爲シタル者重子テ婚姻ヲ爲スコトヲ得サル可シ況シヤ之ヲ爲スコトアリトスルモ此場合ニ於テハ婦ノ重婚ニ係ルトキハ其婦及ヒ相姦スル者ハ姦通ノ罪ニ依テ處罰シ得ヘケレハナリ

第三百三十五條　暴行、脅迫ヲ以テ滿十二歳以上ノ婦女ヲ姦淫シタル者ハ强姦ノ罪ト爲シ三等有期懲役ニ處ス

方略ヲ用ヒテ婦女ヲ睡眠若クハ昏絶セシメ其他精神ヲ喪失セシメテ姦淫シタル者ハ强姦ヲ以テ論ス

十二歳ニ滿サル幼女ヲ强姦シタル者ハ二等有期懲役ニ處ス

〔現第三百四十八條、第三百四十九條〕

第三百四十七條　十二歳ニ滿サル男女ニ對シ暴行脅迫ヲ以テ猥褻ノ所行ヲ爲シタル者ハ二月以上二年以下ノ重禁錮ニ處シ四圓以上四十圓以下ノ罰金ヲ附加ス

第三百四十八條　十二歳以上ノ婦女ヲ强姦シタル者ハ輕懲役ニ處ス藥酒等ヲ用ヒ人ヲ昏睡セシメ又ハ精神ヲ錯亂セシメテ姦淫シタル者ハ强姦ヲ以テ論ス

第三百四十九條　十二歳ニ滿サル幼女ヲ姦淫シタル者ハ輕懲役ニ處ス若シ强姦シタル者ハ重懲役ニ處ス

第三百五十條　前數條ニ記載シタル罪ハ被害者又ハ其親屬ノ告訴ヲ待テ其罪ヲ論ス

第三百五十一條　前數條ニ

---

第三百三十六條　睡眠、昏絶其他精神ノ喪失ニ乘シ婦女ヲ姦淫シタル者ハ前條ノ刑ニ一等又ハ二等ヲ減ス

第三百三十七條　十二歳ニ滿サル幼女ヲ姦淫シタル者ハ二年以上五年以下ノ有役禁錮ニ處ス

第三百三十八條　十二歳ニ滿サル男女ニ對シ猥褻ノ所爲ヲ行ヒタル者ハ一月以上一年以下ノ有役禁錮ニ處ス（現第三百四十六條同第三百三十九條）

第三百三十九條　滿十二歳以上ノ男女ニ對シ暴行、强迫ヲ以テ猥褻ノ所爲ヲ行ヒタル者ハ一月以上一年以下ノ有役禁錮ニ處ス

十二歳ニ滿サル幼者ニ對シ暴行、强迫ヲ以テ猥褻ノ所爲ヲ行ヒタル者ハ二月以上二年以下ノ有役禁錮ニ處ス（現第三百四十六條、第三百四十七條）

第三百四十條　前數條ノ罪ハ被害者又ハ其法律上代人ノ告訴ア

記載シタル罪ヲ犯シ因テ人ヲ死傷ニ致シタル者ハ毆打創傷ノ各本條ニ照シ重キニ從テ處斷ス但强姦ニ因テ癈篤疾ニ致シタル者ハ有期徒刑ニ處シ死ニ致シタル者ハ無期徒刑ニ處ス

第三百五十二條　十六歲ニ滿サル男女ノ淫行ヲ勸誘シテ媒合シタル者ハ一月以上六月以下ノ重禁錮ニ處シ二圓以上二十圓以下ノ罰金ヲ附加ス

第三百五十三條　有夫ノ婦姦通シタル者ハ六月以上二年以下ノ重禁錮ニ處ス其相姦スル者亦同シ

此條ノ罪ハ本夫ノ告訴ヲ待テ其罪ヲ論ス但本夫先ニ姦通ヲ縱容シタル者ハ告訴ノ效ナシ

第三百五十四條　配偶者アル者重テ婚姻ヲ爲シタル時ハ六月以上二年以下ノ重禁錮ニ處シ五圓以上

ルニ非レハ訴追スルコトヲ得ス（現第三百五十條）

第三百四十一條　前數條ノ罪ヲ犯シ因テ人ヲ疾病、死傷ニ致シタル者ハ毆打創傷ノ各本條ニ擬シ一等ヲ加ヘ重キニ從テ處斷ス（現第三百五十一條）

第三百四十二條　十五歲ニ滿サル者又ハ瘋癲、白癡者ノ淫行ヲ勸誘シテ媒合シタル者ハ十一日以上二月以下ノ有役禁錮及ヒ五圓以上五十圓以下ノ罰金ニ處ス（現第三百五十二條）

第三百四十三條　有夫ノ婦姦通シタル者ハ六月以上二年以下ノ有役禁錮ニ處ス其相姦スル者亦同シ

本條ノ罪ハ本夫ノ告訴アルニ非サレハ訴追スルコトヲ得ス但本夫先ニ其姦通ヲ縱容シタルトキハ告訴ノ效ナシ（現第三百五十三條）

## 第四章　父母、祖父母ノ身體、自由、名譽ニ對シ犯シタ

五十圓以下ノ罰金ヲ附加ス

ル罪ノ特例

〔説明〕父母、祖父母ニ對スル罪ノ特例ニ改正ヲ加ヘタルコト

現行刑法ニ於テハ子孫其父母、祖父母ニ對シ毆打創傷監禁脅迫等ノ罪ヲ犯シタル者ハ凡人ノ刑ニ照シ各二等ヲ加ヘ因テ癈篤疾ニ致シタル者ハ死刑ニ處スルノ規定ヲ設ケタリ此規定タル頗ル嚴ニ過クルヤノ感アリ且ツ其他身分ニ因テ刑ヲ加重スル場合ハ皆通常ノ刑ニ一等ヲ加フルノ例ナルヲ以ヲ此權　ニ從ヒ現行刑法ノ規定ヲ改メ改正法ハ此ノ罪ニ付テモ亦タ一等ヲ加フルコト丶定メタリ

又現行刑法ハ子孫其父母祖父母ニ對シ必要ナル奉養ヲ缺キタル者ノ罪ヲ本節中ニ規定スト雖モ改正法ハ其自ラ生活スル能ハサル老者病者ニ係ルトキハ第三百十一條以下ノ例ニ照シテ各一等ヲ加ヘテ處罰スルヲ以テ足レリト爲セリ若シ其自ラ生活シ得ル者ナルトキハ其奉養ヲ缺キタル子孫ハ父母祖父母ニ對シ民事上ノ制裁ヲ受クルニ過キサルナリ而シテ其民事上ノ義

務ヲ欽キタル所爲ヲ刑法ニ於テ罪トシ處罰スルハ當ヲ得タルモノニ非ストス其他此罪ニ付キ現行刑法ノ最モ重大ナル瑕瑾トスヘキモノアリ即チ子孫其父母祖父母ヲ故殺スルトキ他人其共犯タルトキト雖モ死刑ニ處セラレス然ルニ若シ子孫其父母祖父母ニ對シ奉養ヲ缺キタルカ爲メ死ニ致シタル塲合ニ於テ他人其事ニ與カルト雖モ元來奉養ノ義務アルニアラサレハ徹頭徹尾之レヲ無罪トスルカ或ヒハ此所爲ヲ以テ有罪トスルトキハ子孫ト共ニ死刑ニ處セサル可カラサルニ至ルナリ其レ此ノ如ク現行刑法ノ規定ハ首尾相貫徹セサルノ結果ヲ來ス可キヲ以テ改正法ハ奉養ヲ缺クノ規定ヲ削除スルコトヽ爲シタリ又現行刑法ハ父母祖父母ニ對スル殺傷ノ罪ハ特別ノ宥恕不論罪ノ例ヲ用ヒスト規定シタルヲ以テ子孫其父母祖父母ニ對シテ正當防衛ノ權ヲ行ヒタルトキハ罪トナリ却テ自ラ天災等ヲ免ルヽ爲メニ行ヒタル所爲ハ罪トナラズ卽チ父母祖父母子孫ニ對シテ罪ヲ犯シタル塲合ニ於テ子孫之ニ抗スルトキハ罪

第十三節　祖父母父母ニ對スル罪

第三百六十二條　子孫其祖父母父母ヲ謀殺故殺シタル者ハ死刑ニ處ス

其自殺ニ關スル罪ハ凡人ノ刑ニ照シ二等ヲ加フ

第三百六十三條　子孫其祖父母父母ニ對シ殴打創傷ノ罪其他監禁脅迫遺棄誣告誹毀ノ罪ヲ犯シタル者ハ各本條ニ記載シタル凡人ノ刑ニ照シ二等ヲ加フ

但廢疾ニ致シタル者ハ有期徒刑ニ處シ篤疾ニ致シタル者ハ無期徒刑ニ處シ死ニ致シタル者ハ死刑ニ

---

トシテ處罰セラレ父母祖父母子孫ニ對シ毫モ過失ナキトキニ於テ子孫ノ所爲無罪トナルガ如キ奇怪ナル結果ヲ生スルヲ見ルニ至ル而シテ此規定タル到底事理ニ乖戻スルモノタルヲ免レザルヲ以テ改正法ニ於テハ斷然此規定ヲ廢スルコト、爲シタリ

**第三百四十四條**　子孫其父母、祖父母ニ對シ前三章ニ記載シタル重罪輕罪ヲ犯シタル者ハ各本刑ニ一等ヲ加フ（現第三百六十三條

**第三百四十五條**　子孫其父母、祖父母ヲ謀殺、故殺シタル者ハ死刑ニ處ス（現第三百六十二條）

## 第五章　住所ニ對スル罪

〔説明〕　住所ヲ犯ス罪ニ改正ヲ加ヘタルコト

現行刑法ハ人ノ家宅ニ侵入シタル所爲ノミヲ以テ罪ト爲シタリト雖モ犯人潛伏スルトキ又タハ家人若クハ看守者ノ不在ニシテ侵入シタルトキヲ除クノ外單ニ侵入シタル所爲ノミヲ以

處ス
第三百六十四條　子孫其祖父母父母ニ對シ衣食ヲ供給セス其他必要ナル奉養ヲ缺キタル者ハ十五日以上六月以下ノ重禁錮ニ處シ二圓以上二十圓以下ノ罰金ヲ附加ス
因テ疾病又ハ死ニ致シタル者ハ亦前條ノ例ニ同シ
第三百六十五條　祖父母父母ニ對シタル殺傷ノ罪ハ特別ノ宥恕及ヒ不論罪ノ例ヲ用フルコトヲ得ス但其犯ス時知ラザル者ハ此ノ限ニ在ラス

テ罪ト爲スハ稍々嚴ニ過クルノ規定ナリトス蓋シ此場合ニ於テハ何等ノ危害ヲ生セサルヲ以テナリ故ニ改正法ニ於テハ單ニ家宅ニ侵入スル罪ニ付テハ家人ノ制止ヲ受ケテ退去セサルコトヲ以テ必要ノ條件ト爲シタリ

第三百四十六條　故ナク人ノ家宅ニ侵入シ制止ヲ受ケテ退去セサル者ハ十一日以上二月以下ノ有役禁錮ニ處ス
左ニ記載シタル情狀アル者ハ制止ヲ受ケサルトキト雖モ仍ホ本刑ニ處ス
一　犯人潜伏シタルトキ
二　家人又ハ看守人ノ不在中犯シタルトキ
第三百四十七條　人ノ家宅ニ侵入シタル者左ノ情狀アルトキハ一月以上六月以下ノ有役禁錮ニ處ス
一　門戸、牆壁ヲ踰越、損壞シ又ハ鎖鑰ヲ開キテ入リタルトキ

二　兇器其他犯罪ノ用ニ供ス可キ物品ヲ携帶シテ入リタルトキ

三　暴行、脅迫ヲ爲シテ入リタルトキ

四　二人以上ニテ入リタルトキ

五　夜間入リタルトキ〔現第百七十一條、第百七十二條〕

第三百四十八條　故ナク皇居、禁苑、離宮又ハ行在所ニ侵入シタル者ハ前二條ノ刑ニ各一等ヲ加フ〔現第百七十三條〕

## 第六章　財産ニ對スル罪

### 第一節　盜罪

〔說明〕盜罪ニ改正ヲ加ヘタルコト

現行刑法ニ於テハ自己ノ所有物ト雖モ典物トシテ他人ニ交付シ又官署ノ命令ニ依リ他人ノ監守シタルトキ之ヲ竊取シタル者ハ竊盜ヲ以テ論スルノ明文アリト雖モ强盜ニ付テハ此規定

ナシ因テ改正法ハ此規定ヲ一般ノ盗罪ニ及ホスコトヽ爲シタリ〔改刑第三百八十條〕現行刑法ニ於テハ田野山林牧場ニ於テ其産物ヲ竊取シタル者ハ其害ノ多少ヲ問ハス特ニ其刑罰ヲ輕クシタリ然レトモ是等ノ竊盗ニシテ他ノ物件ヲ竊取スルモノヨリ莫大ナル損害ヲ來スモノアリ加之ナラス一般ノ信用ニ委子タル物件ヲ竊取スルハ犯シ易クシテ防キ難キモノナレハ是等ノ罪ヲ特ニ輕クスルノ謂之ナカル可シ故ニ改正法ハ此區別ヲ廢シ一般ニ竊盗ヲ二月以上四年以下ノ有役禁錮ニ處スルコトヽ定メ以テ犯罪相當ノ刑罰ヲ科スルコトヽ爲シタリ然レ𪜈家宅其他ノ建造物外ニ於テ竊盗ヲ爲シ其贓額五圓ニ滿サルモノ又ハ其竊盗ノ未遂犯ニ係ルモノハ害ヲ生スルコト尠少ナルモノニシテ其建造物ニ侵入シテ竊盗ヲ爲シタル者トハ大ニ犯狀ヲ異ニシ多クハ偶然ノ發意ニ出テ其犯意未タ熟セサルモノナレハ罪ノ最モ輕キモノナリトス且此ノ如キ輕微ノ罪ハ之ヲ地方裁判所ノ合議裁判ニ付ス可キノ眞價ナク寧ロ其犯罪地ニ近接スル區

裁判所ノ管轄ニ屬セシムルヲ以テ便宜ト爲ス故ニ其刑ヲ十一日以上二月以下ノ有役禁錮ニ改メタリ

又現行刑法ニ於テハ强盜人ヲ傷シタル者ハ無期徒刑ニ處シ死ニ致シタル者ハ死刑ニ處スト規定シタリ然ルニ其創傷ニ輕重ノ別アリ些細ノ創傷ヲ負ハシメタル塲合ニ於テモ仍ホ之ヲ無期徒刑ニ處スルハ嚴ナリ又死ニ致シタル塲合ニ於テモ其殺意ナキ者ヲ死刑ニ處スルハ亦タ嚴ニ過クルモノナリト言ハサル可カラス因テ改正法ニ於テハ是等ノ塲合ヲ區別シ現行刑法ノ規定ニ修正ヲ加ヘタリ

又暴行脅迫ヲ用ヒテ權利義務ニ關スル證書ヲ作リ之ヲ交付セシムルカ又ハ既ニ存在スル證書ヲ滅盡セシムル者ハ實際其財物ヲ强取スルト異ナル所之ナカル可シ然ルニ現行刑法ニハ此點ニ付キ何等ノ規定ナキヲ以テ改正法ハ特ニ此塲合ヲ規定シ現行刑法ノ缺點ヲ補足シタリ

第三百四十九條　自己ヲ利シ又ハ人ヲ害スルノ意ヲ以テ人ニ屬

第二章　財產ニ對スル罪

第一節　竊盜ノ罪

第三百六十六條　人ノ所有物ヲ竊取シタル者ハ竊盜ノ罪ト爲シ二月以上四年以下ノ重禁錮ニ處ス

第三百六十七條　水火震災其他ノ變ニ乘シテ竊盜ヲ犯シタル者ハ六月以上五年以下ノ重禁錮ニ處ス

第三百六十八條　門戸牆壁ヲ踰越損壞シ若クハ鎖鑰ヲ開キ邸宅倉庫ニ入リ竊盜ヲ犯シタル者ハ亦前條ニ同シ

第三百六十九條　二人以上共ニ前三條ノ罪ヲ犯シタル者ハ各一等ヲ加フ

第三百七十條　兇器ヲ携帶

---

スル動產ヲ不正ニ奪取シタル者ハ盜罪ト爲シテ處罰ス

第三百五十條　自己ノ所有ニ屬スト雖モ物權ニ因リ他人ノ占有スル物件又ハ裁判所ノ差押ニ因リ他人ノ監守スル物件ヲ奪取シタル者ハ盜罪ヲ以テ論ス

共同所有權ヲ有スル者他ノ共同所有者ヲ害スルノ意ヲ以テ其物件ヲ奪取シタルトキ亦同シ〔現第三百七十一條〕

第三百五十一條　盜罪ヲ犯シタル者再ヒ盜罪ヲ犯シタルトキハ各本刑ニ一等ヲ加フ三犯以上ノ者亦同シ

第一欵　竊盜ノ罪

第三百五十二條　暴行、脅迫ヲ用ヒスシテ盜罪ヲ犯シタル者ハ竊盜ノ罪ト爲シ二月以上四年以下ノ有役禁錮ニ處ス〔現第三百六十六條、第三百七十二條、第三百七十三條、第三百七十四條〕

第三百五十三條　水火、震災其他ノ變ニ乘シテ竊盜ヲ犯シタル

シテ人ノ住居シタル邸宅ニ入リ竊盜ヲ犯シタル者ハ輕懲役ニ處ス

第三百七十一條　自已ノ所有物ト雖モ典物トシテ他人ニ交付シ又ハ官署ノ命令ニ因リ他人ノ看守シタル時之ヲ竊取シタル者ハ竊盜ヲ以テ論ス

第三百七十二條　田野ニ於テ穀類菜菓其他ノ產物ヲ竊取シタル者ハ一月以上一年以下ノ重禁錮ニ處ス

第三百七十三條　山林ニ於テ竹木礦物其他ノ產物ヲ竊取シ又ハ川澤池沼湖海ニ於テ人ノ生養シ若クハ營業ニ關スル產物ヲ竊取シタル者ハ亦前條ニ同シ

第三百七十四條　牧場ニ於テ牧畜ノ獸類ヲ竊取シタル者ハ二月以上二年以下ノ重禁錮ニ處ス

第三百七十五條　此節ニ記

者ハ五月以上五年以下ノ有役禁錮ニ處ス〔現第三百六十七條〕

第三百五十四條　門戶、牆壁ヲ踰越、損壞シ又ハ鎖鑰ヲ開キテ人ノ家宅其他ノ建造物ニ入リ竊盜ヲ犯シタル者ハ亦前條ニ同シ〔現第三百六十八條〕

第三百五十五條　二人以上共ニ前三條ノ罪ヲ犯シタル者ハ各一等ヲ加フ〔現第三百六十九條〕

第三百五十六條　兇器ヲ携帶シテ人ノ家宅ニ入リ竊盜ヲ犯シタル者ハ三等有期懲役ニ處ス〔現第三百七十條〕

第三百五十七條　前數條ニ記載シタル輕罪ノ未遂犯ハ之ヲ罰ス〔現第三百七十五條〕

第三百五十八條　家宅其他ノ建造物外ニ於テ竊盜ヲ犯シ未タ遂ケサル者又ハ已ニ遂クルモ其贓額五圓ニ滿サル者ハ十一日以上二月以下ノ有役禁錮ニ處ス

載シタル輕罪ヲ犯サントシテ未タ遂ケサル者ハ未遂犯罪ノ例ニ照シテ處斷ス

第三百七十六條　此節ニ記載シタル罪ヲ犯シ輕罪ノ刑ニ處スル者ハ六月以上二年以下ノ監視ニ處ス

第三百七十七條　祖父母父母夫妻子孫及其配偶者又ハ同居ノ兄弟姉妹互ニ其財産ヲ竊取シタル者ハ竊盜ヲ以テ論スルノ限ニ在ラス

若シ他人共ニ犯シテ財物ヲ分チタル者ハ竊盜ヲ以テ論ス

第二節　强盜ノ罪

第三百七十八條　人ヲ脅迫シ又ハ暴行ヲ加ヘテ財物ヲ强取シタル者ハ强盜ノ罪ト爲シ輕懲役ニ處ス

---

第三百五十九條　此欵ニ記載シタル罪ヲ犯シタル者ハ六月以上三年以下ノ監視ニ付スルコトヲ得（現第三百七十六條）

第三百六十條　父母、祖父母、夫妻、子孫及ヒ其配偶者又ハ同居ノ兄弟、姉妹互ニ竊盜ヲ犯シタル者ハ其罪ヲ宥恕シテ本刑ヲ免ス

若シ他人自己ノ利ヲ圖テ共ニ犯シタル者ハ宥恕ヲ與フルノ限ニ在ラス（現第三百七十七條）

第二欵　强盜ノ罪

第三百六十一條　暴行、脅迫ヲ用ヒテ盜罪ヲ犯シタル者ハ强盜ノ罪ト爲シ三等有期懲役ニ處ス

竊盜、財ヲ得テ其取還ヲ拒ク爲メ臨時暴行、脅迫ヲ爲シタル者ハ强盜ヲ以テ論ス

方畧ヲ用ヒテ人ヲ睡眠若クハ昏絶セシメ其他精神ヲ喪失セシ

第三百七十九條　强盜左ニ記載シタル情狀アル者ハ一個每ニ一等ヲ加フ
一　二人以上共ニ犯シタル時
二　兇器ヲ携帶シテ犯シタル時
第三百八十條　强盜人ヲ傷シタル者ハ無期徒刑ニ處シ死ニ致シタル者ハ死刑ニ處ス
第三百八十一條　强盜婦女ヲ强姦シタル者ハ無期徒刑ニ處ス
第三百八十二條　竊盜財ヲ得テ其取還ヲ拒ク爲メ臨時暴行脅迫ヲ爲シタル者ハ强盜ヲ以テ論ス
第三百八十三條　藥酒等ヲ用ヒ人ヲ酔迷セシメ其財物ヲ盜取シタル者ハ强盜ヲ以テ論シ輕懲役ニ處ス
第三百八十四條　此節ニ記載シタル罪ヲ犯シ減輕ニ

---

メテ盜罪ヲ犯シタル者亦同シ（現三百七十八條、第三百八十二條第三百八十三條）
第三百六十二條　强盜ヲ犯シタル者左ニ記載シタル情狀ノ一箇アルトキハ本刑ニ一等ヲ加ヘ二箇以上アルトキハ二等ヲ加フ
一　門戶、牆壁ヲ踰越、損壞シ又ハ鎖鑰ヲ開キテ人ノ家宅ニ入リ犯シタルトキ
二　二人以上共ニ犯シタルトキ
三　兇器ヲ携帶シテ犯シタルトキ（現第三百七十九條）
第三百六十三條　强盜暴行、脅迫ニ因リ人ヲシテ第二百八十九條ニ記載シタル疾病、創傷ニ至ラシメタルトキハ一等有期懲役ニ處シ第二百九十條第一項ニ記載シタル疾病、創傷ニ至ラシメタルトキハ二等有期懲役ニ處ス
若シ殺意ナクシテ人ヲ死ニ致シタルトキハ無期懲役ニ處シ殺意アリタルトキハ死刑ニ處ス（現第三百八十條）

因テ輕罪ノ刑ニ處スルモノハ六月以上二年以下ノ監視ニ付ス

第三節 遺失物埋藏物ニ關スル罪

第三百八十五條 遺失及ヒ漂流ノ物品ヲ拾得テ隱匿シ所有主ニ還付セス又ハ官署ニ申告セサル者ハ十一日以上三月以下ノ重禁錮ニ處シ又ハ二圓以上二十圓以下ノ罰金ニ處ス

---

第三百六十四條 强盜婦女ヲ强姦シタル者ハ無期懲役ニ處シ因テ死ニ致シタル者ハ死刑ニ處ス（現第三百八十一條）

第三百六十五條 暴行脅迫ヲ用ヒ權利義務ニ關スル證書ヲ作リテ之ヲ交付セシメ又ハ證書ヲ滅盡セシメタル者ハ强盜ヲ以テ論ス

第三百六十六條 此欵ニ記載シタル罪ヲ犯シタル者ハ一年以上五年以下ノ監視ニ付ス（現第三百八十四條）

第二節 遺失物埋藏物ニ關スル罪

第三百六十七條 遺失又ハ漂流ノ物品ヲ拾得テ自己若クハ他人ノ利得ト爲ス爲メ之ヲ其所有者ニ還付セス又ハ官署、公署ニ申告セサル者ハ十一日以上二月以下ノ有役禁錮又ハ五圓以上二十圓以下ノ罰金ニ處ス（現第三百八十五條）

第三百六十八條 他人ノ所有地内又ハ他人ノ所有ニ屬スル物件

ノ中ニ埋藏シタル物品ヲ發見シテ其全部若クハ一分ヲ隱匿シタル者ハ亦前條ニ同シ（現第三百八十六條）

第三百八十六條 他人ノ所有地内ニ於テ埋藏ノ物品ヲ堀得テ隱匿シタル者ハ又前條ニ同シ

第三百六十九條 此節ニ記載シタル罪親屬相犯ス者ハ第三百六十條ノ例ニ從フ（現第三百八十七條）

第三百八十七條 此節ニ記載シタル罪ヲ犯シタル者第三百七十七條ニ掲ケタル親屬ニ係ル時ハ其罪ヲ論セス

## 第三節 破產及ヒ家資分散ニ關スル罪

第四節 家資分散ニ

〔說明〕 家資分散ニ關スル罪ニ改正ヲ加ヘタルコト

從來破產ト家資分散トノ區別ナカリシモ既ニ商法ニ於テハ有罪破產ノ規定アリ又民事上ニ付テハ家資分散ノ制アリ然ハ則チ現行刑法ノ家資分散ニ關スル規定ハ之ヲ民事及ヒ商事ニ適用セサル可カラサルナリ殊ニ商事上ノ破產ハ其害商業社會一般ニ波及スルモノニシテ民事上ノ家資分散ノ如ク限定シタル債權者ノミニ害ヲ及ホスモノヽ比ニアラス故ニ改正法ニ於テハ破產ノ罪ニ付キ特ニ刑罰ヲ重クシタリ

第三百七十條 商法ニ從ヒ破產ノ宣告ヲ受ケタル者有罪破產ニ

關スル罪

第三百八十八條　家資分散ノ際其財產ヲ藏匿脫漏シ又ハ虛僞ノ負債ヲ增加シタル者ハ二月以上四年以下ノ重禁錮ニ處ス

情ヲ知テ虛僞ノ契約ヲ承諾シ若クハ其媒介ヲ爲シタル者ハ一等ヲ減ス

第三百八十九條　家資分散ノ際帳簿ノ類ヲ藏匿毀棄シ若クハ分散決定ノ後債主中ノ一人又ハ數人ニ其負債ヲ私償シテ他ノ債主ヲ害シタル者ハ一月以上二年以下ノ重禁錮ニ處ス

係ルトキハ左ノ區別ニ從テ處斷ス

一　詐欺破產ニ係ルトキハ三等有期懲役ニ處ス

二　過怠破產ニ係ルトキハ二年以上五年以下ノ有役禁錮ニ處ス

第三百七十一條　家資分散ノ宣告ヲ受ケタル者其宣告ノ前後ヲ問ハス債權者ヲ害スルノ意ヲ以テ其財產ヲ藏匿、脫漏シ若クハ虛僞ノ負債ヲ增加シタル者ハ一月以上二年以下ノ有役禁錮ニ處ス

情ヲ知テ虛僞ノ契約ヲ承諾シ若クハ其媒介ヲ爲シタル者ハ一等ヲ減ス（現第三百八十八條）、

## 第四節　詐欺取財及ヒ背信ノ罪

〔說明〕詐欺取財ノ罪及ヒ受寄財物ニ關スル罪ニ改正ヲ加ヘタルコト

現行刑法ハ其第三百九十條ニ人ヲ欺罔シ又ハ恐喝シテ財物若クハ證書類ヲ騙取シタル者ハ詐欺取財ノ罪ト爲スト定メ而シテ第三百九十二條ヲ以テ「物件ヲ販賣シ又ハ交換スルニ當リ其物質ヲ變シ若クハ分量ヲ僞テ人ニ交付シタル者ハ詐欺取財ヲ以テ論ス」又第三百九十三條ヲ以テ「他人ノ動産不動産ヲ冒認シテ販賣交換シ又ハ抵當典物ト爲シタル者ハ詐欺取財ヲ以テ論ス」ト規定シタリト雖モ第三百九十二條及ヒ第三百九十三條ニ記載シタル所爲果シテ詐欺ノ方略ヲ以テ人ヲ錯誤ニ陷レ不正ノ利益ヲ得タルモノナリトセハ則チ純然タル詐欺取財ナリ別ニ詐欺取財ヲ以テ論スト言フニ及ハサルナリ又第三百九十三條第二項ニ「自已ノ不動産ト雖モ已ニ抵當典物ト爲シタルヲ欺隱シテ他人ニ賣與シ又ハ重子テ抵當典物ト爲シタル者亦同シト規定シタレトモ現今不動産ノ賣買抵當等ニ付テハ登記ノ方法アルヲ以テ之ヲ犯サントスルモ得サルナリ眞シヤ之ヲ犯スコトアリトスルモ必竟第二ノ買主等ノ怠慢ヨリ生スルニ在テ之

ヲ一箇ノ犯罪ト爲ス可キ理之ナカル可シ因テ改正法ニ於テハ右第三百九十二條及ヒ第三百九十三條ハ總テ之ヲ削除スルコト、爲シタリ

又現行刑法ニハ他人ノ印顆又ハ捺印署名シタル白紙ヲ預リタル者不正ニ證書ヲ造リタル罪ヲ規定セス而シテ此所爲タル之ヲ私文書僞造罪トシテ論ス可キ性質ノモノニ非サレハ終ニ不問ニ措カサル可カラサル結果ヲ生スルナリ故ニ改正法ニ於テハ是ヲ背信ノ罪ト爲シ特ニ規定ヲ設ケタリ〔改刑第三百七十九條〕

又他人ノ所有ニ屬スル土地ヲ占領スル爲メ又ハ其土地ノ利益ヲ得ル爲メ經界ヲ表シタル物件ヲ毀棄シ又ハ移轉シタルモノハ現行刑法ニ於テ物品毀壞ノ罪ト爲シ輕ク處罰シタリ然レトモ此所爲タル實ニ其物品ニ對スルニ罪ニ非スシテ他人ノ土地所有權ニ對スル罪ナリトス即チ此所爲モ又タ一種ノ詐欺取財ニ外ナケレハ改正法ハ之ヲ詐欺取財ノ罪ノ中ニ規定スルコト

第五節 詐欺取財ノ罪及ヒ受寄財物ニ關スル罪

第三百九十條 人ヲ欺罔シ又ハ恐喝シテ財物若クハ諸書類ヲ騙取シタル者ハ詐欺取財ノ罪ト爲シ二月以上四年以下ノ重禁錮ニ處シ四圓以上四十圓以下ノ罰金ヲ附加ス

因テ官私ノ文書ヲ僞造シ又ハ増減變換シタル者ハ僞造ノ各本條ニ照シ重キニ從テ處斷ス

第三百九十一條 幼者ノ智慮淺薄又ハ人ノ精神錯亂シタルニ乘シテ其財物若クハ證書類ヲ授與セシメタル者ハ詐欺取財ヲ以テ論ス

第三百九十二條 物件ヲ販賣シ又ハ交換スルニ當リ其物質ヲ變シ若クハ分量ヲ僞テ人ニ交付シタル者

、爲シタリ

第三百七十二條 自己又ハ他人ヲ利スルノ意ヲ以テ虚僞ノ事ヲ構造シ又ハ眞實ノ事ヲ變更、隱蔽シ其他詐欺ノ方畧ヲ用ヒテ人ヲ錯誤ニ陷レ以テ不正ノ利益ヲ得タル者ハ詐欺取財ノ罪ト爲シ二月以上四年以下ノ有役禁錮及ヒ十圓以上百圓以下ノ罰金ニ處ス〔現第三百九十條第三百九十二條第三百九十三條〕

第三百七十三條 未成年者ノ知慮淺薄又ハ人ノ精神錯亂シタルニ乘シテ不正ノ利益ヲ得タル者ハ詐欺取財ヲ以テ論ス〔現第三百九十一條〕

第三百七十四條 人ノ惡事、醜行其他ノ陰私ヲ摘發、漏告セント脅迫シテ不正ノ利益ヲ得タル者ハ詐欺取財ヲ以テ論ス

第三百七十五條 前數條ノ罪ヲ犯シタル者ハ監視ニ付スルコトヲ得〔現第三百九十四條〕

ハ詐欺取財ヲ以テ論ス

第三百九十三條　他人ノ動產不動產ヲ冒認シテ販賣交換シ又ハ抵當典物ト爲シタル者ハ詐欺取財ヲ以テ論ス

自己ノ不動產ト雖モ已ニ抵當典物ト爲シタルヲ欺隱シテ他人ニ賣與シ又ハ重子テ抵當典物ト爲シタル者亦同シ

第三百九十四條　前數條ニ記載シタル罪ヲ犯シタル者ハ六月以上二年以下ノ監視ニ付ス

第三百九十五條　受寄ノ財物借用物又ハ典物其他委託ヲ受ケタル金額物件ヲ費消シタル者ハ一月以上二年以下ノ重禁錮ニ處ス

若シ騙取拐帶其他詐欺ノ所爲アル者ハ詐欺取財ヲ以テ論ス

第三百九十六條　自已ノ所

第三百七十六條　詐欺取財ノ罪ヲ犯シタル者再ヒ詐欺取財ノ罪ヲ犯シタルトキハ本刑ニ一等ヲ加フ三犯以上ノ者亦同シ

第三百七十七條　自已又ハ他人ヲ利スルノ意ヲ以テ賃貸、寄託、使用、貸借、質其他容假ノ名義ニテ交付セラレタル金穀、物件ヲ隱匿、消費シタル者ハ背信ノ罪トナシ一月以上三年以下ノ有役禁錮及ヒ五圓以上五十圓下ノ罰金ニ處ス（現第三百九十五條）

第三百七十八條　自已ノ所有ニ屬スル物件ト雖モ裁判所ヨリ差押ヘ更ニ保管ヲ託セラレタルモノヲ隱匿、消費シタレ者ハ背信ヲ以テ論ス（現第三百九十六條）

第三百七十九條　寄託又ハ代理ノ名義ヲ以テ他人ノ印顆又ハ捺印若クハ署名アル白紙ヲ預リ不正ニ寄託者又ハ委任者ノ利益ヲ害シ得ヘキ證書ヲ作リタル者ハ背信ヲ以テ論ス

第三百八十條　他人ノ所有ニ屬スル土地ノ全部若クハ一分ヲ占

有ニ係ルト雖モ官署ヨリ差押ヘタル物件ヲ藏匿脱漏シタル者ハ一月以上六月以下ノ重禁錮ニ處ス但家資分散ノ際此罪ヲ犯シタル者ハ第三百八十八條ノ例ニ照シテ處斷ス

第三百九十七條　此節ニ記載シタル罪ヲ犯サントシテ未タ遂ケサル者ハ未遂犯罪ノ例ニ照シテ處斷ス

第三百九十八條　此節ニ記載シタル罪ヲ犯シタル者第三百七十七條ニ掲ケタル親屬ニ係ル時ハ其罪ヲ論セス

領スル爲メ又ハ其土地ノ利益ヲ得ル爲メ經界ヲ表シタル物件ヲ毀棄シ又ハ移轉シタル者ハ二月以上二年以下ノ有役禁錮及ヒ五圓以上五十圓以下ノ罰金ニ處ス（現第四百二十條）

第三百八十一條　此節ニ記載シタル罪ノ未遂犯ハ之ヲ罰ス（現第三百九十七條）

第三百八十二條　此節ニ記載シタル罪親屬相犯ス者ハ第三百六十條ノ例ニ從フ（現第九十八條）

## 第五節　贓物ニ關スル罪

（說明）贓物ニ關スル罪ニ改正ヲ加ヘタルコト

現行刑法ハ强窃盜ノ贓物ト詐欺取財其他ノ犯罪ニ關スル贓物トニ因テ刑ニ輕重ノ差ヲ設ケタリト雖モ犯人其贓物ヲ寄藏故買スル所爲ヨリ觀察スルトキハ其强窃盜ニ關スルモノト他ノ罪ニ關スルモノトニ因テ區別ヲ設クルノ理之ナカル可シ故ニ

第六節　贓物ニ關スル罪

第三百九十九條　强竊盜ノ贓物ナルコトヲ知テ之ヲ受ケ又ハ寄藏故買シ若クハ牙保ヲ爲シタル者ハ一月以上三年以下ノ重禁錮ニ處シ三圓以上三十圓以下ノ罰金ヲ附加ス

第四百條　前條ノ罪ヲ犯シタル者ハ六月以上二年以

改正法ニ於テハ其區別ヲ廢セリ

又平常贓物ヲ故買シ若クハ牙保スルヲ以テ常業ノ如ク爲ス者アリ必竟此ノ如キ者アルニ因リ自然贓罪ヲ增加スルニ至ルモノナレハ之ヲ以テ常業ト爲ス者ノ如キハ最モ重ク處罰セサル可カラサルナリ故ニ改正法ハ特ニ此塲合ニ付キテ刑ヲ定メタリ

第三百八十三條　前四節及ヒ第二百八條ニ記載シタル罪ニ關スル贓物ナルコトヲ知テ之ヲ受ケ又ハ寄藏、故買シ若クハ牙保ヲ爲シタル者ハ十一日以上二年以下ノ有役禁錮及ヒ五圓以上五十圓以下ノ罰金ニ處ス

犯人常業トシテ本條ノ罪ヲ犯シタルトキハ二年以上五年以下ノ有役禁錮及ヒ十圓以上二百圓以下ノ罰金ニ處ス〔現第刑三百九十九條第四百〇一條〕

下ノ監視ニ付ス

第四百一條　詐欺取財其他ノ犯罪ニ關シタル物件ナルヿヲ知テ之ヲ受ケ又ハ寄藏故買シ若クハ牙保ヲ爲シタル者ハ十一日以上一年以下ノ重禁錮ニ處シ二圓以上二十圓以下ノ罰金ヲ附加ス

第三百八十四條　前條ノ罪ヲ犯シタル者ハ監視ニ付スルコトヲ得〔現第四百條〕

第六節　動産、不動産ヲ毀壞スル罪

（説明）物品毀壞ノ罪ニ改正ヲ加ヘタルコト

現行刑法ハ建造物ト他ノ物品トニ因リ之ヲ毀壞シタル者ノ刑ニ輕重ヲ設ケタリト雖モ凡ソ其物品ノ不動産ナルカ故ニ損害多ク動産ナルカ故ニ損害少シトスルハ皮相ノ見解ニ過キサルナリ動産ト雖モ數百萬圓ノ價格ヲ有スルモノ世間其類ニ乏カラス必竟是等害ノ多少ハ其事實ニ因テ異ナルモノニシテ物品ノ性質ニ因リ豫メ之ヲ一定シ得ヘキモノニ非サルナリ故ニ改正法ニ於テハ此罪ニ付刑ノ範圍ヲ廣クシテ十一日以上五年以下ノ有役禁錮及ヒ五圓以上五十圓以下ノ罰金ニ處スルコト、爲シ以テ裁判官ヲシテ事實ニ相當スル刑ヲ科セシムルコト、定メタリ又現行刑法ハ物品ノ毀壞及ヒ家畜ノ殺死ヲ罪トシテ處罰スト雖モ人ノ財產ヲ害スルハ啻ニ此二ノ合場ニ限ラサルナリ即チ或ハ其物品ヲ消滅セシメ若クハ全ク使用スルコト能ハサルニ至ラシメタル場合等之アル可シ故ニ改正法ニ於テハ之ヲ明記スルコトト爲シタリ

又現行刑法ニハ人ノ所有物ノミニ付テ規定ヲ設ケタリト雖モ自己ノ所有物ニシテ裁判所ヨリ差押ヘラレ或ハ抵當ト爲シタルモノヲ毀壞スルトキハ仍ホ他人ノ財產權ヲ害スルモノナルヲ以テ改正法ニ於テハ之ヲ他人ノ所有物ト同ク論スルコトト爲シタリ

前上述ル如ク物品毀壞ノ罪タル害ヲ與フルノ大小ハ豫メ之ヲ知ルコトヲ得サルナリ或ハ物品ニ因テハ殆ント害ヲ生セサルモノアリ故ニ立法者ハ豫メ其區別ヲ立ルコトヲ得サルヲ以テ此罪ニ付テハ總テ被害者ノ告訴ナケレハ害ノ生セサルモノト看做シ當然刑事ノ訴追ヲ爲サシメサルコトト爲シタリ

第十節　家屋物品ヲ毀壞シ及ヒ動植物ヲ害スル罪

第四百十七條　人ノ家屋其他ノ建造物ヲ毀壞シタル者ハ一月以上五年以下ノ重禁錮ニ處シ二圓以上五十圓以下ノ罰金ヲ附加ス
因テ人ヲ死傷ニ致シタル者ハ毆打創傷ノ各本條ニ照シ重キニ從テ處斷ス

第四百十八條　人ノ家屋ニ屬スル牆壁及ヒ園池ノ裝飾又ハ田圃ノ樊圍牧塲ノ柵欄ヲ毀壞シタル者ハ十一日以上三月以下ノ重禁錮ニ處シ又ハ二圓以上二十圓以下ノ罰金ニ處ス

第四百十九條　人ノ稼穡竹木其他需用ノ植物ヲ毀損シタル者ハ十一日以上六月以下ノ重禁錮ニ處シ又ハ三圓以上三十圓以下ノ罰金ニ處ス

第四百二十條　土地ノ經界ヲ表シタル物件ヲ毀壞シ

第三百八十五條　自己ヲ利シ又ハ人ヲ害スルノ意ヲ以テ人ノ所有ニ屬スル動産、不動産ヲ毀壞シ殘害シ消滅セシメ又ハ使用スルコト能ハサルニ至ラシメタル者ハ十一日以上五年以下ノ有役禁錮及ヒ五圓以上百圓以下ノ罰金ニ處ス
但被害者ノ告訴アルニ非サレハ訴追スルコトヲ得ス（現第四百十七條、第四百二十一條、第四百十八條、第四百二十二條、第四百十九條、第四百二十三條）

第三百八十六條　自己ノ所有ニ屬スト雖モ裁判所ヨリ差押ヘラレ又ハ抵當若クハ質ト爲シ其他他人ノ爲メニ物權ヲ設定シ又ハ保險ニ付シタル動産、不動産ハ他人ノ所有ニ屬スル動産、不動産ト同ク論ス

第三百八十七條　此節ニ記載シタル罪ヲ犯シ因テ人ヲ疾病死傷ニ致シタルトキハ第二百四十二條ノ例ニ從フ

又ハ移轉シタル者ハ一月以上六月以下ノ重禁錮ニ處シ二圓以上二十圓以下ノ罰金ヲ附加ス（草案第三百八十條）

第四百二十一條　人ノ器物ヲ毀棄シタル者ハ十一日以上六月以下ノ重禁錮ニ處シ又ハ三圓以上三十圓以下ノ罰金ニ處ス

第四百二十二條　人ノ牛馬ヲ殺シタル者ハ一月以上六月以下ノ重禁錮ニ處シ二圓以上二十圓以下ノ罰金ヲ附加ス

第四百二十三條　前條ニ記載シタル以外ノ家畜ヲ殺シタル者ハ二圓以上二十圓以下ノ罰金ニ處ス但被害者ノ告訴ヲ待テ其罪ヲ論ス

第四百二十四條　人ノ權利義務ニ關スル證書類ヲ毀棄滅盡シタル者ハ二月以上四年以下ノ重禁錮ニ處シ三圓以上三十圓以下ノ罰金ヲ附加ス

# 第四編　違警罪

## 第一章　秩序ニ關スル罪

第三百八十八條　公然官職、公職、勳位、貴號ヲ詐稱シ又ハ官吏、公吏ノ服飾、徽章若クハ內外國ノ勳章ヲ僭用シタル者ハ十日以上二十五日以下ノ拘留及ヒ五圓以上廿五圓以下ノ科料ニ處ス」其人ヲ錯誤ニ陷ルルノ意ナクシテ詐稱シ僭用シタル者ハ一圓以上十圓以下ノ科料ニ處ス

第三百八十九條　官署、公署ニ對シ文書又ハ言語ヲ以テ其屬籍、身分、氏名、年齡、職業、住所ヲ詐稱シタル者ハ五日以上二十日以下ノ拘留又ハ二圓以上二十圓以下ノ科料ニ處ス

第三百九十條　身體壯健ニシテ定リタル住居ナク平常營生ノ産業ナクシテ諸方ニ徘徊スル者ハ十日以上二十五日以下ノ拘留ニ處ス

第四編

第四百二十五條　左ノ諸件ヲ犯シタル者ハ三日以上十日以下ノ拘留ニ處シ又ハ一圓以上一圓九十五錢以下ノ科料ニ處ス

一　規則ヲ遵守セスシテ火藥其他破裂ス可キ物品ヲ市街ニ運搬シタル者

二　規則ヲ遵守セスシテ火藥其他破裂ス可キ物品又ハ自ラ火ヲ發ス可キ物品ヲ貯藏シタル者

三　官許ヲ得スシテ烟火ヲ製造シ又ハ販賣シタル者

四　人家稠密ノ場所ニ於テ濫リニ烟火其他火器ヲ玩ヒタル者

五　蒸氣器械其他烟筒火竈ヲ建造修理シ及ヒ掃除スル規則ニ違背シタル者

六　官署ノ督促ヲ受ケテ崩壞セントスル家屋牆壁ノ修理ヲ爲サヽル者

七　官許ヲ得スシテ死屍ヲ解剖シタル者

---

第三百九十一條　左ニ記載シタル所爲ヲ行ヒタル者ハ三日以上十五日以下ノ拘留又ハ一圓以上十圓以下ノ科料ニ處ス

一　人家稠密ノ場所ニ於テ濫リニ烟火其他火器ヲ玩ヒタル者

二　官署公署ノ督促ヲ受ケテ崩壞セントスル家屋、牆壁ノ修理ヲ爲サス又ハ路上ニ倒レ若クハ落チントスル樹木其他ノ物件ヲ取除カサル者

三　官許ヲ得スシテ死屍ヲ解剖シタル者

四　自己ノ所有地又ハ其看守スル地内ニ死屍アルコトヲ知テ官署、公署ニ申告セス又ハ他所ニ移シタル者

五　人ノ住居セサル家屋内ニ潛伏シタル者

六　檢視ヲ受ケスシテ變死人ヲ葬リタル者

七　埋葬證ヲ受ケスシテ死者ヲ葬リタル者又ハ埋葬證ヲ檢閱セスシテ葬ラシメタル者

八 自已ノ所有地内ニ死屍アルコトヲ知テ官署ニ申告セス又ハ他所ニ移シタル者

九 人ヲ毆打シテ創傷疾病ニ至ラサル者

十 密ニ賣淫ヲ爲シ又ハ其媒合容止ヲ爲シタル者

十一 人ノ住居セサル家屋内ニ潛伏シタル者

十二 定リタル住居ナク平生營生ノ産業ナクシテ諸方ニ徘徊スル者

十三 官許ノ墓地外ニ於テ私ニ埋葬シタル者

十四 違警罪ノ犯人ヲ曲庇スル爲メ僞證シタル者

但被告人僞證ノ爲メ刑ヲ免カレタル時ハ第二百十九條ノ例ニ從フ

第四百二十六條 左ノ諸件ヲ犯シタル者ハ二日以上五日以内ノ拘留ニ處シ又ハ五十錢以上一圓五十錢以下ノ科料ニ處ス

一 人家ノ近傍又ハ山林田野ニ於テ濫リニ火ヲ焚ク者

---

八 流言浮説ヲ爲シテ人ヲ誑惑シタル者

九 妄リニ吉凶禍福ヲ說キ又ハ祈禱、符呪等ヲ爲シ人ヲ惑ハシメテ利ヲ圖リタル者

第三百九十二條 左ニ記載シタル所爲ヲ行ヒタル者ハ二日以上十日以下ノ拘留又ハ五十錢以上五圓以下ノ科料ニ處ス

一 人家ノ近傍又ハ山林、田野ニ於テ濫リニ火ヲ焚キタル者

二 水火其他ノ變ニ際シ官吏、公吏ヨリ防禦ス可キノ求メヲ受ケ之ヲ肯セサル者

三 人ノ通行ス可キ場所ニ在ル危險ノ井溝其他凹所ニ蓋若クハ防圍ヲ爲ササル者

四 發狂人ノ看守ヲ怠リ路上ニ徘徊セシメタル者

五 狂犬、猛獸等ノ繫鎖ヲ怠リ路上ニ放チタル者

第三百九十三條 左ニ記載シタル所爲ヲ行ヒタル者ハ一日以上

二 水火其他ノ變ニ際シ官吏ヨリ防禦ス可キノ求メヲ受ケ傍觀シテ之ヲ背セサル者
三 不熟ノ菓物又ハ腐敗シタル飲食物ヲ販賣シタル者
四 健康ヲ保護スル爲メ設ケタル規則又ハ傳染病豫防規則ニ違背シタル者
五 人ノ通行スヘキ場所ニアル危險ノ井溝其他凹所ニ蓋又ハ防圍ヲ爲サヽル者
六 路上ニ於テ犬其他ノ獸類ヲ嗾シ又ハ驚逸セシメタル者
七 發狂人ノ看守ヲ怠タリ路上ニ徘徊セシメタル者
八 狂犬猛獸等ノ繋鎖ヲ怠リ路上ニ放チタル者
九 變死人ノ檢視ヲ受ケスシテ埋葬シタル者
十 墓碑及ヒ路上ノ神佛ヲ毀損シ又ハ汚瀆シタル者
十一 神祠佛堂其他公ノ建

---

五日以下ノ拘留又ハ十錢以上二圓以下ノ科料ニ處ス
一 路上ニ於テ犬其他ノ獸類ヲ嗾シ又ハ驚逸セシメタル者
二 瓦礫等ヲ道路、家宅ニ投擲シタル者
三 神祠、佛堂其他公ノ建造物ヲ汚損シタル者
四 濫リニ車馬ヲ疾驅シテ行人ノ妨害ヲ爲シタル者
五 制止ヲ肯セスシテ人ノ群集シタル場所ニ車馬ヲ牽入レ若クハ乘入レタル者
六 木石等ヲ道路ニ堆積シテ防圍ヲ設ケス又ハ標識ノ點燈ヲ怠リタル者
七 道路、橋梁其他ノ場所ニ榜示シタル通行禁止及ヒ指道標ノ類ヲ毀棄、汚損シタル者

第三百九十四條 左ニ記載シタル所爲ヲ行ヒタル者ハ十錢以上三圓以下ノ科料ニ處ス

造物ヲ汚損シタル者

十二 公然人ヲ罵詈嘲弄シタル者

但訴ヲ待テ其罪ヲ論ス

第四百二十七條 左ノ諸件ヲ犯シタル者ハ一日以上三日以下ノ拘留ニ處シ又ハ二十錢以上一圓二十五錢以下ノ科料ニ處ス

一 濫リニ車馬ヲ疾驅シテ行人ノ妨害ヲナシタル者

二 制止ヲ背セスシテ人ノ群集シタル場所ニ車馬ヲ牽キタル者

三 夜中燈火ナクシテ車馬ヲ疾驅スル者

四 木石等ヲ道路ニ堆積シテ防圍ヲ設ケス又ハ標識ノ點燈ヲ怠リタル者

五 瓦礫ヲ道路家屋園囿ニ投擲シタル者

六 禽獸ノ死屍ヲ道路ニ棄擲シ又ハ取除カサル者

七 汚穢物ヲ道路家屋園囿ニ投擲シタル者

八 警察ノ規則ニ違背シテ工商ノ業ヲ爲シタル者

一 私有地外ヘ濫リニ牆壁ヲ設ケ又ハ軒楹ヲ出シタル者

二 路上ノ植木市街ノ常燈及ヒ厠場等ヲ毀損シタル者

三 橋梁又ハ堤防ノ害トナル可キ場所ニ舟筏ヲ繫キタル者

四 牛馬諸車其他物件ヲ道路ニ横タヘ又ハ木石薪炭等ヲ堆積シテ行人ノ妨害ヲ爲シタル者

五 車馬ヲ並ヘ牽キ又ハ並ヒ驅テ行人ノ妨害ヲ爲シタル者

六 水路ニ於テ舟筏ヲ並ヘ通船ノ妨害ヲ爲シタル者

七 氷雪塵芥等ヲ路上ニ投棄シタル者

八 制止ヲ肯セスシテ路上ニ遊戯ヲ爲シ行人ノ妨害ヲ爲シタル者

九 牛馬ヲ牽キ又ハ繫クコトヲ忽セニシテ行人ノ妨害ヲ爲シタル者

十 出入ヲ禁止シタル場所ニ濫リニ出入シタル者

九　醫師穩婆事故ナクシテ急病人ノ招キニ應セサル者
十　死亡ノ申告ヲ爲サスシテ埋葬シタル者
十一　流言浮説ヲ爲シテ人ヲ誑惑シタル者
十二　妄ニ吉凶禍福ヲ説キ又ハ所禱符咒等ヲ爲シ人ヲ惑ハシテ利ヲ圖ル者
十三　私有地外ヘ濫リニ家屋牆壁ヲ設ケ又ハ軒楹ヲ出シタル者
十四　官許ヲ得スシテ路傍又ハ河岸ニ床店等ヲ開キタル者
十五　路上ノ植木市街ノ常燈及ヒ厠場等ヲ毀損シタル者
十六　道路橋梁其他ノ場所ニ榜示シタル通行禁止及ヒ指道標ノ類ヲ毀棄汚損シタル者

第四百二十八條　左ノ諸件ヲ犯シタル者ハ一日ノ拘留ニ處シ又ハ十錢以上一圓以下ノ科料ニ處ス

十一　通行禁止ノ榜示ヲ侵シテ通行シタル者
十二　路上ノ常燈ヲ消シタル者
十三　公園ノ規則ヲ犯シタル者

## 第二章　衞生ニ關スル罪

第三百九十五條　公許ノ墓地外ニ於テ私ニ埋葬シタル者ハ三日以上十五日以下ノ拘留又ハ一圓以上十圓以下ノ科料ニ處ス

第三百九十六條　左ニ記載シタル所爲ヲ行ヒタル者ハ一日以上五日以下ノ拘留又ハ十錢以上二圓以下ノ科料ニ處ス

一　不熟ノ菓物又ハ腐敗シタル飲食物ヲ販賣シタル者
二　禽獸ノ死屍ヲ道路ニ棄擲シ又ハ取除カサル者
三　汚穢物ヲ道路家宅ニ投擲シタル者

第三百九十七條　左ニ記載シタル所爲ヲ行ヒタル者ハ十錢以上三圓以下ノ科料ニ處ス

一官署ヨリ價額ヲ定メタル物品ヲ定價以上ニ販賣シタル者
二渡船橋梁其他ノ傷所ニ於テ定價以上ノ通行錢ヲ取リ又ハ故ナク通行ヲ妨ケタル者
三渡船橋梁其他通行錢ヲ拂フ可キ場所ニ於テ其定價ヲ出サスシテ通行シタル者
四路上ニ於テ賭博ニ類スル商業ヲ爲シタル者
五官許ヲ得スシテ劇場其他觀物場ヲ開キ及ヒ其規則ニ違背シタル者
六溝渠下水ヲ毀損シ又ハ官署ノ督促ヲ受ケテ溝渠下水ヲ浚ハサル者
七制止ヲ肯セスシテ路傍ニ食物其他ノ商品ヲ羅列シタル者
八官許ヲ得スシテ獸類ヲ官有地ニ放チ又ハ牧畜シタル者
九身體ニ刺文ヲ爲シ及ヒ之ヲ業トスル者
十他人ノ繋キタル牛馬其他ノ獸類ヲ解放シタル者

一　溝渠下水ヲ毀損シ又ハ官署公署ノ督促ヲ受ケテ溝渠下水ヲ浚ハサル者

二　官署公署ノ督促ヲ受ケテ道路ノ掃除ヲ爲ササル者

## 第三章　風俗ニ關スル罪

第三百九十八條　密ニ賣淫ヲ爲シ又ハ其媒合容止ヲ爲シタル者ハ五日以上二十日以下ノ拘留又ハ五圓以上二十五圓以下ノ科料ニ處ス

本條ノ罪ヲ犯シタル者再ヒ犯シタルトキハ一等ヲ加フ三犯以上ノ者亦同シ

第三百九十九條　公ノ場所又ハ公衆ノ目ニ觸ル可キ場所ニ於テ猥褻ノ所爲ヲ行ヒタル者ハ三日以上十五日以下ノ拘留又ハ一圓以上十圓以下ノ科料ニ處ス

第四百條　風俗ヲ害スル冊子圖畫其他猥褻ノ物品ハ公然陳列

者
十一他人ノ繋キタル舟筏ヲ解放シタル者
第四百二十九條 左ノ諸件ヲ犯シタル者ハ五錢以上五十錢以下ノ科料ニ處ス
一橋梁又ハ堤防ノ害ト爲ル可キ場所ニ舟筏ヲ繋キタル者
二牛馬諸車其他物件ヲ道路ニ横ヘ又ハ木石薪炭等ヲ堆積シテ行人ノ妨害ヲ爲シタル者
三車馬ヲ並ヘ牽テ行人ノ妨害ヲ爲シタル者
四水路ニ於テ舟ヲ並ヘ通船ノ妨害ヲ爲シタル者
五氷雪塵芥等ヲ路上ニ投棄シタル者
六官署ノ督促ヲ受ケテ道路ノ掃除ヲ爲サヽル者
七制止ヲ肯セスシテ路上ニ遊戯ヲ爲シ行人ノ妨害ヲ爲シタル者
八牛馬ヲ牽キ又ハ繋クコヲ忽カセニシテ行人ノ

シ販賣シ又ハ販賣若クハ賃貸ニ供シタル者ハ五圓以上二十五圓以下ノ科料ニ處シ其冊子、圖畫、物品ハ之ヲ沒收ス

第四百一條 神祠、佛堂、墓所其他禮拜所ニ於テ神佛又ハ死者ニ對シ公然不敬ノ所爲ヲ行ヒタル者ハ二日以上十日以下ノ拘留又ハ二圓以上二十圓以下ノ科料ニ處ス

若シ説敎又ハ禮拜ヲ妨害シタル者ハ一等ヲ加フ

第四百二條 左ニ記載シタル所爲ヲ行ヒタル者ハ一日以上五日以下ノ拘留又ハ十錢以上二圓以下ノ科料ニ處ス

一 公然獸類ヲ虐待シ若クハ顯著ナル過度ノ勞働ヲ爲サシメタル者

二 路上ニ於テ賭博ニ類スル商業ヲ爲シタル者

第四百三條 左ニ記載シタル所爲ヲ行ヒタル者ハ十錢以上三圓以下ノ科料ニ處ス

妨害ヲ爲シタル者
九 出入ヲ禁止シタル場所ニ濫リニ出入シタル者
十 通行禁止ノ榜示ヲ犯シテ通行シタル者
十一 道路ニ於テ放歌高聲ヲ發シテ制止ヲ肯セサル者
十二 酩酊シテ路上ニ喧噪シ又ハ醉臥シタル者
十三 路上ノ常燈ヲ消シタル者
十四 人家ノ牆壁ニ貼紙及ヒ樂書シタル者
十五 邸宅ノ番號標札招牌又ハ貸家賣家ノ貼紙其他報告ノ榜標等ヲ毀損シタル者
十六 他人ノ田野園囿ニ於テ菜菓ヲ採食シ又ハ花卉ヲ採折シタル者
十七 公園ノ規則ヲ犯シタル者
十八 通路ナキ他人ノ田圃ヲ通行シ又ハ牛馬ヲ牽入レタル者
第四百三十條 前數條ニ記載スルノ外各地方ノ便宜ニヨリ定ムル所ノ違

---

一 身體ニ刺文ヲ爲シ及ヒ之ヲ業ト爲ス者
二 道路ニ於テ放歌、高聲ヲ發シテ制止ヲ肯セサル者
三 酩酊シテ路上ニ喧噪シ又ハ醉臥シタル者

## 第四章 身體、財産ニ關スル罪

第四百四條 人ヲ毆打シ疾病、創傷ニ至ラサル者ハ五日以上二十五日以下ノ拘留又ハ二圓以上二十圓以下ノ科料ニ處ス

第四百五條 自己ノ所有地內又ハ其管守スル地內ニ遺棄セラレタル幼者、老者、病者アルコトヲ覺知シ故ナク之ヲ扶助セス又ハ官署、公署ニ申告セサル者ハ二日以上十日以下ノ拘留又ハ五圓以上二十五圓以下ノ科料ニ處ス

第四百六條 醫師、產婆故ナクシテ急病人又ハ分娩セントスル婦女ノ招キニ應セサル者ハ一日以上五日以下ノ拘留又ハ二圓以上二十圓以下ノ科料ニ處ス

警罪ヲ犯シタル者ハ其罰則ニ從テ處斷ス

第四百七條　公然人ヲ罵詈嘲弄シタル者ハ三日以上十五日以下ノ拘留又ハ一圓以上十圓以下ノ科料ニ處ス

第四百八條　商賈、農工其營業ノ場所ニ於テ又ハ其營業ノ爲メ定規ヲ增減シタル度量衡ヲ所持シタル者ハ五圓以上二十五圓以下ノ科料ニ處ス

第四百九條　價ヲ償フ能ハサルコトヲ知テ旅店、飲食店、其他飲食物ノ販賣者ヲシテ飲食物ヲ供給セシタル者ハ五日以上二十五日以下ノ拘留ニ處ス

賃金ヲ償フ能ハサルコトヲ知テ營業ノ船車ニ乘リタル者亦同シ

第四百十條　渡船、橋梁其他ノ場所ニ於テ定價以上ノ通行錢ヲ取リタル者ハ三日以上十五日以下ノ拘留又ハ二圓以上二十圓以下ノ科料ニ處ス

第四百十一條　左ニ記載シタル所爲ヲ行ヒタル者ハ一日以上五日以下ノ拘留又ハ十錢以上二圓以下ノ科料ニ處ス

一　渡船、橋梁、其他通行錢ヲ拂フ可キ場所ニ於テ其通行錢ヲ出サスシテ通行シタル者

二　官署、公署ノ許可ヲ得スシテ家畜ヲ官有地若クハ公有地ニ牧養シタルモノ

三　他人ノ繫キタル牛馬其他ノ動物ヲ解放シタル者

四　他人ノ繫キタル舟筏ヲ解放シタル者

第四百十二條　左ニ記載シタル所爲ヲ行ヒタル者ハ十錢以上三圓以下ノ科料ニ處ス

一　人家ノ牆壁ニ貼紙及ヒ樂書シタル者

二　邸宅ノ番号、標札、招牌又ハ貸家、賣家ノ貼紙其他報告ノ榜標等ヲ毀損シタル者

三　他人ノ田野園囿ニ於テ菜菓ヲ採食シ又ハ花卉ヲ採折シタル者

四　通路ナキ他人ノ田圃ヲ通行シ又ハ牛馬ヲ牽入レ若クハ乗入レタル者

第四百十三條　第四百四條、第四百七條、第四百九條、第四百十一條、第四百十二條ニ記載シタル罪ハ被害者ノ告訴アルニ非レハ訴追スルコトヲ得ス

第四百十四條　此法律ハ明治廿五年四月一日ヨリ施行

# 正誤

| 丁數 | 行目 | 正誤 |
| --- | --- | --- |
| 二十四 | 八、九、十 | 四號活字ハ五號活字 |
| 三十五 | 十二 | 過其ハ其過 |
| 四十四 | 十一 | 碓ハ確 |
| 四十八 | 四 | 錮禁ハ禁錮 |
| 五十七 | 十 | 搶ハ槍 |
| 五十八 | 六 | 五號活字ハ四號活字 |
| 七十二 | 八 | 叉ハ叉 |
| 七十八 | 十四 | ヿハコト |
| 八十七 | 十二 | ヽノ意ヲテ不以實ハルノ意ヲ以テ不實 |
| 九十九 | 十二 | 一字丈ケ上ル |
| 百十 | 十二 | 〆ハシテ |
| 百十二 | 二 | 罪ハ罰 |
| 百十五 | 六 | 〆ハシテ |

| | | |
|---|---|---|
| 百二十 | 二 | 放チハ放テ。 |
| 百二十六 | 二 | 條ノ下人。ヲ脱ス |
| 百四十 | 十三 | ルヽハルル。 |
| 百四十五 | 五 | ルヽハルル。 |
| 百五十 | 二 | ルヽハルル。 |
| 百六十六 | 一 | 非ノ下サ。ヲ脱ス |
| 百九十七 | 十一 | 傳ハ博。 |

一第二百四十二條 正誤

第二百四十二條 前數條ノ罪ヲ犯シ因テ人ヲ疾病死傷ニ致シタルトキハ毆打創傷ノ各本條ニ擬シ一等ヲ加ヘ重キニ從テ處斷ス若シ犯人其人ノ現在スルコトヲ知リ又ハ知リ得ヘキ場合ニ於テ死ニ致シタルトキハ死刑ニ處ス

明治廿四年三月十六日印刷
明治廿四年三月十七日出版

編輯兼發行人　東京府神田區猿樂町十番地
寄留佐賀縣士族　辻泰城

仝　東京市京橋區南鍛冶町十五番地
松友舘寄留德島縣士族　矢野猪之八

仝　東京市小石川區竹島町四番地
寄留福島縣平民　關内兵吉

印刷兼出版人　東京市京橋區宗十郎町二十番地
寄留大分縣平民　宮田務

印刷所　國文社

弊社義從來江湖諸彥ノ御愛顧ヲ蒙ムル厚ク且深キニ依リ日ニ增シ月ニ加ハリ繁盛仕候段難有仕合ニ奉存候就テハ今般歐州新形ノ最良ナル器械數臺ヲ購入シ工場ヲ增築シ蒸滊滊罐ヲ裝置シ職工、活字、用紙、ヲ初メトシ總テ精撰ニ精撰ヲ加ヘ注意ノ上ニモ注意ヲ加ヘ代價ハ低廉ニ引下ケ百事萬端改良進歩益々熱心懇切ニ業務取扱候間如何ナル大部ノ印刷物及帳簿、表類、石版、銅版、彫刻、活字、製本、名刺等極メテ神速ニ調整可仕候間多少ヲ不論舊ニ倍シ續々御注文被仰付度此段偏ニ奉希上候以上

東京市京橋區宗十郎町十五番地

活版、石版、活字、鑄造、
帳簿、書籍、裝釘、老舖、

**國文社**

法學博士岡田朝太郎賛評
判事藤澤茂十郎著

# 改正草案 刑法評論

東京專門學校出版部藏版

# 自叙

第十五期議會に改正法案提出せらるゝや、端なく世上非改正論なるもの起り、在野法曹社會自ら大家を以て任するもの卒先其非を鳴らし論難攻撃殆んど至らさるなし。於玆乎余輩公務の傍ら改正案を執て現行刑法と相對比し、其是非を精査討究し自家講學の資と爲さんと欲し、淺學菲才未た刑法典を議するの器に非さるも自ら量らす此著述を爲すに至れり

不幸改正案は當議會を通過せさるも、近き將來に於て一般國人の遵奉すへき刑典なれは其是非を評論するは將に刻下の急務と信し、汎く刑法に關する著書論説を參照し就中邇に政府より議會に提供したる改正刑法案參考書を主として現行刑法を改

廢したる理由を索め、且つ學者間に於ける從來の疑問にして改正案に關係を有するものは凡て各條下に紹介して讀者講學の便を計るの微意に出てたり、柳も此改正案は法律大家の起草に成り間然する所なきに似たるも、余輩の淺學未た眞理を窺ふの識なきに因る歟、各條必すしも金科玉條のみこ謂ふを得す其多少批議す可き場合に至ては忌憚なく是か論評を試み改正案の修正意見を加へたる所なきにあらさるも、時に或は說明當を失し意見の軌道を脫することなきを保せさるなり

蓋し本書は他日此の改正案現行刑法こ代るの日を待て訂正完全を期するものなれ共、今之を出版するに當り法典調査會委員岡田法學博士の批評を辱ふす、是余輩の最も光榮とする所なり

余輩本書の著述に着手するや判事件忠一同窓の學友關美太郎の兩君此擧を賛して補助を得たれは玆に附記して厚意を謝す

明治三十四年七月

著者識

# 本書ヲ讀ミテ

判事藤澤茂十郎君改正刑法草案に就き、平生研磧されたる所を編みて一部の書となし、余に評を求めらる。 即ち曰く、総論第二章第一節に犯罪の定義を掲て曰く『犯罪とは豫め法律を以て刑罰の制裁を付したる禁令又は命令事項に違反する行爲を謂ふ』と此定義に就ては二個の疑點を有す。 第一禁令命令事項とは各本條に列擧したる作爲又は不作爲を指すの意か、將又禁令命令自体を謂ふの意か。 若し前の意ならんには、作爲又は不作爲に違反する行爲とは、何事を謂ふにあるか其意通せず后の意ならんには全く不用の文字なり。 第二、違反する行爲とは如何なる意味か。 刑法の各本條に列擧したる行爲といふ意ならしめは刑に有責たることと、不法たることとの二條件あるにあらすんは、犯罪成立せす。蓋し著者が末段に至りて、有責、不法の二點を要素として論する必要なきを設けるも、其所謂違反の何物たるを明にせんとするには、必ずや結局此二點を引用し來るの已むを得さるものあるを發見することあらん。惟ふに著者は犯罪の定義に就ては全然刑法新論の説を是認したるものならん。余は該著作に對しても同一の譯義を抱き居りしなり。

第四節に、犯罪の要素に一般的のものと特別的のものとあるを示したるは可なり、而れども一般要素を、單に精神上の要素と唱來れる、自由意思、辨別力、犯意の三點に限られたるは、余其眞意の存る所を解するに苦まずんはある可らず。著者は自ら第一節に下したる定義より見るも、單に此三點を以て一般要素となすを得ざる道理なり、況や在來未た嘗て、此の如き學説なきに於てをや。

第一編總則中、第十一條、は刑の輕重を知る爲なれば事理に於て當然なり。特に一條を設けて規定する必要なきが如し、との評論ありこ雖も、若し此規定なくば、例令へば第五十九條第六十一條の、最も重き罪又は重き罪、等の語は著者は何に因りて之を判別せんこするか。

第十六條第三項に對しても、殆と規程を要せさるに似たりとの評ありと雖も、殘額と留置日數との計算法は之を明にせさる可らず。特に一日を一圓に計算すべき現行法の改正としては、必要なる明文なりと信ずるなり。

第二十五條の沒收を論ずるに方り、著者は、法律に於て所有を禁したる物件とは、絶体的に社會に存在するを許さゞる物件を謂ふと説くと雖も、抑も社會に絶体的に存在するを許さず、と云へる禁止は如何なる法令が如何なる物に對して之を爲すことあるべき禁示なるか。　苟も法令が人類以外の物に對して、或る事を命じ又は禁する事なき以上は、必ずや人類に對し一定の所爲を命し又は禁したるに牽連する物件ならさる可らず。　果して而らば、絶體的禁制品なるものは、余ば之を想像することを得さるなり。　著者の引用せる亞片の如きも、許可を得たる商人之を所有せば果して如何。

第三十一條以下、刑の執行猶豫の事を説明するに方り、此制度は歐州諸國中初めて實行したるは白耳義國にして云々と云へり、歐州大陸にては白耳義國先鞭を着けたりと雖も、歐州全體より云ふ時は、千八百八十七年の英國の初犯者試験法を、其卒先者なりとす。些細なる點なりと雖も、心附きたるを以て之を注意す。

第卅八條以下、刑の時效の總論中、從來學者間に行はるゝ諸種の説を論評し、其何れも採るに足らさるを辨したる後に至て。『近時效制度は會社刑罰權の基本、犯罪必罰の原理に反するを以て、之を廢す可しと主張する者あるに至れるも、亦理由なきに非さるなり』との斷定あり。單に此一句を捕へて、果して著者か、時効廢止論者の一人なりとも斷言し難しと雖も、之を以て時効總論の結末を附けたるより觀るときは、或は著者は之に左袒するの意ならんか。果して而らば、第三十一條以下の刑の執行猶豫を賛成せられたるに予盾す。該制度は、罪あるに拘らず刑なきに終る一適例なり、犯罪必罰論者れは、執行の條件附免除も、時效も假出獄も、平等に不條理の制度たるべき筈なり。社會的生存の實利實益を、社會的諸制度の根本ご看做す學派に屬せさる限は、渠と此ごに對し共に廢止を主張する、是論理の要求なり、論理は之を要求するも、社會の實益と實例ごは、斷して之を要求せず。第四十五條の註釋中、外科醫か治療の爲に、患者の身體手足を切解損傷したる場合の如きは、患者の承諾に因り、正當なる業務上爲したる行爲なれば、醫師は其責に任せす云々とあり。業務上の正當行爲なるときは必すしも承諾あるを要せず、患者の承諾に因り爲したるが爲に無罪たるの意か。正當なる業務行爲なるが爲め無罪たるの意か。著者の眞意を解する克はず。同條の註釋に次げる評論に、本條の如きは法理上無用なり中畧、正當なる行爲は法令の違反にあらさるを以てなり云々と。而れども第一條に於て犯罪に重罪輕罪の二種あるを云ひ、而して之が區別の標準は專ら刑罰にあることを示すと雖も、法令違反の行爲が犯罪なりとの定義あるにあらず、各條に刑あるも、所爲の外形同一にして、而も正當なるが爲に罪にあらざることは、第四十五條ありて初めて明なり。蓋し先に違反といふの何たるを究めんとすれば、不法といふ點の一般要素たるを是認せざる可らざるに至るべきを一言したる、亦同一の論據より來れるものとす。

第四十七條を以て現行法第七十五條同樣、意思自由喪失に基く無罪とするは全然反對なり。　現行法は其沿革上余も亦意思自由喪失說を採れるものと解釋すと雖も、改正案に至りては、明白に緊急行爲說を採れるものなるを信ず。　但し此點は單に意見の差なるを以て、深く論ぜす。

第五十五條の前に於ける未遂犯の總論中、豫備着手の如き、所爲の階級を說き、而して着手行爲の細別こして欽効犯、不能犯、中止犯の要旨を論じたるは猶可なり、進んで着手行爲の性質を論ずるに方り、犯罪の着手とは中畧犯罪事實の一部を實行するを謂ふ、こ云へるは、獨盡さゞるものこ評せざるを得ず。 第一、犯罪事實とは、著者は之を如何る意義に用ひたるかは、余の知るを能はさる所なりこ雖も、若し之を犯罪の物的要素の意味とすれば、着手行爲の說明こして汎きに失す。 何こなれば行爲に着手することはあるも、行爲以外の物的要素に着手することはあり得さるを以てなり。 第二、著者が犯罪構成條件の全部に着手することなく、其一部に着手するも亦着手なり、こ云へるは、夫の僞造行使又は欺罔騙取の如き、二以上の行爲を要素とする犯罪に就て、僞造又は欺罔せんとして遂げさる場合も、猶其罪に着手したりと云ふを得るか、それとも僞造したる上の行使又は欺罔したる上の騙取に着手して遂げざる場合に限り、初めて其罪の着手となるか、と云ふ特別の論題にして、着手行爲全体の説明としては仍は他に大切なる疑點を存す。 第三、犯罪の搆成條件たる行爲自体には、未た毫も立入らざるも、而も之と直接必要の關係ある行爲のみを着手となすの説は多し、其要素たる行爲自體の一部に立入れるを仍は着手と云ふことを得るや否やは、寧ろ未決の學論なり、而るに之に關して一點の説く處あるを見す。 之を要するに、着手行爲に、關する説明は、余と意見の異る所は、別に之が黑白を論するの意あるにあらすと雖も、少くも之に關する著者の説明の、不備不明たるは余の信じて疑はさる所なり。　而して余は之を以て、同じく刑法新論に對する評言と爲さんと欲す。斯の如く本書に就ては、或は非難せさる可らさる個處あり、或は全然反對すべき個處あり、或は余と見を異にする所ありと雖も、其各條文の註釋に至りては、語簡に意明に、改正案を研究せんとする者に取りて大に參考となるのみならず、世未た其註釋あらさるを遺憾とするに方り、著者の率先して之を、公にされたるは、大に多とせざる可らさる所とす。

本著者に接して、更に大に余の感じたる所あり。　他なし。　著書が繁劇なる公務の餘暇を割きて、研學の勞を重ね、遂に一篇の著述をなすに至れる事是なり。　由來我同胞は、其官に在ると野に在る、とを問はず、一度相當の位置職業を獲るときは、動もすれば、復昔日の如き勤勉研讃を事となすことを力めず、四十にして老し、五十にして耄し、身死して人其名を忘る。世に老朽を云々するものありと雖も、余は寧ろ我國に若朽の徒多きを悲ますんはあらず。若し夫れ官民共に、己の職に忠にして、之に研究の志を加へ、因て獲る所を最上の樂となして、時に或は之を同好に頒つこと、著者の本書を公にしたる如きものあらば、豈啻に一人一家の幸のみならんや。噫、余は著者の志を感佩す。

明治三十四年七月十二日

岡田朝太郎

# 改正草案刑法評論 総則之部 目次

## 緒論

# 第一編　總則……二七

# 改正草案刑法評論總則之部目次

# 改正草案 刑法評論

藤澤茂十郎著

## 緒論

### 第一章 刑法

#### 第一節 刑法の沿革

維新以前の刑法史は暫く之を措て論せず。明治初年の假刑律に次て全國一定の刑典を頒布したるは明治三年十二月の上諭に基く、新律綱領是なり。而し此新律綱領は同六年六月改訂變更して改定律例と革め新律綱領と並ひ行はれたるも、其立法は明清律に則り多少泰西の法理を參酌したるものにて規定する所頗る峻刑酷罰を極めたり。現行刑法は仝十三年七月初めて制定公布する所に係り、大に泰西諸國の刑法を參照取捨し、就中佛國刑法を摸範として舊慣を改め、同十五年一月より實施せられて二十年後の今日に至れり。左れと時勢は日と共に變遷し社會は月と共に進化し、從て現行刑法の不備欠點甚だ多きを覺ゆ。 殊に外國の交通益々頻繁となり、國民多年の宿望なりし條約も改正せられて外人に對する我裁判權も之を回復し、屢きに必要を認めざりし規定も新に設けさるを得さるに至り、政府は同二十五年一月司法省に於て刑法改正委員なるものを定め之か改正に着手し同二十八年十二月四年の星霜を經て漸く改正案脱稿し、一旦其草案を世に公表したるも尚は鄭重の調査を爲す爲め法典調査會に於て他の諸法律と共に幾多之か修正を加へ、其間五年餘の歳月を積み現行刑法の既往二十年來の經驗に徴し最近諸外國の立法例を參照し我國情と時勢に鑑み編纂したるものなれば我刑法史上の一大進歩と謂ふ可し。 而して現行刑法は全編四百三十條なるも、改正法は僅かに三百條に減じ、而も其規定する所は精密にして洩す所なし。 斯くて本案は同三十三年十二月脱稿し同三十四年三月帝國議會に提出せられたるものなり。

## 第二節　刑法を設くるの必要

抑も國家は一定の土地及ひ人民より成立し主權者之を統治する所の社會的團體なるが故に、主權者は國家を組織する人民を保護し人民も亦た國家の維持と保全に力を致すへき義務あり。故に主權者は國家の獨立自存の目的を達する爲め外患に對しては兵力を備へ内憂に對しては法律を制定し、國家と人民の保護とを以て其義となすものなり。而して人民は主權者の命令に對して服從する義務あると共に又國家より保護を受くるの權利を有するものなり。

蓋し國法學上に於ける此權利とは國家の發したる法律の保護する利益を云ふものにして、其享る所の利益は則ち人民各自身體財産上の安全を得るに在り。夫れ如斯主權者と人民とは治者被治者の關係ありて、人民を保護する爲め法律を設け、國家の獨立自存の目的を達するものなり。然るに若し偶々國家の命令、即ち法律に違背するものあれは、是とりも直さす國家の成立要素を危殆ならしむるものなれは、國家は其安全を謀る爲め刑罰の制裁ある法律を以て違犯者を懲らし他人を戒むる要具と爲し、犯罪減滅を圖らさるへからす。是れ國家に刑典の必要ある所以なり。

## 第三節　刑法改正の必要

抑も我國憲法實施以來諸般の制度稍や整頓し、民法商法も既に實施せられて國民の權利も大に確保せられたるに、獨り刑法に至ては二十有餘年前未開幼稚の時代に制定せられたる儘なり。今や時勢は駸々乎として着々歩を進め世態民情殆んと舊狀を存せさるに至れり。故に民間事業の勃興、人智の發達に伴ひ世間奸惡の徒續出し法禁の不備を奇貨として良民を害し社會に荼毒を流すもの日々增加し、爲めに奸惡の犧牲となり、社會風紀の紊亂是れより甚たしきを加ふ。其一二の實例を擧くれは、公選に係る議員又は委員なる者、議會又は委員會を利用して醜陋背德不正の所爲をなし恬として耻ちさるか如し。上流社會既に斯の如し、下流其風を學ひ、法網を逸れんとするもの滔々たる天下皆然らさるはなし。贈賄收賄の聲一の事業一の議會に於て之を聞かさるなく、社會風紀の紊亂人心の腐敗玆に至て極まれりと謂ふ可し。今の時に於て救濟せすんは其底止する所を知らす。是れ刑法上公務所、公務員の規定なきの致す弊、豈に慨嘆に堪ゆべけんや。次に條約改正以來、我國外交益々頻繁を極め交通織るが如き今日に至り、外人及び國交に關する規定なし。爾來幾多の異變を生し、朝野擧て焦心憂慮したることあり。尙ほ將來如何なる椿事の出來するや得て知るべからす。是れ一は國內風紀を矯正し一は外患を防く法則具はらさるに坐す。苟も一國刑法典にして此重要なる禁令なし、豈に國家の体面に關する一大缺點なりと謂はすして何んぞや。其他現行刑法の不備、缺點殆んど枚擧に遑あらす。然るに非改正論者此不備、缺點を認むるも單行法を以て補正す可し未だ根本的改正の必要なしと云ひ、仍ほ漸く朝野法曹も運用に習熟し人民亦是れを知得するに至れるを政府は輕擧突然改正して其適從に苦ましめんとす云々と。夫れ然り論者も不備、缺點は之を認めて尙ほ改正に反對せんとす、自家撞着も亦太甚しからずや。又曰政府は草案を秘して世の淸議を容れす學者政治家の意見を問はす、是朝野法曹を無視したる行動なりと。否らす政府は夙に刑法改正の必要を認めて第一議會に改正案を提出したることあり、其翌年より司法省に刑法改正委員を設け、精査二十八年に至り草案を一旦世に公表して意見を徵し以て改正案を編成し、尙ほ愼重を要する爲め三十二年法典調査會の議に附し詳密なる審議討究を經たるものなり。非改正論者の言ふ所執るに足らさるなり。

元來刑法は國家の安寧秩序を維持する重要なる法典なり。然るに此刑法典にして不備、缺點あらん歟、其間隙に乘し犯罪の方法手段頗る巧妙を極め、奸惡の徒益々跳梁跋扈罪惡を逞ふせんとするを以て、今此不備、缺點を補正して防止するは寧ろ國家公益上の急務なりと謂ふ可し。 現行刑法は實施僅かに二十年々月未た長からさるも此間人智は殆んと舊態を存せす、人情の變化輕薄に流るること今日の如きはなし。 然るに現行刑法は此民情と俗習に伴はす、或は懲治し難き犯人に對し寛刑を用ひ懲治し易き犯人に對して嚴刑を科し罪刑其中庸を得さることなきにあらす。 犯罪の種類千差萬別なると等しく犯人の性質に至ても其相同しからざる恰も其面貌の異なるか如し。 假令同一の犯罪なるも其原因異なれは情狀も亦從て同しからす。 彼の殺人犯の如き其原因强賊の貪慾に出ずることあり、孝子復讐の怨恨に出ずることあり、或は嫉妬に出つることありて惡むべき者、憐れむ可き者あり。 然れ共、彼の犯罪を慣用して殆んと業と爲すものに對し寛刑を科し懲治を期するも得べからす。 之に反して偶然刑辟に觸れたる者は悔悟せしむるに難からされは嚴罰するを要せす。 於之乎刑を定むるに當ても寛嚴兩樣の主義を併用して犯罪の情狀と犯人の性質に因り刑を上下する自由を與へさるへからす。

故に改正刑法に於ては聊か此刑の範圍を擴張して、千差萬別の犯情に對して刑の適用上遺憾なからしめんことを期したり。最も改正刑法の全編を通して未た必すしも首肯し難き法文なきにあらされは孰れも金科玉條のみと謂ふを得さるも、是れを現行刑法に比すれは較や一大進歩の改正なることを余の信して疑はさる所なり。

## 第四節　刑法の位置

刑法は如何なる位置の法律なるや。蓋し法には種々あり、即ち自然法、人定法、公法私法、主法、助法と謂ふか如し。而して自然法とは天然自然の法律にして主權者の命令を待たす吾人人類相互に遵奉すへき彼の習慣、例規、學説等に因て支配せらるるものを謂ふ。之に反して人定法とは主權者か命令を以て一定の事を爲す可し、爲す可からすと規定せるもの是れなり。又公法とは國家の組織及ひ國家と人民との關係を定めたるものにして憲法、行政、刑法の如きものを謂ひ、私法とは人民相互の關係を規定する法律を謂ふ。此公法、私法にも亦た國内法と國外法とあり。國と國との關係を規定するを國際公法と謂ひ、外國人民との關係を定むるものを國際私法と謂ふ、國内私法、は民法、商法即ち是なり。次に主法とは事物の本体を定めて權利義務の關係を規定し、助法とは其主法を運用す可き手續法を謂ふ、刑事訴訟法及ひ民事訴訟法是なり。刑法は以上の法律中人定法にして成文法なり、又國內公法にして主法に屬するものにして國家の生存上最も重要なる法典なりとす。

## 第五節　刑罰權の基本

法律は吾人に或る行爲を命し又は禁し、之に背くとき何故に制裁して刑罰を科するや。吾人は相互に善事を爲ささるも社會の平和安寧を保持することを得べきも不正不善の行爲を爲し人を害せは延て國家の生存を危殆ならしむるを以て國家は社會の安寧秩序を保持する爲め强制的制裁法を設けて之か矯正を期するものなり。此國家刑罰權の發生する基本に就ては古來學者の說多し。是れを大別すれは復讎主義、恐嚇主義、民約主義、承認主義、正當防衛主義、賠償主義、道德主義、命令主義、折衷主義とす。以上九說の意義を畧論して我か立法者は其孰れの主義を採用したるかを述べんとす。

第一說　復讎主義　人あり若し我身體財產を侵害することあれは之に報ゆるの感念を生するものなり。我國維新前は親子兄弟他人に殺されたるときは其復讐を以て一の名譽と信し人も亦之を賞揚したり、然れ共此復讐を個人の爲す儘に放任せんか社會の秩序を紊亂するか故に國家は個人に代り其復讐を爲す、即ち國家は加害者に對して刑罰を加へ而して社會の秩序を維持し、他の一方に於ては被害者を滿足せしむるにあり、是國家刑罰權を有する基礎なりと。

第二説　恐嚇主義　此説は人若し人を害すれは國家は其加害者に刑罰を科し、恐嚇して悔悟遷善再ひ罪を犯さしめす、復た他人をして刑罰の畏るへきことを知らしめ後害を豫防するにありて國家は社會の安寧を保持する爲め此權利を有するものなりと。

第三説　民約主義　此の説は佛國の碩學、ルーソー氏の唱道したる所にして、凡そ社會の成立は吾人の約束に基くものにして各人群居すれは勢ひ弱肉强食を免かれされは各人相互の意思より暗に約して我權利を保護する爲め社會を組織し、其社會組織の初に當り若し惡事を爲すものあれは其身體、生命、財產は悉く社會に一任して相互の平和を保持することを約し、是に依て社會は罪人に對して刑を科するの權利を得たるものなり、其社會に刑罰權ある所以なりと。

第四說　承認主義　此說は社會即ち國家が法律を制定し、斯くの如きことを爲せは如斯罰すべしと定めたるは人民之を承認しつゝ違犯するものなれは社會は其承認を理由として之を罰するものなり、是即ち社會に刑罰權ある所以なりと。

第五說　正當防衛主義　此說に依れは人は天賦の正當防衛權を有す、社會も亦(無形的人格を有す)自己を防衛するの權利あり、故に犯人ありて社會若くは社會を組織する人を害するときは、社會は此正當防衛權に依て之を罰するものなり。然れ共其防衛權を個人之を行ふに付ては加害目前に迫り他に避くるの路なきを要するも、社會か執行するときは加害者の現行なると否とを問はす已に去るも尙ほ追求して防衛權を執行するを得べし、蓋し社會は加害既に去る尙且犯人を罰して、將來を警戒せされは其安寧を維持すること能はす、是社會刑罰權の發生する基本なりと。

第六說　賠償主義　此主義は凡そ他人に損害を加ふれは之れを賠償すへき義務あり。夫れ如斯一私人すら仍ほ損害賠償の權あるを以て若し犯人ありて人を害し社會を害するときは社會も亦損害を賠償せしむる權なかるべからす、此社會賠償權利は即ち社會刑罰權なりと。

第七說　純正主義　此說は人は事の善惡邪正を識別するの智識と爲不爲、動不動を決定するの自由あるか故に、邪惡を去りて正善に就かさるへからす、然るに將に爲す可き事を爲さす爲す可からさる事を爲すときは必す其應報あり、善を爲せは善報あり惡を爲せは惡報あるは是自然の結果なり。刑罰は即ち惡事より生する惡報なるを以て人社會に生存し惡事を爲せは社會は之に應報として刑罰を加ふることを得へきは、事物自然の道理にして社會刑罰權は此正當純正の理由に基くものなりと。

第八說　命令主義。此說は佛國の學者ヘルトール氏の主張せる所にして、其說に曰く國家は固より正當防衛權を有す、此防衛權は即ち刑罰權なり。抑も國家は其秩序を維持する爲めに法律を制定するの權あり、其法律は是即ち命令なり。而して法律には制裁を附して違犯なからしむ、若し法律にして此制裁なくんは徒法空文のみ豈誰れか是に服從するものあらんや、故に刑罰權は國家の命令權より自然に生するものなり、此命令するの權社會にありとせは刑罰なる制裁を付するの權も亦國家にあらんや勿論なり。是社會刑罰權の生する基本なりと。

第九說　折衷主義　此說は近時佛國の學者ヲルトラン氏の唱道に係る。其說に曰く、人は形体と智識とを以て生存するものなり、即ち人か相集りて社會を組織するは自然の天性に出て事の善惡邪正を辨別するの智識を有するも亦人の天性自然より出つ人類の性情夫れ斯くの如し。社會刑罰權を論するに當ても其根據を此に採らさるへからす、然るに社會刑罰權を論する者皆一端に偏重して其中を得たるものなし、豈に正鵠を得んと欲するも得へけんや、凡そ事を論するに當ては唯一端を擧て一面を觀されは能く其理を盡す能はす、而して人は事の善惡邪正を辨別するの智識を有するのみならす爲不爲を決定するの自由あるか故に惡を爲せは惡報あり善を爲せは善報あることは當然なるを以て人か社會に在りて惡事を爲せは應報として刑罰を受くるは當然なり。是純正主義の說く所にして刑罰權を行ふ正當なる理由は蓋し玆に存せん、然れ共社會は如何にして邪惡に干涉して苦痛なる刑罰を行ふの權あるやを辨明せす。正當防衛主義は社會か自己の安寧秩序を維持する爲めに防衛するの權あるを以て刑罰權を生すと說き、社會か何故に惡事に干涉して、刑罰を與ふる力を盡すも刑罰を加ふる正當なる理由に至ては之を說明せされは二說共に採るべき所ありと雖も亦缺くる所なきにあらす、而し此二說を合すれは甲の欠漏は乙之を補ひ乙の不備は甲之を充たし相待て完璧を得べし、是れ折衷主義の生する所以にして此主義は純正主義と正當防衛主義とを調和して刑罰權の基本となしたるものなり。 要するに此說は道德に背戾したるも社會を害さゝれば刑罰を加ふることを得すと爲す、何となれは惡報を受くべき所爲あるも社會は自ら防衛するの必要なけれはなり、又社會を害する兇行あるも道德に背戾したる所なけれは刑罰を科すべからす、社會は自ら防衛するの必要あるも惡報を受くべき所爲にあらされはなり、論して玆に至れは刑法上罰すべき所爲は道德に背き社會を害したるものならさるへからすと(宮城氏刑法正義)。

以上數說中此折衷主義は我現行刑法の立法者か採用したる主義なることは從來の學說上疑を容れさる所なり。 然れ共、國法學上より社會刑罰權の基本を論すればペルトールル氏の所謂命令主義最も正確なるを信す。 如何となれは凡そ法律は主權者か國家統治の大權より發する命令にして人民は之に服從するの義務あるを以て其命令に違背するものあれは之に如何なる制裁をも科するの權力あり、故に刑法は國家の獨立自存の目的を達し社會の安寧秩序を維持する爲め必要上國家の發したる命令なるを以てなり。而し改正刑法は此折衷主義を採用したりや將た根本的に主義を變更したるものなるやは大に講究すべき問題なり。學者論して曰く『刑法の主義を大別して二となす、舊學派、主義及ひ新學派主義則ち是なり。舊學派は刑法學起りて以來今日に至るまて廣く歐洲諸國に行はれ延て我國まて傳播せし所にして、其勢力殆んと全世界を壓倒せり。其論據とする所多くは理論に偏するものあるか故に之を名て純理派と云ふ。新學派は舊學派に反對して起りたる最近の學派にして漸く三十年來の唱導に係り、發達日尚は淺きを以て未た全歐洲に普ねからす、從て日本に於てゝも之を唱導するもの甚た寡なし。其論する所社會の實益又は實際の經驗に基くか故に實利派又は經驗派の名稱あり。余は深く實利派の學を信し大に之を主張して從來我國に行はるゝ刑法の學說を一新し依て以て我國の公益を補ふ所あらんと欲す』と。又其實利主義即ち新學派主義を說くに該て曰く『舊派に於ては犯罪の原因を以て一に之を犯人の心術に歸し其心術を治するを以て目的となす。夫れ犯人の心術正廉なれは犯罪の念慮を生するの理なし、犯罪の念慮生せされは犯罪の事實出つるの時なし、犯罪の事實出てされは即ち社會の秩序整然として而して國家安泰なり。故に犯人を罰するには犯人其者を惡むにあらずして邪曲の念を斷たしめんとするに在り、犯人を感化して正路に導くにあり。若し刑法にして此目的を誤て而して刑罰を設けん歟、其刑罰は即ち不正不義の刑罰なりとす。人を正さんとせは先つ己を正さゝるへからす、犯人を正路に導くの刑罰にして自ら不正不義の性質を有す豈刑罰の本旨ならんや。社會に於て刑罰權を有するは其自存權を防衛するに在りと雖も社會の刑罰權は決して懲戒權の範圍を脫すへきものに非らさるなり。是刑罰權を以て正義に配せんとするものにして所謂正義派の論なり。新主義に於て論する所は罪を犯すは犯人其者に在りと謂ふと雖も犯罪の原因は敢て犯人の心術のみに皈す可からす、氣候或は社會の情態に原因するものあり、又犯人の一身に原因するものあり。其一身に原因する心術と雖とも必すしも正路に導くことを期すへきものにあらす。凡そ犯人中懲治すへき心術を有する者あり、懲治すべからさる心術を有するものあり。其懲治すべからさる心術を有するものに對しては懲戒的刑罰を用ゆるも到底何等の效なし。然るに舊學派論者は總て犯人を同一視して之に臨むに同性質の刑罰を以てせんとするは即ち誤れりと謂ふ可し。元來刑罰權は社會か其自存を全ふする爲めに有する防衛權に外ならされは、其防衛の目的のを達するに適切なる方法を以てすべし。唯徒らに犯人を懲戒するの趣旨に止む可からさるなり」と。是本法起草委員たる學者か刑法新論に於て論する所なるを以て我改正刑法案に於ても亦此新學派主義に基き改正したること殆んと疑を容れさる所なり。

折衷主義即ち舊學派の所論に依れは背德加害の行爲なくんは、決して社會は之に刑罰を科すること能はすと論するも、余の信する所及ひ改正刑法の新主義ニ於ては如何に道德上善なり義なりと稱するも國家の生存に危害を及す可き行爲(例へは政事犯の如きもの又は人民の權利を侵害するものなるときは忠孝何れの爲めに行ふも)法律の命する所に違犯する者は之を罰して其ゝ倣ふ者なからしめ、刑罰の所謂自懲他戒の目的を達す可きものなり。是刑法の最大目的となす所社會刑罰權の基本も亦此國家獨立自存の目的を達する必要上生したるものなれは近時背德加害を以て社會刑罰權の基本と爲すか如きは抑も陳腐に屬する學說なり。

# 第二章　犯罪

## 第一節　犯罪の定義

犯罪とは如何なるものを謂ふやに就ては刑法學者間其見解を異にし、未た完全なる定義あるを見すと雖も、余の信する定義を擧くれは則左の如し。

犯罪とは豫め法律を以て刑罰の制裁を付したる禁令又は命令事項に違犯する行爲を謂ふ。故に此定義を分析れは左の三條件を包含す。

第一、刑罰の制裁ある法律なること

法律中には刑罰の制裁あるものと否らさるものとありて、其刑罰の制裁なき法律に違犯するも犯罪となるべきものにあらす。而して此刑罰の制裁ある法律は刑法を以て重なるものとなす。其他民法、商法及ひ諸罰則法令に於て禁令又は命令したるものも亦刑罰なり。要するに刑罰とは法律の違犯者に對して裁判上言渡す苦痛を云ふに外ならす。其苦痛とは犯人の身體自由の拘束又は財產の懲收等是なり。

第二、豫め法律か禁令又は命令したる事項たること。

法律か豫め禁令又は命令したる事項以外に於ては人は素より自由の行動を爲すことを得べく何等の拘束をも受けさるを以て原則となすか故に、他人の權利を侵害せさる以上は如何なる行爲も自由にして法律は禁ずるものにあらす。之に反して若し他人の權利を害する所爲あるときは自己を利すると否とを問はす社會の秩序を紊亂するを以て法律は禁制して違犯者なからんことを企圖するものなり。

第三、禁令又は命令したる事項に違犯する所爲あること

此禁令事項に違犯したる行爲とは自ら進んて違犯の所爲を爲すべき積極的行爲を謂ふものにして、刑法中其大多數の犯罪は禁制的行爲に違犯するものなり。假令は人を殺す可らす、人の財物を取る可らす、との規定あるを自ら進んて殺傷

又は窃取したるときの如し。又命令事項に違犯したる所爲とは消極的に爲すへきことを命したる場合に之を爲ささる不行爲を云ふ。假令本法第二百五十七條に「扶助を要すへき老者幼者又は病者を現場に發見したるもの故なく之を扶助せす又は當該の職員に申告せさる者は科料に處す」と規定したるは是爲すへきことを爲ささるの一例なりとす。

以上三條件の外、學者中更に權利の執行に屬せさる所爲なることを要す(岡田博士刑法論)と論するものなり、或は禁制又は命令に違犯する所爲にして本人其責に任す可きものたるを要す(龜山氏刑法講義)と云ふものありと雖も「本法第四十五條に規定したる法令又は正當の業務に因り爲したる行爲又は急迫不正の侵害に對する正當防衛又は犯人の身分、年齡等に因り刑罰を免せらるる場合の如きは孰れも皆權利の執行又は法律か特に犯罪の事實あるも刑罰を科せさることを規定したるものなれは、法律の禁制又は命令に違背したるものにあらす。故に權利の執行に屬せさることと又は責に任すへきことを以て犯罪成立の一般要件と論するの必要なし。蓋し多少反對論なきにあらさるも是余か右三條件を以て犯罪構成條件と爲したる所以なり。尚ほ其詳細に至ては第三章犯罪の不成立及ひ刑の減免を説くに當て詳論せんとす。

第二節　加害者

刑法上犯罪者とは所謂犯罪の責を負ふ能力を有する人を謂ふ。凡そ汎く法律上の人といふに二種あり。一は有形的肉体を有する人類にして、即ち國家組織の一員として生存する者一は法律の假想に因り創設せられたる無形的法人を謂ふ。此法人は一定の目的の爲めに設立する者にして、其目的の範圍內に於ては有形的人類と同一人格を認めらるゝものなり。而し法人にも亦公法人、私法人の別あり。公法人とは國、府縣、市町村等を云ひ、其他民事、商事の會社の如きを私法人と云ふ。刑法上の禁令又は命令に違犯して之か責任を負ふものは、自由意思と智識能力とを具備したる有形的人類たるを要す、若し智識なく自由意思なきものは有形的人類の行爲なりと雖も未た以て刑法上の責任を負ふべきものにあらす、殊に法人は其れ自身智識能力を有せさるを以て刑法上の主体たるを得さるは論なし。只法人を組織する人員に因て活動するに過きす、即ち國家に君主、府縣に知事、府長、市町村に市町村長、會社に社長なるものありて其法人を代表して法律上認許せられたる目的の範圍に於て活動するものなれは、刑法上に於て無形人は犯罪能力あるにあらす。若し行ふものありとすれは法人を代表する者或は其職員なるを以て假令法人の名義に因て罪を犯すも責任の皈する所は代表者又は職員なりと知るべし。要するに無形的法人は有形的人類に因て活動するものなれは犯罪の實行に付ては自ら活動する能力なく法律上認許せられたる範圍外に其存立を認めらるものにあらす。故に法人の名義を以て罪を犯すも其代表者職員の犯罪なれは其責任も亦代表者又は職員にあるものなり(然れとも法人は其生存を認められたる範圍に於ては財産の所有能力を有するを以て民法上有形人と等しく法律行爲の主體として責任を有するは法人格を認められたる當然の結果なり)。從來犯罪の主體たる主動者は有形的人類に限るの原則に對して例外なしとは刑法學者の定論なり。

## 第三節　被害者

犯罪の被害者とは犯罪の爲め害を受くる者を謂ふ、故に有形的人類、無形的法人共に犯罪の被害者たることを得へきものなり。　は人生命、身體自由を有し自ら活動するものなれは生活の目的上名譽を有し財產を有す。　無形的法人も亦法律上權利義務の主體たるべき人格を認めらるゝものなれは名譽を保有し財產を有することは有形的人類と毫も異なることなし。　若し之を侵害する者あれは其被害者たることと有形的人類と等しく、法律の保護を受くべきものなり。　故に刑法上、犯罪受動者即ち被害者の地位に立つものは人及ひ法人なりとす。

(一)有形人　犯罪の主動者たる犯人は智識能力と自由意思あるものにあらされは刑法上の責任を負ふべきものにあらさることは前段既に論したるか如し。　之に反して犯罪の受動者たる被害者の地に立つへき人は生存する人たる者凡て被害者たることを得べし。　是れ即ち法律は此社會に生存するものは其何人たるを問はす保護して生存の目的を達せしめんとするを以て是非の辨別なき幼者、老ものたると精神障礙に因る知覺の喪失者なりと雖も躰軀を具備して世に現在する人は皆被害者たることを得可きは勿論、未た母の胎内の在る胎兒も尙ほ法律は之を保護せり。　即ち本法第二百四十九條に規定したる墮胎罪の如き存生は未た此世に現出せさるものを保護するの意に出てたるなり。而して又既にせさる死者に對しても其遺骸を保護し又は名譽を保護することあり、本法第二百五十一條「墳墓を發掘し又は毀損したる者は二年以上の懲役に處す」との規定及ひ第二百七十條、第二項の死者の名譽を毀損したる者其摘發したる惡事醜行にして誣罔に出てたるときは死者の爲めに之を處罰するか如き即ち是なり。其罰する所以の理由は社會の善良なる風儀を維持し殘酷の惡習を除去せんとするに外ならす。

(二)無形人、此法人は犯罪の主動者たるを得さるは屢々論したるか如し。然れ共法人も亦權利義務の主體たる事は法律上認むる所なれは、其權利を保護する爲め存立に必要なる範圍に於て名譽及ひ財產を保護せさる可からす。蓋し法人は無形にして且法律上假想の人なるを以て形體を備へされは身體に對する犯罪の被害者たることを得さるは論を俟たす。又國家に對する犯罪に付ては本法、第九十一條內亂に關する規定、國交に關する第百四條以下の規定、其他公務員、公務所に對する名譽に付ては第百十二條侮辱罪の如し。要するに犯罪の主體たる人は有形人に限るも被害者たるものは有形人、無形人是なり。以上の外、社會も亦被害者たることを得へしと論するものあり。本法第二百十九條の神祠、佛堂、墓所其他禮拜所に對し公然不敬の所爲ある者を處罰する規定是なりと。然れ共此規定は神祠、佛堂、墓所、禮拜所其もの又は是を安置する建造物を保護するに非す。若し是に對して公然不敬の所爲あるを放任せは世の信教者其他一般社會の感觸を害するのみならす、良風善俗を破るの原因と爲り、延て公益に關するが爲めに罰するに在り。故に本條の規定も亦國家か其直接の被害者なりと謂ふべし。

### 第四節　一般犯罪の成立要素

刑法上犯罪成立條件に一般に要する條件と、各犯罪に付き特別に要する條件とあり。而して其一般犯罪成立に要する條件を缺くときは總て犯罪成立せさるものなり。單に各犯罪に要する特別條件を缺くときは其他犯罪は成立せさるも他の犯罪を構成することなきにあらす。假令竊盜の目的を以て家屋に侵入したるに家人に發覺したりとせん乎、竊盜罪成立せさることあるも家宅侵入罪は構成する学者中其見解を異にし種々の條件を列擧するものありと雖とも余の信する所に由れは一般犯罪成立要素は自由意思、辨別力及ひ犯意の三條件を要するものと爲す。

第一、自由意思、凡そ何人も自己の所爲に對して責任を負擔するは自由意思の所爲に出てたるを要するものなり。故に本法第四十七條に於て自己又は他人の生命身体若くは財産に對する現在の危難を避くる爲め止むを得さるに出てたる所爲は之を罰せす、と規定したるは即ち自由意思の缺乏に基く所爲なるを以てなり。

第二、辨別力、人にして如何なる所爲を爲すも是非を辨別する智識能力なくして之を行ひたるときは未た以て刑法上の責任を負ふへきものにあらす、即ち精神障礙に因り知覺精神を喪失したる者の所爲及ひ十四歳未滿の幼者の如きは是非善惡を辨別するの能力なきものなるを以て之を罰せさるなり。

第三、犯意、罪を犯す意思なき者の所爲は之を罰せさることは本法第四十八條の規定する原則なれは假令自由意思ありて是非を辨別する者の所爲なりと雖とも罪を犯すの意思なきときは、特別の規定ある場合の外之を罰せさるなり。

以上三條件の外本法第二編以下各條に規定したる各犯罪たるへき禁制、又は命令的行爲、を實行したるときは其各種の犯罪成立するものなるも、此三要素は本法全体に通する原則なるを以て玆に其大体を論したるに過きされは尙ほ各條下に於て其詳細を論せんとす。

# 第一編　總則

本編は現行刑法第一編と等しく、各種の犯罪に共通する規定を網羅したり。其編次節目を示せは則ち第一章法例、第二章刑例、第三章犯罪の不成立及ひ刑の減免、第四章未遂罪、第五章併合罪、第六章再犯、第七章共犯、第八章酌量減輕、第九章加減例是なり。其現行刑法を改廢したる點を擧くれは、現行刑法第一編第十章の親族例は民法の規定に讓り、同編第三章の加減例及ひ第六章の加減順序を併合して一章となし、本編第九章とせり又現行刑法第一編第四章第三節酌量減輕を同章より分離して、更に本編第八章と爲し、同第七章數罪倶發を本編第五章併合罪と改めたり。其他法文順序配列を多少變更したるも大体に於ては異なることなし。

## 第一章　法例

本章は現行刑法第一編第一章と同しく刑法の效力に關する一般の通則を定めたるものにして。其順序を示せは則ち(一)犯罪の區別、(二)法律の時に關する效力、(三)法律の土地に關する效力(四)法律の人に關する效力(五)刑法の總則の他の法律に對する效力等是なり。而し現行刑法第二條の規定は解釋上明白の原則にして是を成文となすの必要なきを以て删除し、同第四條も亦一般法と特別法との關係上明白の法理なるを以て等しく删除したり。蓋し現行刑法に於ては法律の土地及ひ人に關する效力に付ては何等の規定なし。是實に現行刑法の缺點にして改正す可き緊要部分に屬するを以て第三條乃至第七條に於て時に之に關する規定を設けたり。此他本章中第八條に於て公務所及ひ公務員の規定を新に設け、其用語の意義を明示したり。

以上は是本章を改廢したる項目の大体なりと雖も、要之本編總則とは刑事法一般に關することの規定なるを以て獨り刑法のみならす、他の特別法令等苟も罰則を定めて別段の規定なき者は總て本法の支配を受くへきことを規定したるにあり、蓋し第一章法例とは法律を適用す可き例則にして、則ち本法效力の及ふ可き範圍を規定したる者なり、換言すれは本章は罰す可き犯罪の區別及ひ犯罪後の法律に變更ありたる塲合に於ける處分、刑法か國の內外人に關して其效力を及ほす可き

範圍と程度とを規定したるにあり。其詳細に至ては各條に於て之を論せんとす、

## 第一條　法律ニ於テ罰ス可キ行爲ヲ重罪及ヒ輕罪トス

本條は犯罪として罰す可き行爲の種類を規定したるものなり。

現行刑法は第一條を以て所謂犯罪三別の主義を採り、重罪、輕罪、違警罪の三種に區分せり。然れ共此重罪、輕罪の區別は固と是れ罪質上明白に區別す可き標準あるに非す、唯科す可き刑名、刑期を異にするに過きす。特に自由刑にあては重罪の刑期は輕罪せり長く、輕罪の刑期は重罪より短きが爲め、往々重罪の自由刑は其短期も重きに過き、輕罪の自由刑は其長期も稍や輕きに失し、罪刑相當せさるの弊なきにあらされは之を濟はんとして重罪、輕罪の區別を廢し、刑期の範圍を擴張したるものなり。然りと雖も亦現行刑法の違警罪に至りては、其罪質全く前二者と同しからさる所あるを以て本法に於ては重罪、輕罪を合併して更に重罪と名け、違警罪の語を改め輕罪と爲し、所謂犯罪二別主義を採用せり。

夫れ如斯改正刑法は此實益なき三區別を廢して單に重罪、輕罪の二種と爲したる所以の理由は、重罪、輕罪は其科すへき刑罰も同一にして唯長、短の差異あるに過き

されは、徒らに罪の種類を分けて規定を繁雜ならしむるの必要なきを以て重罪、輕罪を混同して是を重罪となし。違警罪を改め輕罪と爲したるに外ならす。殊に現行刑法は罪を重罪、輕罪、違警罪に區別して其範圍内に非されは刑罰減の自由なきか爲め、各犯罪の情狀千差萬別豫想外に出つることあるも罪刑適度の判決を爲すこと能はす。假令は彼の殺人罪、放火罪の如き、其情狀と决行の原因とは種々ありて惡む可き者憐む可き者ありと雖も、是皆等しく極刑に處して殆んと減輕の自由なきか如し、彼の財產に對する犯罪に至ては情狀の輕重一層甚だしきに拘はらす刑の範圍最も狹隘なるを以て、巨萬の財を奪ふも僅かに三四年の自由刑に止まり、一錢を竊盜するも仍ほ二ヶ月以上の刑に處せさるへからす。於之乎財產に對する犯罪近時增加して各犯罪の過半以上を占むるに至れり。是れ惟ふに現行刑法刑の範圍狹く且つ輕るきに失する弊なるを以て改正刑法は此重罪、輕罪の區別を廢して、刑の範圍を擴張し、裁判所に刑罪適度の刑を科するの自由を與へて其弊を除去したるにあり。

蓋し此重罪、輕罪とは如何なる犯罪なるかは本條に於ても亦明示せさるも第十條に死刑、懲役、禁錮及ひ罰金を重罪の主刑となし。第二項を以て拘留及ひ科料を輕罪の主刑とすと規定したるを看れは拘留、科料以外の刑を科する犯罪は總て重罪にして、拘留、科料に該るへき犯罪は皆輕罪なりと謂ふを得へし。然れ共其重罪、輕罪たることは如何にして是を定むるやに至つては從來頗る議論のある所なりし。論者或は犯罪は種々の情狀あるを以て甲罪は必す重罪なり、乙罪は必す輕罪なりと斷定するを得す、其種々の情狀を審案して、結局犯人に科すへき刑罰を定め始めて重罪、輕罪の類種を知るべきものなり。故に未成年者か强盜を爲せは重罪なるも、宥恕、減輕の結果重禁錮に處せらるるときは是輕罪なり。即ち未成年者の犯罪は成年者より智慮淺薄にして思料十分ならさるに因り、輕罪となすものなれは既に犯罪程度に於て重罪たるの價値なきか爲めなり。故に曰く重罪たり、輕罪たるは其科す可き刑罰に依りて標準を定むべきものなりと。又曰く法律上の減輕は犯罪の性質固より輕るきか爲めに減すべきものなれは、重罪を輕罪に減輕したるときは初めより輕罪なり。然れ共裁判上の減輕は、之を與ふると否とは判事の認定に委すれは裁判所か酌量して減輕するも、爲めに犯罪の性質を變更するものに非らす。故に裁判上の減輕は依然重罪たるの性質を變せす、之に反して法律上の減輕は、罪質を變更するを以て其減輕したる刑に因りて重罪、輕罪を定むべきものなりと、現行刑法第九十九條に『犯罪の情狀に依り總則に照らし同時に本刑を加重減輕す可き時は左の順序に從て其刑名を定む但し從犯及ひ未遂犯罪の減等其他各本條に記載する特別の加重減輕は其加減したる者を以て本刑と爲す』と規定したるを以て、解釋上異論を生したるも、改正刑法は第八十條乃至第八十五條を以て減例を規定し、第八十一條に『法律上刑を減輕すべき場合に於て各本條に二個以上の刑名あるときは先つ適用すへき刑を定め、其刑を減す』と規定したるも、重罪を減輕して輕罪に下すの規定なきを以て刑法中特に減輕すべき規定ある場合なると又裁判上に於て減輕すへき場合なるとを問はす、加重減輕の爲め其罪質を變更すへきものに非らされは如斯疑義を起生することなきに至れり。

第二條　犯罪後ノ法律ニ因リ刑ノ變更アリタルトキハ其輕キモノヲ適用ス

本條は刑法の時に及ほす效力を規定したるものなり。

此犯罪後の法律に因り刑の變更ありたるときは、其輕るきものを適用すとの規定は、犯罪實行後判決確定以前法律の改正に因り、刑の變更ありたるときは輕き法律に從ひ、處罰すべき者を規定したるものなり。乍去余の看る所に依れは法文簡に失し一讀疑義を生して世人の解し易すからさる法文たるの憾なきに非らす。然れ共是或は學者に解釋の餘地を與へたるに似たれは余は本條の因て以て生れたる沿革より之を論して、其意義を明瞭ならしめんとす。

現行刑法第三條は『法律は頒布以前に係る犯罪に及ほすことを得す、若し所犯頒布以前に在て未た判決を經さる者は新、舊の法を比照し輕るきに從て處斷す』と規定し、先つ法律は既往に遡らすとの原則を示し。而して後其例外として未た判決を經さる者に對しては新舊を比照して輕るき法律に從ひ、處斷す可き規定を爲したり。然るに改正刑法は此法律は頒布以前に係る犯罪に及ほすことを得す、との原則を廢除して例外と看做したる第二項の法文を改め、單に『犯罪後の法律に因り刑の變更ありたるときは其輕るき者を適用す』と規定したるを以て一見其例外を原則として法律は既往に遡るか如き感なきに非らさるも此沿革上より看るも斷して然らさるものなり。唯斯る原則を置かさるも當然自明の理にして、故らに規定せさるも何人も既に知る所なれば單に犯罪後の法律に因り、刑の變更ありたるときは其輕るきものを適用すと注意的に規定したるに止まり、東西古今に渉る法律不遡及の原則を打破したるものに非さるや疑を容れさるなり。蓋し是を删除したるに就ては意見なきにあらさるを以て後段に於て述べんとす。

法律は罰すへき所爲あるときは時の如何を問はす之れを罰すべきものにあらす。一般の原則としては總て法律は施行以前の行爲に及ほす事を得す故に法律を以て時に禁令又は命令せさる當時は如何なる所爲と雖も各人自由に之を行ふことを得へし、法律の正條なきものは何等の所爲と雖も罰することを得さるは當然なり。然るに突然新法を以て舊法に罰せさる所爲を罰するの規定を爲し、既往に遡て效力を及ほす者とせは法律は人民に告げすして罰するに至り、人民既得の權利を害するの虞あるを以て法律は豫め施行したる以後の犯罪に付ての適用すべきことを定めたるにあり。其法律上の禁令又は命令に違犯したる所爲とは法律の規定ありて而して後始めて云ふ可きものなれは法律なき以前に於ては各人行爲の自由を有すれは假令其行爲は嫌惡すべき不法の所爲なるも禁令、命令以外に犯罪なることなし。故に現行刑第二條の規定なきも法律なけれは犯罪なしとの原理に依り、裁判所は法律の規定以外に逸して濫りに人を罪するを得す。各人行爲の自由は人生自然の原則にして禁令、命令は此例外を爲すを以て法律の規定を符て後是れを知るへきものにあらす。

本條は前段說明したる如くなるも此原則に對する之か例外を規定したる者なり。即ち犯罪以後幾回法律の改正、廢止あるも其犯罪行爲に對して未た判決確定せさるときは變更したる法律中最も輕き法律に從ひ處斷す、是れ本條に於て犯罪後の法律に因り刑の變更ありたるときは其輕るきものを適用すと規定したる所以なり、故に其犯罪事件の裁判中に於ける法律の改正廢止は何回なるも本條に依り輕るきに從て處斷すべく、若し其判決確定したる以後の變更なるときは輕重何れに變更するも最早如何ともすること能はす判決確定の效力は特赦、大赦の恩命を待つの外決して破壞することを得されはなり。而し本法の法律に因り刑の變更とは法律の改正、廢止を謂ふものにして其改正、廢止は必す帝國議會の協贊を經て天皇の裁可ありたる後法例第一條の規定に從ひ公布の日より滿二十日を經て施行すへきものなれは（特別の規定ある場合の外）公布以後二十日を過きされは凡て改正、廢止の效力なし。故に此順序に因り刑の變更ありたるときを謂ふに在り、要之本條の意義は法律の施行以前に係る行爲に適用せさる原則は之を認むるも規定するの必要なしとして單に犯罪後の法律に依り刑の變更ありたる場合に於て未た裁判確定以前なるときは其變更中の輕き法律に從ひ處斷すへきことを示して法文を簡短明瞭ならしめたるに外ならすと雖も、法律は成る可く世人の了解し易きを要するものなれは、法律不遡及の原則を認むる以上は之を規定するも事に害なきを以て現行刑法と同しく其原則を示さゝるは法文の体裁を失する者にあらさるなき乎、明治三十三年十二月政府より全國司法官に配付したる草案第二條は明かに此原則を置きて本條を第二項に規定したり、故に余は復活して本條第二項に法律は其施行以前に係る行爲に之を適用せすと規定し、而して本文を其第二項とせられんことを希望するなり。

第三條　法律ハ何人ヲ問ハス帝國内ニ於テ犯シタル罪ニ

之ヲ適用ス

帝國外ニ在ル帝國艦船內ノ犯罪ニ付キ亦同シ

本條以下第六條迄は刑法の效力を及ほす可き場所及ひ人に對する規定にして、是現行刑法に規定なく新設に係る法文なるを以て之を詳論す可し。

本條第一項は我法權の及ぶ可き土地の區域に關する原則を規定したるものにして、本條の主旨は何人も我帝國內に在て罪を犯したるときは我刑法の支配を受く可きものにて、此一國法權の及ぶ可き範圍に就ては古來說あり、屬地主義、屬人主義、折衷主義、保護主義是れなり、其說の大要を擧くれは即ち左の如し。

第一說　屬地主義　此說に依れは凡そ法律は國土を支配するものなれば、其國內に於ける犯罪は人の國籍如何を問はす效力を及ぼすべし、然れ共國土外に於ける犯罪に付ては假令犯人本國人なるも其效力を及ほすことを得すと。

第二說　屬人主義　此說に依れは法律は其國人を支配する爲規定したるものなれは外國人に對しては效力を及ほすを得す。故に本國人の犯罪は場所の如何を問はす、國法に因り罰す可きものなりと雖も、外國人に對しては假令其國內に於て犯すも、尙は之を罰するを得すと。

第三說　折衷主義　凡そ法律は偏して國內に限るへきものにあらす又其國人のみに屬せす、國土と國人とを併せて支配すへきものなり。故に國內に於ける犯罪は犯人の國籍如何を問はす之を罰し、本國人は外國に在つて罪を犯すも尙は追隨して之を罰すへしと。

第四說　保護主義　此說に依れは刑法は國內に於て犯したる罪に付ては內國人の區別なく之れを適用し又外國に在りて犯したる罪に付ても內國自體又は內國人民に對する犯罪は內國人たると外國人たるとを問はす之を罰すと。

以上第一說は英米二國に行はるる主義にして、第三說は歐洲諸國の採用する所なり。從來の學者多くは第三說折衷主義を唱道したるも此說は國土と國人とを支配するに止まるを以て、國內に於て犯人の國籍如何を問はさるは可なるも外國に於ては本國人のみを支配すべきものと爲すか故に外國人外國に在りて我帝國又は帝國人に對して罪を犯したる場合に如何ともすること能はす。之に反し保護主義は此欠点を補充して遺憾なし。我改正刑法は此第四說保護主義を採用したるものなり。如何となれは本條規定するか如く何人たるを問はす、我帝國內に於ける犯罪に適用し、外國に在る外國人に對しては第四條の法律は內外國人帝國外に於て皇室又は帝國に對して犯したる重罪に付ても亦之を適用すとの規定と同第五條第二項の外國人外國に於て帝國人に對して犯したる前項の罪に付ても亦同し、と規定したるを看るも此新主義を採用したること疑を容れさる所なり。

本條第一項何人を問はす帝國內に於て犯したる罪に之を適用すと規定したる所以のものは、刑法の目的國家の安寧を維持する爲めに設けたるものなれは、國家に於て罪を犯す者は國家の安寧を紊亂するものなるを以て其何人たるを問はす之を罰する當然の理を明かにしたるにあり。彼の外國に在る外國人の犯罪すら尙ほ且我帝國の安寧を害するときは主權の效力外國に及はさるも國家の自衞權上罰することを得へきものと爲すは、今日汎く各國に行はるる立法例にして最も法理に適したるものなり。

本條第二項は帝外國に在る帝國の艦船內の犯罪にも亦原則として我法律を適用す可きことを定めたるものなり。蓋し本法艦船一と度我領土を離れたるときは其艦船內に於て生したる犯罪に本國法を及ほすことを得るや否に付ては二說あり。曰く國際公法上艦船は本國領土の一部延長と看做するものなれは、其艦船內に於ける犯罪は當然本國法を適用す可しと又曰く抑も本國を離れたる艦船內の犯罪に付ては必要なる場合に限り、本國法を適用す可しと爲せる學說あり、改正刑法は其第二說を採りたりと謂ふ(改正刑法草案理由書)。

本條に所謂帝國內とは、我日本帝國主權を及ほす可き場所は總て我帝國領土なりと謂ふに在り、然れ共尙ほ之を細別詳論すれは左の如し。

(一)帝國領土　日本國とは地理學上本洲、四國、九洲、北海道、臺灣其他附屬の嶋嶼を稱するものにして、此領土に於ける犯罪は凡て我刑法の支配すべきものなり。

(二)帝國領海　海上は之を區別して公海、領海の二種と爲す。則ち公海は萬國共用の部分にして何れの國にも屬せす各國交通の大道となす所を謂ふ、而して一國か專ら其海上に主權を及ほし他國の干涉を許さゝる部分は之を領海と謂ふ。其範圍は港灣及ひ陸地に沿ふたる海岸附近を云ふにあり、公法學者の說に由れは干潮點より最大礮丸の達する所を以て其國主權を及ほす限度と爲し又は三海里以内を領土となすも晩近佛國巴理國際法會議に於て干潮点より六海里以内を以て其國領海と爲す可きことに一定したり。

(三)帝國艦船　我帝國の艦船外國領土に到るも國際公法上我國領土の延長と看做して其艦船内に於ける犯罪に付ては我刑法を以て罰す可きものなることは、既に論したるか如しと雖も此場合に於ては軍艦なると、私有船なるとに依り聊か差異なきにあらす

(甲)軍艦　我帝國の軍艦公海中に在るときは其艦内に於ける犯罪は日本人たると外國人たるとを問はす、我刑法の支配すべきは勿論、外國領海に在るときも我帝國主權の延長と看做して碇泊國の法律に服從せす、是れ國際公法上一般に承認せられたる原則なり。故に碇泊軍艦若し其國治安を害する行動ありたるときは自國防衛權を以て退去を求むるの外なし、決して主權の效力を及ほし刑罰權を執行することを得さるなり。

(乙)商船　商船は一私人の所有に屬するものなれは公海中に在るときは我刑法の支配を受くべきものなりと雖も外國領海に碇泊する場合に於ては假令我帝國

國旗を揭くるも一の私有船たるを以て我帝國主權の延長と看做すを得す。從て所在國主權に對抗することを得されは所在國の法律に服從すへきものなり。

然れ共船内に干涉するを得るや否やに付ては各國の法律及ひ慣例を異にし未た一定せさる所なるも、其船舶外の所爲に付ては當然所在國法又は慣習に從ふへきことは殆んと國際公法上異論なき所なり。

(四)治外法權國　我帝國に於て治外法權を有する各國に在留する帝國臣民は我國法を以て支配すへきものなり。但し我帝國主權の效力其在留國に及はすに過きす、故に在留國主權は決して之を侵害することを得す。蓋し此治外法權なるものは條約に基き一國主權の例外にして當時我政府か朝鮮國に於て領事裁判權を行ふか如きは其一例なりとす。

以上は我帝國主權の效力を及ほす可き場所に付て論したるものなり。

本條法律は何人たるを問はす帝國に於て犯したる罪に之を適用すと規定したる此(何人を問はす)との原則に對しても亦左の例外あり。

第一天皇　憲法第三條に天皇は神聖にして侵す可らすと規定あり。是則ち天

皇　は我帝國主權者にして國家統治の大權を握有せらるるを以て立法、司法、行政權共に皆天皇　の總攬し賜ふ所なれは、縱令天皇　は如何なる所爲を行ひ賜ふも君主は國法の上に立つとの原則に因り刑法の支配を受くべき者にあらす。

第二帝國議會の議員　帝國議會の議員は其院內に於ける言論に付ては如何に法律に觸るるも院外に於て責任を負ふべきものにあらす。故に假令其言誹毀、侮辱に涉ることあるも之を放任し、總て議院內の處分に一任し院外一般法律を以て處分せさるものとす。

第三外國君主　外國の君主若し我國に來遊したる場合に於ては假令如何なる行動あるも我法律に服せさるものなれは我國法を以て外國君主に臨む能はす。是れ即ち外國の君主は其本國を代表するものなれは即ち資格に於て我國主權者と同等なるを以て所在國法の支配を受けさるにあり。是國際公法上不可侵の原則ある所以なり。

第四外國軍艦　外國の軍艦我領海內に碇泊するも外國主權の一部延長と看做して我國法の效力を及ほす可きものに非らさることは前段既に論したるか如し。

第五外國使臣　國際公法上我國に駐在する全權大使、全權公使、辨理公使、代理公使其他何等の名義を以てするに係はらす、國家を代表する者は我主權に服從せさるものなり。若し其國法の支配を受くべきものとせは事に因り時に觸れ犯罪を名として公使の自由を妨け外交上の秘密を保持し能はさるを以て國際公法上使臣に對しても亦君主と同一に不可侵の特權を有するを以て之を保護し職務の執行を擔保するものなり。而して其使臣の家族及ひ隨行員も亦此特權を受くべきことも現時國際公法上一般慣例の認むる所なり、若し使臣駐在國の治安を妨害する行爲ありたるときは本國に通牒して其退去を求むる防衛權あるも獨立國間に於ては國法を以て處分することを許ささるものとす。

第四條　法律ハ何人ヲ問ハス帝國外ニ於テ皇室又ハ帝國ニ對シテ犯シタル重罪ニ之ヲ適用ス

本條は外國に於ける我皇室又は帝國に對する犯罪を規定したるものなり。
我皇室又は帝國に對する第二編第一章乃至第四章國交に關する罪を外國にありて犯したるものは我帝國人たると外國人たるとを問はす之を嚴罰すべきものな

り。是れ國家の生存に危害を加ふる大罪なるを以て其犯人の國籍如何に拘はらす、罰するは國家自衛權の將に然らさるを得さる所なり。是れ本條に於て法律は何人を問はす帝國外に於て皇室又は帝國に對して犯したる重罪に付ても亦之を適用すと規定したる所以にして保護主義を採用したるものなり。抑も皇室又は國家に對する犯罪は我帝國に執ては最も重大なる犯罪なりと雖も其外國に採りては他國に關するを以て或は犯罪と成らさることなきにあらされは我國に於て嚴罰すべき規定を設くるの必要あること論を俟たさるなり。

本條に所謂帝國外とは外國主權の及ぶ可き領土を云ふものなり。皇室又は帝國に對する犯罪の如何なるものなるやは第二編第一章以下を論するに該て之を詳述せんとす。

第五條　法律ハ帝國臣民帝國外ニ於テ生命身體自由財産及ヒ信用ニ關シテ犯シタル重罪ニ之ヲ適用ス

外國人帝國外ニ於テ帝國臣民ニ對シテ犯シタル前項ノ罪ニ付キ亦同シ

本條は外國に在る内外國人に關する規定なり。

帝國臣民又は外國人外國に於て第二編以下第八章信用を害する罪、第十一章の生命身體に對する罪及ひ第十二章の自由に對する罪、同第十四章の財產に對する罪等を犯したる場合に於ては我刑法を以て處罰すべきことを規定したるものなり。法律は國土を支配すると共に又本國人を支配するものなれは、我帝國臣民は帝國内にあるも外國にあるも等しく日本國民たる分限を喪失せさる以上は終始我國法を遵奉すべきは勿論其外國にあるときは又其國法にも服すべき義務あり、故に在留國法を遵奉するを以て本國法は之を遵奉の義務なしと云ふを得す。又外國人外國に在りては我法律を遵奉する義務なしと雖も若し我法律の規定したる前段論したるか如き罪を犯したるときは外國人にして且つ外國に在るの故を以て之を罰することと能はすこせは國家は其安寧を維持するを得さるを以て本條第二項は外國人帝國外に於て我帝國臣民に對して犯したる罪に付ても亦同しと規定し、保護主義に基き我臣民を保護せんと欲するものなり。

## 第六條　法律ハ帝國ノ公務員帝國外ニ於テ犯シタル職務

ニ關スル罪ニ之ヲ適用ス

本條は官吏、公吏か外國に於て其職務に關する罪を犯したる場合を規定したるものなり。

本條に所謂公務員とは官吏、公吏其他法令の命する所に依り公務に從事する議員、委員其他の職員を謂ふ。通例公務を帶ひて外國に派遣せらるゝものは全權公使、大使、辨理公使及ひ代理公使等にして、孰れも帝國政府を代表して外國に駐在し國際交涉の機關として駐在國に於ける帝國の光榮と利益とを保全し、我在留臣民を保護するを以て其職務となす者又委員とは列國會議又は監獄會議其他各種の國際會議に付て帝國を代表して派遣出張を命せられし委員若くは議員を謂ふ。是れ等の公務員か其派遣國に於て職務上に關する罪に對しては我法律に依て處罰することを規定したるものなり。則ち前條は普通臣民に對する效力にして本條公務員たる特別資格ある臣民に關する規定なり。

第七條　外國ニ於テ確定裁判ヲ經タル事件ト雖モ更ニ處罰スルコトヲ妨ケス但犯人既ニ外國ニ於テ言渡サレタ

ル刑ノ全部又ハ一部ノ執行ヲ受ケタルトキハ刑ノ執行ヲ減免スルコトヲ得

本條は外國に於て一旦罰したる者も更に我法律に因り處罰するを得へきことを規定したるものなり。

我帝國の公務員、臣民又は外國人か外國に於て我法律に規定したる罪を犯し、其在留國裁判所の有罪の判決を受けたる場合と雖も尚は更に我法律に因り處罰することを得べきものなり。是他なし在留國の法律に從ひ處罰したるも唯之其國法を標準として自國利益の爲めに罰したるものなれは我法律の規定に依り再ひ是を處斷することを得べきは勿論、假令其判決を以て言渡されたる刑の一部又は全部の執行を既に受けたるときと雖も我法律に因り言渡したる刑を執行するを得べし、蓋し情狀に因りて外國に於て刑の執行終了したるときは是れを減免するを得べしと爲し多少酌量の餘地を與ひたるものなり。又從來此點に付ては學者説を爲して曰く、外國に於て我國法を犯したるも其國法に依て有罪の判決を受け既に刑の執行を終りたるときは一事不再理の原則に因り再ひ之を罰することを得すと是誤れり、外國の判決は國境外に效力なきものなれは我國に於て之を認むるの義務なし、故に其判決を一個の事實と看做して更に裁判するとを得べし此一事不再理の原則は一國内に於て云ふべくして他國は之を認むるの義務なきを以て毫も顧るの必要なし、若し否らすとせは如何に國家の安寧を害さるるも之を罰するとを得さるに因り、獨立主權を保持すると能はす、是れ本條の規定ある所以なり。以上論したるか如く國外に於て我帝國の法律に違背したる犯人あるも直ちに其所在國に侵入して是れを逮捕勾引することを得す。故に犯人引渡條約に基き引渡を求むるか又は其國政府の任意引渡を得たるか或は犯人外國より來りたる場合ならさる可からす。若し外國に到り直ちに逮捕勾引するを得べしとせは、我國權を其國に及ぼし所在國主權を侵害するに至るを以てなり。此罪人引渡に關する事項は國際刑法に於て論すべきものなれば深く之を論せす。

第八條　本法ニ於テ公務員ト稱スルハ官吏公吏法令ニ依リ公務ニ從事スル議員委員其他ノ職員ヲ謂フ

公務所ト稱スルハ公務員ノ職務ヲ行フ所ヲ謂フ

本條は公務員及ひ公務所とは如何なるものなるやを規定したるものなり。本條は公務員の定義を下して曰く、公務員とは官吏、公吏法令に依り公務に從事する議員、委員其他の職員を謂ふと規定したれは法律又は官制の定むる所に因り任命せられたる官吏、公吏即ち公證人、執達吏、市町村長、其他法律勅令に基き、國家公共事務に從事する者を公務員と稱し、本法は從來に於ける瀆職の弊を除去する爲め廣く之を規定したるものなり。而して公務所に付ては本條之か定義を示さすと雖も、第二項に公務所と稱するは公務員の職務を行ふ所を謂ふと規定したれは是か定義を下すに難からさるなり、即ち曰く公務所とは官署、公署其他法令に依り公務に從事する議會、委員會其他公務を行ふ所を謂ふに外ならす。故に行政、司法の官廳、帝國議會等法律、勅令の規定に依り設置せられたる國家公務を執行する一般官衙及ひ府、縣、市町村會公證人、執達吏役場等其他直接、間接に國家公共事務に干與する所を包含するは法文上疑を容れさる所なり。

第九條　本法ノ總則ハ他ノ法律ニ於テ刑ヲ定メタルモノニ亦之ヲ適用ス但其法律ニ特別ノ規定アルトキハ此限

ニアラズ

本法總則の規定は一般刑罰法に適用すべきことを規定したるものなり。刑法は普通法なるを以て他の特別法令に刑罰を規定したるときも亦之を適用するものなり。若し他の特別法令は刑法總則の例を用ひすと定めたるときは本法を適用せさるは論なしと雖も其法律に何等の規定なきときは當然本法總則を適用するものとす。是即ち特別法は時勢の變遷と共に改正變更の必要あるを以て改廢常なき特別法令に規定なき事項に付ては容易に改廢す可らさる本法總則の規定を適用す可きことを規定したるものなり。

本條に所謂法律とは帝國議會の協贊を經たるものにて天皇の裁可及ひ公布したる法令を謂ふ。然れ共憲法「第六十七條に法律規則命令又は何等の名稱を用ひたるに拘はらす此憲法に矛盾せる現行の法令は總て遵由の效力を有す」との規定あるを以て縱令帝國議會の協贊を經たる勅令其他行政官廳の發したる諸規則等其罰則の設けあるものは總て此法律中に包含するものと知る可し。

# 第二章　刑例

本章は現行刑法第一編第二章と同しく、刑罰に關する通則を規定したるものなり。其修正變更したる要領は、現行刑法第一編第二章第一節及ひ第三節を合して本章第一節と爲し、第四節は刑法に規定すへきものにあらす、寧ロ刑事訴訟法に屬す可きものなれは之を删除し。第五節は本章第二節に該當し、第六節は本章第三節に該る、而して其第三節中には改正刑法の新設に係る刑の執行猶豫及ひ免除の事を規定せり。第七章は本章第四節の期滿免除を改め時效と爲し。第八節は本章五節の大赦、特赦、減刑及ひ復權のことを規定したるものなり。

## 第一節　刑

刑とは何そや、是本節の規定する所なるを以て玆に其大体の意義を述へんとす。刑とは國家刑罰權の作用にして法律の禁令又は命令事項に違背したる者に裁判所の宣告を以て科する苦痛を謂ふ。換言すれは刑罰は罪を犯したる者に對する制裁なり。其之を科する目的は犯人を懲戒して犯罪必罰の道理を社會に知らしめ、社會民衆を警戒し、依て以て國家の安寧を維持するものなり。故に刑罰は犯人に對し最も愛重する所の生命、身体の自由、名譽、財産等の一又は其二三を奪ひ苦痛を與ふるものにして、其程度及ひ分量は犯罪の輕重犯人の心術に因り、裁判所の職權を以て之を定むるものとす。

刑罰は如何なるものを以て適實と爲すやは、從來學者の論究したる所なるも未た以て完全なる刑罰なきも刑罰は犯人を懲戒し悔悟遷善を促し、延て世人を警戒するを以て其目的と爲すか故に、左の性質ある刑を稍や正當適實なりと謂ふ可し。

第一、刑罰は犯人の一身に止まるを要す。

何人も罪を犯したる者は自ら其責に任す可きは當然なり。假令犯人と如何なる緣故關係ありと雖も他人代て其刑に服するを許さす。刑罰は犯人に與ふる苦痛なるを以て果て他人に及ほすことを得さるなり。

第二、刑罰は各人平等均一なるを要す。

刑罰は平等なるを要するか故に犯人の身分尊卑に因り苦痛を感するに輕重なきを要す、自由刑は此點に付き稍や正當なりと雖も財産刑に至ては犯人の貧富に因り平等を缺くの虞なきにあらす。

第三、刑罰は取消し得へきものたるを要す。

犯罪必罰の原則に因り、犯人に刑罰を科するは法律の命する所なるも判事も人なり時に或は過誤なきを保せす、一旦刑の執行を爲したるときも尚ほ取消し得へきものたるを要す。彼の死刑は一旦之を執行せは最早如何ともするを得す、是死刑廢止論者の最も批難する所なり。

第十條　死刑懲役禁錮及ヒ罰金ヲ重罪ノ主刑トス

拘留及ヒ科料ヲ輕罪スルノ主刑トス

公權剝奪、監視及ヒ沒收ヲ附加刑トス

本條は刑名に關する規定にして主刑及ひ附加刑の種類を示したるものなり。

現行刑法は重罪の主刑を九種、輕罪の主刑を三種、違警罪の主刑を二種と爲し、附加刑を六種に區別したるも、改正刑法は此實益なき數種の類別を廢して、單に重罪の主刑を四種、輕罪の主刑を二種、附加罪を三種に區別して、各其性質を異にする刑のみに改めたり。

死刑は重罪の主刑中生命を奪ふものにして最も重刑と爲すも現行刑法と等しく之を存することゝ爲したり。然れ共死刑存廢の可否に就ては從來の學說一定せす又外國に於ても之を廢したる立法例なきに非すと雖も我國今日の狀況は未た之を全廢するを許さす。蓋し死刑の危險にして復た慘酷なるとは爭ふ可からさるも既往の實驗に徵して是を理論上より觀察するも尙は刑として充分效果あることは亦疑を容れさる所なり。此死刑廢止に付ては刑法學上一大問題にして我法典調査會に於ても頗る議論のありたる所なりと聞く、其死刑廢止論者の主張する重なる理由は、死刑は一旦之を執行すれは他日如何なる誤判あるも取消すことを得す又分割補償することを得す故に曰く廢すへしと。又曰く死刑に處すへき犯罪は人を殺し、家を燒く等社會に最も大害を與ふるものなれは其心術に於ても猛惡なるを以て改心の念なく再ひ社會に害を與ふる虞あるか故に死刑に處す可しとせは之に代る同一の效力ある無期刑に處し終身社會に出つることを得さらしめは再ひ危害を加ふることなしと、然れとも無期刑も事實上又は法律上再ひ社會に出つる機會なきにあらす獄を破り又は特赦、大赦の恩命是なり。論者或は無期刑は良刑なりと認めて死刑を廢す可しと主張するも、終身獄に繋留し再ひ社會に出するを得さらしめは縱令刑の最大目的たる懲戒の效を驗するも益なし。殊に再ひ自由を與へさる點より論するも自然の死を待つものなれは死刑と毫も選む所なし、况んや人を殺し家を燒くか如き殘忍酷薄の徒を保護し良民を顧みさるは豈是國家に忠なるものならんや、彼れ心術に於て猛獸毒蛇も啻ならさる者を刑して社會萬人の警戒と爲すは國家の公益上より打算するも死刑は廢す可らさるものなり。是我立法者の學説の傾向死刑廢止論、盛なるに拘はらす尚ほ死刑を存置したる所以なり。

懲役及ひ禁錮は共に重罪の主刑にして、懲役には定役を科し、禁錮は之を科せさるものなり。而し現行刑法に於ては主刑を數種に區別したるも其執行方法に至ては殆んと同一なれは、是實益なき區別と云ふ所以なり。然れとも此定役の有無を以て自由刑を二種に區別したるは多少異論なきに非すと雖も、犯罪の性質に因り單に國事犯の如きは犯人を拘禁するを以て充分足るものあれは定役の有無に因て二種に區別するの必要なきにあらす、故に改正刑法は自由刑を分ち定役ある懲役と、定役なき禁錮の二種と爲したり。罰金は現行刑法と同一に主刑と爲したり。然るに現行刑法は罰金を仍ほ附加刑の一に加へたるも其附加刑と爲すの理由なきを以て之を廢し、獨立したる主刑として規定したる而已。輕罪の主刑は拘留及ひ科料と爲し、現行刑法違警罪の主刑と全く同一なり。附加刑は公權剝奪、監視及ひ沒收の三種と爲し。唯現行刑法と異なる所は附加の罰金を廢し、公權停止を廢したるに過きさるなり。

第十一條　主刑ノ輕重ハ前條記載ノ順序ニ依ル但有期禁錮ノ長期有期懲役ノ長期ノ二倍ヲ超ユルトキハ禁錮ヲ以テ重シトス

同種ノ刑ハ長期ノ長キモノ又ハ多額ノ多キモノヲ以テ重シトス二個以上ノ死刑又ハ長期若クハ多額ノ同シキ同種ノ刑ハ犯狀ニ依リ其輕重ヲ定ム

本條は主刑の輕重を定むる標準を規定したるものなり。主刑の輕重は前條記載の順序に依るものなれは、重罪の最も重きものは死刑にして、次は懲役、禁錮及ひ罰金と爲す、而して禁錮は何故に懲役より輕きやと云ふに懲役は勞役に服すへきものなるも、禁錮は此勞役に服さしるを以て輕しと爲すに外ならす。然れとも有期禁錮の長期、有期懲役の長期の二倍を超過するときは禁錮を以て重しと爲す。是即ち縱令禁錮は勞役に服さゝるも其期間懲役の二倍を超ゆる以上は之を重しと爲さゝるを得す。如何となれは禁錮は勞役に就かさるのみにて自由を拘束せらるゝ點に付ては殆んと同一なるを以てなり是第二項の規定ある所以なり。

第三項の同種の刑は刑期の長きもの又は金額の多きものを以て重しと爲すは當然にして殆と規定を要せさるか如し、如何となれは最短期の刑に處せられんとするは被刑者の希望たるに過きす、之に處すると否とは裁判所の職權に屬すれはなり。之に反して其長期は裁判所と雖も之を超ゆることを得さるのみならす、被刑者も其長期を超へて刑罰を科せらるゝの義務なきを以て其刑期の長きもの又は罰金に付きても金額多きものを以て重刑となすなり。

懲役及ひ禁錮を罰金より重刑となすは、元來人の自由は金錢を以て代ひ得へきものにあらず、金錢は社會の融通物なるを以て之を得んと欲せは容易なりと雖も自由に至ては人生の最も貴重す可きものなれは一日の自由拘束も人に因ては萬金に價するとなきにあらす。其自由拘束は罰金を科せらるゝより苦痛を感するも亦大なり、是金刑よりも体刑を重しとなす所以なり。

第四項の二個以上の死刑又は刑期若しくは金額の同しき同種の刑は犯情に依り其輕重を定むるとは、二個以上の死刑又は二個以上の同一長罰の懲役、禁錮及ひ同一金額の罰金に付ては其刑罰に輕重なきを以て此場合に於ては犯罪の情狀に因り、其輕重の標準を定むるものと爲したり。

以上論するか如く本條は刑の輕重を知る爲めなれは事理に於て當然なり、時に條を設けて規定するの必用なきか如し。

第十二條　死刑ハ監獄内ニ於テ絞首シテ之ヲ執行ス
死刑ノ言渡確定シタル後其執行ニ至ルマデ之ヲ監獄ニ拘置す

本條は死刑の執　方法を規定したるものなり。

刑罰は國家か犯人に與ふる苦痛なりと雖も、死刑に至ては苦痛を與ふるを以て目的と爲すものにあらず、唯生命を奪ふを以て其目的と爲すか故に敢て殘忍酷薄なる方法を用ひすして成る可く簡短なる絞首の方法に因て之を執行するものなり。蓋し總ての刑は判決確定せされは之を執行せさるは論なし、殊に死刑は一旦執行したる以上は如何なる誤判あるも取消すことを得さる極刑なるを以て現行刑法に於ては司法大臣より執行すへき命令あるまで監獄に拘留し置く規定なりしも改正刑法は之を删除したり。而し本條第二項に其執行に至るまて之を監獄に拘置すと爲したるは現行刑法に此規定なきか爲め死刑の言渡確定したる犯人に對して執行まで之を置く可き場所に付き多少疑義を生したることあるを以て改正刑法は新に之を設けたるものなり。

死刑は何故に獄内に於て執行するやと云ふに、我國維新以前は公の場所に於て執行し公衆の縱覽を許し以て他戒の効を奏せんと爲したるに何ぞ知らん屢々慘狀を看るもの之に慣れて死刑の惧るへきを思はす却て虚名を博さんとして、大罪を犯す者あるに至るのみならす、殊に人情奇を好むの癖ありて慘劇を見るの慾念を以て其刑場に群集し、風俗を害したる事實に徵し、現行刑法以來改正刑法も亦死刑の執行は獄內に於て秘密に行ひ公衆の傍觀を許さゝることゝ爲し、檢事又は監獄署長の許可したる者のみ其刑場に入ることを得るものと爲したり。

現行刑法に於ては死刑は一旦執行したるときは如何なる事情あるも取消すことを得さるを以て縱令裁判確定するも直に執行せずして必ず司法大臣の執行命令あるを要することゝ爲し。此死刑の言渡確定したるときは其當該檢事より訴訟記錄を司法大臣に差出し、司法大臣は其記錄に因り誤判なきや否や及ひ情狀恕すへきものなきや否やを調査し、若し誤判あるか又は情狀に於て事實死刑執行に忍ひさるものと思料したるときは　天皇の大權に訴ひ特赦減刑を奏請することを得へきの規定なりし。又懷胎の婦女死刑の言渡を受けたるときも等しく司法大臣の命令を待ち且分娩後百日を經るにあらざれは執行することを得すと規定したり。是其婦女は將に死罪に處す可きものなりと雖も之れが爲め罪なき胎兒の生命まて奪ふを得ざればなり、而し胎兒を法律上の人を以て目すること能はさるも分娩したるときは一個の人なれば生產前も之を保護し胎兒分娩するも哺食續命を期するまで乳養を必要とし、分娩後尚ほ百日以後にあらざれば執行することことを許さゞりしなり。然るに改正刑法には以上論したるか如く死刑の言渡を受けたる懐胎の婦女、其他の者に對する死刑執行延期の規定なしと雖も是刑事訴訟法又は監獄法等他の法令に譲り規定するの意にして、判決確定と同時に死刑を執行する我立法者の精神にあらざるや蓋し疑を容れざるなり。

## 第十三條　懲役ハ無期及ヒ有期懲役ハ一日以上十五年以下トス

本條は懲役の期限及ひ其性質を定めたるものなり。

懲役は無期及ひ有期の二種となし、無期懲役は終身懲役場に留め置き一定の勞役に就かしめ、有期懲役は一日以上十五年以下と爲し、其範圍内に於て適當なる期限を定めて裁判所之を言渡し、懲役場に於て定役に服せしむるものなり。

改正刑法は本條を以て有期懲役の期限を一日以上十五年以下と改め、其範圍を廣大ならしめたるを以て世間改正刑法反對論なるもの起り、本條を其攻撃の主點と爲し、之が爲めに改正刑法の全体を排難するに至れり。然れ共之を仔細に精査観察すれは現行刑法は有期徒刑を十五年以下と爲し、重禁錮は十一日以上なり又重禁錮を減盡したるときは拘留に處する者にして拘留は一日以上十日以下なるを以て是を通算すれは一日以上十五年以下となりて結果に於ては現行刑法と殆と異なるとなし。唯是を區別して多數の刑名を附したる現行刑法を改め合して刑名を一にしたる爲め或は刑の範圍頗る廣汎ならしめたるの感あるに過きさるなり。此の刑の範圍を廣汎ならしめたる點に就ては、富井博士の刑法改正意見の一節論し盡して遺憾なきを以て是を揭け本條の解釋に代へんとす。

其大要に曰く、現行法は刑の範圍を定むること極めて狹きに失せる爲め犯罪凡百の情狀に應し、眞に罪惡の輕重と權衡を失はさる刑を科すること能はす。一例を擧くれは彼の詐欺取財の如きは其情狀千差萬別にして輕微なるものあると同時に甚た重きものも亦少からす然るに現行法に於ては一般に二月以上四年以下の重禁錮に處するものとせり又殺人罪の如きも其情甚た愍諒すへきものあるに拘はらす謀殺故殺の區別に從ひ必す死刑又は無期徒刑に處す可きものとし、酌量減輕を施すも尙ほ嚴酷に過くること往々之れなしとせす。殊に再犯以上の懲罰として如何なる場合に於ても刑一等を加重すへきものとしたる如きは最も其當を得さる規定なりとす、再犯なればとて必すしも其刑を加重するの必要なきものあると同時に又國法を蔑視し刑罰に懲りすして幾度も犯罪を慣行し到底懲治の望みなきものも亦甚た多しとす、斯の如きは一種の犯罪者として特に實效ある刑を科するに非されは決して累犯の禍害を制壓することを能はさるへし。即ち再犯以上の懲罰法として刑の最長期を高くすることは内外諸國の經驗に徵して最も緊要なるを信するなり。思ふに現行刑法に於て刑を過度に刻み罪惡の輕重と比例を失ふに至れる所以は佛國革命の結果として法律專裁主義に偏傾し、裁判官の職權濫用を度外に怖れたる彼國當時の刑法を摸範としたるか故なる可し。然るに時勢一變したるは言ふ迄もなく凡そ罪惡の輕重と刑罰の適用は犯罪の情狀と犯人の種類とに依り大に相異なる所なきを得す、犯罪の原因中には最も怖る可く且惡む可きものあり又之に反して甚た愍諒す可きものも少しとせす、犯人中にも犯罪を營業視し懲治の望なきものの多々之れあると同時に一時偶發の意思に由り刑辟に觸れ改善の效を奏す可き者も亦頗る多しとす、要するに其情狀たる千種萬別にして法律には各種の罪を如何様に細別せるも到底各種の場合を列舉して其輕重を定むること能はす。例令は晝間と夜間家屋の内外兇器の有無犯人又は被害者の單復等に依りて之れを細別するも此等の情狀は決して絶對的に其輕重を分別するの標準と爲らす。又其各種の情狀中に於ても犯罪の手段の外主として犯人の目的及ひ其目的を有するに至れる原因等を見さる可からさるか故に其罪狀に無數の差別なきを得す、故に必すや今何程か刑の範圍を廣くし、各事件に就き眞に罪惡の輕重と比例を失はさる刑を科することを得せしめさる可からす。近時諸國の刑法は何れも此方針に向て改正せられ甚しきは裁判官に於て刑期を定めすして司獄官に一任するの制を實行する國さへもこれあるに至れり(不定刑主義)。我刑法の如くに刑の範圍を狹きに定めたる者は今日多く其例を見さる所なり。刑の範圍擴張は改正反對論の要點なる可きにより尙ほ此點に就き一言せんと欲することは刑法修正案には刑の範圍を極端まて擴張せりとの説あるか如しと雖も余は左まて廣くなれりとは思はす、是各條の見方如何に依るとなれは世人の判定に任せんとす。又自由刑の期間を一日以上十五年以下と定めたりとし廣博に失せりとの排難あるか如きも、是全く誤解に外ならす。 蓋し右の期間は唯總則として有期刑の最長期と、最短期とを示したる者に過きすして其實現行法と毫も相異なることなし。 唯現行法には數多の刑名を附したる差異あるのみにして之を通算するときは結局同一の期間と爲るへし、修正案には現行法の重輕罪に科すへき自由刑を懲役と禁錮の二種に規定し、其刑期を合せたるまてのことなり。 各犯罪に對する刑期の範圍は各本條の定むる所にして現行法に比すれは一般に廣くなり居れとも右全期間の刑を科したる場合は殆と之あらさる可しと。

論者或は刑罰は犯人を懲戒し、再犯豫防を目的とする者なれは、監獄に拘留するを以て足れり、徒らに勞働を强制して苦痛を增長せしむるを要せすと、然れ共國家は數百千の囚徒を不生產的に閑居せしめて國家良民の負擔を重からしむるを得す。加之に小人閑居すれは不善を爲し健康を害するのみならす、精神も亦た腐敗して懲戒の效なし、殊に犯人多數は勞働を嫌ひ過分の快樂を貪らんと欲し、罪を犯す者なれは宜しく是等犯人は適當の勞役に就かしめ其懶惰心を除去し、良習を養ひ出獄後は規律ある正業に因て以て生活せしむるの途を講せさる可らす。 若し否らされは監獄は無頼漢の養成場となり、到底治獄の目的を達することを得されはなり。

第十四條　禁錮ハ無期及ヒ有期トシ有期禁錮ハ一日以上十五年以下トス

禁錮ハ禁錮場ニ拘置ス

本條は禁錮の期限及ひ其性質を定めたるものなり。

禁錮も亦無期有期の二種となし。無期禁錮は終身禁錮場に拘置し、有期禁錮は一日以上十五年以下の範圍内に於て罪刑適當の期間を定めて裁判所之を言渡し禁錮場に拘置するものなり。而して此禁錮は有期と無期とを問はす、定役に服せさるものとす。是前條規定したる懲役と異なる所なり、蓋し懲役は如何なる犯罪に科し禁錮は如何なる犯罪に科す可き刑なるやは第二編以下各條の提定に由て知ることを得へしと雖も立法者か之を區別したる標準は普通破廉耻罪を犯したる者は懲役に處し、國事犯の如き特別罪を犯したる者は禁錮に處す可きものと爲したるに外ならす。

學者國事犯人を禁錮に處して定役に服せしめさる理由を説明して曰く、國事犯は普通犯と異なり、犯人の意思國家を憂ひ一身を犠牲に供して之を犯すものなれは其精神の高潔清廉なること普通强竊盗の如きものと同一視すへきものにあらす、故に國家は此國事犯人に對しては宛も戰時敵の俘虜を遇すると同一ならさるへからす。其方法は謹肅且嚴格なるを要し、暴に至らす濫に流れず勉めて責罰の効果肝膽に徹すること多くして身体に感すること尠なきを要す、然らされは國家は仇敵に對して怨を報するに苦痛を以てするの識あるのみならす、普通犯に比して刑罰偏頗なるを以て犯人は徒らに侮辱せらるゝの感を起し、國家を怨望し歸順の念を生せさるに至る、加之公衆は國家の暴虐を憤り、反動の結果却て犯人を憫憐愛慕するに至るを以て非國事犯と行刑も亦異ならさるへからすと、又曰く國事犯の性質たる萬人の賤しむ所にあらす、名義のみと雖も私利を抛て天下萬民の爲めにせんとするものなれは屈辱を本質とせる刑は全く之に適當せす、固より國事犯は直接に政治社會の秩序を紊亂せんとするものなれは其害の重大なるとは常事犯の比に非す、然れ共其處分方法は專ら之を社會より遠さけ殘黨と通謀するの機會を得ることを克はさらしむるを以て最上とす、力役を受けしむるは其刑罰の目的を背馳し鐵の得たるものにあらすと。

## 第十五條　罰金ハ一圓以上トス

本條は重罪の主刑たる罰金に付ての規定なり。

罰金は何故に一圓以上となし、其最高額を定めさるかと謂ふに是他の自由刑と異なる所あれはなり。

即ち本法第百六十七條に貨幣又は兌換券を収得したる後、偽造又は變造なることを知りて之を行使したる者は其價格三倍以下の罰金に處すとの規定あるを以て偽造又は變造の貨幣なることを知て千圓を行使したる者は三千圓の罰金に處せられ、一萬圓を行使したる者は三萬圓の罰金を科せらるゝことあるを以て、其最高額を豫め規定することを得さるに因るなり。(第百三十六條の失火罪、第二百四十六條の過失殺罪に對する罰金の如きは最高額を定めたるもの)其他收税を目的とする特別法令に罰金額一定せさるもの多々あるを以て斯く規定したるものとす、現行刑法第二十六條は其額貳圓以上とありたるを壹圓と改めたるは一般刑の範圍を擴張したる結果にして別に理由あるにあらさるなり。

第十六條　罰金ヲ完納スルコト能ハサル者ハ一日以上一年以下ノ期間之ヲ勞役場ニ留置ス
罰金ノ言渡ヲ爲ストキハ其言渡ト共ニ罰金不完納ノ場合ニ於ケル留置ノ期間ヲ定メ之ヲ言渡ス可シ裁判確定後一月内ハ本人ノ承諾アルニ非サレハ留置ノ執行ヲ爲スコトヲ得ス
罰金ノ言渡ヲ受ケタル者其幾分ヲ納メタルトキハ罰金ノ全額ト留置日數トノ割合ニ從ヒ其金額ニ相當スル日數ヲ控除シテ之ヲ留置ス
留置期間内罰金ヲ納ムルトキハ前項ノ割合ヲ以テ殘日數ニ充ツ

本條は罰金を言渡されたる者完納せさる場合の處分を規定したるものなり。
罰金も一の刑罰なるを以て其言渡を受けたる者は判決確定すると共に之を完納

すへきものとす。現行刑法第二十七條は罰金は裁判確定の日より一月內に完納せしむと規定し、一ヶ月の期限間は假令判決確定するも罰金徴收の執行を爲すことを得さるを以て頗る不便なりしも、改正刑法は直に執行することを得へき規定に改めたり。然れとも罰金刑の言渡を受けたる者判決確定の日より一月內に完納せさるときは一月以上一年以下の期間監獄勞役場に留置するの規定なるを以て必すしも罰金を徴收するものにあらす、完納せさる場合に於ては一月以上一年以下の範圍內に於て獄舍に留置の換刑處分を爲すことを得へきものなれは、其罰金言渡の際に若し罰金を納めさるときは何日又は何月間勞役場に拘留すへき旨を豫告して言渡す可きものとせり。斯く規定したる所以のものは元來罰金刑は金額を徴收するを目的と爲すものなるを以て若し犯人にして財産を有せさるときは其目的を達する能はす、而して此場合に採る可き方法二あり第一は現行刑法の如く換刑處分を爲すにあり。則ち罰金を換算して禁錮に換ふるものなり、然れ共其結果を觀れは財産ある者は換刑を免れ財産なき者は常に自由刑に處せらるの不幸あるのみならす、罰金を輕禁錮に換ふるものなるか故に犯人は徒らに獄中に呻吟するに止まり、國家は爲めに幾何の經費を損し却て罰金本來の目的に反するに至るを以て、改正刑法は之を改め第二の方法を採りて罰金を納むること能はさる犯人は勞役場に留置し勞働に從事せしめて是より生する利益を以て罰金の幾分を充つることゝ爲したるものなり。

茲に注意すべきは現行刑法第二十七條は罰金は裁判確定の日より一月以内に完納せしむ、若し期限内に完納せさる者は一圓を一日に折算し之を禁錮一日に換ふ云々とありて、罰金不完納者は罰金一圓に付て禁錮一日に換刑せらるゝの期定なり。而して此禁錮の最長期も亦二年間なりしも、本條は之を改正して罰金言渡の際其判決に之を完納せさるときは一日以上一年以下の範圍に於て罰金額の多寡に拘はらす裁判所は留置すへき日數を定めて言渡すへきものと爲したり、是本法の新設に係り本條第二項の規定する所なり。故に現行刑法と異なり罰金壹圓は一日に之を換算すへきや否やは一に判事の判斷に任するものなるを以て判事は犯人の心術又は貧富を酌量して適當なる期間を定むることを得へし。假令は罰金百圓に付百日間留置すへき言渡を爲すと又は百二十日に處すると單に八十日に處すると判事の認定に委したり。是他の自由刑と同一に一圓を必す禁錮一日に換刑すへしと云ふか如き、法律を以て禁錮の價値を定め一日一圓の働を爲すの感念を以て換刑を望むか如き目下の弊害を除去するの意に出てたるものなり。本條罰金を完納すること能はさるときは一日以上一年以下の期間勞役場に留置すと規定したるを以て、假令數千萬圓の罰金を科せられたる者と雖も一年以上留置せらるゝものにあらす又百圓二百圓を科せられたる者必すしも十日若しくは二十日の留置と速斷すへきものにあらさるなり。現行刑法の二年を過くることを得すとの規定を改め一年となしたるは聊か輕きに失するの感なきにあらすと雖も、元來罰金は輕き犯罪に科すへきものなるのみならす、近來の立法例は短縮するの傾向あるを以て改正刑法も之を一年と短縮したるものなり。

第三項は罰金を言渡されたる者、其罰金を完納せさるも判決確定後一ヶ月内は本人の承諾あるに非されは換刑處分を執行せさる旨を現定したるものなり。而して此換刑處分を一ヶ月間猶豫する理由として説をなすものあり、曰く若し此罰金を判決確定後直に執行するとせは富者は兎も角貧者は爲めに一時一家の生活を困難ならしむことあり、或は多少の財産ありと雖も金錢は必す常に貯藏するものにあらす、然れは調達完納する爲め三十日の猶豫を與ふるものなりと。余は此理由を信せさるものなり、如何となれは罰金も一の刑なるを以て裁判確定するや直に執行すへきものなり。彼の死刑懷胎の婦女の如き特別の事情あるものゝ外執行を猶豫することを要せす。論者は罰金を即時に執行せは貧者は爲めに家族を一時餓死せしむることなきを保せされは之を猶豫するものなりと論するも、是獨り罰金刑より生する結果にあらす。自由刑に至りては最も然らさるを得す、罰金は即時に徴收せらるゝも犯人身体の自由を失はさるに因り日後生活上の爲め勞働を爲し又は他より借入れて家族を養ふことを得へし。之に反して自由刑は身体の自由を拘束し犯人を囹圄に繋くを以て其家族たる者忽ち衣食に窮するに至るも法律は尚は之を顧みす、而して其受刑後滿期放免まては毫も自由を與へず、然るに罰金刑は家族の下を離れす、日後の計營を施すの容易なるに拘はらずして一ヶ月の猶豫を與ふるは是罰金完納の爲めにする猶豫に非す、其一ヶ月は換刑處分の執行を爲す爲めの猶豫期間なり。其の一ヶ月內と雖も本人到底罰金完納の見込なきものとして換刑を望む場合に於ては之を猶豫するの必要なきを以て直に留置の執行を爲すことを得へきものとなしたり。故に此金錢の貯藏を保すへきものにあらすとの說は立法上の理由としては採用すへきも、解釋論としては不可なり。要之本項の規定は罰金完納の爲めにあらすして、換刑處分執行の爲めに與ふる猶豫期間なりと知る可し。

第四項罰金の言渡を受けたる犯人換刑執行を受けさる以前に罰金全部を完納せすして其幾部分を納めたるときは言渡されたる日數を引去り留置するものと爲す。是當然のことにして殆と規定を要せさるに似たり、何となれは罰金を完納せさる爲め換刑せらるゝ者なれば假令全部にあらさるも之を納めたるときは留置するを要せさるは論を俟たされはなり。

第五項に換刑處分の執行を受けて留置せらるゝときと雖も若し罰金を納めたるときは前項論したる割合を以て控除し殘日數に充て留置を免するものと爲したり。此點に關しては現行刑法第二十七條末項若し禁錮限內罰金を納めたるときは其經過したる日數を控除し禁錮を免す、親族其他の者代て納めたるとき亦同しとの規定を、改正刑法は親族其他代納を許す規定を削除したるを以て、本法は罰金完納は其言渡を受けたる本人に限るや將た親族其他の者の代納を許すやの問題を生す。論者或は金錢は融通物なるを以て何人か代納するも本人か之を完納するも同一なる金錢なれは現行刑法と同一に他人の代納を許す可しと解する者ありと雖も余は此説に左担せさるもなり。(一)本條第四項罰金の言渡を受けたる者云々の法意より觀るも(二)親族其他の者代て云々の文字なき點より看るも(三)罰金も一つの刑罰なるを以て本人より之を徴收せされは刑は一身に止まるとの原則及ひ刑は國家か犯人に與ふる苦痛なりとの原則に反するを以て刑罰の性質上必す本人完納すへきものにして、他人の名義を以て代納することを許さゝるものと解するを正當なりと信す。蓋し其金錢出所の如きは法律上之を問ふへきものにあらさるは論を俟たす。故に他人若し代納せんと欲せは金錢を一旦本人の手に移して之を完納せしむれは目的を達することを得へし、本條は尙ほ是をも禁するの法意にあらさるや疑を容れさるなり。現行刑法に於ては罰金を禁錮に換ふる者は裁判を用ひす檢事の請求に依り、裁判官之を命すとありたるも本法は罰金言渡の際若し完納せさる時は留置すべき一定の日數を定めて言渡すことに改めたるを以て撿事は罰金額の求刑と共に留置日數をも論告すべきものなれば其後の執行のみ單に撿事の職權として管掌するものと爲し、其執行の手續は(刑事訴訟法に譲り)本法に之を規定せず。

尚ほ一問題あり、此換刑處分に因り勞役場に留置せらるゝときは其性質殆んど懲役と同一なれば結果も亦同一なりや否、余は罰金を換刑したるのみにして執行方法を變更したるに過ぎざれば其結果に付ては罰金刑の效果を生ずる迄にして身体の自由を拘束せらるゝ自由刑と同一なる效果を生ずるものに非ずと信ずるなり。

第十七條　拘留ハ一日以上一月以下トシ拘留場ニ拘置ス

本條は輕罪の主刑たる拘留は一日以上一ヶ月以下の範圍に於て處分すべきものにして、單に拘置場に拘置して自体の自由を拘束せらるゝものとす。其刑期の長短の如きは各本條に於て之を規定するものなり。

第十八條　科料ハ十錢以上三十圓以下トス

本條も輕罪の主刑にして十錢以上三十圓以下の範圍に於て言渡す者なり。前條は自由刑にして本條は金刑なりとす。而して現行刑法を擴張したる一般の主義に從ひ最長期最高額を三十日及三十圓と改め且つ最低期最低額を一日又は十錢以上と規定したり。

第十九條　科料ヲ完納スルコト能ハザル者ハ一日以上一月以下ノ期間之ヲ勞役場ニ拘留ス

科料ヲ併科シタル場合ト雖モ留置ノ期間ハ二月ヲ超ユルコトヲ得ス

一圓以上ノ科料ニ處セラレタル者ニ對シテ裁判確定後一月内ハ本人ノ承諾アルニ非サレハ留置ノ勢行ヲ爲スコトヲ得ス

第十六條第二項、第四項及ヒ第五項ノ規定ハ科料ニ之ヲ準用ス本條は科料に付ての換刑處分を規定したるものなれとも、這は第十六條と刑期の範圍異なるのみにて其他殆と同一なるを以て再ひ之を論せす。

第三十條　公權剝奪ハ左ノ效果ヲ生ス

一　法律ニ定メタル選擧ニ付選擧權及ヒ被選權ノ喪失

二　公務員タル資格ノ喪失

三　位記勳章年金及ヒ恩給ヲ有スル資格ノ喪失

四　外國勳章ヲ佩用スルコトノ禁止

五　兵籍ニ入ル資格ノ喪失

本條は附加刑の一たる公權剝奪の身上に及ほす效果を規定したるものなり。

第一、法律に定めたる選擧權及ひ被選擧權とは上は帝國議會の議員より下は府縣郡市町村會議員其他法令の規定に依る議員を選擧する權及ひ被選擧權を謂ふものにして、即ち議員となる他の資格を具備するも、重罪を犯し公權剝奪を附加せられたる者は其資格を喪失する者なり。若し現在議員たる者は其資格を失

ひ將來も亦選擧、被選擧の權利又は資格を喪失するものとす

第二、公務員たる資格の喪失とは官吏、公吏其他公務に從事する總ての公職を帶ひたる者を謂ふか故に、現在公務員たる者は其職を失ひ、假令他の條件は之を具備するも將來官吏、公吏其他の公職に任せらるゝの資格を失ふものなり。而し此資格は「帝國憲法第十九條に曰く日本臣民は法律命令の定むる所に由り均しく文武官に任せられ其他の公務に就くことを得る」との規定に基く日本臣民の特權にして、日本臣民の爲め最も貴重なる資格なりとす。

第三、位記、勳章、年金及ひ恩給を有する資格の喪失とは左の數種の權利を云ふものなり

(一)位記とは叙位條例を以て規定せられたる位階にして一位より八位に至るものにして「憲法第十五條に依り天皇より下賜する名譽の表賞なり」、故に公權剝奪の効果として其位記を剝奪せらるゝものとす。

(二)勳章とは文武官其他勳功、勞蹟ある者を賞揚する爲め下賜せらるゝ名譽の表章にして、其種類等級の如きは他の法例を以て定むる所なり、是復た公權剝奪

の效果として剝奪せらるゝものなり。

(三)年金とは勳功に對する賞として其者に對して終身每年下賜せらるゝ一定の金額を云ふものにして、是又勅令に規定する處にして其給與を受くるの權利を剝奪せらるゝものなり。

(四)恩給とは文武官其他敎員の如き者の退官、退職又は現役を免せられたる場合に於て一定の金額を終身給與せらるゝものなれは公權剝奪の效果として給與を受くるの權利を失ふものとす。

第四、外國の勳章を佩用することの禁止とは、外國の君主より賜はりたる勳章を有するものは之を佩用することを禁せらるゝものなり。是我天皇より下賜せられたるものにあらざれば其勳章を所有する資格を剝奪することを得ざるを以て我帝國內に於て之を佩用することを禁止したるものとす。

第五、兵籍に入る資格の喪失とは軍人たることを得へき能力を喪失するを謂ふ。是憲法第二十條の規定に因り國民皆兵籍に入るの特權、資格を有するものなれば兵士は國家事なきの日は武器を挑りて國家を衛り、一朝事あるの日は大纛の下に義勇奉公の前驅を爲すものにして功を萬世に傳ふることを得て男子一世の名譽なるを以て重罪を犯すが如き者に對しては此權利、資格を剝奪するものと爲したり。

以上の外現行刑法第三十一條は尙ほ國民の特權なる漠然たる規定と裁判所に於て證人と爲る權後見人と爲る權、分散者又は會社等の財產管理人と爲るの權、學校敎師、學監と爲るの權、等を規定したるも、是等各種の資格能力の喪失は他の法令の規定に讓り又は犯罪の種類に因りては剝奪するの必要なきを以て改正刑法は之を剝奪公權中に規定せざるなり。

第二十一條　公權剝奪ハ無期又ハ有期トシ有期公權剝奪ハ一年以上十五年以下トス

死刑又ハ無期ノ懲役若クハ禁錮ニ附加ス可キ公權剝奪ハ當然無期トス

十年以上ノ有期ノ懲役又ハ禁錮ニ附加ス可キ公權剝奪

ハ無期又ハ有期トシ十年未滿ノ懲役又ハ禁錮ニ附加ス可キ公權剝奪ハ十年以下トス

有期ノ懲役又ハ禁錮ニ有期公權剝奪ヲ附加セラレタル者ハ裁判確定ノ日ヨリ其懲役又ハ禁錮ノ滿限若クハ其執行ノ免除ニ至ルマデ當然公權ヲ剝奪セラレタルモノトス

本條は公權剝奪の期限を定めたるものなり。故に本公權剝奪は附加刑なるを以て常に主刑と其運命を共にす可きものなり。條第一項の規定するが如く公權剝奪も亦有期と無期とありて本法は重罪なるも總て當然此公權を附加するものにあらされは玆に其期間を規定するの必要あり。蓋し何故に有期の懲役、禁錮は一日以上十五年以下なるに附加刑たる公權剝奪は一年以上十五年以下と爲したるかと云ふに本法は一年以下の懲役、禁錮の如き微罪には公權剝奪の附加を爲すも殆と其效果なきを以てなり。而して死刑又は無期の懲役、禁錮に對しては第二項の規定するが如く當然宣告を用ひず、公權剝奪を附加するものなれば其期限も亦常に無期なりとす。而して死刑の宣告を受けたるものに對し公權剝奪を附加するは動や奇なりとの說あり是皮想の見たらざるを得ず、死刑は他の刑と異なり言渡確定すると直ちに執行するものに非ず、他の法令の規定する所に從ひ司法大臣の命令を待つ等多少日月を遷延することあり、(假令は懷胎の婦女出產後百日間執行を停止せらるゝが如し)又死刑の宣告を受けたる者刑の執行を遁れて潛伏中は竊に公權を行ふことなきにあらざれば此規定なくんは却て奇怪なる結果を生ずるを以て本條特に死刑又は無期の懲役、禁錮に附加すべき公權剝奪は當然無期なりと規定し、對席と闕席とを問はず之を剝奪するものと爲したる所以なり。

十年以上の有期懲役、禁錮の主刑に附加す可き場合に於ては其犯罪の種類に因り、公權剝奪は有期又は無期と爲すことありて必すしも主刑と運命を共にせさることあり。十年以下の懲役、禁錮に付ても亦然り是即ち犯罪及ひ犯人の性質に因りては主刑の執行を免れたる後と雖も猶ほ一定の期間公權を剝奪せされは社會に危險を與ふる虞あるを以て必すしも主刑と運命を共にせさることを特に規定したるものなれは對席と闕席とを問はす有期の懲役又は禁錮に一定の期間を定めて有期の公權剝奪を附加せられたる者は其裁判確定の日より主刑滿期の日まて又は執行を遁れたる者は執行免除の期日に至る迄公權を執行するを得さるものなり。而し此第四項現行刑法の公權停止と殆んと其結果を同ふせり。則ち公權剝奪を附加せられたる者は本刑たる懲役若しくは禁錮の執行中は當然公權を剝奪するものなれはなり。若し此規定なくんは本法第二十八條第三項に規定するか如く、公權剝奪は本刑の滿限又は執行免除の翌日より起算するを以て本刑執行中公權を行使するを得るの嫌ありて其目的を達すること能はされは特に本項を設けたるものなり。

第二十二條　監視ハ左ノ效果ヲ生ス

一　犯罪ノ地及ヒ被害者所在地ノ警察官廳ハ被監視人ニ對シ其管轄地ノ全部又ハ一部ニ住居シ又ハ立入ルヲ禁スルコトヲ得

二　必要ナル場合ニ於テ、警察官ハ何時ニテモ被監視人ノ住居ニ就キ捜索及ヒ物件差押ヲ爲スコトヲ得

本條は監視の效果を規定したるものなり。

監視は主として出獄後其者の行狀を監督して再犯を防止するを以て目的となすものなり。然るに現行刑法は刑法附則を以て監視の執行に關し種々繁雜なる規定を設けて被監視人の自由を拘束し之に違犯したるときは被監視人を處罰するか故に監視の目的を超えて實益なき犯罪人を增加し實際其弊に堪へす。是即ち被監視人に種々の義務を負はしめ自由の拘束過度に失し出獄後社會に立つて自由なる働きを爲すことを得さるか爲め、不知不識の間規則に違犯するもの比々として皆然らさるはなし。故に改正刑法は其弊を除去する爲め監視の執行方法を寬にして監視制度を設けたる目的を達せんとし、左の拘束を爲すことを得へしと規定したり。

第一、犯罪の地及ひ被害者の所在地の警察署は被監視人に對し、其所在地の全部又は一部に住居し又は立入ることを禁すること、

犯罪の實行地又は被害者の所在地に被監視人をして自由に住居し又は出入することを得すと爲したるは、時に或は被監視人被害者を怨み又は其他の人民に嫌惡せらるゝの結果再ひ犯罪を企つることなきを保せさるを以て犯罪の性質及ひ犯人の心術如何に因り、必要と認めたるときは如斯自由の幾分を拘束するものとす。

第二、必要ある場合に於ては警察官は何時にても被監視人の住居に付き搜索及ひ物件差押を爲すこと、

警察官は被監視人の住居に何時にても出張し、其行狀を視察し若し怪む可き物件(即ち犯罪の要に供するが如き物)藏匿する場合に於ては搜索、差押を爲すことを得せしめ再犯豫防を爲すにあり。若し被監視人にして出獄後謹愼を表し正業に熱心なるときは警察官の出入毫も迷惑を感せず之に反して素行修まらず品行不正なれば直に看破せらるゝの虞あるを以て被監視人の正業を妨けさる限りは何時にても行狀監視の爲め警察官出張するものと規定したるものなり。

以上監視の目的上必要なる處分は警察官廳に一任し便宜其處分を爲さしむるこ

と丶爲したるなり。

是本條に對する解釋の大要なりと雖も余の卑見を以てすれば本條監視の效果として規定したる第一號第二號の如き權力を警察官に與ふるは稍や穩當ならざるの感なきに非ず。即ち第一號に規定したる犯罪の地及ひ被害者所在地の警察官廳は被監視人に對し、其管轄地の全部又は一部に住居し又は立入ることを禁することを得ると爲したるは刑法第二編以下監視を付したる各個の犯罪者は時に或は警察官の命令に依り先祖傳來の住居をも立退かざるを得ず、且つ管轄の全部又は一部に立入ることを禁せらるゝが故に如何なる公用私用あるも再ひ被害者の所在地又は犯罪地を通行することを得さるに至る、是殆と舊幕時代の追放立退き制度と異なる所なく自由の拘束も亦甚たしきものなり。假令一旦刑辟に觸れたるものなりと雖も斯の如く住居權、通行權の自由まて剝奪するは苛酷に失するものにあらさるなき乎、況や本刑の執行既に終了したるものなるに於てをや。

本條第二號必用なる場合に於ては警察官何時にても被監視人の住居に就き搜索物件差押を爲すことを得るとあるを以て被監視人の住居は常に開放擧て警察官

の蹂躙に任せさる可からす、果して然りとすれは被監視人に對しては家宅權所有權の安全に對する保證なし、酷も亦た極まれりと謂ふ可し。若し監視を被監視人の行狀監督、再犯豫防の目的にありとすれは斯く被監視人の權利、自由を拘束するの必用何所にあるか余は實際上本條の規定を執行せは現行刑法上に於ける監視規則より一層甚たしく被監視人の自由を拘束するものと斷言するを憚からさるなり。故に若し此監視を存するの必要ありとせは警察官廳の便宜處分に一任して必要なる場合に於ては警察官何時にても被監視人の住居に就き行狀謹愼の訓悔を爲すことを得る位の程度に止まる乎、然らすんは斷然監視の附加刑を刑法上より删除せられんことを希望す、何となれは違背するも制裁なきの規定は之を存するも實益なきを以てなり。

## 第二十三條　監視ノ期間ハ六月以上二年以下トス

本條は監視の期間を定めたるものなり。

監視は前條述ふるか如く主として出獄後其者の行狀を監督するにあるを以て多少被監視人の自由を拘束するものなれは被監視人の爲め不便、迷惑尠からす。故に謹愼の意を表して品行方正なるや否は長年月間之を試驗するを要せす、殊に監視は再犯防遏を目的と爲すものなれは出獄後最も再犯を行ひ易き時期のみ執行すれは足るを以て現行刑法の六月以上五年以下を六月以上二年以下と改め其期間を短縮したり。

第二十四條　有期ノ懲役又ハ禁錮ニ處スル場合ニ於テ監視ヲ附加スルコトヲ得ヘキ罪ト同質ノ罪ニ因リ死刑又ハ無期ノ懲役若クハ禁錮ニ處セラレタル者特赦又ハ時效ニ因リ其執行ノ免除ヲ得又ハ減刑ニ因リ有期ノ懲役若クハ禁錮ニ減輕セラレタルトキハ當然二年間監視ニ付セラレタルモノトス

併合罪ニ付キ死刑又ハ無期ノ懲役若クハ禁錮ニ處セラレタル者特赦又ハ時效ニ因リ其執行ノ免除ヲ得又ハ減刑ニ因リ有期ノ懲役若クハ禁錮ニ減輕セラレタル場合

ニ於テ其併合罪中監視ヲ附加スルコトヲ得ヘキ罪アルトキ亦同シ

本條は最長期二年間監視に付すへき場合を規定したるものなり。現行刑法は重罪の刑に處せられたる者は必す監視を附加し、輕罪の刑に處せられたる者に對しても亦附加する場合多きに過き爲めに監視規則に違反する者續出して實際其弊に堪へさるを以て改正刑法は監視は必すしも常に附加するものとせす。必要なりと認むる場合に於て之を附加するものと爲し、其場合を現行刑法より減少して各本條に規定することと爲し又た現行刑法第三十九條は死刑及無期刑の期滿免除を得たる者は別に宣告を用ひす五年間監視に付する旨を規定したるも改正刑法は之を各本條に於て有期の懲役若くは禁錮に處する場合に監視を附加するを得へき罪と同質の罪に因り死刑又は無期の懲役、禁錮に處せられたる者か特赦、時效等に因り刑の執行を免除せられ或は減刑せられたるときは別に宣告を用ひすして二年間監視に附することゝ爲したり。元來死刑又は無期懲役、禁錮に處せられたる者に對しては監視に付するの必要なきが如しと雖も特赦又は其他の原因に因り有期懲役、禁錮に減刑せらるゝことあり、又は時效に因り其刑の執行を免除せらるゝことあるを以て是等諸多の原因に因り減刑免除を得たる者に對しては監視に付するの必要あるを以て其の者に對して本條は當然二年間監視に付すへきものと規定したる所以なり。本條第二項は併合罪即ち數罪倶發に因り死刑又は無期の懲役、禁錮に處せられたる者も特赦又は時效等の原因に因り減刑又は免除せられたる場合に於て其併合罪中監視に付す可き罪あるときも前段論したるが如く是等の者の出獄又は免除を得たる以後當然二年間監視に付して其行狀を監督するものと爲したり。現行刑法第三十九條は死刑又は無期刑に處せられたる者期滿免除を得たるときは別に宣告を用ひす五年間監視に付すと規定したるを本法は之を二年に短縮したり。

第二十五條　法律ニ於テ所有ヲ禁シタル物件ハ之ヲ没收ス

左ニ記載シタル物件ハ之ヲ没收スルコトヲ得

一　犯罪行爲ニ供シ又ハ供セントシタル物件

二 犯罪行爲ヨリ生シ又ハ之ニ因リ得タル物件

物件ノ沒收ハ其物件犯人以外ノ者ニ屬セサルトキニ限ル

本條は沒收に關する規定なり。

沒收は重罪の附加刑にして其沒收すへき物件に四種あり。則ち法律に於て所有を禁する物件、犯罪行爲に供し又供せんとしたる物件、犯罪行爲より生し又は之に因り得たる物件是なり。 此法律に於て所有を禁したる物件に付ては現行刑法は何人を問はす之を沒收すと規定したるを以て其意義甚た廣きに失し所有者明瞭ならさる場合に於ても沒收すへき者なりとの解釋を生し恰も當事者なくして刑事訴訟を爲すやの疑義なきにあらされは、改正刑法は犯人以外の者に屬する禁制物件沒收に關する規定は之を刑事訴訟法に讓ることと爲し、本法は唯犯人に屬する禁制物件を沒收することに改めたり。 又犯罪行爲に供し又は供せんとしたる物件、即ち犯罪準備に供したる物件をも仍ほ沒收するの趣意なり。 此他犯罪行爲より生し又は之に因り得たる物件も本法は犯人以外の者に屬する場合の外被告人に屬するときは縱令有罪の判決を受けたる時に或は其の共犯人等の爲め裁判を爲す可き場合に於ては仍は沒收することを得へきものと爲して意義を廣めたり。

蓋し此沒收すへき物件に付ては從來學者間に頗る議論のありたる所にして又屢々難問を生したる實例あるを以て項を分ちて之を詳論せんとす。

第一、法律に於て所有を禁したる物件、

從來學者の論する所に依れは法律に於て禁制したる物件とは法律に於て製造產出、輸入、所有、所持を禁したる物件を云ふ、彼の僞造貨幣、紙幣及僞造文書、阿片煙の如き物是なりと又或學者は猥褻の圖畫、冊紙も亦法律上の禁制物なりと論するも未た以て正解なりと云ふを得す、僞造文書の如きは法律上之を所有するを以て罰す可きものにあらず、僞造して行使するを以て初めて犯罪となる可きものなれは之を法律に於て禁したる物件として沒收するは不可なり、亦猥褻の圖畫冊紙も單に之を所有するのみを以て罰すへきものにあらす、之を頒布し又は公然陳列若しくは販賣するを以て(第二百四條)罰す可きなり、即ち販賣、交換其他の方法に依り世間に流布したるときは爲めに社會の風俗を害するか爲め之を禁したるものなり。固より其冊紙は善良なるものに非すと雖も私に所有し竊に製造するのみにて未た社會風俗を害すと云ふを得す、若し否らすとせは法律は濫りに人の內行私事に干涉する不法の結果を生すれはなり。之に反して阿片煙は現行刑法及ひ改正刑法に於ても第百六十條乃至第百六十四條を以て製造、輸入、販賣、所有、所持を禁したるを以て、本條に所謂法律上所有を禁したる物件なれは何人の所有たるを問はす之を沒收することを得へし。

要之法律に於て所有を禁したる物件とは絕對的社會に存在を許さゝる物件なりと云ふものとす。故に阿片烟及ひ之に用ゆる器具の如き最も好適例なり、如何となれは他の物件と異なり、犯人の所有なると否とを問はす、其犯罪に直接なる關係を有すると否とを問はす、單に有するの一事を以て犯罪となすものなれはなり。

第二、犯罪行爲に供し又は供せんとしたる物件、

犯罪行爲に供し又は供せんとしたる物件とは犯人か罪を犯すに付き直接に使

用し又は使用せんとしたる物件を謂ふ。縦令殺人の用に供したる兇器梶棒の如きもの是なり又賭博の用に供したる骨牌其他の器具は直接に犯罪の用に供したるものなれは沒收することを得へしと雖も。若し船中に於て賭博を爲したるときは其船舶は沒收することを得す。是犯罪直接の用に供したるものにあらすして間接の用に供したるに過きされはなり。故に竊盜の用に供したる梯子の如きも亦沒收することを得さるものとす。

玆に問題あり曰く無意犯の用に供したる物件も沒收すへきものなりや否や是なり、余は無意犯は犯人不知不識の間に行はるゝを以て其手段となりたる物件は之を沒收するを得すと信する者なり。何となれは犯人再ひ之を使用して罪を犯すの虞あらさるのみならす、罪を犯すの意ありて行ひたるに非されはなり、殊に法文犯罪行爲に供し又は供せんとしたる物件とありて有意を以て犯罪の用に供し又は供せんとしたる場合たるの意味を表するを以てなり。若し夫れ行爲の字義行爲、不行爲、有意、無意を問はすとせは疑問たらさるを得す假令は獵師鳥獸を射擊せんとして誤て人を銃殺したる場合に其手段に供したる銃砲を没收することを得るや否の如し近時之を没収したる判決なきに非す又狩獵法違犯に關して疑問あり無免許にて狩獵したる者の銃砲は没収するを得るや又曰く禁制鳥を射撃し又は禁制の場所に於て發砲したる者の銃砲は之を没収することを得るやの問題是なり要するに無免許又は狩獵禁止の場所に於て發砲したるときは直接に犯罪の用に其銃砲を供したるものにあらされは之を没収することを得す。之に反し禁制鳥を射撃したるときは禁制鳥其物を射つの用に供したるものなれは銃砲を没収すへしとは有力なる學者の論する所なり。此犯罪行爲に供し又は供せんとしたる物を没収するには左の二條件具備するを要す。

第一、犯罪の用に供し又は供せんとしたる物件たること、

第二、犯人の所有物件たるか又は無主物たること、

此第一條件に付ては既に前段説明したるを以て再説せす。第二條件たる犯人の所有物たるか又は無主物にあらされは假令犯罪の用に供するも之を没収することを得さるものなり。如何となれは其物件所有者は犯罪を行はさるに他

人の犯罪行爲の爲めに所有權を侵害せらるゝに至れはなり。故に本條第五項に規定するか如く沒收する物件は犯人以外の者に屬せさるときに限るを以て犯人の所有なるか又は無主物なるときにあらされは之を沒收することを得さるへし。其是を沒收する所以のものは犯罪の用に供したる不淨の物件は犯人に還付するの必要なしとして官に沒收するに外ならす、從來學者犯罪の用に供したる物件を沒收する理由として再ひ其物を用ふるの虞あるを以て再犯防止の爲め之を沒收すと論したるものあるも是否なり、犯人其物を沒收せらるゝも他より求むること容易なれは再犯防止の爲めに之を沒收すと云ふが如きは殆と兒戲に類する論なれはなり。

第三、犯罪行爲より生し又は之に因りて得たる物件。

此犯罪行爲より生したる物件は犯罪行爲に因り得たる物件とは全く其性質を異にするを以て之を區別して論せんとす。

(一)犯罪行爲より生したる物件。

犯罪行爲より生したる物件とは行使の目的を以て製造したる僞造貨幣、紙幣又は僞造の文書の如きものにして其物件を生せしむる行爲夫れ自身か犯罪となるときに生したる物件を云ふ故に左の二條件あるを要す。

第一、犯罪行爲に居り直接に生したること、

第二、犯人以外の者に屬せさる物件たること、

以上二條件具備するときは之を沒收することを得へしと雖も若し他人の所有する金銀を竊取して貨幣を僞造したる時の如きは其僞造の行爲は犯罪たるも之か爲めに僞造したる貨幣を沒收するとを得す。如何となれは其金銀は他人の所有品なるを以てなり、蓋し其儘還付するは危險なれは之を舊の金銀の塊に破壞して返還するは勿論なり

(二)犯罪行爲に因り得たる物件。

犯罪に因て得たる物件とは犯罪を行ひ取得したる物件を云ふなり。例へは竊盜に因て得たる金品其他收賄罪に因り得たる金品の如きもの是なり。而して此犯罪に因て得たる物件に付ても亦左の二條件具備するを要す。

第一、犯罪に因り直接に得たること、

第二、其物件他人の所有に屬せさること、

以上二條件具はるときは之を沒收することを得へし。縱令犯罪に因て得たる物件なるも窃取して得たる金錢、物品又は遺失物なる時は所有者他にあるを以て之を沒收することを得す。故に犯人の所有物なるか又は無主物なるとき即ち狩獵法違犯に因て獲得したる鳥獸の類及ひ法律か特に規定したる收賄罪に因て得たる賄賂の如きは(本法二百九十九條第三項も本條の場合に於て收受したる賄賂の全部又は一部を沒收すること能はさるときは其價を追徵すとあるを以て見るも)之をす沒收へきものなり。蓋し此賄賂は所有者あるも尚は不正の用に供したるものなれは制裁として官に沒收せらるゝにあり。

以上を以て本條大体の說明を終りたるも沒收する理由に付ては各々異なるを以て尚は少しく之を論せん。

抑も法律に於て禁制したる物件を沒收するは其物件社會に存在する時は社會に危險又は害毒を流すを以て之を沒收して危險を防止せんとするにあり又犯罪の用に供したる物件を沒收するは犯罪の如き不正に使用したる物を犯人に還付す

るの必要なきを以て官に沒收するものとす又犯罪に因て生したる物件も犯罪行爲に因り生したるものなれは之を犯人に還付するの必要なきにあり、刑罰として沒收すへき者なり。　犯罪に於て得たる物件は犯人に不正の利得を與ふる要なきを以て之を沒收するものなり、而して此沒收は一の附加刑なるを以て刑罰たることは沒收全体に通する理由なりとす。

玆に注意すへきは以上各條件具備したる物件なるときと雖も必すしも之を沒收するを要するものにあらす。　法律の爲したる物件、犯罪の用に供したる物件及ひ犯罪に因て得たる物件なるとを問はす沒收するに足らさるものあり又は微少にして害毒と成らさるものあり、(假令は放火の用に供したるマッチ一つ、と云ふか如し)此等の物件も尙ほ沒收すへしとせは實際の手數尠からさるを以て本條第二項に左に記載したる物件は之を沒收することを得ると規定し裁判所か沒收を必要と認めたる場合のみ其沒收を宣告するものと爲したることと是なり。

第二十六條　輕罪ノ刑ニ付テハ別段ノ規定アルニ非サレハ沒收スルコトヲ得ス但シ前條第一項ニ記載シタル物

件ハ此限リニアラス

本條は輕罪に沒收の附加刑を適用するや否やを規定したるものなり。輕罪は微罪なれは附加刑たる沒收は之を適用せさるを以て原則と爲したり。然れ共假令微罪なりと雖も犯罪行爲の用に供したる物件、犯罪行爲に於て得たる物件又は犯罪に於て生したる物件等は特に沒收す可き規定ある場合に於ては之を適用すへきものなり。蓋し法律に於て沒收したる物件は絶對的社會に其存在を許さゝるを以て別段の規定あると否とに拘はらす本條に依り之を沒收することを得るものなり。

## 第二節　期間計算

本節は現行刑法第一編第二章第五節と同しく、本法に於ける總ての刑期計算法に關する規定なり。

期間計算とは刑の期間に付て有期と無期とを問はす、始期と終期との起算點を定めたるものなり。一見無期刑に付ては期間計算の必要なきか如しと雖も彼の時效、假出獄等の場合に於て其必要なきにあらす、殊に改正刑法に於ては未決勾留を刑期に算入するの規定を創設したれは未決勾留は刑に非さるも仍ほ被告人の自由を拘束するを以て是を顧みさるは酷に失するものと爲し、被刑者の利益の爲め其幾分を本刑に算入することゝ爲したれば、其計算方法を定むるの必要あり故に本節は是等期間の計算方法を規定したるものなり。

第二十七條　期間ヲ計算スルニ一日ト稱スルハ二十四時ヲ以テシ一月ト稱スルハ三十日ヲ以テシ一年ト稱スルハ暦ニ從フ

本條は期間計算のことを規定したるものなり。

本法に所謂一日とは日出より日沒迄を云ふにあらす又午前零時より午後零時迄を云ふに非す、一時間を二十四合したるものを一日と稱するに似たり。而し此一日二十四時間は何時より起算する乎、本條之か起算點を示さゝるは民法第百三十九條に依り即時より起算せざる可らす。又一月には二十八日、二十九日、三十日、三十一日等の差異あるも其中間を折衷して三十日を以て一月と爲し。一年は暦に從ひ、閏年一日の差あるも便宜上之を顧みさるものと爲したり。

本法は、第二十九條を以て受刑の初日は時間を論せす。全一日として計算する規定なれは、假令は一日の拘留に處せられたる者、今日の午後十二時に判決確定檢事より刑の執行指揮ありたりとせは、明朝は直に放還せさる可らず。何となれは受刑の初日は時間を論せす、一日と計算するものなれはなり。故に必しも二十四時間を以て一日と爲すにあらす、第二十九條は本條の例外なりと謂ふべし。果して然りとすれは此場合を除くの外、毎に即時より起算して二十四時經過の時を以て一日となすにあれは時に或は晝夜に係はらさることなきにあらす。故に余は一日と稱するは午前零時より午後零時迄を云ふと、規定するを却て世人の了解し易きを信するなり。

第二十八條　刑期ハ裁判確定ノ日ヨリ起算ス

拘禁セラレサル日數ハ裁判確定後ト雖モ懲役、禁錮又ハ拘留ノ刑期ニ算入セス

有期ノ懲役又ハ禁錮ニ附加セラレタル有期公權剝奪及ヒ監視ノ期間ハ其懲役又ハ禁錮ノ滿限若クハ其執行免

除ノ翌日ヨリ起算ス

死刑又ハ無期ノ懲役若クハ禁錮ノ執行免除ヲ得タル者ノ監視ノ期間ハ其免除ノ翌日ヨリ起算シ減刑ニ因リ死刑又ハ無期ノ懲役若クハ禁錮ヲ有期ノ懲役又ハ禁錮ニ減輕セラレタル者ノ監視ノ期間ニ付テハ前項ノ例ニ依ル

本條は刑期の起算點を定むる標準を規定したるものなり。

則ち刑期は本條第一項の規定するか如く、裁判確定の日より起算するを以て原則となす。而し本條は現行刑法第五十一條に相當する規定なり。即ち現行刑法は第五十條に於て裁判い確定後に非されは執行せさることを規定し、其第五十一條を以て刑期は刑名宣告の日より起算することゝなし、上訴の場合に關し詳細の規定を設けたるも、第五十條の如き規定は殆んと當然の事理にして明文を要せさるを以て之を刪除し。本法は第一項に於て刑期の起算日を改め裁判確定の日よりすることとなせり。是一方に裁判確定後に非されは執行せさることを示し、他の一方に上訴に由て以て萬一の僥倖を射んとするの弊を防遏せんとするものなり。殊に現行刑法は檢事が上訴するときは常に宣告の日より起算し又被告か上訴して其上訴正當なるときも前判宣告の日より起算することと定めたるを以て、縱令檢事か上訴して前判決は不當となるも被告人は却て之か爲めに未決勾留の期間延張し不當の利益を受くるに至り。被告の上訴したる場合に於ても僅かに手續に於て瑕瑾ある爲め第一審を取消したるときも上訴正當となり、其間に受けたる未決勾留期間時に或は刑期より長きとありて被告は刑の宣告を受くるも全く執行を免かるることあり、或は少くとも未決勾留の日數を刑期に算入するか故に大に執行日數を減殺せられ、從て不當の利益を受くることなきにあらさるを以て現時被告の上訴は其數多く僥倖を萬一に期し、苦役を免かれんと欲する弊を生す。故に之を矯正する爲め刑期は必す裁判確定の日より起算するものと爲したるは蓋し適當　る改正なりと謂ふへし。

然るに從來刑期起算点に付ては、學者間議論のありたる所なり。論者或は刑期は刑名宣告の日より起算すとあるを以て裁判宣告の日より起算す可しと又曰く刑期の起算日は刑名宣告の日にあらす又裁判確定の日にあらす刑罰執行に着手したる日より起算す可しと又曰く刑期は裁判確定の日より起算す可しと、本法は此第三說を採用したるものなり。何故に刑期は裁判確定の日より起算するや、曰く國家は犯人に對する裁判確定したる以上は、何時にても其實力を以て裁判所に於て言渡したる刑罰を執行することを得へき權力を有するか故なり。然れとも總ての場合に於て此裁判確定の日より刑期を起算するものとせは、不拘禁の場合にも尙刑期は進行するの結果を生することあるを以て本條第二項は被刑人拘禁せられさるときは其日數は裁判確定後と雖も其懲役、禁錮及ひ拘留を通して刑期を算入せさるものと爲したり。又有期の懲役、禁錮に附加したる公權剝奪及監視も刑の執行を終りたる翌日より起算し、犯人時效に因り刑の執行免除を得たるときも其執行免除の翌日より公權を剝奪せられ又は監視に付せらるるものとせり、是第三項の規定する所なり。第四項は死刑又は無期の懲役若くは禁錮に處せられたる者刑の執行を遁れて時效に因り執行を免除せられたる場合に於ては、監視の期間は其免除を得たる翌日より起算すへきものと爲す又減刑に依り死刑、無期の懲役若くは禁錮を有期の懲役又は禁錮に減輕せられたる者の監視期間に付ても其期間滿了の翌日より起算すへきものとす。而し此執行免除の意義に付ては第四節刑の時效を論するに該て詳述すへし。

第二十九條　受刑ノ初日ハ時間ヲ論セス全一日トシテ之ヲ計算ス時效期間ノ初日亦同シ

放免ハ刑期終了ノ翌日ニ於テ之ヲ行フ

本條は受刑の初日と放免の日を規定したるものなり。

犯人に對する裁判確定したるときは、其日より刑罰執行を爲す可きものなるを以て、確定したる日は時間の何時たるを問はす、全一日に計算すへきものとせり。而し放免は其期間滿了したる翌日なりとす。理論上に於ては期間滿了の日は直ちに放免すへきものなるか如しと雖も若し如斯するときは夜中にかゝることなきにあらさるを以て、多少被刑者に對して不利益なるか故に本條第二項の規定するか如く、放免は期間終了の翌日之を行ふへきものと爲したるにあり。然るに現行刑法は放免の日は刑期に算入せずとあるを以て、刑期終了の翌日は午前必す放免せさる可らさるに至り、實際上不便なれは斯く改正したるに外ならす。

第三十條　未決拘留ノ日數ハ左ノ區別ニ從ヒ本刑ニ算入ス但本刑ノ一日又ハ一圓ニ當ラサル拘留日數ハ之ヲ除去ス

一　懲役一日ニ付キ勾留六日

二　禁錮、拘留一日ニ付キ勾留三日

三　罰金科料一圓ニ付キ勾留二日但一圓以下ト雖モ亦同シ

本條は未決拘留日數を本刑に算入することを規定したるものなり。凡そ刑事訴訟の審理中被告人の拘留を要する場合極めて多く、稍や重大なる事件にありては審理の日數久しきに彌り被告人の不幸實に名狀す可からざるものあり。今此不幸を避くるに付き其方法二あり。第一は裁判所をして適宜未決拘留日數の全部又は一部を刑期に算入せしむるにあるも手續上の不便尠なからさるを以て本法は第二の主義を採り、未決拘留の日數を刑の種類に應して必ず本刑に算入することと爲したり。是改正刑法の新設に係る規定なり。蓋し此被嫌疑者を國家は何故に拘留するの必要ありや曰く、刑事被告人として未決監に拘留するは事實上止むを得さるに出てたる必要處分なり。其目的(一)罪證湮滅を豫防し(二)裁判の確實を期し(三)且つ逃走を防き刑の執行を擔保するにあり、故に以上危險の虞なき者に對しては强て之を拘留するを要せさるに似たりと雖も被告人の多くは罪證湮滅を謀り、裁判の確實を誤らしむるの危險あるを以て、刑事訴訟法上罰金以外の被告は之を拘留するを許して確實を期する者なり。而して證據の蒐集其他種々の事情に依り時に或は半歳又は年余の拘留を受くるものなきにあらす、罪人は兎も角罪なき人も尙ほ且つ拘留せらるゝことあるを以て其不幸是より甚たしきはなし。近時國家の賠償論起るも亦理由なきにあらず。然れ共斯の如きことは絕てなくして稀にある所なり。故に縱令實際の犯人なりと雖も未決拘留日數長きに涉るときは其身体の自由を拘束せらるゝ苦痛殆んと刑を受くると同一なるを以て刑の執行を受くる場合に至て未決拘留中幾分の日數を本刑に算入して、之を補助するは是れ將に國家の寛大を示す良制度なり。然れ共此未決拘留日數を刑期に算入す可きや否やは從來學者の論したる所にして左の三說あり。

第一說　未決拘留は刑罰の執行にあらす故に之を刑期に算入せすして本刑の執行期間を定むへしと。

第二說　未決拘留は實際に於て刑罰と異なる所なきを以て之を刑期に算入して刑の執行期間を定むへしと。

第三說　未決拘留は被告人の自由を拘束するものなりと雖も其待遇寛なるを以て、眞の刑と同一なりと云ふを得さるも全く之を本刑に算入せさるも酷なり、然れ共全部算入するは不可なるを以て、其幾分を算入して刑の執行期間を定む可しと。

此第三說は一說二說を折衷したるものにして改正刑法の採用したる說なり。然るに現行刑法第五十一條は刑期は刑名宣告の日より起算すと爲し、犯人の上訴したる場合に於て其上訴正當なるときは前判宣告の日より起算するものとし、檢事の上訴したる場合に於ては其上訴の當不當に拘はらす前判宣告の日より起算し、第一審判決以後の未決拘留日數のみを刑期に算入するも未決拘留を爲すの必要は前述の如くなるを以て長きに渉るは、多く犯人事實を隱蔽するに起因すれは其責被告にあるも國家も亦多少責任なきに非らさるを以て第一審以後の日數を刑期に算入するものと爲したるに外ならす。果して然りとすれは判決以前の拘留日數を何故に刑期に算入せさる乎不當も亦甚たし。於之乎本法は未決拘留を刑期に算入することゝ爲したり。然れとも未決拘留日數全部を刑期に算入するとせは奸惡の徒は濫りに事實を隱蔽し免訴を僥倖せんと欲して裁判一層の遷延を來たす恐れなきに非らさるを以て其幾分を算入するものと爲したるは實に其當を得たるものなりと謂ふ可し。

本條は未決拘留日數を本刑に算入する場合に於て懲役、禁錮、拘留、罰金、科料に付て其算入上に差異あり、即ち左の如し。

一懲役一日に付拘留六日

本刑懲役に該る刑に處せられたる場合に於て懲役一日に付き未決拘留六日の割合を以て算入計算するものとす、故に假令は懲役五月に處せられたるものにして六十日間未決拘留せられたるときは、其未決拘留日數十日を算入するを以て、四ヶ月と二十日間本刑の執行を受けて放免せらるるものなり。

二禁錮、拘留に一日付勾留三日

是れ又禁錮、拘留一日に付き未決勾留三日の割合を以て本刑に算、入せらるるものなり。何故に懲役は勾留六日を以て、一日と爲し、禁錮、拘留は三日を以て本刑一日に換算するや、拘留は元來微罪なるを以て之を寛待するも可なりと雖も禁錮は其本刑既に、定役なきを以て懲役より寛待なり。然るに尙ほ且つ未決拘留日數を本刑に算入する場合に於ても勾留三日を本刑一日に換刑するものと爲したるは聊か懲役に比し不公平の憾なきにあらす、然れとも彼の禁錮に處せらる可き犯罪の性質上之を寛待するものなりとせは余復た何をか謂はん。

三罰金、科料一圓に付き勾留二日但し一圓以下と雖も亦同し

是れ又罰金、科料に處せらるる罪は其犯罪の性質自身に於て輕きか故に未決勾留せらるゝさえ既に穩當ならさるに由り罰金、科料一圓を勾留二日に換するものとす。但一圓以下の科料に處せられたる者も尙ほ一圓に換算せらるるものなりと雖も若し第一項但書の規定するか如く本刑一日又は一圓に當らさる勾

留日數なるときは之を除去するものと爲したり。

## 第三節　刑の執行の猶豫及ひ免除

刑の執行猶豫は輓近の制度にして、全く新設の規定なり。其之を設けたる理由の大要を述ふれは左の如し。

刑法の目的は犯罪を防遏するに在り、然れとも犯罪必罰は未た必らすしも防遏の目的を達す可きものにあらす。蓋し犯人の種類は千態萬狀にして盡く極惡人を以て目す可からさるものなり。或は一時の感情に制せられて罪を犯すに至るものあり或は社會の境遇に驅けられて罪辟に陷いる者あり、凡そ此等の犯人は一旦法律の罪人と爲るも再ひ善良の民たることを得へからさる者に非す。然るに刑法は常に之を罰して假借する所なく、惡人と共に監獄に投して顧みされは良民も亦惡人の爲めに犯罪の敎授を受け忽ち不良の性を養成するに至る、特に短期の自由刑に至ては懲戒の目的を達することも甚た困難にして且獄中の惡風に感染すること至て容易なれは却て監獄に出入したる爲め不治の犯人と爲る者殆んと其幾千なるを知らす。是實に短期刑の通弊なるを以て此通弊を除く爲め短期刑に處せられたる者は監獄に投つることなくして懲戒の目的を達する策を講するに如かす、其方法は即ち刑の執行猶豫是なり。此方法に依れは一方に於ては犯人を罰して而して恕する所なきを以て犯罪必罰の趣旨に背かす、他の一方に於ては其刑の執行を猶豫して犯人を善行に導くにあれは犯罪防遏の目的を達するに足るものなり。

而し此刑の執行猶豫なる制度は、歐洲諸國中初めて實行したるは白耳義國にして同國に於ては千八百九十年より實施し。佛國に於ても亦千八百九十一年より之を實施したるに再犯豫防策として頗る良好なる結果を奏しつゝありと云ふ。我改正刑法に於ては初犯にして且短期の刑に處せられたる者一定の條件具備するときは一定の期間刑の執行を猶豫し其條件に違背せさるときは未た刑を科せさるに等しき效果を生するものとなし。其他無期刑以下各種の長期に處せられたる者は一旦之を監獄に收容し悔悟、謹愼、再犯の虞なしと認むる者に對しては尙ほ行政處分を以て一定の期間經過の後何時にても出獄せしむるものとなし、二者共に併行して大に現行刑法より其面目を改めたり。然るに司法省に於て最初此刑の執行猶豫に關する條項其議題に上るや、委員中反對者多く容易に決せさりしと云ふ。其否説の大要に曰く、此制度は刑法の精神に反するを以て到底之を設くへきものにあらす。何となれは罪あれは爰に刑を科し刑を科するは之を執行すへきものなれはなり。然るに刑を科して之を執行せすとせは初めより之を科せさるに如かすと、然れとも刑の執行猶豫は絶對に刑を執行せさるにあらす、單に其執行を猶豫するにあるのみ、故に縱令一旦刑の執行猶豫を受けたる犯人と雖も之を許すの條件に違背せんか、直に取消し刑の執行を爲すことを得れは是を以て刑法の精神に反するものと爲すは否なり。論者或は曰ん刑の執行猶豫は一定の期間内再ひ罪を犯ささるときは先に科したる刑は當然消滅に歸するものなり。然らは即ち條件を具備するに於ては全然刑を科せさると同一に歸す、是れ刑法の精神に反するものにあらずして何そやと、然りと雖も反對論者は現行刑法に於ける刑の一部執行猶豫を許したる假出獄の制度に同意し、其全部を許す執行猶豫に反對せんとするも五十歩百歩の論なり。抑も假出獄の條件遵守に因て刑の執行を免るると執行猶豫に因て刑の執行を免るるとは鄭重の度に於て差異なきに非す、假令出獄は行政處分を以て之を許すに刑の執行猶豫は裁判所に於て之を宣告するものなれは二者決して同視すへきものにあらさるなり。反對論の理由なきこと夫れ斯の如し。故に犯罪必罰は法理の將に然る所なるも時に或は犯人を罰して却て改善を妨け不良に化し再犯を導くの虞なきに非らされは寧ろ一時刑の執行を停止して其將來の行狀を見るに如かす、若し刑の執行を猶豫したる期間內再び罪を犯さは猶豫したる前刑と再犯の刑とを併て執行す可きものなり。之に反して其猶豫中謹愼して期間を經過したるときは曩きに言渡したる刑を全免するものなれは此刑の執行猶豫は再犯防止の奬勵となり愈實施せらるるに至らは其實益蓋し尠少ならさるを信するなり。是我刑法上の一大進歩にして本法の採用創設に係る良制度なり。

第三十一條　左ニ記載シタル者一年以下ノ禁錮又ハ六月以下ノ懲役ノ言渡ヲ受タルトキハ情狀ニ因リ裁判確定ノ日ヨリ二年以上五年以下ノ期間內其執行ヲ猶豫スルコトヲ得

一、前ニ罰金以外ノ重罪ノ刑ニ處セラレタルコトナキ者
二、前ニ罰金以外ノ重罪ノ刑ニ處セラレタルコトアルモ其執行ヲ終リ又ハ其執行ノ免除ヲ得タル日ヨリ十年以上罰金以下ノ重罪ノ刑ニ處セラレタルコトナキ者

本條は刑の執行猶豫に要する條件を規定したるものなり。

刑の執行猶豫とは一定の條件あるものに對し、一定の條件を附して言渡したる刑の執行を猶豫するにありて其條件に違背せさるときは當然刑の執行を爲さゝるの效力を生するものなり、則ち左の條件ある者に對して其言渡したる刑の執行を一時猶豫するものとす。

第一、一年以下の禁錮又は六月以下の懲役の刑を言渡されたる者。

第二、前に罰金以外の重罪の刑に處せられたることなき者。

第三、前に罰金以外の重罪の刑に處せられたることあるも其執行を終り又は其執行の免除を得たる日より十年以上罰金以外の重罪の刑に處せられたることなき者。

第四、公權剝奪又は監視の附加刑を科せられさる者。

以上の條件具備したるときは情狀に因り、裁判所は檢事の請求に依り裁判確定の日より二年以上五年以下の期間内に於て其言渡したる刑の執行を猶豫することを得るものとす。其理由に至ては前段既に述へたるを以て之を略す。

而し本條に於て禁錮又は懲役刑に付て其執行を猶豫しなから之に比して輕き罰金に就ては何故に與へさる乎と謂ふに、彼の罰金刑に處せられたる者は監獄に投入せらるることなきを以て犯罪の惡性に感染するの虞なく、從て之か爲め自暴自棄の念を起し、遂に刑罰の目的に反するか如き憂なきか爲め單に罰金完納の猶豫を與ふるまてにして之を許ささるにあり。本條第一條件は別に説明を要せすして明白なり。第二條件は犯人の身上に關する條件にして罰金以下重罪に處せられたることなき者にあらされは此恩典を與へさる主旨なり。第三條件は第一號の例外にして、縱令前に罰金以下の重罪に處せられたる者と雖も其執行を終り又は執行免除を得たる日より十年以上更に罰金以外の重罪を犯ささる者は必竟其素行を愼みたるものなれは最初より罪を犯ささる者と同一に看做して此恩典を與ふるものとせり。第四條件は次條に規定あるを以て茲に述へす。

第三十二條　公權剝奪又ハ監視ヲ附加セラレタル者ニハ前條ノ規定ヲ適用セス

本條は公權を剝奪せられ又は監視を附加せられたるものには刑の執行猶豫を與へさることを規定したるものなり。

公權を剝奪せられ又は監視を附加せらるゝが如き者は其犯情及ひ心術に於て刑の執行を猶豫するも到底條件を遵守すること能はさる不良の者と認め豫め是等の者に對して刑の執行猶豫を與へさることに規定したるものなり。

第三十三條　左ニ記載シタル場合ニ於テハ刑ノ執行猶豫ノ言渡ヲ取消ス可シ但第三十一條第二號ニ記載シタル者ニ付テハ此限ニ在ラス

一、猶豫ノ期間內更ニ罪ヲ犯シ罰金以外ノ重罪ノ刑ニ處セラレタルトキ

二、猶豫ノ言渡前ニ犯シタル他ノ罪ニ付キ罰金以外ノ重

罪ノ刑ニ處セラレタルトキ

三　猶豫ノ言渡前他ノ罪ニ付キ罰金以外ノ重罪ノ刑ニ處セラレタルコト發覺シタルトキ

本條は刑の執行猶豫の言渡を取消す可き場合を規定したるものなり。即ち左の場合に於ては刑の執行猶豫の言渡を取消すものとす。

第一、猶豫の期間内更に罪を犯し罰金以外の重罪の刑に處せられたるとき。とは元來刑の執行猶豫を設けたるは再犯豫防を以て重なる目的と爲したるものなれは、第三十一條に規定したる條件を具備したる犯人に對し再犯の虞なしと認定して裁判所か刑の執行を猶豫するに外ならす。然るに其猶豫せられたる期間内罪を犯し、罰金以外の刑に處せらるゝか如き者は是刑の執行猶豫を與へたる目的に反して到底改善の見込なきものなれは、其言渡を取消すものとす。

第二、猶豫の言渡前に犯したる他の罪に付き罰金以外の重罪の刑に處せられたるとき。とは刑の執行猶豫を受けたる者、其猶豫を得たる犯罪以前に犯したる罪其裁判所又は他の裁判所に於て發見して重罪に處せられたるときは、第三十一條第一號の所謂前に罰金以外の刑に處せられたることなき者たるを要する條件に違背するを以て、執行猶豫の言渡は取消さるゝものなり。

第三、猶豫の言渡前他の罪に付き罰金以外の重罪の刑に處せられたることを發覺したるとき。とは刑の執行猶豫を得たる者、其刑の執行猶豫中以前既に犯したる罪に付き重罪の刑に處せられたる者なることを發覺し、未た其刑の執行を終りたるに非らさるか又は執行免除を得たる日より十年以上經過したる者に非らさるか如きは、是又第三十一條第二號の條件に違背する者なるを以て刑の執行猶豫の言渡を取消さるゝにあり。

以上の場合に於ては一旦刑の執行猶豫を與ふるも之を取消し、其言渡されたる刑の執行を受く可きものなり。然れとも本條第一項但書は例外あることを規定したり。即ち第三十一條第二號に記載したる者に付ては此限りに在らすと爲し、刑の執行猶豫を受けたる犯罪以前に罰金以外の重罪の刑に處せられたるも既に其刑の執行を終りたるか又は刑の時效等に因り執行の免除を得たる日より十年以上体刑に處せらるへき罪を犯さすして經過したるときは、其前罪なきものと看做して仍ほ其執行猶豫の言渡を取消さゝるものとなしたり。

第三十四條　刑ノ執行猶豫ノ言渡ヲ取消サルヽコトナクシテ猶豫ノ期間ヲ經過シタルトキハ刑ノ言渡ハ當然其效力ヲ失フ

本條は執行猶豫の效果を規定したるものなり。

刑の執行猶豫の言渡を受けたる者にして、裁判所か二年以上五年以下の範圍内に於て定めたる一定の期間謹慎の意を表して再ひ罰金以外の刑に該るへき罪を犯さす、無事に經過したるときは其言渡されたる刑は當然效力を失ひ、初めより前の言渡を受けさると同一の效果を生するものなり。是本制度上に於て最も主要なる規定なり。一旦不幸にして有罪者となるも其後一定の期間謹慎の狀況に在るときは法律は之を以て全く改悛したるものとして其罪を問はす。從て犯人も有罪者たるの汚名を免れ純白の人を以て世に處することを得るものなれはなり。

第三十五條　禁錮又ハ懲役ニ處セラレタル者更ニ重罪ヲ

犯ス虞ナキトキハ有期刑ニ付テハ其刑期三分ノ一無期刑ニ付テハ十年ヲ經過シタル後行政處分ヲ以テ假ニ出獄ヲ許スコトヲ得

本條は假出獄を許す、條件を規定したるものなり。

假出獄とは一旦刑に處せられたる者、獄則を謹守し改悛の情あるときは一定の期間經過したる後行政處分を以て假に出獄を許すを謂ふものなり。是現行刑法に於ても採用したる制度にして此制度を設けたる所以の理由は、無期以下の長期刑に處せられたる者は其出獄期の長きに從て自暴自棄の念を起し、到底治獄の目的を達すること能はさるを以て行政處分として改過、遷善、自懲の效顯はれたるときは出獄することを得せしめたるものなり。故に何人も其希望を抱て謹愼するに至り、獎勵となり不良の徒も化して良民となるや必せり。果して然りとすれば本人の爲め一は他囚の爲め又監獄經濟上最も有益なる制度なり。現行刑法は重罪以下の刑に處せられたる者は其刑期四分の三、無期刑に付ては十五年の後に非らされは之を許さゝるの規定なりしも、本法に於ては有期刑に付ては其刑期三分の

一、無期刑に付ては十年の後許すものと爲したるを以て寛嚴其宜しきを得たる改正なりと謂ふ可し。

刑の執行猶豫と假出獄との差異を述ふれは左の如し。

(一)刑の執行猶豫は未た刑の執行を爲さゝる以前獄外の生活に放任するものにして、假出獄は一旦刑の執行を受けたる後一定の條件具備したる場合に於て獄外の生活を爲さしむるものなり。

(二)刑の執行猶豫は裁判所に於て言渡す、假出獄は行政處分を以て獄外の生活を爲さしむるものなり。

(三)刑の執行猶豫は二年以下の禁錮又は六月以下の懲役に處せられたる者に限るも、假出獄は一般被刑者に對して與ふる恩惠なり。

(四)其結果として之を許す條件及ひ取消條件を異にするものなり。

假出獄は本條規定するか如く、禁錮又は懲役に處せられたる者にして更に重罪を犯す虞なき場合に於て有期刑に處せられたる者は其全期間の三分の一、假令は十五年の懲役に處せられたる者は五年を經過したるとき、無期刑に處せられたる者は十年を經過したる後悔悟遷善、自懲の效著しく獄外生活を爲さしむるも再ひ罪を犯すの危險なきものと認めたる場合に於て、行政處分として假りに出獄することを許すものなれは此假出獄を許すに付ては左の條件あるを要す。

第一、無期刑以下の懲役又は禁錮に處せられたる者、
第二、再ひ罪を犯す虞なき者、
第三、有期刑に付ては刑期三分の一、無期刑に付ては十年を經過したる者、
以上の三條件具備したるときは、犯罪の種類如何を問はす假出獄を許し、獄外の生活を爲さしむることを得るものなり。

第三十六條　左ニ記載シタル場合ニ於テハ假出獄ノ處分ヲ取消スコトヲ得
一、假出獄中更ニ罪ヲ犯シ重罪ノ刑ニ處セラレタルトキ
二、假出獄前ニ犯シタル他ノ罪ニ付キ重罪ノ刑ニ處セラレシトキ

三、假出獄前他ノ罪ニ付キ重罪ノ刑ニ處セラレタル者ニシテ其刑ノ執行ヲ爲ス可キトキ
四、假出獄取締規則ニ違背シタルトキ
假出獄ノ處分ヲ取消シタルトキハ出獄中ノ日數ハ刑期ニ算入セス

本條は假出獄を取消す可き場合を規定したるものなり。本條一、二、三、四の規定は讀んて字の如く説明を要せさるも、末項に規定したる假出獄の處分を取消したるときは何故に其出獄中の日數を刑期に算入せさる乎と云ふに、出獄中重罪を犯し又は既に犯したる重罪の爲め刑に處せらるる可き場合若くは假出獄取締規則に違背したるときは、假出獄の恩典に違背したる制裁として且出獄中は自由の生活を爲し毫も自由を拘束せさるものなるを以て出獄を許したる日より入獄を命したる日迄前後刑期に算入通算せさるものとなしたるに外ならす。是犯人をして不當の刑の利益を得せしめさるか爲めなり、蓋し第四號は本法は別に假出獄取締規則の制定を豫期するを以て之に違背したる場合を規定し

たるものなり。

第三十七條　拘留ニ處セヲレタル者ハ情狀ニ因リ何時ニテモ行政處分ヲ以テ其執行ヲ免除スルコトヲ得

罰金又ハ科料ヲ完納スルコト能ハサルニ因リ留置セヲレタル者亦同シ

本條は拘留又は罰金、科料不完納の爲め換刑處分を受けたる者に對する執行免除の規定なり。

現行刑法に於ては假出獄は重罪、輕罪囚のみに對して許したるも、本法に於ては重罪、輕罪を通して之を許すことに改め。而かも輕罪に付ては假出獄に一歩を進めて情狀に因り何時にても其刑の執行を免除することを得ると規定したり。故に輕罪に付ては重罪と異なり、執行免除の效果として縱令如何なる犯罪あるも爲めに取消さるることなきものとす。又罰金科料の刑に處せられたる者完納することを能はさるに依り、換刑處分を受けて留置せられたるときも尙は其者の情狀に依り、何時にても換刑處分の留置を免除することゝせり。是現行刑法に規定なき所にして頗る寛大主義を採りたる感なきにあらすと雖も理論上に於ては最も其當を得たる改正なり。如何となれは懲役、禁錮又は拘留なると將た換刑處分に因る留置なるとを問はす等しく犯人の自由を拘束して、監獄に繋留するものなれは改悛、自懲、謹愼の點に付ても刑の輕重に因り差異あるにあらす。况んや重罪に許して輕罪に許さすとせは法律の規定公平を失するに於てをや、是本條第二項を以て罰金又は科料を完納することを能はさるに因り留置せられたる者亦同しと規定したる所以なり。

## 第四節　時　效

本節は現行刑法第一編第二章第七節の規定に相當するものなり。而して現行刑法に用ひたる期滿免除の語を改め時效と爲したるは其意義異なるに非らす、唯時效の語は民法其他に於て普通に慣用せらるるを以て之を改めたるに過きす。刑事上の時效に二種あり。一は犯罪發生後一定の期間遁れて公訴の實行を受けさるとき公訴の實行權消滅するものとす。是刑事訴訟法の規定する所なるを以て措て論せす。一は判決確定後刑罰執行權免除せられて消滅の效果を生するもの、本節規定する所の刑の時效即ち是なり。　一旦犯人刑の言渡を受けて裁判確定するも一定の期間遁れて刑の執行を受けさるときは經時效の效果に因り、其後刑の執行を免除せらるるものと爲し、時の經過に斯く至大の效力を生せしめたるものなり。　而し此時效制度を設けたる所以の理由に付ては、從來學者種々の理由を以て説明する所なりと雖も要するに罪を犯したる者に刑を科したるも久しく之を執行せさる時は犯罪事實は社會の遺忘する所となり。威嚇の必要なく社會刑罰權も亦之を施すの要なし。　故に犯人に對して刑の執行も時の經過に因り遺忘したるものと推定して罰せさるなり。　斯くの如く刑の言渡及ひ刑の執行を遺忘したるものに對して其執行を免除するは正當にして且必要なり。　是佛國刑法學者カロー氏の説にして我現行刑法上時效制度の理由として一般學者の説く所なり。想ふに改正刑法に於ても社會の遺忘に基き罰するの必要なしとの理由に依り、時效制度を存置したるや疑を容れさる所なり。　如何となれは刑の輕重に因り時效期間に差異を立てたること及ひ社會未た遺忘せさる場合に於ては撿事社會を代表して時效期間の中斷を行ふことを得る點より看るも此理由に基くことを知るへきなり。然れとも余は社會の遺忘に基き罰するの必要なしとの理由を以て時效の說明となすは法理上聊か穩當ならさるの感なきにあらす。苟も罪あれは必す刑あるは社會刑罰權の命する所なり。況や犯罪必罰は國家の大權に屬するものなるに於てをや。故に社會遺忘と云ふか如き假想的理由を以て刑罰執行を免除するは殆んと謂れなきものと謂ふ可し。殊に判決は既に裁判所の記錄に存在して年月經過の爲めに滅するものにあらされはなり。於之乎學者或は社會遺忘を廢除して唯犯人遁れて長年月間再ひ罪を犯さす、小心翼々たるは刑の執行を受けすして殆んと受けたるに等しき苦痛を感し、自懲、改悛の狀刑の執行を受けたると同一なるを以て再ひ之を罰するの必要なし、是れ刑の時效を設けたる所以なりと論する者あり。又或は曰く時效制度を設けたる理由は、(一)人情罪を犯すも多年經過すれは世人の紀念も消散すると共に被害の事實も從て回復せらるゝものなり。(二)社會の人心も亦歲月經過と共に其舊惡を宥恕するの觀念を生するを以て社會刑罰權を以て之を罰する必要なしと爲したるものなりと論する者あり。是未た以て充分なる理由と爲すに足らす、近時時效制度は社會刑罰權の基本犯罪必罰の原理に反するを以て之を廢す可しと主張する者あるに至れるも亦理由なきに非らさるなり。

第三十八條　死刑、懲役、禁錮、罰金、拘留、科料及ヒ沒收ノ言渡ヲ受ケタル者ハ時效ニ因リ執行ノ免除ヲ得

本條は重罪、輕罪及ひ沒收は時效に罹ることを規定したるものなり。死刑、懲役、禁錮、罰金、拘留、科料等重罪、輕罪の主刑は總て時效に因り刑の執行を免除せらるるものなり。然れ共死刑、懲役、禁錮、罰金、拘留等其犯罪の輕重に因り執行を免るる時效期間に長短の差異あり、是既に前述したるか如く犯罪の重きものは社會の遺忘も亦容易ならす順次輕きに從て社會の遺忘するも速かなれは次條を以て各期間を一定し、其期間を經過せは時效の刑益を得るものと爲したり。而して本條は附加刑たる沒收の言渡を受けたる者も亦時效に因り執行を免除せらるることを規定したり。本法第十條第二項は公權剝奪、監視及ひ沒收の三個を以て附加刑と爲したるに、獨り沒收のみ時效を得るものとなし、他の公權剝奪及ひ監視は何故に時效を得さるや是大に理由の存するものなり。即ち沒收すへき物件は本

法第二十五條に規定したる種々のものにして何れも皆有形的執行を要するものなれは其有形的執行を遁れて執行言渡の日より一年間經過せは、時效に罹るものにて他の死刑、懲役、禁錮、拘留、科料等身体の自由を拘束する主刑又は罰金と性質同一なるを以て時效の利益を得るものなり。之に反して公權剝奪及ひ監視の如きは權利又は自由を多少拘束するも無形的に執行するものなれは時效を得へきものにあらす、彼の公權剝奪者か竊に公權を行ふも其行使は無效なり、何となれは權利なき者之を行使せんとするも得べからされはなり。又監視も第二十二條に規定したる如く被監視人の自由の一部を制限することありと雖も、被監視人の心意に一任するものにして彼の監獄に拘留して一擧一動命令的に自由を拘束する自由刑と同一ならす。故に公權剝奪及ひ監視は無形的に執行するものなれは常に執行を遁るゝこと能はさるを以て、時效に因り其執行を免除せさることに爲したるものなり。

現行刑法第六十條は特に公權剝奪及ひ監視は期滿免除を得すと規定し其第三項に沒收は五年を經て期滿免除を得、但し禁制物は期滿免除の限に在らすとなし法律に於て禁制したる物件は此時效を得さることを規定したるも本法は單に沒收は時效に因り執行を免除せらるゝ旨を規定し禁制物件を除外せされは法律に於て所有を禁したる物件と雖も尙ほ時效に罹るものと解釋せさる可からす。

第三十九條　時效ハ刑ノ言渡確定シタル後左ノ期間内其執行ヲ受ケサルニ因リ完成ス

一　死刑ハ三十年
二　無期ノ懲役又ハ禁錮ハ二十年
三　有期ノ懲役又ハ禁錮ハ十年以上ハ十五年三年以上ハ十年三年未滿ハ五年
四　罰金ハ三年
五　拘留、科料及ヒ沒收ハ一年

本條は各刑罰に對する時效期間を規定したるものなり。
前條に於て論したるか如く刑罰の輕重に因り、其時效期間を異にするものなり。
即ち死刑は三十年間判決確定の日より經過せは刑の執行を免除せらるゝものに

して、無期刑以下有期の懲役、禁錮、罰金、拘留、科料等何れも本條記載の年月經過せは時效は完成するものとす。　現行刑法に於ては第五十九條を以て時效期間を規定し死刑は三十年、無期徒流刑は二十五年、有期徒、流刑は二十年、重懲役、重禁錮は十五年、輕懲役、輕禁獄は十年、禁錮、罰金は七年、拘留、科料は一年と爲したるも本法は無期の懲役、禁錮を二十年と爲し、現行刑法より五年を減し、有期の懲役、禁錮を十五年以下と爲し是又五年を減し七年の罰金を三年に減したる時勢の進步、司法機關の完備に從ひ犯罪捜査も益々嚴密に赴き罪人刑の執行を遁れて社會に潜伏せんと欲するも得可からざるを以て、時效期間も亦將來に於ては現行刑法程長期にするの必要なしと認めて之を減したるものなり。

玆に注意すべきは死刑又は無期の懲役、禁錮に處せられたる者執行を遁れて時效完成し刑を免除せらるゝ場合に於て犯罪の性質上監視に付せられたるときは執行免除を得たる翌日より當然二年間監視に付せらるゝこと是なり。　公權剝奪に付ても亦然り(第二十四條全第二十八條參照)。

第四十條　時效ノ期間ハ法律ニ依リ刑ノ執行ヲ猶豫シ又

ハ之ヲ停止シタル期間內ハ經過スルコトナシ

本條は時效期間進行停止の場合を規定したるものなり。

元來刑の時效期間は裁判確定の日より進行すべきものなりと雖も、法律に因り刑の執行猶豫を得たるとき又は假出獄等に因り刑の執行を爲さゝる場合に於ては其期間の進行を停止して經過せさるものなり。是即ち法律の規定に基き執行を停止するものにして罪人遁れて不法に刑の執行を受けさる場合に非らさるか爲めなり、故に此執行猶豫、假出獄等正當に免せられたる場合に於ては裁判上、行政處分上、其猶豫又は停止の取消しありたる時より直に執行を遁れたるものなるを以て時效期間は此時より進行するものなり。

第四十一條　時效ハ刑ノ執行ニ付キ犯人ヲ逮捕シタルコトニ因リ之ヲ中斷ス

罰金、科料及ヒ沒收ノ時效ハ執行行爲ヲ爲シタルニ因リ之ヲ中斷ス

本條は時效期間中斷の原因を規定したるものなり。

時效は第三十九條第一項の規定したるか如く裁判の確定したる後其執行を受けす、一定の期間經過したるに因り完成するものなり。然るに刑の言渡を受け裁判確定したる者遁れて潜伏又は逃走中執行官の命令に因り逮捕せられたるときは其經過したる時效期間は爲めに中斷せらるゝものなり、是自由刑に處せられたる者に對する中斷方法なりとす。本條第二項は罰金、科料及ひ沒收の時效は執行行爲を爲したるに因り之を中斷すと規定したるを以て罰金、科料及ひ沒收に付ても亦徵收を爲したるときは中斷するものなり。現行刑法第六十二條は刑の執行を遁れたる者に對し逮捕を命したるときは最後の令狀を出したる日より期滿免除を起算すと規定し、刑の執行官より逮捕の令狀を發したるときは是のみに因り時效期間中斷するものと爲したるも其理由に乏しく且令狀を發したるものと發せさるものとあるに至り不公平の結果を生することありて時效を設けたる本旨に反する虞れあるを以て、本法に於ては刑の執行に付き犯人を逮捕したるに依り之を中斷すと規定し令狀を發したるのみを以ては未た時效期間中斷の效力なきものとせり。然れ共現行刑法は罰金、科料及ひ沒收に付ては時效中斷の規定なき爲め中斷方法なかりしも本法は其缺を補ひ、是等のものに對しても執行行爲を爲したるときは中斷するものと爲したり。而し此罰金刑は其金額を數回に分納することあるを以て未た完納に至らさる前既に時效の成就するか如きことなからしむる爲め執行を以て中斷するものと爲し、常に最後の執行行爲の時より時效期間進行するものとせり。

以上論するか如く本法に於ては(一)自由刑に處せられて刑の執行を受けさるものを逮捕したるとき(二)罰金刑に處せられたる者に對しては之か徴收の爲め執行に着手したるときは時效期間中斷して更に期間の經過を要するものなり。故に其中斷以前に經過したる年月は效力なきに至るを以て再ひ逃走するか又は執行行爲を遁れたる日より時效期間進行するものとす。

斯く犯人逮捕又は執行行爲に依り時效期間中斷の效を生する所以のものは、前屢々論したるか如く刑の時效制度を設けたるは社會の遺忘に基くものなれは社會の代表者たる檢事刑罰執行の爲め執行行爲を爲したるときは社會未た遺忘せさることを表證するものなれは時效期間是か爲めに中斷せらるゝものなり。故に檢事は何時にても逮捕又は執行行爲を爲し犯人遁れて經過したる時效期間を無效に屬せしむることを得可きものなり。

## 第五節　大赦特赦減刑及ひ復權

本節の規定は帝國憲法第十六條　天皇は大赦、特赦、減刑及ひ復權を命すとの規定に基くものなり。即ち國家は法律を制定し、人民の權利を平等均一に保護するを以て任務と爲すか故に、若し罪を犯すものあれは必らす之を罰し社會の平和を保持するものとす。然れとも時に或は犯罪の情狀千差萬別嚴刑に過き減免す可き必要あり又法律と人情時勢と伴はさることと往々あるを以て是を補充する爲め天皇の大權に依り大赦、特赦、減刑を施し其調和を計るものなり。即ち大赦は特別の犯罪事件に付き事實を全滅するものを云ひ、特赦は犯人に對して其刑を免するものなり。減刑は刑期の幾分を減輕するものにして、復權は剝奪せられたる公權を回復して將來公權を享有することを許すものなり。

### 第四十二條　大赦ハ裁判言渡ノ效力ヲ全滅ス

本條は大赦の效力を規定したるものなり

大赦は天皇の大權に屬すること旣に述へたるか如し。此大赦の行はれたるときは本條の規定に依り、裁判言渡の效力を全滅するものなれは刑罰執行を免除せらるゝのみならす裁判をも全滅するの效力あるを以て、其犯罪事實は大赦の爲め總て消滅して全然事實のあらさる以前の程度に復するものなり。此大赦は如何なる犯罪に就て行はるゝものなるやと云ふに、國事犯等に對して行はるゝものなり。夫れ國事犯は政府の施政に對して不平ある者國家の前途を憂ひ慷慨、悲憤自ら禁する能はすして之を企つるものなれば、其心術高潔清廉なること普通犯罪の如き私情、私慾の爲めに人を殺し財を奪ふ破廉恥罪と日を同しふして論すへき者にあらす。如何となれは國家蒼生の爲め一身を犧牲に供するものなれはなり。然れとも其の手段武力に訴ゑ社會を紛擾せしめて人民を擾亂の渦中に陷しいるものなれは、國家の安寧秩序を紊亂すること甚しきを以て刑法上嚴罰せらるゝものなり。左れと犯人罪に就き紛擾平定したるときは憂國慨世共に一時の感情に驅けられて事玆に至りたるにあれは必術上嘉すへきもののなきにあらす、於之乎法律の規定に基き一旦裁判を下したるも君主の大權により罪を許し。

刑を免するものなり。是本條規定する所の大赦にして裁判中なると刑の執行中なるとを問はす。大赦の恩命下れは裁判の效力を全滅するものと爲し、從て其事實を消滅せしむるものなり。

## 第四十三條　特赦ハ刑ノ執行ヲ免除シ減刑ハ刑ノ執行ヲ減輕ス

本條は特赦及ひ減刑の效力を規定したるものなり。

特赦及ひ減刑も等しく是天皇の大權に屬するものなりと雖も大赦と異なり、裁判言渡の效力を全滅せしむるものにあらす、唯其言渡したる刑罰の執行を免除するに過きす。而して減刑は其刑の幾部分を免除するに止まり、刑の全部を免除するものにあらさる點は又特赦と異なる所なり。

大赦は國事犯の如き一定の犯罪事件のみに對して行はるる恩典なるも、此特赦、減刑は一般犯罪に付て其犯情と刑罰執行中に於ける改悛の狀況とに因り特定の犯人のみに行はるゝものなり。左に大赦と特赦と異なる點を示して其性質を明らかにせんとす。

(一)大赦は國事犯若くは特別の犯罪事件に付て行はるるものなりと雖も、之に反して特赦は國事犯と常事犯とを問はす一般の犯罪に對して行はるゝものなり。

(二)大赦は人に對して行ふものにあらす事件に對して行ふものなりと雖も、之に反して特赦は人に對して行ひ事件を目的とせさる恩典なり。

(三)大赦は其裁判の效力を消滅せしむるものなりと雖も、之に反して特赦は其刑を免除するに止まり裁判の效力消滅せさるものなり。

(四)大赦は、裁判中なると刑の執行中なるとを問はす行ふことありと雖も之に反して特赦は裁判確定後にあらされは行はるゝものにあらす。

(五)大赦を得たる者は裁判の效力を消滅せしむるの結果再ひ罪を犯すも再犯を以て論せらるゝことなしと雖も、之に反して特赦は單に刑の執行を免除するに止まるを以て再ひ罪を犯せは再犯を以て論すへきものなり。

(六)大赦を得たる者は當然復權を得へきものなれ共、之に反して特赦を得たる者は特に復權の恩命あるにあらされは公權の享有、行使の能力を回復すへきものにあらす。

## 第四十四條　復權ハ將來ノ公權ヲ復シ當然監視ヲ免除ス

本條は復權の效果を規定したるものなり。

復權とは一旦剝奪せられたる公權を將來回復することを謂ふにあり。蓋し復權を得るには主刑の終了したるを要するものなり。此主刑終了は刑の執行を受けて滿期放免となりたるとき又は大赦、特赦に因り刑を全免せられたるとき或は時效、刑の執行猶豫、假出獄等の條件成就に因り主刑の執行を免除に因て終了することとあり、其何れの原因に因り終了したるを問ほす大權の恩命により勅裁を以て與へらるゝものなれは此復權を得たるときは本條規定するか如く第二十條に列擧したる各種の公權將來之を享有することを得るの資格能力を復し、監視に付せられたる者も亦之を當然免除せらるゝものなり。

然れ共玆に注意すへきは本條復權は將來の公權を復し云々とあるも、既に處刑に因り失ひたる公權を回復するにあらす。故に一旦剝奪せられたる位記、勳章、年金、恩給の如きも回復して下賜せらるゝものにあらす、唯將來勳功あれは下賜せらるしことを得へき資格を舊に復するに過きさるなり。其他選擧權、被選擧權、公務員、兵籍に入る等の資格能力も將來保有することを得るに止り。剝奪せられたる以前の官吏たり、議員たり、軍人たりし者か復權を得たる爲め舊地位に復するものにあらさるなり。

# 第三章　犯罪ノ不成立及ヒ刑ノ減免

本章の規定は現行刑法第一編第四章中第三節酌量減輕を除き取捨修正を加へたるものなり。

現行刑法は章目を不論罪及宥恕減輕の語を以て事實罪とならさる場合及ひ罪となるも其刑を減免する場合を包含せしめたりと雖も、聊か意義明瞭を缺き疑義なきに非さるを以て是を改め、罪とならさる場合は犯罪の不成立と爲し刑を免し若くは減刑する場合を刑の減免と爲して其意義を明瞭ならしめたり。而し現行刑法は更に第三編第一章第三節を以て特別に殺傷に關する宥恕及ひ不論罪なる名稱を設け正當防衛を茲に規定したるも、彼の正當防衛は第二編以下に規定するは刑法編纂上の体裁を失するものなりと、學者の批難する所なるを以て是を本章に移したり。其他第三百九條乃至第三百十二條の規定の如きは唯單に犯罪の情狀に過きされは減刑す可きや否は擧て裁判所の認定に一任することゝ爲し、全く刑法中より是を删除したり。

本章は刑法中に於て法理哲學とも稱すへき規定にして最も興味あり、且最も緊要至難の問題を含有する所なれは余は大家の說を參照して其解釋を試みんとす。

本章の規定する事項は(一)正當の業務に因り爲したる行爲(二)急迫不正の侵害に對する防衛(三)現在の危難を避くる爲に爲したる行爲(四)罪を犯す意なきの行爲(五)精神障礙者の行爲(六)瘖啞者の行爲(七)幼者の行爲等なり。是等の者の行爲は犯罪成立せさる歟又縱令成立するも尙ほ其刑を減免せらるゝものなり。最後に自首に關する規定を爲したり、是犯罪の成立、不成立に毫も關係あるにあらす、全く犯罪成立以後の事項に屬するものなりと雖も自首に因て刑の幾分を減輕するを以て併て本章に規定したるものなり。

余旣に總論に於て犯罪一般に要する成立條件の大体を論するに該り、自由意思、智識能力及ひ犯意の三條件具備せさる者の行爲不行爲は何れも犯罪成立せさるこ とを論したるも本章規定する各個の場合は皆其條件の一を缺く場合なるも其孰れの條件缺乏に基く無罪なるかは各條下に至て之を詳論すへし。

第四十五條　法令又ハ正當ノ業務ニ因リ爲シタル行爲ハ之ヲ罰セス

本條は法令の規定又は正當の業務に因て爲したる行爲は之を罰せさることを規定したるものなり。

現行刑法第七十六條は單に本屬長官の命令に從ひ其職務を以て爲したる行爲のみを規定し業務上爲したる行爲に就ては何等の規定なしと雖も業務上爲したる行爲も亦法令の規定に依て爲したる場合と殆と異ならさるを以て本法は之を修正增補して業務上爲したる行爲も仍ほ罰せさることゝ爲したるにあり。

此法令又は正當の業務に因て爲したる行爲とは現行刑法第七十六條に規定したるか如く本屬長官の命令に從ひ其職務を執行したる場合假令は撿事の命令に依り死刑を執行したる獄吏又は令狀を執行したる巡查憲兵卒の如きは所謂法令の

規定に基く正當の職務上爲したるものなれは之か爲めに多少の權利を侵害するも其責任を負ふへきものにあらす。又正當の業務に因て爲したる行爲とは外科醫か治療の爲めに患者の身体手足を切解損傷したる場合の如きは患者の承諾に因り正當なる業務上爲したる行爲なれは醫師は其患者の損傷に對して責に任せさるか如きを謂ふにあり。而し本條の所謂法令又は正當の業務に因て爲したる行爲とは有意の場合を規定したるものなれは縱令法令又は正當なる業務に因て爲したる行爲なるも無意犯を罰すへき法條に該當すへき場合に於ては本條に依り其責を免るゝを得さるなり。

本條の規定する所斯の如しと雖も若し其死刑を執行したるは死刑の宣告を受けさるものなるか、又は正當適式の令狀なくして巡査、憲兵卒か濫りに人を逮捕勾引せんとしたるか或は醫師患者の治療を要すへき以外の場所を切斷したるときの如きは是法令又は正當の業務に因て爲したる行爲に非さるを以て本條に因て責を免るゝを得さるなり。如何となれは職務上の範圍を超へて爲したる行爲は官名を有する個人の私行に屬し職務の執行にあらされはなり。故に醫師も亦患者の治療に必要なる部分の損傷にあらされは正當の業務に因て爲したる行爲に非す、假令は患者の首を切斷して正當なる業務に因て爲したる行爲なりと主張するを許さゝるは論なし。本條規定する所の正當業務に因て爲したる行爲の類例は獨り醫師のみならす官許を得たる擊劍家、相撲、演劇其他與行師等カ互に毆打創傷するも是皆本條に云ふ業務に因て爲したる行爲中に包含するものなり、果して然りとすれは玆に問題あり吾人か承諾に因り擊劍又は相撲を角して多少損傷したる塲合の如きも、尚は本條に因て其責任なきものなるや否。余の看る所に依れは本條法令又は正當業務に因り爲したる行爲は之を罰せすとあるを以て古來の習慣又は承諾に因て人の身体に創傷したるときは是法令又は正當の業務に因て爲したるものにあらされは本條に依り責任を免るることを得さるに似たり。縱令承諾に基き角鬪するも吾人は擊劍、相撲を爲すの業務を有せされはなり、况や生命身体は契約の目的と爲すことを得さるに於てをや。學者或は慣習に基く相撲、擊劍其他の惡戲に因り創傷したるときは之を罰すへきものにあらすと論する者あり。余も亦其然るを知ると雖も本條中慣習の文字なきと、其習慣に一定の標準なく又承諾の範圍に際限なきを以て斯ることを刑法上認めて採用すへきものに非す。故に余は正當の業務上爲したる行爲以外の創傷は本條の範圍内に非すと信するものなり。

以上は是本條に對する定解なり。余の論する所果して誤りなしとすれは本條は法理上より論すれは殆んと無用の法文なり。如何となれは法令又は正當の業務に因り爲したる行爲は之を罰せすとあるを以て法律、命令の規定に因る職務の執行又は正當なる業務上の行爲は是法律の禁令又は命令に違犯したる行爲にあらす、却て法律に從ふ權利行爲に屬すれは罰すへき行爲にあらさることは何人も知る當然の條理なれはなり。然れ共從來法律の命令に因て爲したる行爲又は正當の業務上行ふたる行爲に就て別段何等の規定なきか爲め往々疑義を生し、前段論したるか如き事例に對しても仍ほ罰す可しと論し、或は罰すへからすと唱ふる者ありて、議論百出したる所なれは疑義を解く爲め規定したりとせは敢て咎むへきに非らす、故に余は全然本條の删除を主張するものに非さるなり。尚ほ一言すへきことあり本章の規定する犯罪の不成立とは元來罪の成立條件を缺きたるものにして犯罪を構成せさる行爲を謂ふものなり。此犯罪成立せさるものに對して本條以下第五十一條の法文中に之を罰せすとの文字を使用したるは聊か穩當ならさるの感なきに非す。如何となれは犯罪成立せさるものを罰せさるは當然のことに屬すれはなり。故に是を行爲は罪とならすと修正せは稍や穩當にあらさるなき乎。

第四十六條　急迫不正ノ侵害ニ對シ自巳又ハ他人ノ權利ヲ防衛スル爲メ已ムコトヲ得サルニ出テタル行爲ハ之ヲ罰セス

若シ必要ノ程度ヲ超ヘタルトキハ情狀ニ因リ其刑ヲ減輕又ハ免除スルコトヲ得

本條は所謂正當防衛を規定したるものなり。

本條第一項は現行刑法第三百十四條同第三百十五條の精神を採り、之を變更して急迫、不正の侵害に對し自已又は他人の權利を防衛する爲め行ふたる行爲は罪とならさることを規定したるものなり。又第二項は同第三百十六條と同一の趣旨に出でたるものにして其防衛が防衛に必要なる程度を超ゑたるときは既に正當防衛に非さるを以て罰すへきものなりと雖も仍ほ情狀に因り減輕又は免除することを得るとなしたり。蓋し現行刑法第三百十四條乃至第三百十六條の所謂正當防衛に關する規定に就ては從來學者の批難する個所頗る多きを以て改廢したるものなれは先つ其批難の點より之を述へんとす。

(一)現行刑法は此正當防衛を第三編第一章第三節殺傷に關する宥恕及不論罪中に規定したれは正當防衛の手段は單に殺傷に限るかの疑なきに非されは其配列に於て既に穩當ならさるを以て本法は第一編總則本章に移して汎く一般に通する規定となしたり。

(二)殊に現行刑法は正當防衛の主體を生命、身體、財產等に制限し此以外に防衛權なしとの感あらしめたるも本條は之を改め、汎く權利と規定し一切の權利上に防衛權あることを認めて之を保護することゝ爲したり。

(三)又現行刑法は彼の正當防衛者侵害の程度に就ても第三百十四條但書の不正の行爲に因り自ら暴行を招きたる者は此限に在らすと規定したるのみなれは、攻守の程度甚た明瞭ならさるを以て本條は此點を明瞭ならしむる爲め急迫、不正の侵害と改め危害目前に迫りたる不正の侵害たるを要するものと爲したり。

總て權利の侵害は國家の公力に依て救濟を求むへきは民刑に通して一般の原則なりと雖も、其侵害、急迫にして國家の保護を求むる遑なき場合に於て各人手を拱して身を侵害の犧牲に供するの義務なし、故に自ら進んて不正の侵害を防衛する權利を有するものなり、是を稱して法律上正當防衛と謂ふ。而して本條急迫不正の侵害に對し自己又は他人の權利を防衛する爲め己むことを得さるに出てたる行爲は之を罰せすとあるを以て其侵害急迫不正なる以上は他人の爲めにも尙ほ防衛權あり。蓋し法理上より論すれは此正當防衛權は各人一身上に專屬するものにして其急迫、不正の侵害自己に對する場合に於て已むを得さるに出て防衛するときに生する權利なるか如し、他人か不正の侵害を受くるも自己に執りては毫も不正の侵害にあらされはなり、然りと雖も急迫、不正の侵害に對しては自己の爲めにすると他人の爲めにするとを問はす排斥、防衛するは各人共同生活を全ふする爲めに必要なる行爲なるを以て吾人は急迫なる場合に於ては互に援助防衛する權利を有するものなり。而し正當防衛には左の三條件あるを要す。

第一、其權利の侵害は急迫なることを要す。

第二、其侵害は不正なることを要す。

第三、自巳又は他人の權利を防衛する爲め已むことを得さるに出てたることを要す。

以上の條件具備したるときは本條に依り其行爲より生したる責任を負はさるものなり。尙ほ左に法文を分析して其意義を述へんとす。
(イ)急迫、不正の侵害　急迫、不正の侵害とは危害切迫したる不正の侵害を謂ふものなれ共其侵害は果して急迫なるや否は事實の問題なり、蓋し吾人は自巳又は他人の身体、生命に對して不正の侵害者あるときは是に對して防衛權生す。此防衛權は急迫したる必要より生し、必要は不正の侵害より生するを以て急迫、不正の侵害は正當防衛に要する一條件なり。
(ロ)自巳又は他人の權利　現行刑法に於ては第三百十四條に身体生命を正當に防衛し云々と、明らかに身体上の權利なることを規定し、第三百十五條に左の諸件に於て已むことを得さるに出て云々(一)財産に對し放火其他暴行を爲すものを防止するに出てたるとき(二)盜犯を防止し又は盜贓を取還するに出てたるとき(三)夜間故なく人の住居したる邸宅に入り若くは門戸牆壁を踰越損壞するものを防止するに出てたるとき、是等の者を殺傷したる者は其罪を論せすと規定し。財産及家宅權の侵害者に對しても亦正當防衛權あることを規定したるも、本條は汎く權利を防止する爲めと規定したるを以て吾人の有する身体上、財産上の權利は皆之を包含するや否法文簡にして多少疑ひなきにあらすと雖も余は身体、生命、名譽、財産等法律の保護する一切の權利上苟も不正の侵害を受けたるときは(其切迫したる危害を排斥するに必要なる程度を超えさる限りは)總ての場合に於て此防衛權ありと斷定す。

(八)防衛上の手段　急迫、不正の侵害に對する防衛者は防衛上必要なる場合に於ては如何なる手段方法を以て其危害を排斥するも法律は毫も之を問はす。故に防衛者は權利の防衛に必要なる程度を超えさる限りは、侵害者を殺傷すると歐打すると又は監禁、制縛する等其日前の危害を避くるに足るへき防衛手段を施すことを得へし。　現行刑法第三百十四條は身体、生命を正當に　衛し、已むを得さるに出て暴行人を殺傷したる者とあるを以て論者或は防衛手段は殺傷に限るを主張するものなきに非されは改正刑法に於ては已むことを得さるに出てたる行爲となし廣く防衛上必要なる程度を超ねさる限りは行爲の何たるは本條の問ふ所にあらさるなり。

(二)本條第二項、若し必要の程度を超ねたるときは情狀に因り其刑を減輕又は免除することを得と規定したるを以て假令は一刀の下に生命を奪はれんとするか如き急迫不正の危害に對しては之を防衛する爲め直に其侵撃者を殺傷するも尙ほ可なりと雖も、之に反して暴言を放て他日殺す可しと言ふに止り腕力にも訴へさる場合に之を殺傷したるときは未た以て權利の防衛上已むを得さるに出つるに非す必要の程度を超へたるものと謂ふ可し。　故に財産權に就ても亦然り、民法上に於ては所有權の目的と爲るへきものは價格の如何に拘はらす、總て財産なりと雖も例令は柿の實一個を奪取せんとするに對して之を防衛する爲に殺傷したるときは防衛上必要なる程度を超えたるものなり、蓋し其防衛方法は如何なる手段を以て必要なる程度と爲すやは各場合と情況とに因る事實の問題なれは玆に豫め一定の標準を示すこと克はさるも、要するに侵害の大小に應して之を防衛するに足る程度に於ては如何なる行爲をも行ふことを得へし。

終りに臨て注意すへきことあり。其急迫不正の侵害者は必す智識、能力を有する者に限らす。此防衛權は吾人の權利を保護する爲めに有する者なれは苟も我權利を侵害する場合に於ては其人の種類如何を問はす、權利上の危險は常に同一の狀況に在るを以て之を免るゝ爲め防衛權あり。故に假令は十四歲未滿の幼者又は知覺精神の喪失者等か不意に來て襲擊する場合に於ても尙ほ我生命を全ふする爲め必要なる防衛權を執行するを得へし、其襲擊者の幼者たると狂人たるとは之を問はさるなり。

又此正當防衛權は不正の侵害に對して有する權利なるを以て自ら不正の侵害を爲し相手に防衛權生したるときは是れに對して自ら反動するの權利を有するものにあらす。如何となれは自ら進んて不正の侵害を爲したる者は法律は保護すへき者にあらされはなり。假令は强盗金品を强奪する爲め一刀を拔て若し金品を提供せされは殺すへしと脅迫したる場合に家人之を防衛する爲め强盗を殺傷せんとしたるときは其强盗は殺傷せらるゝも自ら防衛するの權利なし、現行刑法第三百十四條の但書に不正の所爲に因り暴行を招きたるものは此限りにあらすと規定したるは蓋し此意に外ならす。改正刑法に於ては本條特に急迫不正の侵害に對しと規定し不正の侵害者に防衛權なきは當然のこととなるを以て之を規定せさるなり。

第四十七條　自己又ハ他人ノ生命身体自由若クハ財産ニ對スル現在ノ危難ヲ避クル爲メ己ムコトヲ得サルニ出テタル行爲ハ其行爲ヨリ生シタル害其避ケントシタル害ノ程度ヲ超エサル場合ニ限リ之ヲ罰セス但其程度ヲ超エタルトキト雖モ情狀ニ因リ其刑ヲ減輕スルコトヲ得

前項ノ規定ハ業務上特別ノ義務アル者ニハ之ヲ適用セ

本條は現在の危難を避くる爲め已むことを得さるに出てたる行爲を規定したるものなり。

本條立法上の趣旨は現行刑法第七十五條と同一なるも其不備缺點を修正し斯く法文を改めたるものなり。 則ち現行刑法第七十五條第一項は有形的自由を喪失したる場合を規定したるものなれは「抗拒す可からさる强制に遇ひ其意に非さる所爲は其罪を論せす」とあるも若し自已の身体外力の爲め全く强制せられて自由を失ひ爲したるときは之れ外力作用の結果にして自已の行爲に非されは當然明文を要せさるを以て、本法は唯心意上に受けたる外力强制の結果已むことを得さるに出てたる行爲のみを規定したるものなり。

而して同條第二項は「天災又は意外の變に因り避く可らさる危難に遇ひ自已若くは親屬の身体を防衛するに出てたる所爲亦同し」と規定し。 無形的强制を受けたる場合にして意思の自由を失ひたる行爲に關する規定なるも、强制原因を天災又は意外の事變に限り防衛權を自已若くは親屬の身体に制限したるも斯く制限すへき理由なきを以て、本法は此狹隘なる制限を改め自已又は他人の生命、身體、自由及財產と爲し。是等貴重の權利を保護し、危難の原因も亦天爲と人爲とを問はさることゝ爲し、其範圍を廣汎ならしめたるは當を得たる改正なりと謂ふ可し。
本條は現在の危難を避くる爲め已むことを得さるに出てたる行爲は犯罪成立せさることを規定したるものにて、自由意思喪失に因るものなれは余か總論に於て論したる一般犯罪成立條件の一を缺くに基き罪とならさるものなり。故に本條に依り犯罪不成立たるには左の條件具備するを要す。

第一、自已又は他人の生命、身體、自由若くは財產に對する危難なること、
本條に自已又は他人の生命、身體、自由若くは財產に對する現在の危難とあるを以て名譽は本條中に包含せさるは前條正當防衛と異なる點なり。如何となれは前條は漠然自已又は他人の權利を防衛する爲めと規定し、吾人の身体上及財產上に對する一切の權利にして防衛權ありと解釋するを得へきも本條は特に自已又は他人の生命、身體、自由若くは財產と列擧して名譽の一句を除外したるを以て包含せさることと知るへきなり、若し然らすとせは前條と同一に廣く權利

と規定して毫も支障なけれはなり。

第二、其危難は現在なること、

危難とは天爲なると人爲なるとを問はす現在の危難にして他に避くる途なき塲合に於て已を得すして他人を殺傷する等犯罪的行爲を爲したるときは本條に依り之を罰せさるにあり。假令は水火、震災の危難に遭遇し之を避けんとして群衆を蹂躙して倒傷せしめたるとき又は之を壓殺したる塲合或は颶風船を覆し乘客皆溺死せんとするに際し偶々甲或木片を得て是に依て自已の死を免れんとす乙之を見て其板を奪ひ自已の生命を全ふし爲めに甲を溺死せしめたるか如き塲合に於ては天爲的の危難に遭遇し已むを得さるに出てたるものなり、或は甲乙に對し丙を殺さされは汝を殺すへしと脅迫したる爲め已むを得す乙丙を殺したる塲合の如きは乙の心中非常なる恐怖心を抱かしめたるものなれは人爲的無形の危難なりと謂ふへし、然れ共現行刑法と異なり有形的抗拒すへからさる外部の强制假令は努力ある甲乙の手を執りて丙を毆打せしめたる塲合の如きは本條中に包含せさるも犯罪は乙に對して成立せさること論を俟たさるなり。

第三、危難を避くる爲め已むを得さるに出てたる行爲なること、

其事變は意外の危難にして豫知す可らさるものにして已むを得さるに出てたるを要す、若し充分豫知して他に避くる途あるに拘はらす自ら進て此境遇に至りたるときは決して責任を免るへき理由なし。是本條但書を以て其程度を超ゑたるときと雖も情狀に因り其刑を減輕することを得ると規定し絶對的無罪にあらさることを表明したる所以なり。

第二項の業務上特別の義務ある者には適用せすとの規定は縱令は船舶航海中風波激浪の爲め將に顚覆せんとしたる塲合に於て船長か自己の生命を全ふせんとして注意を爲すへきに之を爲さす。乘客を溺死せしめたるときの如きは船長たる業務上特別の義務ある者に之を適用せすと規定したるに外ならす。

第二項の意義果して余の解釋するか如き塲合なりとすれは本項は斷して規定するの必要なしと信するものなり。如何となれは其程度を超へたるや否は本條但書に依り審判することを得へく又業務上特別の義務ある者過失ありとせ

は過失傷害の罪に依て事實を審案することを得へけれはなり。

以上の條件具備したるときは其行爲に因り、縱令重大なる犯罪的事實を生せしむるも本條に依り犯罪成立せさるものなり。其之を罰せさる所以の理由は前段論したるか如く現在にして且急激なる危難を避くる爲め危急存亡生死を決する一瞬間の出來なるを以す之を罰せさるにあり。

他人の危難を助くる爲め不正の侵害者にあらさる第三者を死地に陷れたるは現在の危難を避くる爲め已むを得さるに非さるか如し、如何となれは自已に對しては避く可らさる危難なりと謂ふを得されはなり。故に此場合に於ては唯他人を救助するの意惡急なる爲め自由意思の缺乏に基く無罪なりと論するの外他に適當なる解釋あるを知らさるなり。

余は左に前條正當防衞と、本條危難に因る犯罪不成立との重もなる差異を述へんとす。

(一)正當防衞は各人自衞上の權利に屬するも、之に反して危難に因る犯罪不成立は各人自由意思の喪失に基くものにして權利にあらす。

(二)正當防衛は必す急迫不正の侵害を免るゝ爲なるを要す之に反して危難を避くる爲めに爲したる行爲は現在の危難を他に避くる自由なき場合たるを要す。
(三)正當防衛は不正の侵害たるを要するか故に人爲上の危難たるを要するも、之に反して避難の爲め爲したる行爲は人爲と天爲とを問はす現在急激なるを要す。
(四)正當防衛は身體上財產上とを問はす、一切の權利保護の爲めに有する自衛權なるも之に反して避難に因る行爲は生命、身體、自由、財產に對する現在の危難を避くる場合に限り名譽上に對しては現在避く可らさるの危難なるものなし。
(五)正當防衛は不正の侵害者其人に對してのみ行はるゝものなりと雖も、危難を避くる爲めに行るゝ行爲は危害其者に對して行はるゝものに非す。

第四十八條　罪ヲ犯ス意ナキ行爲ハ之ヲ罰セス但法律ニ特別ノ規定アル場合ハ此限ニ在ラス
法律ヲ知ラサルヲ以テ罪ヲ犯ス意ナシト爲スコトヲ得ス但情狀ニ因リ其刑ヲ減輕スルコトヲ得

本條は、罪を犯す意思なき行爲を規定したるものなり。

抑も人は其爲す行爲の善惡を識別し又之を爲すと爲さゝるとの自由を有するものなれとも時に或は罪を犯すの意思なくして偶然罪となるへき結果を生せしむることあり、斯る塲合に於ては善意を證明して其責任を免るゝを得へきものなり。換言すれは人は假令如何なる智能を有し、如何なる自斷力を具ふるも誤て自己の目的と齟齬する結果を生せしむることなきを保せす。是本條第一項を以て罪を犯す意なきの行爲は之を罰せすと規定し、犯意なくして生したる犯罪的行爲に對しては刑法上の責任なきことを規定したる所以なり。然りと雖も過失傷害の如き重大の結果を生したるときは注意を缺きたる事實に付ては之を罰することあり。是即ち但書を以て法律上特に規定ある塲合は此限りに在すと規定し、無爲の行爲を罰する例外あることを示したるものなり。罪を犯す意思則ち犯意とは如何是從來學者間に於て種々其見解を異にし一定せさる所なるも余の最も正確なりと信する定義を示せは左の如し。

犯意とは一定の犯罪行爲を實行せんとする決心を謂ふ、換言すれは不正の行爲なることを知て行はんとする決心を謂ふに外ならす。故に此決心より出てさる行爲の結果犯罪を構成すへき事實を顯出するも未た以て刑法上の責任を生すへきものにあらす。假令は人を殺すの惡意を以て人を殺したるときは是疑ひもなく其犯意の實行なるを以て殺人罪成立するも、之に反して自己の傘なりと信して他人の傘を持參したるときの如き又は人の妻を處女と信して通したるときの如きは、竊取又は姦通の意思なき場合則ち罪を犯す意思なき行爲なるを以て孰れも本條に依り竊盜又は姦通罪成立せさるものなり。

學者或は此犯意を分ちて、一定の犯意、不定の犯意、特別の犯意等に區別して論するものあり。假令は人を殺すに該り再思熟考而して後、決心、計畫して實行したるときを豫謀の犯意となし、現行刑法上是を謀殺と云ひ又急激、咄嗟の間に發意決心して人を殺傷したる場合を故殺と云ふ又甲を殺さんとして最初より決意して遂に甲を殺傷したるときは一定にして且つ特別の犯意なり。之に反して群衆に對して發砲したる場合に於ては犯人の意思一定せさるを以て不定の犯意なりと論するも余の看る所に因れは犯人の目的上より犯意の方向を區別したるまてにして罪を犯す意思ある點に於ては同一なれは之を區別する利益なしと信するなり。

本條も余が總論に於て論したる犯罪成立の一般條件たる犯意具備せさるものなれは犯罪成立せさるものなり。然れども前段論したるか如く犯人正當の行爲なりと信して之を爲さんと欲し、却て不正の結果を生し犯罪となることあり。此場合に於ては其犯罪を行ふ意思を有せさるを以て生したる犯罪の責に任するものに非す。當さに遵守すへき義務に違背したる怠慢ある場合に限り、刑法上特に罰することあり。此犯罪を名けて無意犯と謂ふ、過失傷害の如き即ち是なり。蓋し刑法上斯く有意犯、無意犯の區別を爲したるは、決心の方法を異にしたる結果に外ならす。假令は獵夫銃を發して熊を射んとし以て人を銃殺したるときは殺人の結果を爲したるも其獵夫の意思は熊を射殺するにありて人を殺すにあらされは殺人罪の責任を負ふへきものに非すと雖も、人と熊と誤認するか如き不注意の責は之を辭すること能はさるなり。

第二項法律を知らさるを以て罪を犯す意なしと爲すことを得すとは法律の規定あることを知らすして行ひたりとの理由を以て其責を免るゝことを得さるにあり。換言すれは法律は一旦發布實施したる以上は何人も之を知るものと推定して實際規定の有無を知ると否とに係はらす罰せらるものなり。若し夫れ知りたるものに非されは罰することを得すとせは無學文盲の徒は遂に之を罰するを得さるに至れはなり。

而し此法律を知らさる者と罪となるへき事實を知らさる者とは混同するを得す。元來法律は立法者か一定の手續を經て制定するものにして廢止せさる以上は常に効力あるものなり。之に反して罪となるへき事實は犯人の行爲に因て顯出せしむるものなれは其生せしめたる事實は罰すへきものなるや否は法律の規定に依て知るへきものなり、換言すれは法律は國家の制定に係り事實は犯人の製造に係るものなり。假令は有夫の婦と通するは法律の禁する所なれ共處女と通するは法律の問ふ所にあらす、故に處女なりと信して通したるときは罪となるへき事實に非す、若し其有夫の婦なることを知りて通したるときは罪となるへき事實なるを以て姦通は法律の罰することを知らすと主張して其罪を免るゝことを得す。故に問題あり犯人非常なる事變に因り實際法律の公布を知らさるとき又は外國人始めて我國に渡來したるときの如きは法律を知らさるを理由として責任を免るゝことを得るや否此場合に於ても法律の規定あるを知らすとの理由を以て責を免るゝを許さす。素より法律は人の知るを待て執行するものにあらす一定の手續を經て公布施行したるときは何人も之を知るものと看做すものなれは新來の外國人なると事變の爲めに實際知らさる者たるとに係はらす直に適用することを得へし。然れども知るへき便宜を有しなから知らさる者と同視することを得されは其情狀に於て酌量すへき理由あるは勿論なり。故に本條第二項但書を設けたる所以なり。

本條は現行刑法「第七十七條を修正したる法文なり同條に曰く罪を犯す意なきの所爲は其罪を論せす但法律規則に於て別に罪を定めたる者は此限に在らす」「罪となるへき事實を知らすして犯したる者は其罪を論せす」罪本重かる可くして犯す時知らさる者は其重きに從て論することを得す」「法律規則を知らさるを以て犯すの意なしと爲すことを得す」との法文中其罪と爲る可き事實を知らすして犯したる者は罪を犯す意なきものなり。又罪本重かる可くして犯す時知らさる者も亦實際上重き部分に付ては罪を犯す意なき者なれは特に規定するの必要なく第一項に依り知ることを得へきを以て改正刑法は之を削除したるは蓋し其當を得たる改正なりと謂ふへし。

第四十九條　精神障礙ニ因ル行爲ハ之ヲ罰セス但情狀ニ因リ監置ノ處分ヲ命スルコトヲ得

精神耗弱者ノ行爲ハ其刑ヲ減輕ス

本條は精神喪失者の行爲を規定したるものなり。

此精神障礙の原因を類別すれは是を三種と爲すことを得へし。

第一、精神機能　生れなからにして發達せさる者白痴者の如き先天的精神機能の喪失者。

第二、精神機能中年に至り疾病其他の原因に因り其運用を喪失したる者。則ち瘋癲者の如き後天的精神喪失者。

第三、疾病以外の原因に因り一時精神機能の運用を喪失したる者。假令は酒睡狂者の如き者則ち是なり。

此等第一第二の者は所謂醫學上に於ける精神病者にして、第三の醉狂睡眠狂者の如きは精神病にあらす唯一時精神機能の變動に因り精神喪失の狀況にあるものなり。其生れなからにして精神發達せさる者も亦中途より疾病の爲め其發達を妨けられたる者も或は疾病以外の原因に因り一時精神の障礙を受けたる者も苟も是非の辨別心喪失したる者の行爲は不論罪として刑法上之を罰せす。然れとも精神障礙の程度に至ては輕重ありて是非善惡の辨別心全く喪失する者あり、未た必すしも絕對的に喪失せさる者あれは本條は第二項を以て精神耗弱者の行爲は其刑を減輕すと規定し精神喪失に非すして缺乏者は情狀に因り刑を減輕するものと爲したり。又假令精神病者なるも時々發狂する者なきにあらされは其精神靜平常人態の時に犯したる罪或は老衰に因り精神機能に幾分の缺乏を生したる者の行爲は未たて絕對的精神喪失者と爲すを得さるか故なり。

以上は是刑法上に關する法理論なるも此精神喪失者に付ては民法上に於ても尙ほ禁治產と爲すことを得へきものなり。則ち民法第七條は心神喪失の常況に在る者に付ては親屬又は檢事の請求に因り禁治產の宣告を爲すことを得ると規定せり。又第十一條を以て心神耗弱者、聾者、啞者、盲者及浪費者は準禁治產者として之に保佐人を付することを得るとあり、民法上是等精神喪失して毫も知覺なき者は法律行爲の要素たる意思能力を缺くか爲めに一切民法上の行爲は成立せさるものとせり。之に反して心神耗弱者、聾者、啞者、盲者及浪費者は未た全く心神喪失するに至らす、唯精神常人に及はす何れも法律行爲の利害喪失を充分辨識する五官機能の一を缺くを以て保佐人を附して之を保護せり。其詳細は民法に讓り玆に論せさるも要するに精神喪失者の行爲は民刑共に責任なし。然れ共浪費者に至ては理財上に於てのみ精神病の一種と見做したるに過きされは刑法上に於ては常人と異なることなきは論を俟たす。

本條は現行刑法第七十八條の『罪を犯すとき知覺精神の喪失に因て是非を辨別せさる者は其罪を論せす』との法文を修正して『精神障礙に因る行爲は之を罰せす』と改めたるものなり。此第七十八條は知覺精神の喪失に因り是非を辨別せさる者とあるか故に精神喪失者にして尙ほ且是非の辨別を有する者あるか如き失体なれども精神喪失者は是非を辨別する能力なし。若し是非善惡を辨識する能力ありとすれは決して精神喪失者に非す、精神喪失者にあらされは是非を辨別せさるものにあらす。然るに文意明瞭を欲して却て斯の如く不明なれは本法は精神障礙に因る行爲は之を罰せすと修正したりと雖も本條の規定する所余の前段論したるか如く第一第二精神病者第三疾病以外の原因に基く精神障礙者も尚は罰せすとの解釋誤りなしとすれは是亦疑義を免れさる法文なり如何となれは先天的精神病者は勿論中年に至り精神機能を失ひたる者は其病氣と云ふ障礙に因て既に已に精神喪失の況况にあるものなり果して然りとすれは第三種に屬する酒狂又は睡眠狂(夢狂とも云ふ)の如きは一時或る原因の爲めに精神作用を障礙せられたるものと云ふを得へしと雖も第一第二に屬する者は精神障礙の原因行爲を行ふ以前既に存するものなれは本條規定の、如く精神障礙に因る行爲を云ふとは穩當ならす。故に本條を精神喪失者の行爲は之を罰せすと修正せは其障礙の原因性來なると一時なるとを問はす、是非の辨別なき者の行爲は一切之を包含するものとなりて毫も疑を容るへき余地なきに至らん。是余か一個の私言にあらす明治二十五年一旦脫稿したる改正刑法草案第五十三條は明かに精神を喪失したる者の所爲は之を罰せすと規定したり。殊に民法第七條も心神喪失の常況にある者と規定したるを以て旁々精神喪失者と爲すを可なりと信するなり。

醉狂に乘して罪を犯したる者も刑法上の責任あるや否の問題あり、則ち飲酒の結果一時興奮して多少精神に異狀を生することあり蓋し是か爲めに精神を喪失する者の如きは殆んと稀なり。然れとも偶々狂に近き迄亂醉するものなきに非す若し夫れ酩酊の結果知覺精神を喪失して罪を犯したるときは本條に因り犯罪成立せさるは疑なきも唯議論のあるは最初より罪を犯さんとして酒氣に乘して之を決行したるときは酒を手段に供したるものなれは罰す可しと論するものあり。假令は懦夫酒力を假りて人を殺したる場合の如し、是等の者と雖も其實行當時全く精神錯亂して是非の辨別なくして殺傷したるときは本條に依り罰すへきものに非す。何となれは最初人を殺さんとして酒を被りたるは決心の一歩を進めたる豫備の所爲に止まれは法律上豫備は特別の規定ある場合の外之を罰すへきものにあらされはなり。要は唯殺傷當時精神喪失したるや否の一點にあるも之れ事實上の問題に屬するを以て茲に論定するを得さるなり。

次に夢中の犯罪とは、睡眠中一時精神機能其活動を停止したるとき假令は彼の夢に感して突然起きて妻子を殺傷するか如きことあり是稀にあるの事實なるも、斯る事實は夢中の迷心に基くものなれは精神病にあらさるも一時精神喪失したるものなるを以て本條に因り其罪を論すへきものにあらさるなり。本條但書は情狀に因り監置の處分を命することを規定せり。是即ち精神障礙に因り罪を犯したるものは之を罰せさるも直に放免すれは殆と狂犬に等しき危險あるを以て監獄に留置して强制監督を施し社會の危險を防止するにあり。

第五十條　瘖啞者ノ行爲ハ之ヲ罰セス又ハ其刑ヲ減輕ス
但之ヲ罰セサル場合ニ於テハ情狀ニ因リ十年以下ノ期間懲治ノ處分ヲ命スルコトヲ得

本條は瘖啞者の行爲を規定したるものなり。
瘖啞者に二種あり。生來の瘖且啞なる者又成長して瘖啞となる者是なり。此先天的瘖啞者は知識を養生す可き聽音發音の機關を缺くものなるか故に精神機能の發育を施す能はさるものなり。果して然りとすれは出生のまゝに成長し精神上に於ては常に同一の常況にあるを以て縱令外界の事物に觸るゝも自他是非善惡を識別する智能なき者にして精神喪失者と殆と同一なり。之に反して成年の後疾病其他の原因に因り聽官語官の機能を失ふ者あり蓋し此等の者は一旦發達したる知識は爲めに失ふ者にあらす唯常人より多少智能に缺損を來すや論なし。而し本條は是等瘖啞の先天なると否とを區別せされは總て之を論せさる立法上の精神なる乎但し其刑を減輕すと規定したるを以て中年に至りて瘖啞となりたる者は情狀の如何に係はらす之を減輕して罰するの主義なる乎現行刑法第八十二條は瘖啞者罪を犯したるときは其罪を論せすと規定し。絶對的に罰せさるを以て敎育進歩の今日瘖啞者も相當の敎育を施すを得て其智能の發育殆んと常人と異ならさる者あるに仍ほ之を不論罪と爲すは否なりと學者の批難したる所なれは本條は瘖啞者の行爲は之を罰せす又は其刑を減輕すと規定したるは聊か多とする所なりと雖も余の卑見を以て看れは本條は規定するの必要なしと信するものなり。如何となれは其瘖啞者にして精神發育せすして是非を識別せさる者なるに於ては孰りも直さす是精神喪失者なれは前條に依て罰すへからさるものなれはなり。

殊に本條但書を以て罰せさる場合に於ては情狀に依り十年以下の期間懲治の處分を命することを得ると規定したるに至ては其何の故たる歟余の解せさる所なり。元來瘖啞者を罰せさるは聽官語官を缺き教育を施すに途なく是非善惡を識別せさる爲めに外ならす。果して然らは野犬猛獸に等しき者に對して懲治改善を促さんと欲するも何の利益か之あらん。故に瘖啞者にして罪を犯すか如き者は一種の精神病者なるを以て社會の危難を防く爲め前條但書の規定に依り監置すれは可なりと信するなり。而し理由書は懲治の處分を命して一面瘖啞者を改良せんことを期するものなりと說明するを看れは瘖啞者は總て改良するを得へしと立法者は認めたること知る可きなり。

第五十一條　十四歲ニ滿タサル者ノ行爲ハ之ヲ罰セス但滿八歲以上ノ者ノ行爲ニシテ重罪ニ該ルトキハ情狀ニ因リ十年以下ノ期間懲治ノ處分ヲ命スルコトヲ得

本條は十四歲以下の者の行爲を規定したるものなり。

本條に於ては十四歲に滿たさる者は絕對的に犯罪無能力者と推定して之を罰せ

すと爲したり。而し滿八年以上の者の行爲にして重罪に該るときは其情狀により十年以下の範圍內一定の期間懲治場留置の處分を命することを得る規定なり是を現行刑法に比較すれは刑法上幼者の責任年齡に一大變革を與へたる感なきにあらす。現行刑法第七十九條乃至第八十一條を以て十二歲以上十六歲以下を刑法上責任あるや否を審判す可き第一期と爲し、十六歲以上二十歲以下を以て必す減輕すへき第二期とし、二十歲以上は最早年齡上に付ては刑法に影響なき時期としたるも本法は十四歲以下の者は是非善惡を辨別して行ふたる行爲なるや否を審判せす總て刑法上罪なき者となし、十四歲以上廿歲以下の者の犯罪は必す其刑を減輕する者と爲したり。蓋し改正刑法は第八十條の罪を犯す時滿十二歲以上十六歲に滿たさる者は其所爲是非を辨別したると否とを審案し、辨別なくして犯したる時は其罪を論せすとの規定を折衷して其中間の年齡即ち十四歲を以て有罪、無罪の分界となしたるに外ならす。由是觀之本法は十四歲以下の幼者對しては大に利益あるも十四歲以上の者に對しては却て不利益に改正せられたる者なり。何となれは現行刑法か十六歲に滿たさる者の行爲は是非善惡を辨別して罪を犯したるや否を審案し若し辨別なくして犯したる者と認定したるときは或は無罪たることありと雖も本法に於ては十四歳以上の者に對しては辨別力の有無を審判せす、當然有罪の推定を下さるゝものにて唯其刑を減輕せらるゝに止まるを以てなり。然れ共實際上十四歳以上十六歳に至て是非を辨別せさるか如き者は殆んと有る可らさる事實なれは現行刑法に於ても此時期に至れは白痴瘋癲者にあらすんは辨別なき者の如きは事實上あらさるを以て寧ろ本法は寛大主義を採りたるものなり。皮想の見を以てすれは社會の進歩敎育の普及に從ひ幼者の智識も發達し是非善惡の辨別力も亦從て發達するを以て現行刑法の十二歳を十歳以上と爲すも敢て不可なきか如し。然るに本法は十四歳以下の幼者は如何なる所爲あるも之を罰せすと規定したる其理由に曰く、本條は現行刑法第七十九條を修正したるものにして現行刑法は責任年齡を十二歳と定め之に滿たさる者の行爲は罪と爲さすとせり是主として古來の立法例を襲ひたるものなり。未た幼年犯罪者に對し懲治の方法充分ならさるのみならす、刑罰の目的も亦今日と等しからさるを以て極めて責任年齡を低くなしたるものなりと雖も近來生理學の發達に伴ひ幼者の知能此の如く速に發達するものにあらさるを知るに至り。從來の立法例に於ける責任年齢の低きに失するを批難する者增加したると共に幼年犯罪者を懲治する設備を整へ得るに至れるを以て本案は斷然舊來の立法例を破り、責任年齢を高め十四歳と爲したり。蓋し幼年囚を處罰するも其利益甚た少なく累犯者の幼年囚に多きことは今日識者の一般認むる所たるを以て本條の修正は之を濟ふに最も適切なるものと謂ふへし。但し現行刑法と同しく十四歳に滿たさる幼者にして八歳を超ゆるときは懲治の處分を命することを得ることゝ爲し、其期間は十年以下と定め幼年犯罪者に懲戒敎育を施すことゝせりと是改正刑法草案理由書か幼者の年齢を十四歳以上となしたる說明なり。

本條但書の滿八歳以上の者の行爲にして重罪に該當するときは情狀に因り十年以下の期間懲治の處分を命することを得るとの規定は(十四歳以下なる)幼者の行爲は刑法上其罪を問はさるも、狀情に因り又は性質に因り直に放還すれは再ひ罪を犯すの虞なきにあらされは父兄に代て訓淘改善する目的を以て一定の期間懲治場に留置することゝ爲したるも是決して刑罰にあらさることに注意すへし。

凡そ少年子弟にして罪を犯すに至る其原因一ならさるも多くは家庭の教訓宜しきを得さるに由る、假令は家貧にして家庭治まらす風儀紊亂したる家に生れたる者は其惡風遂に性を爲し、廉恥を知らす、名譽を思はす、邪慾の奴隷となりて身の快樂を得んと欲して罪を犯したるときの如きも是非の辨別なしとして放還せは再ひ罪を犯す危險なきに非す。殊に歸るに家なく親なく兄弟なく諸方に流偶する浮浪細民の子弟に至ては殆と野犬と等しく虚に乘して食を盜み尙ほ之を得されは家に放火して其虚に乘せんとしたる例なきにあらす。於此乎本條は幼者の犯罪は刑法上之を問はさるも必要と認めたる場合に於ては懲治場留置を命し惡習ある家庭に代て强制教育を施し惡少年を善良に養成せんとするにあり。故に其家庭教訓少年を感化するに足るへきときは必すしも懲治場留置を命し國家か訓淘するを要せされは一旦之を命するも第五十三條の規定に依り行政處分を以て何時にても懲治場留置を免することを得るものなり。

第五十二條　十四歳以上二十歳ニ滿タサル者ノ行爲ハ其刑ヲ減輕スルコトヲ得

本條は十四歳以上二十歳以下の行爲を規定したるものなり。現行刑法第八十條は十二歳以上十六歳に滿たざる者の行爲は其是非を辨別したると否とに因り其刑を減輕して之を罰し或は之を罰せす又十六歳以上二十歳に滿たさる者の行爲は之を罰し、其刑を減輕すと雖も是を實際に徵するに是非を辨別したると否との區別を爲すは頗る困難にして殆んと凡ての幼者を處罰するに至るものなり。加之十六歳以上の犯人に付きては犯罪能力を認めなから必す其刑を減輕するを以て必要なき場合に於ても尚ほ減輕を爲さゝるを得さることなきに非す。故に本條は既に前條に於て犯罪者の責任年齡を充分高度に定めたるを以て其年齡を超ね既に責任者と定まりたる以上は普通の刑を科することゝ爲し、其分界を明かにせり然れ共尚ほ未た幼者たるを免れさるを以て情狀に因り裁判所をして刑を減輕することを得せしめたるものなり。

玆に一言すへきことあり民法に於ては滿二十歳以下を無能力者と爲し、總て法律行爲は不成立又は取消し得へきものと爲したるに、刑法に於ては十四歳以下を無能力者と爲し十四歳以上二十歳以下は單に其刑を減輕せらるゝに止まり、民法と責任年齢に差異あるは抑も如何理由に基くや是なり。元來民事上の行爲は人世相互の權利關係なるを以て其利害得失を考ふる知能は充分發達したるを要するものにて民事上繁雑なる關係を判斷するには二十歳以上に達したるにあらすんは身体機能の發育を完備せさるものと推定し之を保護するにあり。之に反して刑事上の行爲に至ては是非善悪を識別すへき單純なる知能あるを以て足れは生れて十四歳に達すれは最早此自斷力あるものと推定し其責任を問ふも敢て苛酷にあらさるか爲めなり然れ共二十歳に滿たさる者は知慮淺薄成年者と同一ならされは刑事上に於ても仍ほ多少刑を減輕して之を保護するものとす。

第五十三條　監置又ハ懲治ノ處分ヲ受ケタル者ハ情狀ニ因リ何時ニテモ行政處分ヲ以テ其執行ヲ免除スルコトヲ得

本條は監置又は懲治者を放還することを規定したるものなり。

既に論したるか如く此監置及懲治場留置は刑罰にあらさるも社會の危險を防止する爲め精神喪失者又は瘖瘂者及十四歳未滿の幼者に對し國家か强制監督を爲

す爲め留置する者なれは、精神病者は全癒し瘖啞者又は幼者は改悛して再ひ罪を犯すの虞なしと認むるときは何時にても行政處分を以て執行を免除して放還するものなり。而し此監置及ひ懲治處分は一種の強制監督に過きされは「執行を免除す」の文字穩當ならす、故に本條は情狀に因り何時にても放還することを得ると修正せは蓋し此語弊なきに庶幾からん乎。

第五十四條　罪ヲ犯シ未タ官ニ發覺セサル前自首シタル者ハ其刑ヲ減輕スルコトヲ得
告訴ヲ待テ論ス可キ罪ニ付キ告訴權ヲ有スル者ニ首服シタル者亦同シ

本條は自首減刑のことを規定したるものなり。

現行刑法に於ては謀殺、故殺以外の犯人自首したるときは總て本刑に一等を減するものと爲し、殊に財産に對する犯罪に就ては贓物を還給し損害を賠償したる程度に因て一層減輕する規定なりと雖とも何故に謀殺、故殺に限り除外して減輕せさるか毫も其理由の看る可きものなし。立法者は謀、故殺は人命に關する至重の犯罪なるを以て最初より自首して減せられんことを豫期するを以て法律自身か大罪を奬勵するの嫌あるか爲め自首するも減輕せすと謂ふにあるか如し、然らは謀殺、故殺以外の犯罪は自首減輕の利益を與へ以て法律自身か犯罪を誘導するも仍ほ可なりと謂ふにある歟況や謀殺、故殺以外の殺人罪に就ては解釋上自首の利益を與ふるに於てをや、殊に財産に對する犯罪は損害賠償の多寡にに因り減輕に差を設くるか如き不當の規定は本法之を全廢して犯罪の種類を問はす、一般に自首者は罪を減輕することに改めたるは蓋し適當なる改正なりと謂ふ可し。

罪を犯したる者事實を官に自首したるときは其刑を減輕せらるゝものにして此自首減輕を設けたる立法上の理由は(一)犯人自首すれは犯罪搜査の手數減少し(二)有罪者法網を漏れて無事寃罪に苦しむの虞なし、要するに自首者を減輕するは國家の恩典に基くものなり。如何となれは罪を犯し人を害し社會の平和を破りたる者刑罰を受くるは是當然のことなるを以て法理上に於ては縱令自ら官に申告するも爲めに刑を減輕するの理由なし。然れ共刑法は社會の安寧を保護するを以て目的となすか故に玆に犯罪あるも未た發覺せす犯人捕に就かすんは社會の危險是より甚たしきはなし、於之乎社會の危害を消滅せしむる爲め刑法は刑罰を犧牲に供して發覺の速かならんことを希望し社會の保護に努めたるものなり、而し本條に依り自首して減刑を得るには左の條件あるを要す。

第一罪を犯し未た官に發覺せさる前自首したること。

此罪を犯し未た官に發覺せさる前とは、一旦罪を犯したるも未た犯人の誰たることの官に發覺せさる以前相當管轄權を有する官署、即ち司法警察官又は檢事に對して自首するを要するものなり。而し發覺とは官に對して覺知せさるを謂ふにありて、其事實世間に知れたる後と雖も尙ほ自首の効あり。故に檢事に於て公訴を提起し又は犯罪搜査に着手したるときは最早官に發覺したるものなるを以て自首の効なきものとす。現行刑法第八十五條は罪を犯し事未た發覺せさる前官に自首しる者云々と規定したるに改正刑法は此事の一字を刪除したるも立法上の精神に至ては同しく犯罪事件又は犯人に對して未た犯罪檢擧に着手せさる以前なれは尙ほ可なりと謂ふにあること論を俟たさるなり。

第二、其自首は官に對し又は告訴を待て論すへき罪に付ては告訴權を有する者に對して首服するを要す。

自首とは犯罪を官に申告することを謂ふものにして其性質殆と告發に似たり、唯彼は他人より申告し是は本人より申告する差異あるに過きされは自首の有效には通常告發を受くる權ある官署たるを要す。即ち前段述へたる檢事、司法警察官等に爲すへきものなり、故に行政官又は判事に對して自首するも何等の效力なきものとす。

現行刑法は第八十六條を以て財產に對する罪を犯したる者其贓物を還給して損害を賠償したる時は自首減刑の外に尙ほ減等すへき規定なるも本法は全然是を删除したり。其理由は身体上なると財產上なるとを問はす、罪を犯して刑に處せらるる点に付ては同一にして又民法上損害賠償の義務あることは當然なるを以て此當然の義務を盡したる者を特に寬待する必要なしと謂ふにあり。然りと雖も余は法理上は暫く措て被害者に對する實害の點より觀察して多少恩典を與ふるも敢て不可なきを信するものなり。

本條に於ては財產上に對する犯罪に對しては特に減刑の利益を與へさるも之に

代て本條第二項告訴を待て論すへき罪に付き告訴權を有する者に首服したるときは自首したる者と同一に減刑の利益を與ふるものと爲したり。是本條の新設に係る規定なれ共要するに告訴を待て論す可き犯罪は被害者の告訴を公訴提起の一條件と爲すを以て其被害者に首服したるときは公訴權を有する檢事に對して自首したると同一なりと看做して此利益を與へたるに外ならす。尙ほ本法は此自首減輕の外自首減免の特例を現行刑法と同しく規定したるも這は第二編を論するに該て詳述せんとす（第九十五條、第百十條、第二百三十條第二項）。

## 第四章　未遂犯

本章は現行刑法第一編第九章の規定を修正したるものなり。

盖し未遂犯の規定は法文僅かに二條而かも文意明瞭殆と疑義なきか如し。然るに此未遂罪は刑法全編に渉て各犯罪の既遂、未遂の分界を論定すへきものなれは極めて重要にして、且つ至難の法理を含有し解釋上前章犯罪の不成立刑の減免に譲らす。故に本章を論するに該ても諸學者の說を參照し法理論の大意を述へ而して後法文の解釋に入らんとす。

凡そ犯罪を實行せんと欲すれは一瞬間に成立するものなりと雖も、犯人の心情より主観的に觀察すれは幾多の順序階段なきにあらす是を區別すれは左の如し。

第一、犯罪の發意　犯罪の發意とは犯人か罪を犯すの意思を起したるときを謂ふ。

第二、犯罪の決心　犯罪の決心とは其發意を實行せんと欲し心裡に決したる狀態を謂ふ。

第三　犯罪の豫備　犯罪の豫備とは此決心を事實に顯はさんとして實行準備を爲したるを謂ふ。

第四、犯罪の着手　犯罪の着手とは豫備既に成り犯罪の實行に着手したるときを謂ふ、而して其の犯罪の實行に着手して尙は目的を遂けさる場合を區別すれは即ち左の數種あり。

甲、着手缺效犯、着手缺效犯とは犯罪を實行したるも仍は犯罪の目的を遂することと能はさる場合を謂ふ。

乙、着手不能犯。着手不能犯とは犯罪に着手して實行したるも目的の犯罪成立せさる場合を謂ふ。

丙、着手中止犯、着手中止犯とは犯罪實行に着手して犯人自から實行を止めたる場合を謂ふ。

第五、犯罪の實行、犯罪の實行とは犯罪に着手して之を實行し終りたるときを謂ふ。

一犯罪成立には必す以上第一より第四までの順序を經由せさる可からすと雖も此順序を經由するも仍ほ未た完全に犯罪成立せさることあり。故に甲乙丙の各場合も未遂罪中に於て論すへきものなるを以て左に各個の場合を順次畧述せんとす。

第一、犯罪の發意とは心理學上所謂决心の瑞緒にして思想の發動作用を謂ふに外ならす。吾人は外界の事物に感觸すれは必す是れに因て多少の感想を惹起するものなれは罪を犯す者も或は利慾の邪心より他人の物を竊取せんと欲し又は人を惡み人を恨む等種々の原因よりして遂に罪を犯すの發意を生するものなり。

第二、犯罪の決心とは發意の一歩を進めたるものにして其の發意に基き一定の犯罪を決行せんと胸中に決定したる心裡の狀態を謂ふ。故に此發意決心なくんは無意犯以外の犯罪は成立することなきを以て原則上發意決心は犯罪の根源を造るものなり。其危險恐るへきことも是より甚たしきはなし、然るに此の恐るへき發意決心を刑法上罰せさる理由如何學者或は犯罪の意思は人の胸中の想像たるに過きされは果して犯意を胸中に包藏するや否之を證するに困難なるを以て罰せすと、然り意思は無形なるを以て他より擧證するは困難なりと雖も若し證據あれは罰するものとせは犯人自白したるときは必す之を罰す可き乎然るに尙ほ之れを罰せさるは抑も如何なる理由に基くか、曰く人の胸中縱令犯罪を實行せんと決心するも事實顯出せさる以上は未た社會の安寧秩序を害するものにあらす。換言すれは刑法は國家の安寧を維持する爲め制定するものなれは社會に實害を生せすんは之を罰するの必要なきに因るものなり。論者或は脅迫罪は意思を發表するに止まり未た事實に顯はさるも仍ほ罰する理由如何と是一理なきにあらさるも彼の脅迫は人を殺し火を放つの意思あるにあらすして單に犯意あるの狀を示して人に危惧の念を生せしむるものなれは其放火殺人の狀を示す行爲自身を罰するものなり。故に此場合に於ても放火殺人の意思の發表を罰するにあらす尙は詳細は第二編に至り之を論す要するに犯罪の意思は刑法上罰するものにあらすして此原則に對して例外なきものとす。

第三、犯罪の豫備とは犯意の實行に要する準備を謂ふ、換言すれは發意の命する所に從ひ之れを事實上外部に發表し犯罪實行に必要なる手段方法を準備する行爲を謂ふに外ならす。斯の如く犯罪に必要なる豫備行爲を社會に表白したるときは多少社會の安寧秩序を紊亂するものなるを以て之れを罰すへきものなるか曰く然らす、刑法上犯罪の豫備を罰せさるは犯罪の決心を罰せさると等しく未た社會の安寧秩序を害する危險の所爲にあらさるを以て罰せさるものなり。然れ共其の豫備自身か社會に危險を與ふる性質なるときは實害の有無に係はらす罰することなきにあらす。假令は第九十二條內亂の豫備陰謀の如きは國家の存滅に關する事体重大なる行爲に屬するを以て一個の犯罪として之を罰す。又第二百三十七條謀殺の目的を以て準備したる者及ひ同第二百七十五條强盜の目的を以て其準備を爲したる者を罰する規定あるか如し。是本章に所謂犯罪の豫備と同一なるや否は多少疑なきにあらさるも余は其程度趣を異にするものなりと信するも其詳細は第二編を論するに當り述へんとす。茲に所謂犯罪の豫備を罰せさる所以のものは未た社會に直接なる危險なきに基くこと前段論したるか如し。假令は人を殺すの目的を以て刀劍又は銃砲彈藥を買入れ準備したりとするも實行前に其意思を一變して中止することあり又殺さんとする者病死することありて其刀劍銃彈共に不用となり、或は其の買入れたる刀劍銃砲彈藥は護身又は狩獵の用に供するものなることなきにあらすと雖も一個の殺人罪より主觀的に此豫備を觀察すれは刀劍銃砲を買入るゝは間接にして直接且必要なる行爲に非さるを以て之を罰せさるなり。故に現行刑法第百十一條は罪を犯さんとして事を謀り又は豫備を爲すと雖も其事を行はさる者は本條別に刑名を記載するに非されは其刑を科せすと規定し此事を明かにしたるも本條は之を删除したり。

第四、犯罪の看手とは犯罪の豫備に基き犯罪事實の一部を實行するを謂ふ、則ち刑法上の禁令又たは命令行爲に違犯する行爲の一部を實行したるときを犯罪の着手と謂ふにあり。故に着手未遂犯たるは犯罪成立條件の一部に加行するを要するものなり、而し其犯罪搆成條件は各犯罪の種類に因り異なるを以て如何なる條件に加行すれは犯罪着手と謂ふへきかは最も注意を要すへき點なり。

此犯罪着手を論する者見解を異にして或は犯罪搆成條件の全部に着手するを要すと論する者あり、或は犯罪搆成條件の一部に着手すれは可なりと爲すものありと雖も第二説の犯罪搆成中の一部に着手するを以て着手未遂の程度に達するものなり。蓋し此犯罪搆成條件なるものは必す一定したるものにあらす犯罪の種類又は性質に因り其搆成條件を異にするを以て玆に概論するを得さるも假令は人の身分は或る犯罪に付ては搆成條件たり又加重條件たることあり。則ち公務員の收賄罪又は老、幼、病者の遺棄罪の如きは其公務員たり幼者老者病者を保護するの責任ある者たるを要するも公務員たる資格又は人の子孫たる身分は収賄罪、遺棄罪等の搆成條件なるも此身分資格あるものは常に其犯罪の着手なりと云ふを得す、此身分資格ある者一歩を進めて收賄又は遺棄の實行に着手して初めて本罪成立條件に加行したりと謂ふを得へし又人の子孫たる者尊族親を殺傷したるときは刑罰加重の原因と爲ることあり、或は犯罪の手段方法も犯罪成立又は加重の條件たることあり。假令は人の動産を竊取するに際し暴行脅迫の手段を以て財を得たるときは强盜罪成立するも暴行脅迫を用ゐすして財物を窃取したるときは窃盜罪成立するに過きす、故に窃盜罪の成立には第一他人の動産たること、第二窃盜したることの二條件を要するを以て第二の窃取に着手し初めて窃盜罪の着手未遂犯なり、强盜罪の成立條件は第一暴行脅迫を用ゐたること、第二他人の財産を奪取したることの二條件を要するを以て其他人の動産奪取は强、窃盜に共通の條件なるも唯暴行脅迫を財物奪取の手段に供したると否とは强窃盜の分るる要點なり。假令は他人の財を得る爲め家宅に侵入して家人に對し暴行脅迫に着手したるときは强盜に着手したるものなれは財を奪取したると否とに因て既遂未遂の分界と爲すを得へし又竊盜の場合に於ても竊取する爲め其目的物に手を觸れたるときより是を占有して戶外に出てんとするときまて尙は竊盜未遂なりと論するもの多し若し犯人家宅に侵入して財物捜索中家人に發覺して逃走したるときは竊盜未遂なるや單に家宅侵入罪なるやは一個の問題なり。

要之犯罪の着手とは犯罪成立條件中法律の禁制的條件に着手するを謂ふ(刑法新論)ものなり。

其如何なる條件か法律の禁制したる條件なるやは各犯罪の種類に因り異なるを以て一々明示せさるも此定義に因て各種の犯罪成立條件を精査せは着手未遂と既遂と豫備との標準を知ること敢て難にきに非さるなり。

犯罪の實行に着手して何等の障碍もなく犯人其犯さんと欲したる目的を達するに必要なる行爲を實行し終りたるときは之を既遂犯なりと雖も犯罪を實行すれは必す目的を達するものに限らす、或は犯罪實行のときに誤ることありて犯人遂に其目的を達する能はさる場合なきにあらす、此犯罪實行に着手して仍ほ豫期の目的を達せさるときは是を既遂犯より主觀的に觀察すれは未遂罪なりと謂ふ可し。故に此未遂罪たるには左の二條件あるを要す。

第一、犯人犯罪の實行に着手したることを要す。

犯人は必す犯罪の着手以上の行爲を爲したるも其目的を達せさる場合ならさる可らす。而して犯罪搆成條件の一部に着手して未た遂けさるときは學說上是を着手未遂と云ひ其犯罪搆成條件の全部を行ひ誤て尙ほ目的を達せさるときは是を缺效未遂犯と云ふ。假令は竊盜罪に於て他人の動產に手を觸れ犯人之を握有せんとしたるとき家人に發覺したるとき又ほ人を殺さんとして斬り付けたるに被害者負傷したるのみにて未た死に至らさる場合の如きは殺人未遂犯なり。缺效犯に就ては後段に於て之を論す。

第二、犯人以外の障碍に因り犯罪を遂けさることを要す。

犯人は最初の决心に基き其目的を達せんとする意思ありたるも意外の障碍に因り竟に目的を遂けさるを要す。而し其障碍の原因如何は之を問はさるなり、假令は甲乙を殺さんとして斬り付たるに乙逃避したるとき又は丙飛ひ來りて抱き止めたる時の如きは孰れも犯人意外の障碍に因り乙を殺すを得さる場合なり。若し之に反して犯人自身の意思より外來の障碍に因らすして犯罪の實行を止めたるときは所謂中止犯なれは着手未遂罪の成立には犯罪の實行に着手して仍ほ希望したる直接の目的を達し得さる場合たらさる可らす。故に苟も犯人にして希望したる目的に相當したる事實を實行し終りたる時は犯罪の因て生したる原因たる目的を達したると否とを問はす犯罪は既遂なるを以て犯罪直接の目的と犯罪を決意したる原因即ち間接の目的とを混同せさるを要す。假令は強盜家人に暴行脅迫を加へて財物を強取したるも後に財物を取戻され強取して利益を得んと欲したる間接の目的を達せさるも強盜既遂犯たるを免れさるが如し、其財物を強取したるは犯罪直接の目的にして利益を得んと欲したるは之間接の原因即ち目的たるに過きさるなり。

以上二條件を具備したるときは一般犯罪の未遂犯成立するものなりと雖も此未遂犯は犯人より主觀的客觀的に其遂けさる狀況を觀察すれは仍ほ缺效犯、不能犯、中止犯等に區別することを得へし。

甲、缺效犯とは犯人豫期の目的を達せんと欲して既に行爲を行ひ終るも尙ほ意外の障碍に因り目的の效果を生せさる場合を謂ふ。其の意外の障碍とは、假令は人を銃殺せんとして既に發砲したるも誤て的らさるか若くは的るも微傷に止まり死に至らさるか如きは犯人已に其行はんと欲したる所爲を實行して效果を奏せさるものなるを以て是を缺效犯と謂ふにあり。而し此缺效犯と着手未遂犯の區別は犯人の方面より觀察すれは缺效犯は犯人の實行せんとしたる方法を遂行したるものなれは多くは犯人自ら中止せんと欲するも得へからす之に反して着手未遂犯は犯罪搆成條件の一部實行に着手したるに過されは犯罪の實行を中止せんと欲すれは尙ほ中止するの餘地なきにあらすと雖も其結果より觀察すれは二者共に目的を達せさるものなれは未遂犯なりと謂ふを得へし。故に改正刑法に於ては此實益なき區別を認めさるなり(理由書參照)。

乙、不能犯とは犯罪行爲を實行するも犯罪成立せさるを謂ふ、換言すれは犯罪を實行するも目的上又は方法上絕對的に犯罪の成立せさる場合を謂ふものなり。

學者此不能を目的上の不能犯、方法上の不能犯と爲す則ち左の如し。

一)目的上の不能犯目的上の不能犯罪を區別して絕對的不能犯、相對的不能犯と爲す。此絶對的不能犯とは實行犯罪の當時被害者存在せさるか若くは存在するも尙ほ犯罪成立せさる場合なり。假令は暗夜人なりと信して斬り付けたるに石地藏なりしときの如き又は他人の物と信して竊取したるに自己の所有物なりし場合の如きを謂ふにあり。相對的不能犯とは犯罪の目的物は存在するも到底犯罪の目的を達すること能はさる場合なり。假令は殺傷せんとする人の寢所へ發砲したるに其人此所に居らさるとき又は盜兒寺院の賽錢を竊取せんとして明けたるに其箱空虛なる場合の如し。是等の場合に於ては犯罪の目的物絶對的に存在せさるに非す唯犯人の犯罪を實行したる場所に現在せさるに過きされは學者之を相對的不能犯なりと謂ふ。

(二)方法上の不能犯　此方法上の不能犯も亦絶對的不能犯、相對的不能犯と爲す。絶對的方法上の不能犯とは犯罪の實行方法か其性質上犯罪の目的を達すること能はさる場合を謂ふ。假令は彈丸裝置なき銃を以て人を銃殺せんとしたるとき又は毒藥なりと信して砂糖を人に服せしめたる場合の如きは孰れも到底犯人の期したる目的を達することを得さる不能の所爲なり。之に反して方法上に於ける相對的不能犯とは犯人か實行せんと欲したる方法は性質上は犯罪の目的を達するを得へきものなるも尚ほ目的を達せさる場合。假令は彈丸裝置の銃砲なるも遠距離の爲め目的の人を仆すを得さるときの如し若し接近すれは其目的を達し得らるゝを以て學者是を相對不能犯と爲す。

右は通常學者の所謂不能犯の類別及定解なりと雖も學者の相對的不能犯は其目的上と方法上とを問はす實行するに該り注意周密ならす。且其手段拙劣なる爲めに目的を達するを得さる場合多きに居れは犯人以外の障碍に因り效を奏せさるものなるを以て或は未遂犯成立することなきにあらす。彼空室に向て發砲したるとき又は盜兒嚢錢箱を捜査したるとき又は發砲したるも遠距離の爲め人を仆すを得さる場合の如きは唯犯罪の目的物其場所に存在せさるのみにて未遂犯構成條件の全部を實行したるものなれはなり。之に反して絶對的不能犯は其目的上又は方法上何等の故障なきに係はらす、犯罪の目的を達すること能はさる不能の所爲なれは何人か之を行ふも犯罪成立せさるものなり。故に彼の人と誤信して石地藏を斬り他人の物と信して自已の物を竊取し又は彈藥なき銃砲を放さんとし或は砂糖を毒藥なりと誤信して服せしむるか如きは孰れも是單に犯意の發表たるに過きされは未た刑法上の問題として論すへきものに非さるなり。要するに不能犯は目的上に於けると方法上に於けるとを問はす絶對的に何人か實行するも犯罪成立せさる場合を謂ひ。缺效犯は犯罪の手段方法は之を完全に實行したるも意外の障碍に因り其目的を達せさるに過きされは純然たる未遂犯成立す。是其區別の要點なり。

丙、中止犯とは犯人自ら犯罪行爲を中止する場合を謂ふ。故に犯人犯罪の實行に着手せしも未た何等の效果をも生せさる前其の行爲を中止したるときは全く罪なし。若し犯罪實行に着手して多少效果を生したる後に中止したるときは最早責任なきを得さるなり。假令は人を殺さんとして一刀を下したるも忽ち惻隱の情起り中止したるときは爲めに生したる負傷の輕重に因り其責に任すへきものなるも之に反して其人に會し斷然殺意を飜し實行を中止したるときは毫も效果を生せさるを以て全く罰せさるものとす。

茲に注意すへきは中止犯に似て非なるものあり。假令は人を銃殺せんとして發砲したるも一發命中せさるか爲め二丸を發せす自ら中止したるときは是中止犯にあらすして缺效犯なり、則ち一發命中せさるは意外の障碍に因るものにして中止以前既に缺效犯成立するを以て其後中止せんと欲するも得へからさること是なり。

以上論したる犯罪の發意、決心、豫備は暫く措て論せす。此着手未遂犯、缺效犯、不能犯、中止犯等は從來學者の附したる名稱にして未遂犯の解釋上に於ける分類なり。改正刑法に於ても未遂罪中此分類區別名稱を認むるや否第五十五條は犯罪の實行に着手し之を遂けさるものは云々と規定し、但書に自己の意思に因り之を止めたるときは云々と規定したるを以て觀之余か前段論したる着手未遂犯、中止犯は本條中に包含すること疑ひなしと雖も唯缺效犯、不能犯は本條中に之を認めす孰れも犯罪の實行に着手して遂けさる者として論する立法上の主旨なりと知る可きなり。

**第五犯罪の既遂**　此犯罪の既遂とは犯罪の實行に着手し何等の障碍もなく犯人

其犯さんと欲したる目的を達したる場合を謂ふ者なり。假令は人を殺す決心に基き其人を殺したるときの如きは是殺人罪の實行を遂けたるものにして既遂犯なりとす。

第五十五條　犯罪ノ實行ニ着手シ之ヲ遂ケサル者ハ其刑ヲ減輕スルコトヲ得但自己ノ意思ニ因リ之ヲ止メタルトキハ其刑ヲ減輕又ハ免除ス

本條は未遂罪に關する規定なり。

改正刑法は犯罪の實行に着手し之を遂けさる者は其刑を減輕することを得ると規定し。着手して之を遂けさるは如何なる原因、障碍に因て遂けさる場合なるかを明示せす。現行刑法第百十二條は罪を犯さんとして已に其事を行ふと雖も犯人意外の障碍若くは舛錯に因り未た遂けさるときは已に遂けたる者の刑に一等又は二等を減すと規定し、其着手して遂けさる原因を明示せり。此障碍及ひ舛錯を文字上より區別すれは障碍とは外來的防害の爲め意外にも犯罪を遂けさる場合を云ひ、舛錯とは犯人自身の錯誤に因て犯罪の目的を達せさる場合を云ふにあり了原因の外來と自招なるとの差異あるも犯人目的を達せさる點に付ては二者共に異なる所なし。假令は甲乙を銃殺せんとして發砲したるも銃丸乙に命中せす其前方の樹木に的りて乙爲めに銃殺の害を免かれたりとせは乙より觀れは樹木の障碍に因り危難を免れたるものなり、之を甲より觀れは自ら狙擊を誤り樹木を射て乙に命中せさりし意外の舛錯なり唯觀察の方面を異にする爲めに外ならすして二者其實質上異なるにあらす。然るに學者或は之を區別して着手遂犯は障碍に基き缺效犯は舛錯に原因する未遂犯なりと論するものありと雖も二者犯人意外の障碍なると共に目的を達せさる點に付ては既に論したるか如く同一なれは之を區別するの必要と實益なきを以て本法は其遂けさる原因如何を問はす。廣く犯罪の實行に着手し云々と規定し、現行刑法の障碍舛錯も亦此遂けさるの中に包含するものと爲したるものなり。本條は但書の自己の意思に因り之を止めたるときは其刑を減輕又は免除すとは既に論したるか如く犯人自ら任意に犯罪の實行を中止したる場合なれは其中止前に生したる實害の程度に因り犯人の豫期したる犯罪の本刑より多少減刑せらるゝものなり。若し犯罪實行に着手せすして止めたるとき單に犯意を決したるに過きされは未た刑法上の問題たるへきものにあらさるなり。

第五十六條　未遂罪ヲ罰スル場合ハ各本條ニ於テ之ヲ定ム

未條は未遂罪を罰する場合を第二編以下各本條に於て規定し其規定なき犯罪は總て之を罰せさることを示したるものなり。蓋し斯の如く未遂罪を罰すへきもののと爲したる各罪は未遂の程度に於て既に罰すへき危險ありと看做して法律上其實害の有無は之を問はさるなり。仍ほ詳細は第二編を論するときに之を述へんとす。

## 第五章　合併罪

本章は現行刑法第一編第七章數罪俱發の規定を改正したるものなり。

數罪俱發の名を改め併合罪と爲したるは確定裁判を經さる數罪は必すしも俱に發覺することなく、一罪既に確定裁判を經たる後他の犯罪發覺することなきに非す、此等の場合に於ては數罪俱發の名稱は稍や穩當を缺くの嫌ひあり又改正刑法第五十七條の如く確定裁判前の數罪は發覺期時の前後如何を問はす併合して處斷するを以て寧ろ之を併合罪と名くるの勝れるに如かす。然れ共玆に注意すへきことは此併合罪と稱するも各罪を併合して新に一罪と爲すに非す、各罪は尙ほ獨立して存在し唯之を併合して處斷するの義に過きさるなり。

而し現行刑法は數罪俱發の場合に違警罪を除くの外吸收主義に因り數個の犯罪中一の重きに從て處斷する主義を採りたるを以て一と度罪を犯したる者は其の裁判確定に至るまては之と同等若くは輕き罪は何回犯すも後罪に對する刑は常に第一犯罪に對する刑に吸收せられて後罪は全く之か處罰せられすして加之一罪を犯したる者と數罪を犯したる者と同一の刑を以て罰するは頗る不當なるを以て本法は此主義を排斥し所謂併科主義を採り一罪毎に刑を科するを原則と爲したり。但し死刑又は無期刑に當る罪と他の罪と併發したるときは事實上各罪に對して各刑を併科し得へからさるを以て此の場合は例外として吸收主義を採れり又た有期の自由刑に付ても各犯罪毎に刑を科すとせは遂其刑期數十年の長きに至るの虞あるを以て此場合に於ても亦例外として制限併科の主義を採用したり。而し此併合罪の處分に付ては歐州各國に於て採用する立法例に三主義あり則ち左の如し。

第一、吸收主義、此主義は數罪中最も重き所爲に對して刑を科し他の輕き所爲は總て重き犯罪中に吸收せしむるにあり。是舊時佛國刑法の採用したる主義にして我か現行刑法も亦佛國刑法に倣ひ此主義を採用したりと雖も數罪を犯したる場合には唯其重き所爲のみを罰して輕き所爲は悉く不問に付するを以て犯人好て數罪を犯すの弊害なきにあらす、換言すれは犯人一罪を犯して罰せられんより寧ろ數罪を犯すに如かすと爲すに至り法律自身か犯罪を奬勵する結果を生し其不當なることと論を俟たさるなり。故に一罪を犯したる者と數罪を犯したる者と同一の刑に處するか如きは頗る公平を失するを以て近來の立法例は此主義を排斥して併科主義を採用するに傾けり。

第二、併科主義、此主義に據れ一罪あれは一刑を科するにあり。故に數罪を犯したる者に對しては數刑を併科するものなれは刑法上の原理より論すれは一罪一刑數罪數刑を科するを以て間然する處なし。吸收主義の如く數罪中重き一罪を罰して他の輕き犯罪は不問に付するか如き不當の結果を生せす。然れ共此併科主義も亦多少缺點なきに非ず、則ち其數罪中二個以上の死刑に該當する犯罪あるか又は死刑と無期刑に當る犯罪ある場合に於ては到底之を併科するを得さるのみならす、輕き輕罪に付ても數十犯を總て併科せは却て重罪刑より苛酷に失する虞なきに非す、故に絕對的併科主義も亦立法上採用すへき良主義にあらさるなり。

第三、折衷主義、此主義は併科主義を制限して其缺點を補ひ吸收主義の弊を除きたるものなり。故に折衷主義は原則上併科主義を採り併科し得さる數個の犯罪(死刑又は無期刑の如し)に付ては吸收主義を採用し、其他の犯罪を混同して特別の刑を科するにありて是を制限併科主義と稱す我か改正刑法は此主義を採用したるは犯罪必罰の原理に適合したりと謂ふへし。而し此主義も亦多少の弊なきにあらす、犯人數罪を犯すも重刑に處せらるゝを恐れ每に犯罪を隱蔽することなきにあらすと雖も是人情免れさる通弊なれは一に裁判官の賢明に委するの外なきも第七十條は之に對する救濟方法を規定したり。

第五十七條　確定判決ヲ經サル數罪ヲ併合罪トス若シ或ル罪ニ付確定判決アリタルトキハ止タ其裁判確定前ニ犯シタル罪トヲ併合罪トス

本條は併合罪として處斷すへき場合を規定したるものなり。

則ち併合罪とは同一犯人未た確定裁判を經さる獨立したる數個の犯罪併發したる場合を謂ふ。然れ共本條規定するか如く時に或は數罪中一罪既に確定判決を經たるものあるときは止た其罪と裁判確定以前に犯したる罪とを併合罪と爲すことなきに非す。原則としては數個の犯罪一も裁判を經すして併發したる場合を併合罪と謂ふにあり。而し此併合罪は必す同時同一裁判所に於て發覺するを要するものにあらす時を異に場所を異にするも尙は同一犯人にして數個の犯罪未た確定裁判を受けさるときは總て之を併合して審理すへきものなり。蓋し其審理の方法に至ては刑事訴訟法の範圍に屬するを以て玆に論せす。

此併合罪には左の二條件あるを要す。

第一、二個以上の獨立したる犯罪あること。

併合罪は各個必す獨立して成立したる犯罪たるを要す。故に繼續犯の如き犯罪成立に多少の時間繼續して成立するも素と之一所爲の延長たるに過きさるを以て未た數罪と看るへきものにあらす又竊盜を爲す者人の家宅に侵入するも侵入罪と竊盜罪との二罪にあらすして是等各場合に於ては一罪なり。故に併合罪たるには必す一所爲にして一罪を構成するもの二個以上併發したる場合を謂ふものとす。

第二、其二個以上の犯罪は確定判決を經さること。

一罪既に確定判決を經たる後更に他の罪を犯したるときは是再犯なり。故に併合罪たるには先に一罪ありて未た確定判決を經さる前更に他の罪を犯して二罪同時又は異時に發覺したる場合を謂ふものなれは再犯と併合罪とは二罪以上獨立したる犯罪なる點は同一なるも確定判決を經たると否とは再犯と併合罪とを區別する要點なり。

第五十八條　併合罪中其一罪ニ付キ死刑ニ處スヘキトキ

ハ他ノ刑ヲ科セス但公權剝奪及ヒ沒收ハ此限ニアラス
其一罪ニ付キ無期ノ懲役又ハ禁錮ニ處スヘキトキ亦他ノ刑ヲ科セス但罰金科料公權剝奪及沒收ハ此限ニ非ス

本條は併合罪中死刑又は無期の懲役、禁錮に處すへき犯罪ありたる場合を規定したるものなり。

若し併合罪中死刑に該當すへき犯罪又は無期の懲役、禁錮に處すへき犯罪ありたるときは他の余罪は縱令何罪併發するも之を併科すると能はさる以て吸収主義に依り、他の刑を科せさることを規定したるものなり。此場合に於ては例外として併科、吸収二主義を折衷したる公平主義を採用したる者なり。然れ共公權剝奪及沒收は併科すること不能にあらさるを以て本條之を併科することを規定せり。又無期の懲役、禁錮に處せられたる者に對しても他の刑は之を併科せさるを原則と爲すも時に或は刑の執行を遁るゝことなきにあらす、假出獄、特赦等の恩典に依り刑を免せらるゝことあるを以て(第二十一條參照)公權剝奪は之を附加するの必要あり、殊に罰金、科料、沒收も尙ほ犯人の一身に毫も關係なく財產に對して執行するものなれは之を併科することを規定したるものなり。

第五十九條　併合罪中二個以上ノ有期ノ懲役又ハ禁錮アル時ハ其最モ重キ罪ニ付キ定メタル刑ノ長期ニ其半數ヲ加ヘタル者ヲ以テ長期トス但各罪ニ付キ定メタル刑ノ長期ヲ合算シタルモノニ超ユルコトヲ得ス

本條は併合罪を制限併科すへき場合を規定したるものなり。其制限併科の程度は併合罪中二罪以上有期懲役又は禁錮に該當すへき犯罪あるときは其中最も重き犯罪に付き第二編以下各本條に定めたる長期の半數を加へたる刑を科すへきものとす。是則ち縱令有期の刑なるも二個以上併發したる場合に於ては總て併科するものとせは犯罪に因ては無期刑に等しく長期に至り頗る苛酷に失する虞あるを以て折衷して併科に制限を加へて最も重き本刑に半數を加算したる刑を科すと爲したり。若し其各犯罪に付て各本條定むる所の刑の長期を合算したる者に超過するときは却て折衷主義を採用したる主旨に反するを以て本條但書は各罪に付き定めたる刑の長期を合算したるものに超ゆることを得すと制限を附したるものなり。

第六十條　罰金ト他ノ刑トハ之ヲ併科ス但第五十八條第一項ノ場合ハ此限ニ在ラス

一個以上の罰金は各罪に付き定めたる罰金の合算額以下に於て處斷す

本條は罰金と他の刑とは原則上併科す可きことを規定したるものなり。罰金と他の自由刑とは併科することを得可き性質なるを以て之を併科するものと爲したり。然れ共本條但書を以て死刑に處せらるへき者に對しては剥奪公權及ひ沒收の外絕對的に併科せさることを規定したれは第五十八條の場合に於ては例外として罰金も尙ほ併科せさることを規定せり。而し此罰金も無制限に併科するときは苛酷に失するを以て本條第二項に二個以上の罰金は各罪に付定めたる罰金の合算額の以下に於て處すと規定し制限併科主義を採りたるものなり。

第六十一條　併合罪中重キ罪ニ付キ附加刑ナシト雖モ他ノ罪ニ附加刑アルトキハ之ヲ附加ス

二個以上ノ公權剝奪アルトキハ其期限ノ最モ長キモノヲ附加シ二個以上ノ監視アルトキハ單ニ其一個ヲ附加ス二個以上ノ沒收ハ之ヲ併科ス

本條は併合罪に關する附加刑の處分を規定したるものなり。改正刑法に於ては附加刑は各犯罪に付て當然附加するものにあらす。各犯罪の種類に依り公權剝奪を附加し、或ほ監視を附加することあり又全く附加刑を科せさることとあるを以て本條は特に併合罪中重き刑に付き附加刑なく、他の罪に附加刑あるときは其附加刑のみを執て以て本刑に附加するものと爲したり。但第五十八條の死刑に處すへき場合に於て屢々論したるか如く例外として剝奪公權、沒收の外附加刑は之を科せさるものとす。

而し、第二項に規定したる公權剝奪及ひ監視は二個以上各罪に附加しあるも性質上之を併科するの必要なきを以て其中一個の公權剝奪又は監視のみを附加するに止むるものとせり。然れ共沒收は各々性質を異にするを以て第二十五條第一號二號に記載したる物件は各別に沒收すへきことを本條第三項は特に規定したるものなり。

第六十二條　併合罪中既ニ裁判ヲ經タル罪ト未タ裁判ヲ經サル罪トアルトキハ更ニ裁判ヲ經サル罪ニ付キ處斷ス

本條は併合罪中既に判決を經たるものと經さるものとある場合の處分を規定したるものなり。

併合罪中既に裁判を經たる罪と未た裁判を經さる罪とあるときは其確定判決を受けたる以前に犯したる罪と併發したるとき（第五十七條）又は縦令判決を經たるも未た判決確定せさる中に余罪發覺したるときを謂ふにあり。斯の如き場合に於ては其裁判を經さる犯罪に對して更に裁判を爲すへきものなり。是則ち本法は吸収主義を排斥して併科主義を採用したるを以て各個の犯罪に付て一々裁判を爲すの必要あるを以て此規定を要する所以なり。

第六十三條　併合罪ニ付キ二個以上ノ裁判アリタルトキハ其刑ヲ併セテ之ヲ執行ス但死刑ヲ執行ス可キトキハ

公權剝奪及ヒ沒收ヲ除ク外他ノ刑ヲ執行セス無期ノ懲役又ハ禁錮ヲ執行ス可キトキハ罰金科料公權剝奪及ヒ沒收ヲ除ク外他ノ刑ヲ執行セス有期ノ懲役又ハ禁錮ノ執行ハ其最モ重キ罪ニ付キ定メタル刑ノ長期ニ其半數ヲ加ヘタルモノニ超ユルコトヲ得ス

公權剝奪及ヒ監視ハ其期限ノ最モ長キモノヲ執行ス

本條は併合罪に付二個以上の裁判ありたる場合に於ける執行方法を規定したるものなり。

既に論したるか如く改正刑法は數罪併科を以て原則と爲すか故に、若し併合中二個以上の判決ありたる場合に於ては其各刑罰を併て執行すへきものとす。然れ共性質上併科することを得さる刑に付ては公權剝奪及沒收以外の刑は之を併科せす。死刑又は無期の自由刑に處せられたる者に對しては罰金、科料、公權剝奪、沒收を除く外他の刑を執行せす。有期自由刑に付ても同しく其刑期の合計か最も重き犯罪の刑期に半數を加へたるものに超過す可からさることを規定し孰れも執行官の遵據す可き標準を示したるものなり。第二項は第六十一條第二項の適用に關して其方法を示したるものなり(第六十一條參照)。

第六十四條　併合罪ニ付キ處斷セラレタル者或罪ニ付キ大赦ヲ受ケタル場合ニ於テハ特ニ大赦ヲ受ケサル罪ニ付キ刑ヲ定ム

本條は併合罪中大赦を得たる犯罪ありたる場合を規定したるものなり。若し併合罪中政治的內亂罪の如きものありて大赦の恩典に由り其犯罪事實を免せられたるときは、他の罪に付き更に裁判を經て刑を定むへきことを規定したるものなり。

大赦は刑を免するのみならす、裁判の前後を問はす其犯罪事實を全滅するの效力あるを以て再ひ罪を犯すも再犯中に算入せられさることは旣に第二章第五節に於て論したるか如し、是他罪に就て更に裁判を爲す必要ある所以なり。

第六十五條　輕罪ノ刑ト他ノ刑トハ之ヲ併科ス但第五十八條ノ場合ハ此限ニ在ラス

本條は輕罪と他の刑とは併科すへきことを規定したるものなり。

改正刑法は併科主義を採用したるを以て死刑に處せられたる者に對しては公權剝奪及ひ沒收の外例外として併科するのみならす、無期の懲役、禁錮に處せられたる者に對しても亦罰金、科料、公權剝奪及ひ沒收の外他の刑を併科せさるものと爲したるも其他の重罪、輕罪は本條規定するか如く總て併科するを原則と爲したり。

第六十六條　一個ノ行爲ニシテ數個ノ罪名ニ觸レ又ハ犯罪ノ手段若クハ結果タル行爲ニシテ他ノ罪名ニ觸ルヽトキハ其最モ重キ刑ヲ以テ處斷ス

第六十一條第三項ノ規定ハ前項ノ場合ニ之ヲ適用ス

本條は想像上の併合罪に關する規定なり。

本條は所謂學說上想像的併合罪と稱するものなれは其意義及ひ實体上の併合罪との區別を論し而して後二者の意義を逃へんとす。

(一)實体上の數罪とは同一犯人數個の獨立罪を犯したる場合を謂ふ。換言すれは一所爲每に一罪を構成する數所爲を行ひ同一法律又は數個の法律に違犯するを謂ふにあり。假令は竊盜罪を數個の家に於て行ふたるときは同一所爲にして同

一目的なるも一家毎に窃盜罪成立す又甲所に於て人を殺し乙所に至り放火した
る場合の如きは各獨立したる犯罪にして別異の法律に違背する者なり。然れ共
犯人一家に於て同時に金錢、衣服、器物等別異の物品を竊取するも此場合に於ては
數個の窃盜罪成立するものにあらす、縱令其物品の所有者を異にするも尙ほ一罪
成立するに止まるを以て前例數戸に於て窃盜を爲したる場合と混同せさるを要
す、一見各個の物品を窃取したるものなれは數個の窃盜罪成立するに似たりと雖
も前例は意思も所爲も共に一戸毎に斷絶し各獨立したる處爲なるも後例の場合
に於ては意思と所爲と共に繼續するを以て單に數種の物品を窃取したるのみ未
た以て獨立したる各個の窃盜罪と謂ふを得さるなり。又強盜財物を強取する爲
め家人を殺傷して財物を持去りたる場合に於ても是又強盜殺人等の二罪成立す
るにあらす強盜殺人と云ふ一罪成立するに過きさるなり（第二百七十八條）。
（二）想像上の數罪とは一所爲にして數個の法律に抵觸したる場合を謂ふ。換言す
れは一個の行爲にして數個の罪名に觸れたる行爲を謂ふ。是本條の規定したる
想像的併合罪なり、假令は他人の財産を騙取する目的を以て私書私印を僞造し併

金請求を爲したるときの如きは私書私印僞造及ひ財物騙取の三個の法律に抵觸するものなりと雖も此場合に於ては其私書私印は財物騙取の手段に僞造したるものなれは單に私書私印僞造行使詐欺取財犯の一罪成立するに過きす又假令は懷胎の婦女を毆打したる爲め胎兒を墮胎せしめたるときの如きも毆打罪と墮胎罪と二罪成立するにあらす其墮胎は毆打の結果たるに過きされは是等の各場合に於ては本條の規定に依り其中最も重き私書私印僞造罪又は墮胎罪を以て處斷すへきものなり。

本條は以上論するか如く學說上所謂數罪俱發と稱する場合及ひ相牽連したる犯罪に關する規定なり。現行刑法に於ては此規定なきか爲め解釋上頗る疑義を生したることあるを以て本法は新に本條を設けたるものなり。

要之本條は一個の行爲にして數個の罪名に觸るゝ場合及ひ或る罪か他の犯罪の手段若くは結果たるに過きさる場合に於ては其刑を併科するの必要なきを以て其罪名中最も重き刑を科することゝ爲して吸取せしむるものと爲したるにあり。

## 第六十七條　連續シタル數個ノ行爲ニシテ同一ノ罪ニ觸

ルヽトキハ一罪トシテ之ヲ處斷ス

本條は連續犯に關する處分を規定したるものなり。

前條は一個の行爲にして數個の罪名に觸れたる場合を規定したるも本條は數個の行爲にして一個の罪名に觸るる場合を規定したるものなり。本條の所謂連續したる數個の行爲にして同一の罪名に觸るゝ場合とは學説上之を連續犯と稱する犯罪を謂ふに外ならす。假令は一倉庫内の米十俵を悉く竊取するの目的を以て昨夜五俵今夜五俵竊取運搬したる場合の如きは竊取の所爲は昨夜と今夜と斷絶するも犯意繼續するを以て之を連續したる一竊盜罪なりとす又姦通罪の如きも他に有效なる婚姻の成立するに拘らす有夫の婦他人と通したるに因て姦通罪は直に成立するものなり故に假令姦通の事實長く繼續すると否とを問はす是唯同一犯罪の繼續に過きされは本法に於ては斯る場合は連續的行爲と看做して處斷すへきことを規定したるものなり。

## 第六章　再犯

本章は現行刑法第一編第五章の規定を修正したるものにして其修正の要點を擧くれは、現行刑法に於ては罪の性質輕重を問はす、再犯の規定を設け先に重罪の刑に處せられたるもの再犯、重罪、輕罪に該るとき、又は先に重罪、輕罪の刑に處せられたるもの再犯輕罪に該るとき及ひ先きに違警罪の刑に處せられたるもの再犯、違警罪に該るときは常に再犯例を適用することゝなしたるか爲め其場合廣きに失し、一方に於ては無用の加重を爲し、他の一方に於ては無效の加重を爲すことなきにあらさるを以て本法は犯罪の性質に因り之を區別し主として累犯の虞あるものにのみ再犯例を適用することゝ爲したり。

而して現行刑法は再犯と初犯との間に於ける日數に付き何等の制限なく、初犯後數十、年を經たる後と雖も仍は犯罪あれは之を再犯と爲すを以て甚た酷に失し、再犯加重の趣旨に添はされは改正刑法に於ては之を改め初犯後久しからさる期間内に再犯最も多きか故に此點に對して一の制限を設け、初犯後十年以内に非されは再犯例を適用せさることゝ爲したり。

凡そ刑法の最大目的は犯罪撲滅にありと雖も黄河は時ありて清むことあるも世

の犯罪を撲滅するか如きは到底得て望む可からす。然れ共再犯防遏は刑法上至要の目的なるを以て此再犯に關する規定は最も緊要なるものなり。近年再犯、益々増加し良民を害すること一層甚たしきに至り有識の士は之か匡救の策を講せさるはなし斯く累犯の増加は固より其原因一ならす、彼の監獄制度の不完全縱令は假出獄後に於ける免囚保護の慈善的事業の發達せさる爲め自活に苦しみ知らす識らす再ひ罪を犯す者なきにあらすと雖も是獄制上の問題に屬するを以て玆に論せす。

再犯の多きは獄制の不完全に原因するもの尠なからさるも刑法上の規定宜しきを得さるも亦其原因なり。現行刑法に於ては再犯の刑は初犯の刑に僅か一等を加ふるに過きされは重罪に付ても三年を超ゆることなく、輕罪以下罰金刑に付ては刑期又は罰金額の四分の一を加重するに止まるを以て加重の分量輕るきに失し、近來再犯増加其弊に堪えす而し此再犯者中にも亦必らす刑を加重するを要せさるものなきに非らされとも大多數は懲治改善の望なき者なれは可成實效ある刑を科して良民を保護せさるへからす。是を以て改正刑法は再犯以上の者に對しては最長期二倍の刑を科して有害者を社會の外に遠さくるの方法を採りたれは再犯防遏の目的を達する爲め最も適當なる改正なりと謂ふ可し。我現行刑法は佛國刑法の例に倣ひたるものなるも同國に於ても近來累犯增加の弊に堪へすして其矯正の目的を以て千八百八十六年刑法上に一大改正を加へたる以來全く再犯の刑を一變したりと云ふ。

再犯とは一罪確定判決を經たる後再ひ罪を犯すを謂ふ、換言すれは再犯は二罪以上犯すに因て成立するものなり。而し併合罪も亦二犯以上犯す者を云ふにありと雖も再達と併合異と異なる點は、再犯は確定判決を經たる後罪を犯すにありて併合罪は確定判決以前數併罪發するの差異あり。

蓋し此再犯加重は一事不再理の原則に抵觸するものなりと批難する者あり、即ち一罪既に確定判決を經たる後前罪を理由として後罪の刑罰を加重するは一事不再理の原則に反するものなり。殊に裁判所に於ては現に顯はれたる事實に付て審理す可く裁判所に顯はれさる前科を理由として後罪を加重するは抑も不當なりと、然り若し夫れ前科を再犯加重の條件と爲せは論者の所謂一事不再理の原則に反するものなりと雖も再犯は素と犯人の身上に附着する加重の情狀なり、換言すれは再犯者は普通の刑罰の恐るべきを知らす初犯の刑罰に懲りざる者なるが故に初犯の事實に關係なく加重したる一種特別の刑罰を科して改善を計らんとするにありて前科は再犯加重の一證據たるに過きす。再犯は初犯に比して其情狀に於て既に重きか爲め再犯自身刑を科するものにして一事不再理の原則に毫も抵觸するものにあらす。是今日學說として存するのみにして何人も之を唱ふるものなき所以なり。

近時再犯加重制度に就ては何人も非難する者なきも其再犯者に對する處分問題に至ては立法上大に議論ある所なり。則ち再犯加重は判決確定後は總て加重すへき乎將た或る種の犯罪に限り加重す可きや又再犯は確定判決後何時にても加重すべきや一定の期間を設けて其期間內に限り加重す可きものなるや否是なり從來の立法例に二種あり。

第一、一般加重主義　此主義に據れは初犯の確定判決を經たる後は如何なる罪を犯すも刑法上に於ては再犯なるを以て犯罪の種類を問はす、苟も再犯なる以上は加重したる刑を科すへしと是我現行刑法の採用したる主義なり。

第二、特別加重主義　此主義は初犯の裁判確定以後犯す罪は初犯と同性質又は類似の犯罪にして且初犯と再犯との間に一定の期間を設け其期間内に於て再ひ罪を犯したるとき加重すへし。若し第一主義の如く犯罪の種類を問はす刑法上の禁令、命令に違犯したるときは總て加重すへしとせは初犯無意犯にして再犯有意犯なるも尚は加重すへきものなり、酷に失するのみならす刑罰懲戒の理由に反するものなり。又一旦罪を犯すも改悟し數十年間罪を犯さゝる者偶然刑辟に觸れたる場合の如きは再犯なりと雖も加重する必要なし。故に再犯加重は最初の刑罰に懲りす慣行的に同一種類の犯罪を一定の期間内に累犯したる者に限り加重す可しと是近世の立法上に採用する新主義にして我改正刑法も亦此主義を採用したり。其詳細に至ては後段に於て論せんとす。

第六十八條　懲役ニ處セラレタル者其執行ヲ終リ又ハ執行ノ免除アリタル日ヨリ十年内ニ更ニ有期懲役ニ該ル罪ヲ犯シタルトキハ之ヲ再犯トス

懲役ニ該ル罪ト同質ノ罪ニ因リ死刑ニ處セラレタル者其執行ノ免除アリタル日ヨリ又ハ減刑ニ因リ懲役ニ減輕セラレ其執行ヲ終リ若クハ執行ノ免除アリタル日ヨリ前項ノ期間內ニ更ニ有期懲役ニ該ル罪ヲ犯シタルトキ亦同シ

併合罪ニ付キ處斷セラレタル者其併合罪中懲役ニ該ル罪アリタルトキハ其罪最重ノモノニ非スト雖モ再犯例ノ適用ニ付テハ懲役ニ處セラレタル者ト看做ス

本條は再犯例を適用すべき期間及ひ罪質を規定したるものなり。懲役に處せられたる者犯罪後其刑の執行を終り又は免除を得たる日より十年內に更に有期懲役に該る罪を犯したる場合に限り再犯例を適用す可き者と爲し。敢て必らすしも同種類の犯罪たるを要せすと雖も禁錮に處せられたる者再ひ懲役に該當す可き罪を犯すも再犯を以て論せされは自ら種類を制限したるものなり。則ち禁錮に處すべき犯罪は內亂罪の如き特別の罪にして全く普通犯と其性質を異にするを以て再犯加重の條件と爲ささるにあり。

而し此再犯例を適用す可き期間に付ては議論なきにあらす。或は初犯の裁判確定より起算し若干年と爲す可しと云ふ者ありと雖も本法は裁判確定のみにては未た以て犯人の再犯を防くに足る可き實效なき者と爲し其裁判の執行を終るか若くは裁判執行の免除を受けたる時より起算し其期間を十年以内と定めたるなり。

第一項に於ては初犯は懲役に限るも其懲役に該るへき犯罪と同性質の罪に因り死刑に處せられ執行の免除を得たる者若くは死刑より懲役に減輕せられたる者に對しては尚は一層之を再犯加重すへき必要あるを以て此等の者か本條第一項の期間內更に有期懲役に該る罪を犯したるときは再犯例を適用せさる可からす。是第二項を規定したる所以なり。

第三項の規定は數罪併發したる場合に於て其中懲役に該當す可き犯罪ありたるときは本刑と定められたるものは勿論否らさるも本法は併科主義を採用したる結果各犯罪獨立するものと爲し、縱令其罪重からさるも仍ほ再犯として存在せしめて加重す可きものと爲したり。

本法に於ては再犯加重は懲役に該るへき犯罪にして且初犯の刑執行濟みと看做すへき時より十年以内に犯したる場合に限り、再犯例を適用すへきものと限定したるを以て若し十年經過の後再ひ罪を犯すも再犯例を適用せさるのみならす初犯禁錮に該る犯罪にして再犯懲役に該るとき及ひ輕罪に處せられたる者は再犯を以て論せさるものなり、故に再犯加重には左の條件あるを要す。

第一、初犯の判決確定し且十年以内たること、

再犯として加重せらるゝには必す前犯罪の裁判確定し其刑の執行終りたるか又は執行免除に因て刑を免せられたる以後新に罪を犯したるを要するものなり。

第二、日本裁判所の判決なること、

外國裁判所の判決は外國に於てのみ效力あるに過きされは我日本に於ては其判決を認めて之を再犯と觀るを要せさるなり。

第三、前罪と同一刑に該る可き罪を犯したること、

初犯懲役の刑に處せられたる者再犯も亦懲役に該當する犯罪たるを要す。若

し初犯禁錮に處せられたるか又は拘留、科料等輕罪刑に處せられたる者再犯懲役に該るへき罪を犯すも再犯を以て論すべき者にあらさることは既に論したるか如し、故に前犯後犯とも懲役刑に該當するを要するものなり。以上の條件具備したるときは再犯の刑は其罪に付き法律の定めたる懲役刑の長期二倍の刑を科し再犯防遏に最も效あらしめんと爲し。現行刑法と全く其主義を改め大に嚴罰主義を採用したるなり。

第六十九條　再犯ノ刑ハ其罪ニ付キ法律ニ定メタル懲役ノ長期ノ二倍トス

本條は再犯に對する科刑の標準を定めたるものなり。

現行刑法は再犯の刑は初犯の刑に一等を加ふと定めたるを以て其結果重罪に付ては多くも三年を超ゆることなく、輕罪、違警罪に付ては刑期又は罰金額の四分の一を加重するに過きす、而して同第九十八條の規定に因り三犯以上の場合と雖も之と異なることなきか爲め一般に加重の分量輕きに失し現時累犯者增加して再犯防遏の精神は殆んと其目的を達せす、是現行刑法の改正を要する一大缺點なり。

是を以て本法は加重の分量を增加し、法律に定めたる刑期の二倍を以て再犯の刑と定めたるものなり。

前屢々論したるか如く再犯以上數罪を犯す者は法律を蔑視して刑罰懲戒の效なき者なるを以て之を嚴罰し犯人の改悛を誘導すると同時に一方に於ては再犯の懼る可きことを世人に知らしめ豫防の具と爲すにあり。故に本法實施の日に至ては現時の如き再犯增加の弊を一變して累犯減少の效を奏すること期して待つ可きなり。

第七十條　裁判確定後再犯者タルコトヲ發見シタルコトキハ前條ノ規定ニ從ヒ加重ス可キ刑ヲ定ム

懲役ノ執行ヲ終リ又ハ其執行ノ免除アリタル者ニ付テハ前項ノ規定ヲ適用セス

本條は裁判確定以後再犯たることを發見したる場合を規定したるものなり。

現行刑法は再犯加重の分量輕きに過き再犯を防遏するに足らさるに拘はらす仍は被告は其加重の刑を免れんと計り初犯を隱蔽し之を發見するに容易ならす。然るに本法は一層加重の分量を大ならしめたるを以て勢ひ初犯を隱蔽する者非常に増加す可きことを期して豫防の規定を爲したるものなり。殊に現行刑法に於ては裁判の當時再犯者たることを發見せさるときは其後に至り發覺するも最早刑罰を變更するを得されは被告は裁判當時極力再犯にあらさることを爭ひ隱蔽に努むるを以て本法は之を改め何時にても再犯たることを發覺したるときは更に刑を加重することを規定し其弊を矯正することに爲したり。

## 第七十一條　三犯以上ノ者ト雖モ仍ホ再犯ノ例ニ同シ

本條は三犯以上の者を對する再犯例を規定したるものなり。

再犯者に對して二倍の刑を科するとせは理論上三犯以上の者に對しては三倍の刑を科するを至當なるか如し、如何となれは犯罪を累ぬる毎に社會の秩序を紊亂することと大なると同時に三犯四犯の累犯者は其犯人の心術上に於ても法律を蔑視し懲戒の效なきものなれはなり。然りと雖も改正刑法は再犯の場合に於て既に充分加重を爲し得る余地を存したるを以て三犯以上の者に對しても更に特別加重例を設くるの必要なしと認めて本條の規定を爲したるものなり。

# 第七章　共犯

本章は現行刑法第一編第八章數人共犯の規定を修正し主として其不備を補ひ多少主旨を變更したるものなり。

共犯とは二人以上同一犯意を以て同一犯罪を行ふを謂ふ。換言すれは一人にて一罪を犯す場合と同一の犯意同一の目的を以て二人以上共同して同一罪を犯す場合を云ふにあり。故に一人一罪を犯すも數人共同して一罪を犯すも犯罪搆成及責任に就ては毫も異なる所なきを以て殆んと本章の規定を要せす一般原則に從ひ處斷することを得へきか如し。然るに尚ほ本章を存する所以のものは即ち左の理由に基くものなり。

(一)凡そ刑法上刑罰の標準を定むるは、犯罪の情狀と其心術如何に因て是か輕重を定むるものなり。故に一人竊かに犯罪を决行すると數人共同して犯罪を實行するとは被害者に危惧の念を起さしむること大なるに從て社會に及はす危害も亦大ならさるを得す、況んや數人共同の勢力を以てをす其心術に於て惡むへきものなるに於てをや總て共同勢力は悞る可き結果を生するものなれは一層嚴罰す可き必要あり。假令は内亂、外患、國交、多衆聚合に關する罪及ひ生命、身體、財産に關する犯罪の如きは孰れも犯人の多數丈け夫れ丈け社會に及ほす危險も亦大なれはなり。

(二)然れとも數人同一犯意を以て同一犯罪を行ふも必すしも各自の行爲同一なるにあらす。數人共同して一罪を犯せば各自分擔して行ふものなれは其各自分擔の行爲中犯罪成立に必要なる行爲あり、唯犯罪を幇助する行爲あり、此第一の行爲を分擔したる者を正犯と云ひ、第二の行爲を分擔する者を從犯と云ふ。又正犯に實行正犯と正犯に準する者あり。則ち他人をして犯罪を實行せしむる者を敎唆者と云ふ。而して從犯とは實行正犯の豫備又は實行を幇助して犯罪を容易ならしむる者を云ふにありて此三種の犯人に對する責任も亦輕重あるを以て刑罰に差等を設くる必要あり。實行正犯は各本條定むる所の刑を科するは勿論、犯罪を發議して他人に實行せしめたる敎唆者も亦犯罪の原動力なるを以て實行正犯と同一の刑を科すへきものなり、蓋し從犯に至ては單に犯罪實行を幇助して容易ならしめたるに止まり實行者より觀察すれは間接の行爲に屬するを以て責任も亦多少輕からさるを得す。其詳細に至ては各條下に於て述へんとす。

## 第七十二條　二人以上共同シテ犯罪ヲ實行シタル者ハ皆正犯トス

本條は正犯に關する規定を爲したるものなり。

本條は現行刑法第百四條の二人以上現に罪を犯したる者は皆正犯と爲し各自に其刑を科すとの規定を修正したるものなり。則ち現行刑法は「現に」なる文字を以て實行正犯の意義を示したるも其の意義狹きに失する嫌あれは改正刑法は之を共同してと改め各自に其刑を科すとの規定は皆正犯とすと改め各自に其刑を科すへきことは當然なるを以て之を刪除せり。文字の變更は如斯なりと雖も現行刑法と解釋上全く其意義を變更したることに注意せさるへからす。

而し此共犯に就ては理論上及ひ實際上頗る緊要なる問題を含有するを以て余は法文を分析し項を分て之を詳論せんとす。

(一)二人以上の意義　正犯とは犯罪の主動者を謂ふ。則ち自ら罪を犯す意思を以て犯罪行爲の一部又は全部を實行するものを謂ふにありて犯罪を實行するに當り數人共同して同一目的を以て實行するを共犯と謂ふ。然れ共此共罪たるには其數人孰れも有能力者たるを要す。若し犯罪無能者たる幼者を同行して共に犯罪を行ふも是恰も智能なき動物を使用して罪を犯したるものに等しけれは共犯を以て論するを得す。故に二人以上とは犯罪能力を有する者共同して之を實行するを要するものなり。

(二)共同の意義　所謂共同とは二人以上の者同一犯罪を共に行ふの意思を以て實行するを謂ふ。然るに從來刑法學者皆數人共犯を論する者必す犯意の通謀あるを要すと論したるも是誤れり。數人共同して同一犯罪を實行するは可なり必すしも敢て共謀して犯罪を實行するを要せさるなり。故に通謀合議の上犯罪を實行したる時は共犯たると毫も爭ひなき所なるも一歩を進めて互に通謀せさるも尚は且共犯なりと謂ふ可し。假令は暗夜人を毆打する者あり余其毆打罪を犯す者なるを知て共に被害者を毆打したる時は余と他の犯人とは未た嘗何等の通謀なきも余は犯罪の事實を知り而して共に犯すの意思を以て毆打罪を實行したる者なれは本條の所謂共同して犯罪を實行したるものなれは共犯を以て論す可きものなり。然れとも其犯罪の事實を知らすして犯罪を共にし又は之を幇助したるときは罪を犯す意思なきものなるを以て實行正犯にあらさるは勿論從犯罪も亦成立するものにあらす。

斯の如く共犯たるには共同して罪を犯すの意思と事實とあるを以て足れり。故に玆に一問題あり無意犯則ち過失罪に共犯ありや否是なり。假令は數人共同して大石を運搬するも途中之れを轉落して通行人を負傷せしめたるときは數人最初より通行人を傷害するの意思ありたるにあらさるも數人協力運搬中轉落せしめたるものなれは其通行人の負傷に付ては運搬者全體其責を任せさる可からす。如何となれは同一の犯意を以て同一の犯罪を實行したるとき有意の共犯なりとすれは此反對に同一の犯意なくして同一犯罪行爲に協力したる事實あれは無意の共犯なりと謂ふことを得へけれはなり(此の無意犯を共犯なりとは余一個の卑見にあらす刑法新論參照)。

（三）犯罪實行の意義　本條の犯罪を實行したる者とは數人共同して同一犯罪を實行したることを謂ふにありて、其犯罪行爲の全部を實行したるときは則ち共犯既遂罪なり。若し實行に着手したるも遂に犯罪の目的を達せさるときは一部の實行に過きさるを以て所謂共犯の未遂罪なり。故に實行正犯たるには必す其目的を達したるを要せす、數人共同して犯罪を遂行し犯罪行爲の全部若くは一部を行ふたるときは實行正犯成立するものなり。然れ共此犯罪に對する敎唆者は直に以て正犯なりと謂ふを得す、如何となれは敎唆者は次條に於て論するか如く犯罪の發意者にして原動力たるに過きされは之を直接に犯罪實行正犯なりと謂ふを得さるなり。而し此實行正犯罪の既、未、遂罪を定むるは敎唆者又は從犯の成立不成立に關して至大の影響を及ほすものなれは留意す可きことなり。

（四）正犯の意義　此正犯とは從犯に對する語にして犯罪の主たる責任を負擔する者を表する意義なり。換言すれは二人以上共同して第二編以下各條に規定したる犯罪を實行したるときは各自孰れも正犯として平等均一に刑を科せらるへき地位に立つ者を謂ふにありて必す各自全部に加行せさるも可なり犯罪實行に直接にして且必要なる行爲を分擔したるときは皆正犯を以て論すへきものなり。假令は二人以上共同して竊盜を行ふに該り一人は家內に侵入し財物を窃取して屋外に提出し一人屋外に在りて之を運搬し他の一人見張を爲して警戒しつゝありし場合に於て其家內に侵入して財物を窃取する者の實行正犯たるは論なきも運搬者及見張人は此竊盜を幇助し犯罪を容易ならしめたる者に過きされは正犯なるや從犯なるやに就て疑なきにあらす、余は此屋外に在りて財物運搬の任に當りたる者は屋內に入りたる者と共同して竊盜罪を實行したる者なれは實行正犯なりと論決す。如何となれは一人は內に在りて財物を取出し一人は外に在りて受取りたるは各自分擔して此一罪を實行したるものなり然れ共其見張番に就ては現行刑法に於ては多少議論あるも本法は從犯を(現行刑法豫備の所爲を以て正犯を幇助し犯罪を容易ならしめたる者とあるを)單に正犯を幇助したる者は從犯とすと規定し、從犯の意義を擴張したるを以て彼の見張人は竊盜實行に直接なる行爲に干與したるものにあらすして二人の犯罪實行を容易ならしめたるに過きされは從犯なりと謂はさるを得す。

第七十三條　人ヲ敎唆シテ犯罪ヲ實行セシメタル者ハ正犯ニ準ス
敎唆者ヲ敎唆シタル者亦同シ

本條は敎唆者を規定したるものなり。

本條第一項は現行刑法第百五條「人を敎唆して重罪、輕罪を犯さしめたる者は亦正犯と爲す」との法文と其主旨に於ては同一なり。唯本條は重罪、輕罪の文字を删除したると亦正犯と爲すとの規定を正犯に準すと修正したるに過きす。其是を改めたるは實行正犯にあらさる者を實行正犯と同一の刑を科するを以て正犯と同一なりとの意義を明瞭ならしめたるものなり。而し本條も亦敎唆者と實行正犯との關係上頗る緊要なる規定なり。

敎唆者とは自己の犯意を人に實行せしめたる者を謂ふにあり。則ち敎唆罪は自已の發起したる意思を被敎唆者に注入し被敎唆者をして其犯意を實行せしむるに因て成立するものなり。故に敎唆者は犯罪の發議者なるを以て無形的犯罪の主唱者なり。之に反して被敎唆者は有形的に實行するものなれは二者相待て一罪を搆成す其敎唆罪の成立には左の二條件あるを要す。

第一、敎唆の目的は必す一定したる犯罪たることを要す、若し人を敎唆して犯罪を實行せしむるには必す一定の犯罪ならさる可からす。若し敎唆者に一定の目的なくんは意思を被敎唆者に注入承繼せしむること能はす、唯漠然罪を犯す可しと云ふか如きは未た以て敎唆と謂ふを得さるなり。故に敎唆は必す一定の目的あるを要し、之が目的を達するか爲めに他人をして實行せしむるに因て敎唆罪成立す。若し敎唆の目的なくれは被敎唆者に於て實行するに由なきを以て敎唆罪成立するものにあらす、換言すれは敎唆者は犯罪事實を指定して敎唆し被敎唆者其指定したる犯罪行爲を實行するに因て成立するものなれは指定以外の行爲に付ては敎唆者其責に任すへきものにあらす。故に現行刑法は第百八條を以て事を指定して犯罪を敎唆するに當り犯人敎唆に乘し其指定したる以外の罪を犯し、又は現に行ふ所の方法敎唆者の指定したる所と殊なるときは左の例に照して敎唆者を處斷す

一、所犯敎唆したる罪より重きときは止た其指定したる罪に從て刑を科す。

二、所犯敎唆したる罪より輕きときは現に行ふ所の罪に從て刑を科す。

と規定したるは此第一條件の必要を明にしたるものなり、然るに本法は之を刪除したり。是則ち一定の犯罪を指定して敎唆したるにあらされは敎唆罪成立せさること前段論したるか如くなるを以て若し事を指定して敎唆したるに被敎唆者指定以外の犯罪を實行したるときは其指定以外に敎唆の事實なきものなれは本條に所謂人を敎唆して犯罪を實行せしめたる者にあらさるを以て敎唆罪成立せさるは當然なるか爲めなり。假令は甲乙をして丙を殺す可しとでしたるに乙直に丙を殺傷したりとせは甲は謀殺罪の敎唆者たること何人も疑はさる所なり、然るに乙丙を殺さんとして丙の家宅に侵入したるに丙之を悟り逃避したるか又は對抗して遂に目的を達せさるときは甲は乙の現に行ふ處の丙に對する謀殺未遂罪の敎唆者たるに過きさるなり。之に反して甲乙に丙家に至り財物を竊取し來るへしと敎唆したるに乙之を諾して丙家に侵入したるに發見する所となりたるを以て俄に强盗に變し騷くと殺す可しと脅迫して遂に財物を强奪したるときは乙は强盜罪なるも甲は竊盜を敎唆したるに止まれは其嚢に指定したる敎唆以外の責に任すべきものにあらす、故に甲は其持定したる竊盜敎唆の責は免れさるも重き强盜の敎唆にあらすと云ふにあり。若し此場合に於て乙丙家に侵入丁女を强姦したるときは全く乙は甲の與り知らさる犯罪を實行したるものなれは甲は何等の責任をも負ふへきものにあらす。」

尙ほ玆に論すへきことあり敎唆者か被敎唆者を敎唆して實行を實行せしむるに至りたる方法手段は法律の毫も制限する所にあらさること是なり。

假令如何なる方法手段を執るも敎唆者は被敎唆者をして其敎唆の犯意を實行せしむるに足る勢力を及ほしたるときは敎唆罪成立するものなり、故に金錢を與へて行はしむるも暴行脅迫を加へて實行せしむるも又人情義理に訴へて行はしむるも其他如何なる原因方法に因て犯罪を實行するに至りたるも現行刑法と等しく是を制限せされは法律は敢て其手段方法を問はさるなり。而して暴行脅迫を以て已を得さるに出て犯罪を實行せしめたるときは被敎唆者は本法第四十七條に依り罰なきことあるも敎唆者は實行正犯として其責に任すべきは論を竢たす。

第二、被教唆者は教唆に因て犯罪を實行したるを要す、

教唆者は人を教唆して犯罪の決心を爲さしめ而して罪を犯さしむるものなるも教唆者自身より觀察すれは犯罪の發意より決心を爲したるに止まり、体力を以て犯罪實行に毫も干與したるに非さるを以て罰することを得さるに似たり然れとも教唆者ありて始めて被教唆者犯罪を實行したるものなれは教唆は原因にして犯罪は其結果なり。故に教唆者は智力上の働きを爲し、被教唆者は体力上の働きを爲したるものにして二者相待て一罪を構成するものなれは之か爲めに教唆者を實行正犯に準して同一の刑を科すものなり。是第二條件を要する所以なり。

教唆に似たる助言者は之を罰することを得るや否、假令は赤貧洗ふか如き者に對し汝貧に苦しまんよりは寧ろ盜を爲して苦しみを忘れよと言ひ、或は子女多くして生計に苦む者に向ひ子女を遺棄して氣樂にせよと助言勸誘したる者は是教唆を以て論すへきや否、余は單に意見を述へたるに過きさる塲合は未た以

て教唆と爲すを得さるも其助言の爲め全く犯罪の意思を決し、犯人直に之を實行したるときは所謂教唆なりと謂ふへきも其程度狀況に至ては事實上の問題に屬するを以て玆に論決するを得さるも教唆と助言とは似て非なることを注意す可きなり。

以上を以て本條第一項の大体を論了したるも第二項の「教唆者を教唆したる者も亦同し」とは是本法の新設に係る規定なり。現行刑法上に於ては此規定なきか故に學者中往々教唆者の唆教者を罰するを得るや否の問題を掲くるも結局法文なきを以て罰す可すと論する者多しと雖も、本法は實際上屢奸獰不良の徒を逸するの遺憾あるを以て必要上特に本項を規定して從來の疑問を解釋したる者なり。假令は余甲を教唆するに乙を教唆して丙を殺すへきことを以てしたる場合に於ては余は是甲の教唆を教唆したるものなり、而し其教唆者の教唆の勢力實行者に及ほし爲めに因て以て犯罪を實行したるを要するものなり。

而し是を實行正犯者より觀察すれは教唆の教唆は間接なるも第一の教唆か犯罪實行の基本たる原動力となりたるものなれは實行正犯を直接に教唆したるもの

に準して正犯として罰すへきものとす。 其他實行正犯との關係は直接敎唆に就き論したる所と異ならさるを以て之を論せす。

終に臨て一二論す可きことあり、則ち犯罪無能力者を敎唆したる場合及ひ敎唆を中止することを得るや否の問題是なり。

(一)凡そ刑法上に於ける犯罪の主體は智識、能力を具備するを要すとは既に總論に於て述へたる所なり。 故に此敎唆者被敎唆者たる者も亦犯罪能力を有する者に限るや論なし、故に若し犯罪能力なき十四才以下の幼者、白痴、瘋癲者を使嗾して犯罪を實行せしめたる者は實行正犯として其責を負ふへきものなり。 如何となれは白痴、瘋癲、幼者の如きは是非、善惡を識別すへき能力なきを以て是等の行爲は野犬、猛獸の行爲と同一なれは使嗾者の自身に於て實行したると異ならさるを以て其責に任すへきものなり。

(二)敎唆は之を中止することを得るや元來敎唆は敎唆の事實を被敎唆者に於て實行するに因て成立するものなれは被敎唆者其犯罪の實行に着手して未遂の程度に至りたるときは最早中止せんと欲するも效なしと雖も未た被敎唆者犯罪

實行に着手せさる以前敎唆者其非を悟り中止せんとしたるときは犯罪成立せさるものなり。若し之に反して中止の申込を爲したるに被敎唆者遂に犯罪を決行したるときは其中止の效ありや否是則ち異論の生する疑問なり。即ち敎唆者に於て中止の通知を爲したるも被敎唆者其敎唆の中止に應せす、犯罪を實行せんとする模樣あるときは一歩を進めて之を妨害し、尙ほ力及はさるときは官に自首して救濟を求むる迄に力めたるに係はらす、仍ほ被敎唆者之を實行したるときは縱令原動力は敎唆者にあるも中止の效力ありと謂はさるを得す、如何となれは此場合に於ては正犯者之を聽かす犯罪を決行したる者なれは正犯者更に犯罪を企て實行したるものと看做して獨り責に任すへきものなり。若し單に一片の手紙を以て取消中止せんとしたるか如きは未た以て中止の效力なく敎唆者も亦責を免れさるなり、假令は甲乙に丙を毒殺すへしと敎唆し乙に毒藥を與へて具方法を指定したるに乙直に實行せんとするに臨み甲其非を悟り敎唆の事實を中止し與へたる毒藥を取戻したりとせは中止の效あり、若し乙實行せんとして其毒藥を返戻すと能はさる場合に於ては已むを得す官に毒殺教唆の事實を自首して公力を以て豫防の策を講する迄中止に力めたるときは縱令實行したるも仍は中止の效ありと信するも事實の問題に屬するを以て各場合に於て判斷す可きものなれは一概に斷定するを得さるなり。

## 第七十四條　正犯ヲ幇助シタル者ハ從犯トス

本條は從犯の定義を擧けたるものなり。

現行刑法第百九條は從犯を規定して曰く「重罪、輕罪を犯す事を知て器具を給與し又は誘導指示し其他豫備の所爲を以て正犯を幇助し犯罪を容易ならしめたる者は從犯と爲し正犯の刑に一等を減す」と規定したる法文を本條は修正したるものなり。現行刑法は豫備の所爲を以て正犯を幇助したる者を從犯と爲したるの嫌あり、且幇助の方法を列擧したるを以て實際に於て適用上往々困難を惹起したれは本法は此例示的法條を改めて別段幇助の方法を示さす、何等の方法を以てしたるを問はす苟も正犯を幇助し犯罪を容易ならしめたる者は總て之を從犯となしたり。然れ共學說上所謂事後の從犯(則ち贓物寄藏、故買牙保の如きもの)は本條に包含せされは此點に付ては現行刑法と同一に之を認めす唯幇助の方法を制限せさるに過きさるなり。而して此從犯罪成立には左の二條件あるを要す。

第一、正犯を幇助したることを要す。從犯は主たる正犯なるものありて初めて存在する從たる犯罪なるを以て正犯あるを要するは論を俟たす、故に原則上主たる正犯と其運命を俱にするものにして主犯成立せされは從犯も亦成立せす故に主犯未遂犯なれは從犯も亦未遂犯たらさるを得す、正犯を幇助したるを要するも是を幇助したる方法手段を定めさるを以て犯罪に要する器具則ち刀劍其他の兇器等を貸與したると將た犯罪の場所に誘導指示して豫備又は實行を容易ならしめたるとを問はす、正犯實行を遂けたるときは從犯罪成立するものなり。

蓋し此從犯幇助を爲すに至れる原因は贈與、約束、脅迫、威權其他如何なる原因に基きたるも正犯と敎唆の場合と同しく其手段方法は法律の問ふ所に非さるなり。

第二、正犯を幇助するの意思あることを要す　正犯罪を犯すことを知て之を幇助せされは從犯罪成立するものにあらす。換言すれは正犯と從犯とは敢て必すしも通謀あるを要せさるも正犯罪を犯すことを知て之を幇助するの意思なくんは従犯を以て論するを得す。假令は人を殺すことを知らす刀劍、短銃等を貸與したるも従犯と云ふを得さるか如し、其他盜兒群衆中に於て人の物品を竊取せんとするを知て之を默過したる者或は犯罪を行ふ者あるを目擊しならから防止せさる場合の如きは未た以て積極的に犯罪を幇助したるものにあらさるなり。

一疑問あり則ち従犯の従犯及ひ従犯の敎唆者を罰することを得るや否やの問題是なり。

本問の場合に於て論者或は曰く改正刑法中別に罰す可き條文なく、尙は且理論上實行正犯より觀察すれは間接行爲にして幇助の遠因たるに過ぎざれは罰す可からさるなり。況んや第七十三條第二項敎唆者の敎唆に關する條項を比附援引して論するを得さるに於てをや又曰く第七十三條第二項敎唆に關する法文を援引して論す可からさるは勿論なりと雖も本法第七十四條は正犯を幇助したる者は敎唆とすと規定し、單に正犯を幇助したることを要するのみにして其犯罪の直接間接を問はす第七十六條より見るも重罪の從犯敎唆者は凡て罰するものにして何等の制限なきを以て從犯の從犯も亦從犯の敎唆者も所謂正犯を幇助したるものなれば仍ほ罰す可しと余は第一說を採るものなり。又曰く一旦正犯を幇助する意思を以て其實行を幇助したるに中途に至り善事に非さることを悟り幇助の所爲を中止し、正犯の實行を止めんことを勸告したるに正犯之を聽かさるを以て猶進て其犯罪の實行を妨害したるとき、假令は殺人罪を幇助する爲め正犯に貸與したる刀劍を取戻したるに正犯他の刀劍を以て遂に實行したる場合の如きは最早從犯たる責任なしと雖も若し之に反して其中止は唯一片の通知に止まるか爲め正犯之を背せすして犯罪を實行したるときは從犯其責を免れさるなり。此理論は敎唆を中止することを得るや否の問題に就て詳論したるを以て參照すへし。

以上二條件具備したるときは玆に從犯罪成立するものなりと雖も、旣に述へたるか如く元來從犯は正犯其幇助に因て以て犯罪を實行したるときに成立するものなるか故に正犯の罪成立せさるか將た未遂罪の程度に至らさるときは獨り從犯のみ成立するものにあらさるなり。

第七十五條　從犯ノ刑ハ正犯ノ刑ニ照シテ減輕ス

本條は從犯は正犯の刑より減輕することを規定したるものなり。從犯は正犯の行爲を幇助したるに止まるものなれは正犯に比し其情狀に於ても大に輕き所あるを以て實行正犯と同刑に處すへきものにあらされは現行法第百九條と同しく輕減するものと爲したり。其輕減の程度は後に論せんとする第九章の規定に依るものなりと雖も從犯は正犯を自ら進て幇助して容易ならしめさる可からす故に若し正犯の現に行ふ犯罪從犯の知る所より重きときは止た其知る所の犯罪に照らし處斷するは勿論輕き場合に於ては輕きに從ひ減輕すへきものなり。之に反して全く從犯の與り知らさる犯罪を正犯實行したるときは縱令幇助の事實あるも從犯を以て論することを得さるなり。

第七十六條　輕罪ノ敎唆者及ヒ從犯ハ別段ノ規定アルニ非サレハ之ヲ罰セス

本條は輕罪の敎唆者及ひ從犯は別段の規定ある場合の外罰せさることを規定し

たるものなり。

輕罪は重罪と異なり罪質輕微なるを以て一般に之を處罰するの必要なきものと認めたるか故なり。然れ共若し罰するの必要ある場合に於ては各本條を以て特に明示することを規定したるものなり。

第七十七條　犯人ノ身分ニ因リ構成ス可キ罪ヲ共ニ犯シタルトキハ其身分ナキ者ト雖モ仍ホ共犯トス

身分ニ因リ特ニ刑ノ輕重アルトキハ其身分ナキ者ニハ通常ノ刑ヲ科ス

本條第一項は犯人の身分に因り搆成す可き犯罪を共に犯したるときは其身分なき者と雖も共犯を以て論す可きことを規定したるものなり。現行刑法に於ては此規定なきか爲め學說二派に分かれたり。第一說を主張する者は曰く、犯人の身分に因り特に搆成すへき犯罪は其特別の身分なき者縱令共に之を犯すも共犯を以て論すへきものにあらす、假令は官吏收賄罪、子孫奉養を缺く罪の如きは官吏たる特別の資格ありて收授するか爲めに成立する罪なり又子孫奉養を缺く罪に至ても子孫たる身分ありて奉養を缺く故に成立する罪なり然るに其官吏たる資格なき者か官吏と共に賄賂を收授するも不可なく又人の父母に對し毫も奉養の義務なき他人は特に明文の規定あれは格別否らすんは之を罰することを得すと主張す。第二說は犯人の身分に因り構成す可き犯罪なりと雖も其身分なき者か共に犯したるときは共犯を以て論す可きは法文を待て後知るへき者に非す共犯者の當然負ふ可き責任なれはなり。然れ共獨立して犯すも尙は罪なりと云ふに非す、其官吏たり子孫たる身分ある者と共に犯して初めて本罪成立するは論なし、或論者は明文なきを以て罰することを得すと主張するも是當然明白のことなれは特に法文を要せす、如何となれは官吏收賄罪及ひ子孫奉養を缺く罪は共に第二編に規定する犯罪にして法律の禁令又は命令に違背するものなるを以て一般共犯の原則に依り罰するも毫も法理に反するものにあらさるなり、本法は此第二說を採用したり。蓋し明文を以て規定せされは疑義を生するを以て特に本條を設けて其疑問を解決したるなり。

第二項の身分に因り特に刑の輕重あるときは其身分なき者は通常の刑を科すと

の規定は現行刑法第百十條の身分に因り刑を加重すへき者共犯と爲るときは其重きに從て一等を減す。正犯の身分に因り刑を減免す可き時と雖も從犯の刑は其輕きに從て減免することを得すとの規定と殆と其主旨を同ふするものなりと雖も唯改正刑法は減輕の場合に關する不備を補充したり。故に共犯者中一人か本法第二百三十五條第一號に規定したるか如き自己又は配偶者の直係尊屬を殺したるときは其子孫たる身分あるか故に第二百三十四條の通常殺人罪より重罰せらるゝも其身分なき者共に犯したるときは通常殺人罪の刑に處せらるゝに過きさるなり。又身分に因り特に刑の輕きとき假令は十四歲以上二十歲以下の者と共に犯したるときは其幼者は特に本法第五十條に因り刑を減輕せらるゝも他の共犯者は爲めに減刑せらるゝものにあらすして各本條に規定したる刑に處せらるゝか如き則ち是なり。而し犯罪情狀より來たる輕重は共犯全体に其利害を及ほす可きものなり。假令は本法第二百三十五條第一號以下第五號の各場合則ち豫め謀て人を殺したるとき二人以上殺したるとき其他慘酷の行爲を以て人を殺したるときの如きは通常殺人罪より重罰せらるゝものなれは此共犯者は凡て其加重したる刑に處せらるゝものなり。

## 第八章　酌量減輕

本章は現行刑法第一編第四章第三節と其趣旨を同ふする規定なり。

蓋し現行刑法は刑の範圍頗る狹隘にして實際刑の適用上權衡を得さる弊あるを以て、改正刑法は總則第十三條に有期懲役を一日以上十五年以下と規定し、第二編以下各本條に於ても亦現行刑法より一般に刑の範圍を擴張し、裁判所をして適宜刑を定め寛嚴中庸を得るの自由を與へたるを以て本章の規定は殆と其必要なきに似たり。如何となれは此酌量減輕は第三章犯罪の不成立及ひ刑の減免の如き法律の規定に基く減輕と異なり判事は別に説明を要せす自己の認定を以て自由に減輕することを得へきものなれは刑罰の範圍狹隘なる刑に於て必要あるも本法の如く刑の範圍を極めて廣汎ならしめたる刑法に於ては最下級の刑は一日に處することも(端に論すれは)得るを以てなり。然れ共無期刑以上有期刑に於て其必要なきにあらす凡百の犯罪と萬別の犯罪事件に對しては時に或は罪刑權衡を失するものなきにあらさるを以て仍ほ本章を存したる所以なり。

## 第七十八條　犯罪ノ情狀憫諒ス可キモノハ酌量シテ其刑ヲ減輕スルコトヲ得

本條は酌量減輕に關する規定なり。

酌量減輕は立法者が法文に明示して必す輕減すへきことを規定したる場合と異なり、犯罪の情狀に因り憫諒すへき時刑の幾分を減輕する者なり。故に學說上之を裁判上の減輕とも謂ふ、曩に一言したるか如此酌量減輕の必要は(一)彼の死刑又は無期刑に處せらるへき場合にあり元來死刑及無期刑は分割す可からさる刑なるを以て所謂情狀大に恕す可きものあれは判事は認定を以て本條の規定に因り死刑を無期刑に無期刑を有期刑に減輕することを得るも、若し本條の規定なくんは時に或は罪刑權衡を失するも如何ともするを得す。於此乎本法は刑の範圍を廣汎ならしめたるに係はす尚ほ本條を存したるなり(二)此酌量減輕を施すと否とは犯罪の情狀に因り判事の心證に任したるものなれは之を適用するも判決上別に理由を附するを要せす、故に其適用上に就ては一罪の共犯數人ある場合に於ても一人に對して酌量減輕を與へ他の共犯人に對して與へさることも得るものなり。如何となれは共犯は犯罪構成上責任は不可分的なりと雖も各犯人の心術と情狀に至ては各人必すしも同一ならす惡むへき者、恕す可き者なきに非されは其適用を二三にして初めて此酌量減輕の効用ありて公平なる裁判を爲すことを得るものなれはなり。

## 第七十九條　法律ニ於テ刑ヲ加重シ又ハ減輕ス可キ者ト雖モ仍ホ酌量減輕ヲ爲スコトヲ得

本條は酌量減輕を適用す可き範圍を規定したるものなり。

法律に於て刑を加重し又は減輕す居きものと雖も仍は酌量減輕を爲すことを得るとは、假令は法律上特に加重す可き規定を爲したる再犯或は人の住居を侵す罪に關する第百五十三條第一號以下又は第二百三十五條殺人罪に關する第一號以下の如き場合に於ては普通の家宅侵入罪及ひ殺人罪より一層重罰せらるゝ情狀あるも仍は憫諒すへき事情ある時は酌量して減輕するとを得へきか如き是なり又減輕すへき者とは本法第一編第三章犯罪の不成立及ひ刑の減免中に規定したる正當防衛、危難を避くる爲に爲したる行爲、瘖啞者の行爲、二十歳未滿者の行爲、等にして罪ある場合に於ても法律の規定に因り減すへきものなれとも仍ほ減輕すへき事情あるときは本條に因り酌量して減輕す可きことを特に規定したるものなり。

## 第九章　加減例

本章は現行刑法第一編第三章加減例及ひ第六章加減順序の二章を併合修正して本章の下に規定したるものなり。

本章は法律上刑を加減す可き原因の一個又は數個併合したる場合に於ける加減の標準及ひ裁判上酌量減輕を與ふへき順序等を豫め規定し、其加重減輕の一時に併發したるときは加重を先にす可きか將た減輕を先にすへきかを一定し、必す此順序に依る可きものと爲したり。若し此加減例を規定せす加重減輕を判事に一任せんか其結果犯人の不利益に及ほす影響頗る大なるを以て特に之を定むる必要あり。假令は十四歳以下の幼者無期懲役に該當す可き罪を犯し再犯に係るとき若し減輕を先にして有期懲役に減したるものを更に再犯二倍の刑を加重するとせは其幼者は結局無期懲役たるを免れさるか如し。之に反して再犯加重を先にせんか縱令再犯二倍の加重なるも加へて死刑に處するを得されは再犯加重は唯名義のみに止まり法律上の減輕のみを與へて有期懲役に減せらるゝの利益あり是本章の規定を要する所以なり。

第八十條　法律上刑ヲ減輕ス可キ一個又ハ數個ノ原由アルトキハ左ノ例ニ從テ之ヲ減輕ス

一、死刑ヲ減輕ス可キトキハ無期又ハ五年以上ノ懲役若クハ禁錮ニ處ス

二、無期ノ懲役又ハ禁錮ヲ減輕ス可キトキハ三年以上ノ懲役又ハ禁錮ニ處ス

三、有期ノ懲役又ハ禁錮若クハ拘留ヲ減輕ス可キトキハ其長期ノ三分ノ一以下ニ處ス

但各本條ニ於テ特ニ短期ヲ定メタル場合ニ於テハ其

三分ノ一ヲ減シタルモノヲ以テ短期トス

四、罰金科料ヲ減輕ス可キトキハ其多額ノ三分ノ一以下ニ處ス

本條は法律上減輕す可き場合標準を規定したるものなり。

本法は現行刑法と異なり刑名を減少して刑の範圍を廣汎ならしめたる結果減輕の分量を定むる方法に至ても全く現行刑法と異ならさるを得す。故に本條を以て法律か規定に基く減輕の原因一個又は數個ある場合に於ては第一號乃至第四號を規定したる標準に依り之を減輕す可きものとす、而し本條に於て唯法律上減輕す可き場合のみを規定し法律上加重す可き場合に關する規定を爲さゝるは既に再犯及ひ併合罪の章に於て其加重す可きことを規定したるを以て再ひ玆に規定せさるなり。

又現行刑法は刑の種類を細別したるを以て從て加減の原因數個ある場合に於ては一個毎に加減することゝ爲したるも、本條は刑の種類を減少し、刑期の範圍を擴張したる結果として一個毎に加減せは輕きに失する嫌あるを以て縱令數個の減

輕原因あるも合して一個となし一度に之を減輕することに止めたり。然れ共酌量減輕に至ては其性質判事の認定に因り減輕すへきものなれは第七十九條に規定するか如く他の原因と全く獨立して加重減輕す可き場合と雖も仍ほ酌量して減輕することを得るものと爲せり。其方法順序は第八十二條に規定したるを以て同條に至り之を述へんとす。

本條第一項の死刑を減輕すへきときは無期又は五年以上の懲役若くは禁錮に處するものにて第二號乃至第四號は無期、有期の懲役、禁錮、拘留、罰金、科料を減輕す可き場合の規定なるも熟讀類推すれは了解に難からさるを以て之を詳論せす。

第八十一條　法律上刑ヲ減輕ス可キ場合ニ於テ各本條ニ二個以上ノ刑名アルトキハ先ツ通用ス可キ刑ヲ定メ其刑ヲ減輕ス

本條は法律上減輕す可き場合に先つ本刑を一定すへきことを規定したるものなり。

本法に於ては刑の種類を減少し、且刑の範圍を擴張したることは屢々論したるか如くなれは其適用上自由に刑を上下することを得へきを以て各本條に二個以上の刑名を設けたる場合に於ては裁判所をして其一を擇はしむるものなり。故に此場合に於ては先つ本刑を一定し而して後刑を減輕す可きものとす。

第二十八條 酌量減輕ヲ爲ス可キトキハ左ノ例ニ依ル

一、死刑ヲ減輕ス可キトキハ無期ノ懲役又ハ禁錮ニ處ス

二、無期ノ懲役又ハ禁錮ヲ減輕ス可キトキハ三年以上ノ有期懲役又ハ禁錮ニ處ス

三、有期ノ懲役又ハ禁錮ニ短期アルモノヲ減輕ス可キトキハ其短期以下ニ處ス

本條は酌量減輕を與ふへきことを定めたるものなり。

既に第七十八條同第七十九條に於て述へたるか如く、酌量減輕は法律上加重減輕を爲すに拘はらす、情狀憫諒すへきときは更に酌量して減輕す可きものなれは其法律上の原因に因り減輕したるも尙は且犯罪に比し刑罰重きに失する場合に於ては減輕することを得へきことを規定せり。本條第一號は死刑に該る可き者に

對して酌量減輕を與ふれは無期の懲役又は禁錮に減するものと爲し、第二號は無期の懲役又は禁錮に該る可き者に付ては三年以上の有期懲役又は禁錮に處す可きものとなし、同第三號は有期の懲役又は禁錮にして短期則ち最下級の刑に制限ある場合に於ては其短期の制限以下に減等して處分することを得る旨を示したるものなり。假令は五年以上の懲役に處すとある場合に酌量減輕を與へたるときは最下限の五年以下四年又は三年の懲役に減することを得へきか如し。

第八十三條　附加刑ハ加重減輕セス

本條は附加刑に付ては加重輕減せさることを規定したり。

附加刑とは公權剝奪、監視、沒收の三個にして是復た刑の一種なりと雖も其性質上加重減輕を爲さゝることを規定したるまてにして別に深き意味あるにあらさるなり。

第八十四條　同時ニ刑ヲ加重減輕ス可キトキハ左ノ順序ニ依ル

一、再犯加重

二、法律上ノ減輕
三、併合罪ノ加重
四、酌量減輕

本條は加減の順序を規定したるものなり。第一號に再犯加重を置きたるは第九章加減例の初めに於て述へたるか如く、再犯は本刑を倍加す可き規定なるを以て是を第一に置かされは他の減輕を施すも其實益なきか爲め數多の加重、減輕の原因あるときは先つ第一に加重するの必要あり。第二の法律上の減輕は必す必律の規定に依り、減輕す可きものなるを以て第二に置きたるものなり。併合罪の加重は前段再犯加重と法律上の減輕とに依り本刑を一と先つ一定し而して後併合罪の規定に依り死刑、無期刑以外に付て併科す可きや否やを定むへきものなるを以て是を第三に置き加量減輕は裁判所の認定に因り自由に減輕すへきものなれは罪刑公平を得せしむる爲め最後に置きたるものなり殊に酌量減輕は其性質上法律の規定に因る加重減輕に先す可きものにあらさるなり。

第八十五條　有期ノ懲役又ハ禁錮ハ加重シテ二十五年ヲ超ユルコトヲ得ス

本條は有期の懲役又は禁錮に對する加重の制限を規定したるものなり。本法に於ては併合罪の原則として併科主義を採り。再犯は法律の定めたる長期の二倍に處することゝ爲し、現行法に比すれは非常なる加重主義を採用し因て以て累犯を豫防し、再犯を防遏せんと欲したる結果有期刑に於ては併科又は倍加せらるゝ爲め終に數十年に渉ることありて酌に失するの虞なきに非されは本條特に之か制限を附して縱令有期の懲役、禁錮を加重するも二十五年を超過することを得すと規定したるなり。

改正草案刑法評論總則之部（終）

# 跋

君は長野の人嘗て早稲田專門學校に遊ひ、後ち科擧に應して司法官となる、君性眞摯卒直虚言は君の口より聽く能はす、君又學を好み書を愛し法律學には最も忠實にして公務の餘暇常に書を手にして嘗て廢せす法律書の殆んこ總ては之れを讀破したりこは屢々語る所なり、君の議論は悲壯激越風發吐虹の概なしと雖も而かも沈痛にして莊重刑法は最も得意として又好て說く所なり、偶ま政府刑法の改正を企て前期の議會之れを提出して両院の協賛を博さんとす、朝野囂然是非の論最も法曹社會に喧し、而して之れを是なりこして當路の賛する者よりは非なりとして延期若くは撤回を唱へしものゝ多かりし、時に君笑て天下の群議を排し改正刑法必らすしも金甌無缺一點の間然すべきものなしと謂はす、就て査すれは批難すへき點胥肯し難きもの尠多し、されとこれを現行刑法に較すれは著しく進歩したるは亦爭ふへからす、僕は此理由を以て改正刑法の通過を望み若し不幸議會の協賛を得る能はすとなすも此の進歩したる改正草案に對して評論を試みんとす欲すと、君初めて稿を起せるは今春三月殘雪未た四山に滿つるの時なりし、其後君二豎に犯され若悶顚倒而かも君の熱心なる此間尙ほ筆を秉り孜々續稿の起草に力めて已ます、余朝暮君の門に候し其精勵度に過くるを憂ひ金玉の軀漫に健康を潰るへからすと諫むるも君聽かす、既にして稿を脫するや市島謙吉君を介して刑行を早稻田專門學校に囑し、同校は更に法學博士岡田朝太郎君の評論を得てこれを刊行する事となれり、余敢て當らすと雖も友人の新著を世に紹介し友人の苦辛を空しからしめさるは朋友の義務たるを信するか故に茲に一言することと爾り

北越高陽の客寓に於て

辛丑ノ夏

關　美太郎識

明治三十四年十月十五日印刷
明治三十四年十月十八日發行

定價金五十錢

著者 藤澤茂十郎

發行者 高田俊雄
東京市牛込區赤城下町廿七番地

印刷者 木村文藏
東京市本所區相生町三丁目六番地

發行所 東京專門學校出版部
東京府豐多摩郡戸塚村大字下戸塚六百四十七番地

印刷所 江東印刷株式會社
東京市本所區相生町三丁目六番地

發賣所　博文館
東京市日本橋區本町三丁目

同　有斐閣書房
東京市神田區一ツ橋通町

同　東京堂
東京市神田區表神保町

同　吉岡書店
大坂市東區備後町四丁目

現行刑法對照　改正刑法草案全説明書・
改正草案　刑法評論　　　日本立法資料全集　別巻 1183

平成30年3月20日　　復刻版第1刷発行

編　者　辻　　泰　城
　　　　矢　野　猪　之　八
　　　　關　内　兵　吉

著　者　藤　澤　茂　十　郎

発行者　今　井　　貴
　　　　渡　辺　左　近

発行所　信　山　社　出　版
〒113-0033　東京都文京区本郷6-2-9-102
モンテベルデ第2東大正門前
電　話　03（3818）1019
FAX　03（3818）0344
郵便振替　00140-2-367777（信山社販売）
Printed in Japan.

制作／(株)信山社，印刷・製本／松澤印刷・日進堂

ISBN 978-4-7972-7298-7 C3332

| 巻数 | 書　名 | 編・著者 | ISBN | 本体価格 |
|---|---|---|---|---|
| 950 | 実地応用町村制質疑録 | 野田藤吉郎、國吉拓郎 | ISBN978-4-7972-6656-6 | 22,000 円 |
| 951 | 市町村議員必携 | 川瀬周次、田中迪三 | ISBN978-4-7972-6657-3 | 40,000 円 |
| 952 | 増補 町村制執務備考 全 | 増澤鐵、飯島篤雄 | ISBN978-4-7972-6658-0 | 46,000 円 |
| 953 | 郡区町村編制法 府県会規則 地方税規則 三法綱論 | 小笠原美治 | ISBN978-4-7972-6659-7 | 28,000 円 |
| 954 | 郡区町村編制 府県会規則 地方税規則 新法例纂 追加地方諸要則 | 柳澤武運三 | ISBN978-4-7972-6660-3 | 21,000 円 |
| 955 | 地方革新講話 | 西内天行 | ISBN978-4-7972-6921-5 | 40,000 円 |
| 956 | 市町村名辞典 | 杉野耕三郎 | ISBN978-4-7972-6922-2 | 38,000 円 |
| 957 | 市町村吏員提要〔第三版〕 | 田邊好一 | ISBN978-4-7972-6923-9 | 60,000 円 |
| 958 | 帝国市町村便覧 | 大西林五郎 | ISBN978-4-7972-6924-6 | 57,000 円 |
| 959 | 最近検定 市町村名鑑 附 官国幣社 及 諸学校所在地一覧 | 藤澤衛彦、伊東順彦、増田穆、関惣右衛門 | ISBN978-4-7972-6925-3 | 64,000 円 |
| 960 | 鼇頭対照 市町村制解釈 附 理由書 及 参考諸布達 | 伊藤寿 | ISBN978-4-7972-6926-0 | 40,000 円 |
| 961 | 市町村制釈義 完　附 市町村制理由 | 水越成章 | ISBN978-4-7972-6927-7 | 36,000 円 |
| 962 | 府県郡市町村 模範治績　附 耕地整理法 産業組合法 附属法令 | 荻野千之助 | ISBN978-4-7972-6928-4 | 74,000 円 |
| 963 | 市町村大字読方名彙〔大正十四年度版〕 | 小川琢治 | ISBN978-4-7972-6929-1 | 60,000 円 |
| 964 | 町村会議員選挙要覧 | 津田東璋 | ISBN978-4-7972-6930-7 | 34,000 円 |
| 965 | 市制町村制 及 府県制　附 普通選挙法 | 法律研究会 | ISBN978-4-7972-6931-4 | 30,000 円 |
| 966 | 市制町村制註釈 完　附 市制町村制理由〔明治21年初版〕 | 角田真平、山田正賢 | ISBN978-4-7972-6932-1 | 46,000 円 |
| 967 | 市町村制詳解 全　附 市町村制理由 | 元田肇、加藤政之助、日鼻豊作 | ISBN978-4-7972-6933-8 | 47,000 円 |
| 968 | 区町村会議要覧 全 | 阪田辨之助 | ISBN978-4-7972-6934-5 | 28,000 円 |
| 969 | 実用 町村制市制事務提要 | 河邨貞山、島村文耕 | ISBN978-4-7972-6935-2 | 46,000 円 |
| 970 | 新旧対照 市制町村制正文〔第三版〕 | 自治館編輯局 | ISBN978-4-7972-6936-9 | 28,000 円 |
| 971 | 細密調査 市町村便覧（三府 四十三県 北海道 樺太 台湾 朝鮮 関東州）附 分類官公衙公私学校銀行所在地一覧表 | 白山榮一郎、森田公美 | ISBN978-4-7972-6937-6 | 88,000 円 |
| 972 | 正文 市制町村制 並 附属法規 | 法曹閣 | ISBN978-4-7972-6938-3 | 21,000 円 |
| 973 | 台湾朝鮮関東州 全国市町村便覧 各学校所在地〔第一分冊〕 | 長谷川好太郎 | ISBN978-4-7972-6939-0 | 58,000 円 |
| 974 | 台湾朝鮮関東州 全国市町村便覧 各学校所在地〔第二分冊〕 | 長谷川好太郎 | ISBN978-4-7972-6940-6 | 58,000 円 |
| 975 | 合巻 佛蘭西邑法・和蘭邑法・皇国郡区町村編成法 | 箕作麟祥、大井憲太郎、神田孝平 | ISBN978-4-7972-6941-3 | 28,000 円 |
| 976 | 自治之模範 | 江木翼 | ISBN978-4-7972-6942-0 | 60,000 円 |
| 977 | 地方制度実例総覧〔明治36年初版〕 | 金田謙 | ISBN978-4-7972-6943-7 | 48,000 円 |
| 978 | 市町村民 自治読本 | 武藤榮治郎 | ISBN978-4-7972-6944-4 | 22,000 円 |
| 979 | 町村制詳解　附 市制及町村制理由 | 相澤富蔵 | ISBN978-4-7972-6945-1 | 28,000 円 |
| 980 | 改正 市町村制 並 附属法規 | 楠綾雄 | ISBN978-4-7972-6946-8 | 28,000 円 |
| 981 | 改正 市制 及 町村制〔訂正10版〕 | 山野金蔵 | ISBN978-4-7972-6947-5 | 28,000 円 |

別巻　巻数順一覧【915 ～ 949 巻】

| 巻数 | 書　名 | 編・著者 | ISBN | 本体価格 |
|---|---|---|---|---|
| 915 | 改正 新旧対照市町村一覧 | 鍾美堂 | ISBN978-4-7972-6621-4 | 78,000 円 |
| 916 | 東京市会先例彙輯 | 後藤新平、桐島像一、八田五三 | ISBN978-4-7972-6622-1 | 65,000 円 |
| 917 | 改正 地方制度解説〔第六版〕 | 狭間茂 | ISBN978-4-7972-6623-8 | 67,000 円 |
| 918 | 改正 地方制度通義 | 荒川五郎 | ISBN978-4-7972-6624-5 | 75,000 円 |
| 919 | 町村制市制全書 完 | 中嶋廣蔵 | ISBN978-4-7972-6625-2 | 80,000 円 |
| 920 | 自治新制 市町村会法要談 全 | 田中重策 | ISBN978-4-7972-6626-9 | 22,000 円 |
| 921 | 郡市町村吏員 収税実務要書 | 荻野千之助 | ISBN978-4-7972-6627-6 | 21,000 円 |
| 922 | 町村至宝 | 桂虎次郎 | ISBN978-4-7972-6628-3 | 36,000 円 |
| 923 | 地方制度通 全 | 上山満之進 | ISBN978-4-7972-6629-0 | 60,000 円 |
| 924 | 帝国議会府県会郡会市町村会議員必携 附関係法規 第1分冊 | 太田峯三郎、林田亀太郎、小原新三 | ISBN978-4-7972-6630-6 | 46,000 円 |
| 925 | 帝国議会府県会郡会市町村会議員必携 附関係法規 第2分冊 | 太田峯三郎、林田亀太郎、小原新三 | ISBN978-4-7972-6631-3 | 62,000 円 |
| 926 | 市町村是 | 野田千太郎 | ISBN978-4-7972-6632-0 | 21,000 円 |
| 927 | 市町村執務要覧 全 第1分冊 | 大成館編輯局 | ISBN978-4-7972-6633-7 | 60,000 円 |
| 928 | 市町村執務要覧 全 第2分冊 | 大成館編輯局 | ISBN978-4-7972-6634-4 | 58,000 円 |
| 929 | 府県会規則大全　附 裁定録 | 朝倉達三、若林友之 | ISBN978-4-7972-6635-1 | 28,000 円 |
| 930 | 地方自治の手引 | 前田宇治郎 | ISBN978-4-7972-6636-8 | 28,000 円 |
| 931 | 改正 市制町村制と衆議院議員選挙法 | 服部喜太郎 | ISBN978-4-7972-6637-5 | 28,000 円 |
| 932 | 市町村国税事務取扱手続 | 広島財務研究会 | ISBN978-4-7972-6638-2 | 34,000 円 |
| 933 | 地方自治制要義 全 | 末松偕一郎 | ISBN978-4-7972-6639-9 | 57,000 円 |
| 934 | 市町村特別税之栞 | 三邊長治、水谷平吉 | ISBN978-4-7972-6640-5 | 24,000 円 |
| 935 | 英国地方制度 及 税法 | 良保両氏、水野遵 | ISBN978-4-7972-6641-2 | 34,000 円 |
| 936 | 英国地方制度 及 税法 | 髙橋達 | ISBN978-4-7972-6642-9 | 20,000 円 |
| 937 | 日本法典全書 第一編 府県制郡制註釈 | 上條慎蔵、坪谷善四郎 | ISBN978-4-7972-6643-6 | 58,000 円 |
| 938 | 判例挿入 自治法規全集 全 | 池田繁太郎 | ISBN978-4-7972-6644-3 | 82,000 円 |
| 939 | 比較研究 自治之精髄 | 水野錬太郎 | ISBN978-4-7972-6645-0 | 22,000 円 |
| 940 | 傍訓註釈 市制町村制 並ニ 理由書〔第三版〕 | 筒井時治 | ISBN978-4-7972-6646-7 | 46,000 円 |
| 941 | 以呂波引町村便覧 | 田山宗堯 | ISBN978-4-7972-6647-4 | 37,000 円 |
| 942 | 町村制執務要録 全 | 鷹巣清二郎 | ISBN978-4-7972-6648-1 | 46,000 円 |
| 943 | 地方自治 及 振興策 | 床次竹二郎 | ISBN978-4-7972-6649-8 | 30,000 円 |
| 944 | 地方自治講話 | 田中四郎左衛門 | ISBN978-4-7972-6650-4 | 36,000 円 |
| 945 | 地方施設改良 訓諭演説集〔第六版〕 | 鹽川玉江 | ISBN978-4-7972-6651-1 | 40,000 円 |
| 946 | 帝国地方自治団体発達史〔第三版〕 | 佐藤亀齢 | ISBN978-4-7972-6652-8 | 48,000 円 |
| 947 | 農村自治 | 小橋一太 | ISBN978-4-7972-6653-5 | 34,000 円 |
| 948 | 国税 地方税 市町村税 滞納処分法問答 | 竹尾高堅 | ISBN978-4-7972-6654-2 | 28,000 円 |
| 949 | 市町村役場実用 完 | 福井淳 | ISBN978-4-7972-6655-9 | 40,000 円 |

別巻　巻数順一覧【878～914巻】

| 巻数 | 書　名 | 編・著者 | ISBN | 本体価格 |
|---|---|---|---|---|
| 878 | 明治史第六編 政黨史 | 博文館編輯局 | ISBN978-4-7972-7180-5 | 42,000円 |
| 879 | 日本政黨發達史 全〔第一分冊〕 | 上野熊藏 | ISBN978-4-7972-7181-2 | 50,000円 |
| 880 | 日本政黨發達史 全〔第二分冊〕 | 上野熊藏 | ISBN978-4-7972-7182-9 | 50,000円 |
| 881 | 政党論 | 梶原保人 | ISBN978-4-7972-7184-3 | 30,000円 |
| 882 | 獨逸新民法商法正文 | 古川五郎、山口弘一 | ISBN978-4-7972-7185-0 | 90,000円 |
| 883 | 日本民法鼇頭對比獨逸民法 | 荒波正隆 | ISBN978-4-7972-7186-7 | 40,000円 |
| 884 | 泰西立憲國政治攬要 | 荒井泰治 | ISBN978-4-7972-7187-4 | 30,000円 |
| 885 | 改正衆議院議員選擧法釋義 全 | 福岡伯、横田左仲 | ISBN978-4-7972-7188-1 | 42,000円 |
| 886 | 改正衆議院議員選擧法釋義 附 改正貴族院令,治安維持法 | 犀川長作、犀川久平 | ISBN978-4-7972-7189-8 | 33,000円 |
| 887 | 公民必携 選擧法規ト判決例 | 大浦兼武、平沼騏一郎、木下友三郎、清水澄、三浦數平 | ISBN978-4-7972-7190-4 | 96,000円 |
| 888 | 衆議院議員選擧法輯覽 | 司法省刑事局 | ISBN978-4-7972-7191-1 | 53,000円 |
| 889 | 行政司法選擧判例總覽―行政救濟と其手續― | 澤田竹治郎・川崎秀男 | ISBN978-4-7972-7192-8 | 72,000円 |
| 890 | 日本親族相續法義解 全 | 髙橋捨六・堀田馬三 | ISBN978-4-7972-7193-5 | 45,000円 |
| 891 | 普通選擧文書集成 | 山中秀男・岩本溫良 | ISBN978-4-7972-7194-2 | 85,000円 |
| 892 | 普選の勝者 代議士月旦 | 大石末吉 | ISBN978-4-7972-7195-9 | 60,000円 |
| 893 | 刑法註釋 卷一～卷四(上卷) | 村田保 | ISBN978-4-7972-7196-6 | 58,000円 |
| 894 | 刑法註釋 卷五～卷八(下卷) | 村田保 | ISBN978-4-7972-7197-3 | 50,000円 |
| 895 | 治罪法註釋 卷一～卷四(上卷) | 村田保 | ISBN978-4-7972-7198-0 | 50,000円 |
| 896 | 治罪法註釋 卷五～卷八(下卷) | 村田保 | ISBN978-4-7972-7198-0 | 50,000円 |
| 897 | 議會選擧法 | カール・ブラウニアス、國政研究科會 | ISBN978-4-7972-7201-7 | 42,000円 |
| 901 | 鼇頭註釈 町村制　附 理由 全 | 八乙女盛次、片野続 | ISBN978-4-7972-6607-8 | 28,000円 |
| 902 | 改正 市制町村制　附 改正要義 | 田山宗堯 | ISBN978-4-7972-6608-5 | 28,000円 |
| 903 | 増補訂正 町村制詳解〔第十五版〕 | 長峰安三郎、三浦通太、野田千太郎 | ISBN978-4-7972-6609-2 | 52,000円 |
| 904 | 市制町村制 並 理由書　附 直接間接税類別及実施手続 | 高崎修助 | ISBN978-4-7972-6610-8 | 20,000円 |
| 905 | 町村制要義 | 河野正義 | ISBN978-4-7972-6611-5 | 28,000円 |
| 906 | 改正 市制町村制義解〔帝國地方行政学会〕 | 川村芳次 | ISBN978-4-7972-6612-2 | 60,000円 |
| 907 | 市制町村制 及 関係法令〔第三版〕 | 野田千太郎 | ISBN978-4-7972-6613-9 | 35,000円 |
| 908 | 市町村新旧対照一覧 | 中村芳松 | ISBN978-4-7972-6614-6 | 38,000円 |
| 909 | 改正 府県郡制問答講義 | 木内英雄 | ISBN978-4-7972-6615-3 | 28,000円 |
| 910 | 地方自治提要 全　附 諸届願書式 日用規則抄録 | 木村時義、吉武則久 | ISBN978-4-7972-6616-0 | 56,000円 |
| 911 | 訂正増補 市町村制問答詳解　附 理由及追輯 | 福井淳 | ISBN978-4-7972-6617-7 | 70,000円 |
| 912 | 改正 府県制郡制註釈〔第三版〕 | 福井淳 | ISBN978-4-7972-6618-4 | 34,000円 |
| 913 | 地方制度実例総覧〔第七版〕 | 自治館編輯局 | ISBN978-4-7972-6619-1 | 78,000円 |
| 914 | 英国地方政治論 | ジョージ・チャールズ・ブロドリック、久米金彌 | ISBN978-4-7972-6620-7 | 30,000円 |

| 巻数 | 書 名 | 編・著者 | ISBN | 本体価格 |
|---|---|---|---|---|
| 843 | 法律汎論 | 熊谷直太 | ISBN978-4-7972-7141-6 | 40,000 円 |
| 844 | 英國國會選擧訴願判決例 全 | オマリー、ハードカッスル、サンタース | ISBN978-4-7972-7142-3 | 80,000 円 |
| 845 | 衆議院議員選擧法改正理由書 完 | 内務省 | ISBN978-4-7972-7143-0 | 40,000 円 |
| 846 | 戇齋法律論文集 | 森作太郎 | ISBN978-4-7972-7144-7 | 45,000 円 |
| 847 | 雨山遺稾 | 渡邉輝之助 | ISBN978-4-7972-7145-4 | 70,000 円 |
| 848 | 法曹紙屑籠 | 鷺城逸史 | ISBN978-4-7972-7146-1 | 54,000 円 |
| 849 | 法例彙纂 民法之部 第一篇 | 史官 | ISBN978-4-7972-7147-8 | 66,000 円 |
| 850 | 法例彙纂 民法之部 第二篇〔第一分冊〕 | 史官 | ISBN978-4-7972-7148-5 | 55,000 円 |
| 851 | 法例彙纂 民法之部 第二篇〔第二分冊〕 | 史官 | ISBN978-4-7972-7149-2 | 75,000 円 |
| 852 | 法例彙纂 商法之部〔第一分冊〕 | 史官 | ISBN978-4-7972-7150-8 | 70,000 円 |
| 853 | 法例彙纂 商法之部〔第二分冊〕 | 史官 | ISBN978-4-7972-7151-5 | 75,000 円 |
| 854 | 法例彙纂 訴訟法之部〔第一分冊〕 | 史官 | ISBN978-4-7972-7152-2 | 60,000 円 |
| 855 | 法例彙纂 訴訟法之部〔第二分冊〕 | 史官 | ISBN978-4-7972-7153-9 | 48,000 円 |
| 856 | 法例彙纂 懲罰則之部 | 史官 | ISBN978-4-7972-7154-6 | 58,000 円 |
| 857 | 法例彙纂 第二版 民法之部〔第一分冊〕 | 史官 | ISBN978-4-7972-7155-3 | 70,000 円 |
| 858 | 法例彙纂 第二版 民法之部〔第二分冊〕 | 史官 | ISBN978-4-7972-7156-0 | 70,000 円 |
| 859 | 法例彙纂 第二版 商法之部・訴訟法之部〔第一分冊〕 | 太政官記録掛 | ISBN978-4-7972-7157-7 | 72,000 円 |
| 860 | 法例彙纂 第二版 商法之部・訴訟法之部〔第二分冊〕 | 太政官記録掛 | ISBN978-4-7972-7158-4 | 40,000 円 |
| 861 | 法令彙纂 第三版 民法之部〔第一分冊〕 | 太政官記録掛 | ISBN978-4-7972-7159-1 | 54,000 円 |
| 862 | 法令彙纂 第三版 民法之部〔第ニ分冊〕 | 太政官記録掛 | ISBN978-4-7972-7160-7 | 54,000 円 |
| 863 | 現行法律規則全書（上） | 小笠原美治、井田鐘次郎 | ISBN978-4-7972-7162-1 | 50,000 円 |
| 864 | 現行法律規則全書（下） | 小笠原美治、井田鐘次郎 | ISBN978-4-7972-7163-8 | 53,000 円 |
| 865 | 國民法制通論 上卷・下卷 | 仁保龜松 | ISBN978-4-7972-7165-2 | 56,000 円 |
| 866 | 刑法註釋 | 磯部四郎、小笠原美治 | ISBN978-4-7972-7166-9 | 85,000 円 |
| 867 | 治罪法註釋 | 磯部四郎、小笠原美治 | ISBN978-4-7972-7167-6 | 70,000 円 |
| 868 | 政法哲學 前編 | ハーバート・スペンサー、濱野定四郎、渡邊治 | ISBN978-4-7972-7168-3 | 45,000 円 |
| 869 | 政法哲學 後編 | ハーバート・スペンサー、濱野定四郎、渡邊治 | ISBN978-4-7972-7169-0 | 45,000 円 |
| 870 | 佛國商法復説 第壹篇自第壹卷至第七卷 | リウヒエール、商法編纂局 | ISBN978-4-7972-7171-3 | 75,000 円 |
| 871 | 佛國商法復説 第壹篇第八卷 | リウヒエール、商法編纂局 | ISBN978-4-7972-7172-0 | 45,000 円 |
| 872 | 佛國商法復説 自第二篇至第四篇 | リウヒエール、商法編纂局 | ISBN978-4-7972-7173-7 | 70,000 円 |
| 873 | 佛國商法復説 書式之部 | リウヒエール、商法編纂局 | ISBN978-4-7972-7174-4 | 40,000 円 |
| 874 | 代言試驗問題擬判録 全 附録明治法律學校民刑問題及答案 | 熊野敏三、宮城浩蔵 河野和三郎、岡義男 | ISBN978-4-7972-7176-8 | 35,000 円 |
| 875 | 各國官吏試驗法類集 上・下 | 内閣 | ISBN978-4-7972-7177-5 | 54,000 円 |
| 876 | 商業規篇 | 矢野亨 | ISBN978-4-7972-7178-2 | 53,000 円 |
| 877 | 民法実用法典 全 | 福田一覺 | ISBN978-4-7972-7179-9 | 45,000 円 |

別巻　巻数順一覧【810～842巻】

| 巻数 | 書　名 | 編・著者 | ISBN | 本体価格 |
|---|---|---|---|---|
| 810 | 訓點法國律例 民律 上卷 | 鄭永寧 | ISBN978-4-7972-7105-8 | 50,000円 |
| 811 | 訓點法國律例 民律 中卷 | 鄭永寧 | ISBN978-4-7972-7106-5 | 50,000円 |
| 812 | 訓點法國律例 民律 下卷 | 鄭永寧 | ISBN978-4-7972-7107-2 | 60,000円 |
| 813 | 訓點法國律例 民律指掌 | 鄭永寧 | ISBN978-4-7972-7108-9 | 58,000円 |
| 814 | 訓點法國律例 貿易定律・園林則律 | 鄭永寧 | ISBN978-4-7972-7109-6 | 60,000円 |
| 815 | 民事訴訟法 完 | 本多康直 | ISBN978-4-7972-7111-9 | 65,000円 |
| 816 | 物權法(第一部)完 | 西川一男 | ISBN978-4-7972-7112-6 | 45,000円 |
| 817 | 物權法(第二部)完 | 馬場愿治 | ISBN978-4-7972-7113-3 | 35,000円 |
| 818 | 商法五十課 全 | アーサー・B・クラーク、本多孫四郎 | ISBN978-4-7972-7115-7 | 38,000円 |
| 819 | 英米商法律原論 契約之部及流通券之部 | 岡山兼吉、淺井勝 | ISBN978-4-7972-7116-4 | 38,000円 |
| 820 | 英國組合法 完 | サー・フレデリック・ポロック、榊原幾久若 | ISBN978-4-7972-7117-1 | 30,000円 |
| 821 | 自治論 一名人民ノ自由 卷之上・卷之下 | リーバー、林董 | ISBN978-4-7972-7118-8 | 55,000円 |
| 822 | 自治論纂 全一册 | 獨逸學協會 | ISBN978-4-7972-7119-5 | 50,000円 |
| 823 | 憲法彙纂 | 古屋宗作、鹿島秀麿 | ISBN978-4-7972-7120-1 | 35,000円 |
| 824 | 國會汎論 | ブルンチュリー、石津可輔、讃井逸三 | ISBN978-4-7972-7121-8 | 30,000円 |
| 825 | 威氏法學通論 | エスクバック、渡邊輝之助、神山亨太郎 | ISBN978-4-7972-7122-5 | 35,000円 |
| 826 | 萬國憲法 全 | 高田早苗、坪谷善四郎 | ISBN978-4-7972-7123-2 | 50,000円 |
| 827 | 綱目代議政體 | J・S・ミル、上田充 | ISBN978-4-7972-7124-9 | 40,000円 |
| 828 | 法學通論 | 山田喜之助 | ISBN978-4-7972-7125-6 | 30,000円 |
| 829 | 法學通論 完 | 島田俊雄、溝上與三郎 | ISBN978-4-7972-7126-3 | 35,000円 |
| 830 | 自由之權利 一名自由之理 全 | J・S・ミル、高橋正次郎 | ISBN978-4-7972-7127-0 | 38,000円 |
| 831 | 歐洲代議政體起原史 第一册・第二册／代議政體原論 完 | ギゾー、漆間眞學、藤田四郎、アンドリー、山口松五郎 | ISBN978-4-7972-7128-7 | 100,000円 |
| 832 | 代議政體 全 | J・S・ミル、前橋孝義 | ISBN978-4-7972-7129-4 | 55,000円 |
| 833 | 民約論 | J・J・ルソー、田中弘義、服部德 | ISBN978-4-7972-7130-0 | 40,000円 |
| 834 | 歐米政黨沿革史總論 | 藤田四郎 | ISBN978-4-7972-7131-7 | 30,000円 |
| 835 | 内外政黨事情・日本政黨事情 完 | 中村義三、大久保常吉 | ISBN978-4-7972-7132-4 | 35,000円 |
| 836 | 議會及政黨論 | 菊池學而 | ISBN978-4-7972-7133-1 | 35,000円 |
| 837 | 各國之政黨 全〔第1分册〕 | 外務省政務局 | ISBN978-4-7972-7134-8 | 70,000円 |
| 838 | 各國之政黨 全〔第2分册〕 | 外務省政務局 | ISBN978-4-7972-7135-5 | 60,000円 |
| 839 | 大日本政黨史 全 | 若林清、尾崎行雄、箕浦勝人、加藤恒忠 | ISBN978-4-7972-7137-9 | 63,000円 |
| 840 | 民約論 | ルソー、藤田浪人 | ISBN978-4-7972-7138-6 | 30,000円 |
| 841 | 人權宣告辯妄・政治眞論一名主權辯妄 | ベンサム、草野宣隆、藤田四郎 | ISBN978-4-7972-7139-3 | 40,000円 |
| 842 | 法制講義 全 | 赤司鷹一郎 | ISBN978-4-7972-7140-9 | 30,000円 |

別巻　巻数順一覧【776 ～ 809 巻】

| 巻数 | 書　名 | 編・著者 | ISBN | 本体価格 |
|---|---|---|---|---|
| 776 | 改正 府県制郡制釈義〔第三版〕 | 坪谷善四郎 | ISBN978-4-7972-6602-3 | 35,000 円 |
| 777 | 新旧対照 市制町村制 及 理由〔第九版〕 | 荒川五郎 | ISBN978-4-7972-6603-0 | 28,000 円 |
| 778 | 改正 市町村制講義 | 法典研究会 | ISBN978-4-7972-6604-7 | 38,000 円 |
| 779 | 改正 市制町村制講義 附 施行諸規則 及 市町村事務摘要 | 樋山廣業 | ISBN978-4-7972-6605-4 | 58,000 円 |
| 780 | 改正 市制町村制義解 | 行政法研究会、藤田謙堂 | ISBN978-4-7972-6606-1 | 60,000 円 |
| 781 | 今時獨逸帝國要典 前篇 | C・モレイン、今村有隣 | ISBN978-4-7972-6425-8 | 45,000 円 |
| 782 | 各國上院紀要 | 元老院 | ISBN978-4-7972-6426-5 | 35,000 円 |
| 783 | 泰西國法論 | シモン・ヒッセリング、津田真一郎 | ISBN978-4-7972-6427-2 | 40,000 円 |
| 784 | 律例權衡便覽 自第一冊至第五冊 | 村田保 | ISBN978-4-7972-6428-9 | 100,000 円 |
| 785 | 檢察事務要件彙纂 | 平松照忠 | ISBN978-4-7972-6429-6 | 45,000 円 |
| 786 | 治罪法比鑑 完 | 福鎌芳隆 | ISBN978-4-7972-6430-2 | 65,000 円 |
| 787 | 治罪法註解 | 立野胤政 | ISBN978-4-7972-6431-9 | 56,000 円 |
| 788 | 佛國民法契約篇講義 全 | 玉乃世履、磯部四郎 | ISBN978-4-7972-6432-6 | 40,000 円 |
| 789 | 民法疏義 物權之部 | 鶴丈一郎、手塚太郎 | ISBN978-4-7972-6433-3 | 90,000 円 |
| 790 | 民法疏義 人權之部 | 鶴丈一郎 | ISBN978-4-7972-6434-0 | 100,000 円 |
| 791 | 民法疏義 取得篇 | 鶴丈一郎 | ISBN978-4-7972-6435-7 | 80,000 円 |
| 792 | 民法疏義 擔保篇 | 鶴丈一郎 | ISBN978-4-7972-6436-4 | 90,000 円 |
| 793 | 民法疏義 證據篇 | 鶴丈一郎 | ISBN978-4-7972-6437-1 | 50,000 円 |
| 794 | 法學通論 | 奥田義人 | ISBN978-4-7972-6439-5 | 100,000 円 |
| 795 | 法律ト宗教トノ關係 | 名尾玄乘 | ISBN978-4-7972-6440-1 | 55,000 円 |
| 796 | 英國國會政治 | アルフユース・トッド、スペンサー・ヲルポール、林田龜太郎、岸清一 | ISBN978-4-7972-6441-8 | 65,000 円 |
| 797 | 比較國會論 | 齊藤隆夫 | ISBN978-4-7972-6442-5 | 30,000 円 |
| 798 | 改正衆議院議員選擧法論 | 島田俊雄 | ISBN978-4-7972-6443-2 | 30,000 円 |
| 799 | 改正衆議院議員選擧法釋義 | 林田龜太郎 | ISBN978-4-7972-6444-9 | 50,000 円 |
| 800 | 改正衆議院議員選擧法正解 | 武田貞之助、井上密 | ISBN978-4-7972-6445-6 | 30,000 円 |
| 801 | 佛國法律提要 全 | 箕作麟祥、大井憲太郎 | ISBN978-4-7972-6446-3 | 100,000 円 |
| 802 | 佛國政典 | ドラクルチー、大井憲太郎、箕作麟祥 | ISBN978-4-7972-6447-0 | 120,000 円 |
| 803 | 社會行政法論 全 | H・リョースレル、江木衷 | ISBN978-4-7972-6448-7 | 100,000 円 |
| 804 | 英國財産法講義 | 三宅恒徳 | ISBN978-4-7972-6449-4 | 60,000 円 |
| 805 | 國家論 全 | ブルンチュリー、平田東助、平塚定二郎 | ISBN978-4-7972-7100-3 | 50,000 円 |
| 806 | 日本議會現法 完 | 增尾種時 | ISBN978-4-7972-7101-0 | 45,000 円 |
| 807 | 法學通論 一名法學初歩 全 | P・ナミュール、河地金代、河村善益、薩埵正邦 | ISBN978-4-7972-7102-7 | 53,000 円 |
| 808 | 訓點法國律例 刑名定範 卷一卷二 完 | 鄭永寧 | ISBN978-4-7972-7103-4 | 40,000 円 |
| 809 | 訓點法國律例 刑律從卷 一至卷四 完 | 鄭永寧 | ISBN978-4-7972-7104-1 | 30,000 円 |

## 別巻　巻数順一覧【741～775巻】

| 巻数 | 書　名 | 編・著者 | ISBN | 本体価格 |
|---|---|---|---|---|
| 741 | 改正 市町村制詳解 | 相馬昌三、菊池武夫 | ISBN978-4-7972-6491-3 | 38,000円 |
| 742 | 註釈の市制と町村制 附 普通選挙法 | 法律研究会 | ISBN978-4-7972-6492-0 | 60,000円 |
| 743 | 新旧対照 市制町村制 並 附属法規〔改訂二十七版〕 | 良書普及会 | ISBN978-4-7972-6493-7 | 36,000円 |
| 744 | 改訂増補 市制町村制実例総覧 第1分冊 | 田中廣太郎、良書普及会 | ISBN978-4-7972-6494-4 | 60,000円 |
| 745 | 改訂増補 市制町村制実例総覧 第2分冊 | 田中廣太郎、良書普及会 | ISBN978-4-7972-6495-1 | 68,000円 |
| 746 | 実例判例 市制町村制釈義〔昭和十年改正版〕 | 梶康郎 | ISBN978-4-7972-6496-8 | 57,000円 |
| 747 | 市制町村制義解 附 理由〔第五版〕 | 櫻井一久 | ISBN978-4-7972-6497-5 | 47,000円 |
| 748 | 実地応用町村制問答〔第二版〕 | 市町村雑誌社 | ISBN978-4-7972-6498-2 | 46,000円 |
| 749 | 傍訓註釈 日本市制町村制 及 理由書 | 柳澤武運三 | ISBN978-4-7972-6575-0 | 28,000円 |
| 750 | 鼇頭註釈 市町村制俗解 附 理由書〔増補第五版〕 | 清水亮三 | ISBN978-4-7972-6576-7 | 28,000円 |
| 751 | 市町村制質問録 | 片貝正晉 | ISBN978-4-7972-6577-4 | 28,000円 |
| 752 | 実用詳解町村制 全 | 夏目洗藏 | ISBN978-4-7972-6578-1 | 28,000円 |
| 753 | 新旧対照 改正 市制町村制新釈 附 施行細則及執務條規 | 佐藤貞雄 | ISBN978-4-7972-6579-8 | 42,000円 |
| 754 | 市制町村制講義 | 樋山廣業 | ISBN978-4-7972-6580-4 | 46,000円 |
| 755 | 改正 市制町村制講義〔第十版〕 | 秋野沆 | ISBN978-4-7972-6581-1 | 42,000円 |
| 756 | 註釈の市制と町村制 市制町村制施行令他関連法収録〔昭和4年4月版〕 | 法律研究会 | ISBN978-4-7972-6582-8 | 58,000円 |
| 757 | 実例判例 市制町村制釈義〔第四版〕 | 梶康郎 | ISBN978-4-7972-6583-5 | 48,000円 |
| 758 | 改正 市制町村制解説 | 狭間茂、土谷覺太郎 | ISBN978-4-7972-6584-2 | 59,000円 |
| 759 | 市町村制註解 完 | 若林市太郎 | ISBN978-4-7972-6585-9 | 22,000円 |
| 760 | 町村制実用 完 | 新田貞橘、鶴田嘉内 | ISBN978-4-7972-6586-6 | 56,000円 |
| 761 | 町村制精解 完 附 理由 及 問答録 | 中目孝太郎、磯谷郡爾、高田早苗、両角彦六、高木守三郎 | ISBN978-4-7972-6587-3 | 35,000円 |
| 762 | 改正 町村制詳解〔第十三版〕 | 長峰安三郎、三浦通太、野田千太郎 | ISBN978-4-7972-6588-0 | 54,000円 |
| 763 | 加除自在 参照条文 附 市制町村制 附 関係法規 | 矢島和三郎 | ISBN978-4-7972-6589-7 | 60,000円 |
| 764 | 改正版 市制町村制並ニ府県制及ビ重要関係法令 | 法制堂出版 | ISBN978-4-7972-6590-3 | 39,000円 |
| 765 | 改正版 註釈の市制と町村制 最近の改正を含む | 法制堂出版 | ISBN978-4-7972-6591-0 | 58,000円 |
| 766 | 鼇頭註釈 市町村制俗解 附 理由書〔第二版〕 | 清水亮三 | ISBN978-4-7972-6592-7 | 25,000円 |
| 767 | 理由挿入 市町村制俗解〔第三版増補訂正〕 | 上村秀昇 | ISBN978-4-7972-6593-4 | 28,000円 |
| 768 | 府県制郡制註釈 | 田島彦四郎 | ISBN978-4-7972-6594-1 | 40,000円 |
| 769 | 市制町村制傍訓 完 附 市制町村制理由〔第四版〕 | 内山正如 | ISBN978-4-7972-6595-8 | 18,000円 |
| 770 | 市制町村制釈義 | 壁谷可六、上野太一郎 | ISBN978-4-7972-6596-5 | 38,000円 |
| 771 | 市制町村制詳解 全 附 理由書 | 杉谷庸 | ISBN978-4-7972-6597-2 | 21,000円 |
| 772 | 鼇頭傍訓 市制町村制註釈 及 理由書 | 山内正利 | ISBN978-4-7972-6598-9 | 28,000円 |
| 773 | 町村制要覧 全 | 浅井元、古谷省三郎 | ISBN978-4-7972-6599-6 | 38,000円 |
| 774 | 府県制郡制釈義 全〔第三版〕 | 栗本勇之助、森惣之祐 | ISBN978-4-7972-6600-9 | 35,000円 |
| 775 | 市制町村制釈義 | 坪谷善四郎 | ISBN978-4-7972-6601-6 | 39,000円 |